Psychologie - Spiritualität

– interdisziplinär –

A. Reiter, A. Bucher (Hg.)

Naturwissenschaftliche Fakultät, Universität Salzburg

Verlag Dietmar Klotz

Für die Umschlaggestaltung wurde die Abbildung des Werkes der Malerin
Charlotte Kollmorgen "Hitze", Öl auf Leinwand, 60 cm x 60 cm verwendet.
www.kollmorgen-painter.com

ISBN: 978-3-88074-542-1

1. Auflage 2008

© **Verlag Dietmar Klotz GmbH**
Sulzbacher Str. 45
65760 Eschborn bei Frankfurt am Main
www.verlag-dietmar-klotz.de

Inhaltsverzeichnis

Spiritualität als Entwicklungs- und Erkenntnisweg

Spiritualität, Heilung, Therapie

Bewusstseinspsychologische Forschung

Einleitende Worte

Anton Bucher

Vom 27. bis 30. September 2007 fand, erstmals an einer Naturwissenschaftlichen Fakultät, ein wissenschaftlicher Kongress zur Thematik „Psychologie und Spiritualität" statt. Das Interesse war enorm. Die Reihen im großen Auditorium waren während der dicht gedrängten Veranstaltung meistens bis auf den letzten Platz besetzt. Dies verweist auf eine Lücke innerhalb der Psychologie. Ursprünglich „Wissenschaft von der Seele" entledigte sie sich im ausgehenden 19. Jahrhundert ihrer eigentlichen Substanz und wurde – so bei Lange im Jahre 1866 – zu einer „Psychologie ohne Seele", nachdem bereits zehn Jahre früher Karl Vogt die Seele als eine „unnötige Hypothese" bezeichnet hatte. Damit ging einher, dass die sich etablierende wissenschaftliche Psychologie religiös-spirituellen Phänomenen gegenüber nicht sonderlich gewogen war. Im Gegenteil. Die klassische Psychoanalyse kritisierte Religion als infantile Zwangsneurose, und der Behaviorismus, der seinen Siegeszug in den zwanziger Jahren des letzten Jahrhunderts begann, fokussierte sich auf das äußerlich beobachtbare Verhalten – was beispielsweise im Bewusstsein eines Zen Mönches abläuft, nachdem dieser jahrelang Achtsamkeit praktiziert hatte, kam nicht in den Blick.

Entgegen der fortschrittsoptimistisch geäußerten Prophezeiung, Religion werde sich in dem Maße erübrigen, in dem die Wissenschaft voranschreitet (Comte) – Religion blieb resistent. Im Gegenteil: Wir leben in einer ausgesprochen religionsproduktiven Zeit, wobei diese Aufbrüche weniger innerhalb der Mauern etablierter Religionen erfolgen, sondern vielmehr in der postmodernen und stark individualistischen Spiritualitätsszene (Elkins, 1998). „Spiritualität", ein Begriff, der eben noch an Nonnen denken ließ, die den Rosenkranz beten, ist in den letzten Jahren enorm populär geworden, im angelsächsischen Raum ungleich stärker als hierzulande, wo aber ebenfalls ein „Megatrend Spiritualität" konstatiert wurde.

Die Gründe dafür sind mannigfaltig: Zum einen ist die Kirche aufgrund ihrer selbst gemachten Krisen und ihrer Reformunfähigkeit für viele ZeitgenossInnen unglaubwürdig geworden; zum anderen haben gerade die harten Wissenschaften für Spiritualität eine Lanze gebrochen, etwa Quantenphysiker wie Görnitz (im Band), die auf die untrennbare Verbundenheit von allem – zumindest auf der atomaren Ebene – verweisen. Und nicht zuletzt existiert im angelsächsischen Raum eine florierende Psychologie der Spiritualität (Paloutzian & Park, 2005), die vor allem aufgrund der wiederholt nachgewiesenen günstigen Effekte von Spiritualität auf Gesundheitsvariablen bekannt wurde. Diese hat auch die Seele rehabilitiert, die von Natur aus geistig bzw. spirituell ist: „anima naturaliter spiritualis".

Ein erstes Ziel des Kongresses bestand darin, eine Bestandsaufnahme der empirisch-psychologischen Erforschung religiös-spiritueller Phänomene vorzunehmen, dies auch in der Absicht, zu mehr entsprechender empirischer Forschung im deutschen Sprachraum zu motivieren, die bisher überwiegend von Vertretern der Transpersonalen Psychologie geleistet wurde, speziell Wilfried Belschner (im Band), aber auch Renaud van Quekelberghe (2005, im Band), der das ausgesprochen kenntnisreiche und integrative Werk „Transpersonale Psychologie und Psychotherapie" verfasst hat. In den USA wurden zahlreiche qualitative Studien durchgeführt, die die subjektiven Konzepte von Spiritualität bei unterschiedlichsten Personengruppen zu rekonstruieren versuchen, bei Krankenschwestern ebenso wie bei Karzinompatienten. Als Kernkomponente schälte sich dabei regelmäßig „Verbundenheit" (connectedness) heraus, die einerseits vertikal auf eine höhere, göttliche Wirklichkeit bezogen ist, zum anderen eine horizontale, bezogen auf die Natur und die soziale Mitwelt. Darüber hinaus wurden bisher Dutzende von Skalen entwickelt, die den Anspruch erheben, Spiritualität zu messen. Die so erhobenen Werte wurden in mittlerweile hunderten Studien auf Variablen im Gesundheitsbereich bezogen; regelmäßig zeigten sich bei ausgeprägter spiritueller Einstellung wünschenswerte Effekte, beispielsweise günstigere kardiovaskuläre Werte, weniger depressive Verstimmung, besseres Coping (Bucher, im Band, ausführlicher Bucher, 2007).

Ein weiterer Bereich ist Spiritualität in der Therapie, wozu im angelsächsischen Raum rege geforscht wird, hierzulande jedoch bloß spärlich (Michael Utsch, im Band). Eine spirituelle Haltung in der Therapie, die vor allem den Ressourcen der Klienten vertraut, scheint effektiver zu sein. Und Therapie ist unvermeidlich verkürzt, wenn das eigentliche Problem des Klienten spiritueller Natur ist, der Therapeut jedoch kein

Sensorium dafür hat und ausblendet, was für sein Gegenüber Wirklichkeit ist (van Quekelberghe, 2007).

Zaghaft regen sich wissenschaftliche Bemühungen um Spiritualität in medizinischen Setttings, speziell in der Pflege Schwerkranker und Sterbender. Monika Renz (im Band), Psychoonkologin, registrierte bei der Hälfte der PatientInnen einen spirituellen Entwicklungsschub, der es ihnen erleichterte, die Krankheit anzunehmen und ins Abschiednehmen einzuwilligen. Die medizinische Pflege mit spirituellen Komponenten zu vertiefen, ist auch das Anliegen von Anja Mehnert und Sonja Deister. Als spirituelles Phänomen wurde und wird auch die Geistheilung untersucht (Jakob Bösch, im Band).

Der Kongress war so strukturiert, dass mit handgreiflichen empirischen Fakten zur Spiritualität begonnen wurde, dann aber zu einer Psychologie des Bewusstseins fortgeschritten werden sollte.

Literatur

Bucher, A. (2007). Psychologie der Spiritualität. Handbuch. Weinheim.
Elkins, D. (1998). Beyond religion. A personal program for building a spiritual life outside the walls of traditional religion. Wheaton.
Paloutzian, R.F. & Park, L. (2005). Handbook oft he psychology of religion and spirituality. New York & London.
van Quekelberghe, R. (2005). Transpersonale Psychologie und Psychotherapie. Grenzenlose Grenze des Bewusstseins. Eschborn.
van Quekelberghe, R. (2007). Grundzüge der spirituellen Psychotherapie. Eschborn.

„Wenn Seele zu Bewusstsein kommt..."

Alfons Reiter

„Wenn Seele zu Bewusstsein kommt: Die Wissenschaft entdeckt die Spiritualität – und gewinnt ein neues Bild von Mensch, Welt und Gott." So die Headline des Kommentars zum Kongress „Psychologie und Spiritualität" (27.-30.9.2007) im Publik Forum von Ch. Quarch. Er spricht die Besonderheit des Gegenstandes „Spiritualität" an: Eine konsequente Beschäftigung mit Spiritualität eröffnet uns ein neues Bild zu Mensch,

Welt und Gott; - dies je nach Perspektiven, Paradigma und Bewussteinsentwicklung des Forschers.

Im Streben der Seele zu Bewusstsein zu kommen, zwingt die Wissenschaften, sich mit ihr auseinanderzusetzen. Sie wird für die Wissenschaftler selbst zur Gretchenfrage, wie weit sie sich in eine Bewusstseinsentwicklung eingelassen haben. Davon hängt es ab, wie sehr sie den Gegenstand Spiritualität durchdringen. Wir haben nicht nur Bewusstsein. Es ist uns zur Transformation aufgegeben. Oder anders: Es ist uns „Seele leben" aufgegeben. Die Seele will im Menschsein seine Vollgestalt leben. Auf dem Weg dazu werden die Potentiale unseres Bewusstseins freigelegt, in denen die Seele zu Bewusstsein kommt.

Die akademische Psychologie hat durch ihr naturwissenschaftliches Erkenntnisideal die Seele als Gegenstand verloren. Er kommt in die Psychologie zurück. In empirischen Studien werden Auswirkungen religiöser bzw. spiritueller Einstellungen auf verschiedene Lebensbereiche untersucht (Bucher, Utsch). Diese Forschung hilft, das Bild vom Menschen wieder in der akademischen Psychologie zu erweitern. Sie ist aber - noch - nicht so weit, spirituelle Phänomene als Ausdruck einer essentiellen geistigen Dimension unseres Bewusstseins zu verstehen und diese adäquat zu erforschen.

Außergewöhnliche Bewusstseinszustände, wie sie uns in Nahtoderfahrungen (Elsaesser-Valarino, Permanschlager), in Sterbeprozessen (Renz, Mehnert), in Transformationen des Bewusstseins in der Psychotherapie (Reiter, Walch, Bösch) entgegentreten, fordern eine psychologische Erforschung des Bewusstseins. Eine solche Forschung wird bislang noch außerhalb der akademischen Psychologie in der Transpersonalen Psychologie (van Quekelberghe, Wirtz, Belschner) geleistet.

Wissen dazu steht uns in den alten Bewusstseinstraditionen, der Weisheitsliteratur, in östlichen Erlösungslehren und der Mystik (Eurich, Müller, Schönherr) bereit. Die Erkenntnisse daraus sind zu nutzen (Schneider, Horn). Ermutigt dies zu tun werden wir heute von der Quantenphysik bzw. der Quanteninformationstheorie. Hier stehen wir – so Görnitz & Görnitz (im Band) – vor einer neuen Sicht auf Welt und Geist. Die Erkenntnisse reichen über die Naturwissenschaften hinaus. Unter Spiritualität wird die Wahrnehmung der Wirklichkeit als Einheit und das Anerkennen des Geistigen als Realität verstanden. Allem ist eine Ur-Information (Protyposis) zugrunde gelegt, die ihren Inhalt auszuformen strebt. „Wenn Information bedeutungsvoll und zu Selbsterkenntnis fähig wird, dann hat sie das Bestreben, schließlich noch darüber hinaus zu gelangen, möglicherweise zur Erkenntnis des Göttlichen." (Görnitz & Görnitz, 2008, 87). Die Protyposis – auch als „Seele" in allem zu begreifen – drängt über die Potentialitäten unseres Bewusstseins, sich im Menschsein sinnenhaft zu erfahren und zu erkennen.

Spiritualität braucht eine interdisziplinäre Forschung. Einer „Psychologie des Bewusstseins" käme dabei eine bevorzugte Stellung zu. Der Anspruch dabei ist groß: Es ist u.a. die Mächtigkeit unseres Bewusstseins im Lichte der Quantenphysik zu erforschen. Im Weiteren sind die Erkenntnisse der Bewusstseinstraditionen und Mystik zu nützen, um die Phänomene bei den Bewusstseinstransformationen zu verstehen. Nicht zuletzt sollte ergründet werden, wie „maximale Selbsterkenntnis" und „maximale Glückseligkeit" (von Quekelberghe, 2005, 18) in Zusammenhang stehen. Die Erkenntnisse daraus sind für eine psychologische Anthropologie und eine entsprechende Psychotherapie umzusetzen.

Literatur

Görnitz ,Th.; Görnitz, B. (2008). Der kreative Kosmos. Geist und Materie aus Quaneninformtion. In diesem Band S. 87.

Quarch, Ch. (2007) Wenn die Seele zu Bewusstsein kommt. Die Wissenschaft entdeckt die Spiritualität – und gewinnt dabei ein neues Bild von Mensch, Welt und Gott. In: Publik-Forum, Zeitung kritischer Christen, Oberursel, Ausgabe 23/2007.

Quekelberghe, R. van (2005). Transpersonale Psychologie und Psychotherapie. Grenzenlose Grenze des Bewusstseins. Eschborn.

Die im Text angeführten Autoren beziehen sich auf deren Artikeln in diesem Band.

Empirische Forschung zur Spiritualität

Empirische Psychologie der Spiritualität: Möglichkeiten und Grenzen - ein Forschungsüberblick

Anton Bucher

Skizzen zum empirischen Forschungsstand

Kaum ein Begriff hat in den letzten Jahren eine solche Inflation erlebt wie Spiritualität, auch und gerade in der Psychologie, in der angelsächsischen freilich in einem ungleich stärkeren Ausmaß als im deutschsprachigen Raum. Noch vor wenigen Jahren ließ „Spiritualität" an Altertümliches und Weltabgewandtes denken, an Nonnen, die den Rosenkranz beten – eine übrigens sehr beruhigende Praxis, die dem kardiovaskulären System wohl tut –, oder an Priesteramtskandidaten, die sich mit gesenktem Kopf ihrem Spiritual unterordnen. Spiritualität assoziierte mit Entsagung, Verzicht, Askese sowie damit, in der Nachfolge Jesu das Kreuz auf sich zu nehmen und durch das irdische Jammertal zu schreiten. Dem gegenüber ist das Renommee von Spiritualität in den letzten Jahren enorm gestiegen. Zusehends mehr Menschen verstehen sich als spirituell und weniger als religiös, von kirchennah oder kirchlich ganz zu schweigen. „Spiritual, but not religious" betitelte der amerikanische Religionssoziologe Robert Fuller (2001) eine viel beachtete Studie über das nicht mehr kirchliche Amerika, und David Elkins (1998) entfaltete in seiner wunderschönen Monographie „Beyond religion" ein persönliches Programm, um ein spirituelles Leben außerhalb der traditionellen Religion aufzubauen.

In diesem Beitrag wird zunächst nach den Gründen für die enorm gestiegene Popularität von Spiritualität gefragt und sodann dargelegt, wie in qualitativen psychologischen Studien Spiritualität konzeptualisiert wird. Mittlerweile liegen Dutzende von Skalen zur Spiritualität vor, die bemerkenswerte Effekte derselben auf psychologisch relevante Variablen zu Tage brachten, speziell im Gesundheitsbereich.

1. Gründe für die Popularität von Spiritualität

Die offensichtliche Popularität von Spiritualität hat mehrere Gründe. Zum einen ist es die Krise der institutionellen Religionen, speziell der Kirchen, der römisch-katholischen wohl stärker als der evangelischen. Nach wie vor schließt die römisch-katholische Kirche die Hälfte der Menschheit von Weihen aus, obschon sich in vielen religiös-spirituellen Traditionen Frauen als „Weise, Heilerinnen und Verkörperungen der Göttinnen" und damit als „Priesterinnen" – so ein Buchtitel von Sharron Rose (2003) – hervorgetan und bewährt hatten. Nach wie vor beansprucht die katholische Kirche, die einzig wahre Kirche zu sein; die Schwesterkirchen seien – so im Schreiben von Papst Benedikt XVI vom 10. Juli 2007 – „mit Mängeln behaftet". Viele Zeitgenossen können auch nicht mehr nachvollziehen, warum Priester zum Zölibat verpflichtet sind, warum sich Menschen, bevor sie einen Gottesdienst feiern, für schuldig deklarieren sollen – ein dreifaches „durch meine Schuld" – und warum Mitmenschen, wenn eine Beziehung gescheitert ist und eine neue eingegangen wird, vom „Brot des Lebens" ausgeschlossen sein sollen.

Von daher verwundert es wenig, dass sich bei zusehend mehr Zeitgenossen folgende Kontrastierung ergeben hat: Religion, speziell kirchliche, assoziiert mit Institution, Orientierung an Dogmen, exklusivem Wahrheitsanspruch und Traditionalismus, wohingegen persönliche Religiosität – für viele: Spiritualität – individuell ist, erfahrungsorientiert, ökumenisch, offen, eine Suche auf einem spirituellen Pfad und weniger ein Wohnen innerhalb fester Mauern, die durch Kirchenrecht und Gesetzesparagrafen verstärkt sind. In einer luziden Studie haben Saucier & Skrzypinska (2006) nachgewiesen, dass es – in einer repräsentativen amerikanischen Stichprobe – in der Tat Menschen mit einer eher spirituellen oder einer eher religiösen Disposition gibt. Bei Ersteren sind Variablen wie Selbstabsorption und Offenheit für neue Erfahrungen ausgeprägter, bei Letzteren hingegen Traditionalismus, Dogmatismus und Ethnozentrizität.

Nebst der Krise der Kirche sind es sicherlich auch neuere Erkenntnisse der harten Wissenschaften, die Spiritualität begünstigen, speziell der Quantenphysik und der Gehirnforschung. In seiner Monographie „Das bewusste Universum" legt der Quantenphysiker Ami Goswami (2007) dar, wie sehr die Quantenphysik das Weltbild von Rene Descartes revidiert hat, gemäß dem eine formlose res cogitans der geistlosen res extensa gegenübersteht, was dazu führte, dass auch Tiere als Maschinen bzw. Sachen betrachtet wurden. Dem gegenüber akzentuiert die Quantenphysik die Verbundenheit von allem, welche in den großen spirituellen Traditionen auf Geist zurückgeführt wurde und wird, bei den Südseeinsulanern Mana, in Indien Prana, in China Chi, in der abendländischen Tradition pneuma bzw. Heiliger Geist.

Aufhorchen ließen in den letzten Jahren auch neuropsychologische Befunde, speziell die Experimente von Michael Persinger (2002), der bei seinen Versuchspersonen den Seitenlappen des Gehirns elektromagnetisch stimulierte. Daraufhin spürten gläubige Juden die Anwesenheit des Elia, Christen die von Jesus, KatholikInnen die der Jungfrau Maria oder von Engeln, und zwar so intensiv, dass das Verschwinden dieser Gestalten oft als schmerzhaft empfunden wurde. Die Neuropsychologen Newberg, d'Aquili & Rause (2003) legen dar, dass der Mensch von Natur aus ein spirituelles Wesen ist. In der Evolution habe es sich als vorteilhaft erwiesen, dass unsere Vorfahren die Erfahrung machten, mit einer Wirklichkeit verbunden zu sein, die größer ist als sie selbst und die darüber hinaus den Fortbestand des Bewusstseins – in der Form von Seele, Geist – über den Tod hinaus garantierte. Es ist ein enormer Unterschied, ob sich der Mensch einer feindlichen und heimtückischen Umwelt ausgesetzt erfährt oder ob er fühlen kann, in sie eingebettet, mit ihr verbunden zu sein. Viele religiöse und spirituelle Praktiken – etwa ritueller Tanz, oft bis in Trance – führen im Orientierungsfeld des Gehirns zu einer Deafferenzierung, wodurch die Grenzen des Selbst fließend werden und es im besten Falle zu einer mystischen Einheitserfahrung kommt (Newberg, d'Aquili & Rause, 2003, 122 f.). Solche spirituellen Erfahrungen sind auch erwiesenermaßen der Gesundheit förderlich, speziell dem kardiovaskulären System.

Von daher versteht sich, dass sich auch die Psychologie in den letzten Jahren verstärkt spirituellen Phänomenen annahm, nachdem in der Gründungsphase, speziell der Psychiatrie, spirituelle Phänomene noch und noch als pathologisch abqualifiziert wurden (Bucher, 2005). Speziell in der literarischen Gattung der Pathographie wurden herausragende spirituelle Persönlichkeiten als geisteskrank etikettiert: Teresa von Avila als Hysterikerin, Jesus als Epileptiker oder Paranoiker, Therese von Lisieux als inzestuös belastet etc. Auch Freud hielt spirituelle Erfahrungen, speziell mystische, für Regressionen zurück an die Mutterbrust, wenn nicht in den Uterus.

Folgenschwer wirkte sich auch der Behaviorismus aus, der sich wenig dafür interessierte, was sich im Bewusstsein eines Menschen abspielt, wenn er mit geschlossenen Augen tief meditiert. Freilich, die kognitive Wende, mitunter mit Neissers Klassiker „Cognitive Psychology" gleichgesetzt, führte innerhalb der Psychologie zu einer Rehabilitierung religiöser Themen bzw. zu einer Intensivierung der Religionspsychologie, die innerhalb der amerikanischen Religionspsychologie eine eigene Sektion hat (Nr. 36). Aber noch vor wenigen Jahren konnte Albert Ellis (1983), der Begründer der Rational-Emotiven Therapie, behaupten, Glaube/Spiritualität sei emotionaler Wirrwarr.

Doch das Ansehen von Spiritualität ist in der Psychologie in den letzten Jahren enorm gestiegen. Nicht mehr „Psychologie ohne Seele", wie Lange bereits im Jahre 1874 programmatisch forderte, sondern vielmehr wieder eine Psychologie, die Empfindungen, die traditionell als mit der Seele verbunden galten, und geistige Phänomen anerkennt (dazu Mack, 2007).

2. Qualitative Annäherungen an Spiritualität

Vor allem im angelsächsischen Raum floriert Forschung zur Spiritualität; die Anzahl der Publikationen zu spirituellen Themen stieg in den Fachzeitschriften zwischen 1993 und 2003 um 600 Prozent (Stefanek, McDonald & Hess, 2004, 450), von den unüberschaubar vielen Monographien gar nicht zu reden (bspw. Burkhardt & Nagai-Jacobson, 2001; Gollnick, 2005; Griffin, 1997). Durchgeführt werden nicht nur quantitative Studien, die typischerweise danach fragen, ob und wie sich die Spiritualität von Menschen auf andere Variablen auswirkt, etwa Glück, Coping-Strategien, Blutdruck, Sexualverhalten (Überblick: Koenig, McCullough & Larson, 2001), sondern auch qualitative Studien. Von der Forschungslogik her sind diese ohnehin an den Anfang zu stellen, denn quantitative Studien gehen von vorgefertigten Konstrukten von Spiritualität aus, wohingegen qualitative Studien zu rekonstruieren versuchen, was Menschen hier und heute unter Spiritualität begreifen. Und dies ist interindividuell enorm verschieden. Es gibt Menschen, die ihre vegetarische Lebensweise als spirituell deuten, andere das Mountainbiken. Wieder andere begrenzen Spiritualität auf traditionsreiche Praktiken wie

Meditation oder Gebet. Diese Vielfalt ist alles andere als negativ zu sehen, sondern als Fülle, die auch belegt, dass Spiritualität ein hochgradig individuelles Phänomen ist, das sich gut in die postmoderne Lebenswelt einfügt (Griffin, 1997). Der amerikanischen Spiritualitätsforscherin Burkhardt (1994, 13) ist Recht zu geben, wonach vor allem qualitative Spiritualitätsforscher von der Annahme ausgehen, „dass Spiritualität eine existenzielle Komponente in jedem Menschen ist, sodass alle Personen zu einem volleren Verständnis dieses Phänomens beitragen können."

Qualitative Studien zu Spiritualität wurden mit unterschiedlichsten Personengruppen durchgeführt, mit Männern, die an Prostatakrebs litten (Walton & Sullivan, 2004), Hausfrauen in den Appalachen (Burkhardt, 1994), mit an Brustkrebs erkrankten Frauen in Taiwan (Chiu, 2000), Pflegern (Farran, 2003), Mitmenschen, die an Aids erkrankt waren (Fryback & Reinert, 1999), Umweltaktivisten (McDonald, 2003), mit besonders spirituell eingestellten Personen in Salzburg (Gangl, 2007) etc. Wie unterschiedlich die Samples auch waren: Eine Komponente von Spiritualität brachten nahezu alle Studien zu Tage, und zwar Verbundenheit (connectedness), die von Anne Shulman (1995), einer spirituell sehr sensiblen Frau, so beschrieben wurde:

„Plötzlich begann das dämmerige Licht mit einer außergewöhnlichen Klarheit zu leuchten, bis alles, was rings um mich herum war, in eine unglaubliche Aura gehüllt war. Und ich sah in den vielen Fahrgästen die wunderbare Verbundenheit aller Lebewesen. Ich fühlte es nicht – ich sah! Was als oberflächlicher Gedanke begann, wuchs zu einer Vision heran, breit und alles vereinigend, ... in der alle Menschen auf diesem Planeten gemeinsam der Sonne entgegen zogen, zu einer einzigen Familie vereinigt, unauflösbar verbunden durch das einzigartige Wunder des Lebens."

Verbundenheit begegnet in den meisten religiös-spirituellen Traditionen und kann zwei Ausrichtungen haben: Eine vertikale (hin zu Gott, Transzendenz, einem höheren Wesen) sowie eine horizontale (hin zu den Mitmenschen, zur Natur, ja dem gesamten Kosmos) (Gomez & Fisher, 2003; Beringer, 2000). Spiritualität in diesem Sinne ist ein breiteres Konstrukt als Religiosität. Menschen können spirituelle Intensiverfahrungen auch außerhalb etablierter Religionen machen.

Folgende Grafik visualisiert dieses Konzept:

Figur 1: Modell von Spiritualität

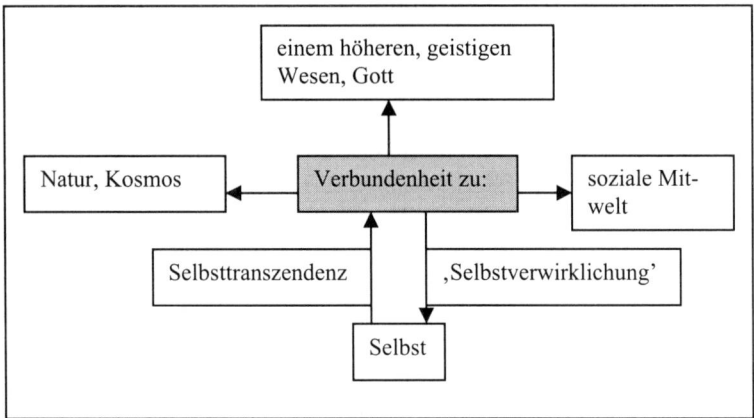

Die Verbundenheit mit dem Göttlichen ist das Ziel indischer Spiritualität: Brahman, das alles durchdringt und „subtiler ist als das Subtilste und größer als das Größte" (Joshi, 1998). Die mystischen Schulen des Islam streben das Einswerden mit Allah an. Ebenso in der Christenheit: Der Mensch soll „leer" und „ledig" werden, sodass sich Gott in ihn einbilden kann und ihn voll und ganz ausfüllt (Eckehart, 1963). Auch in den qualitativen Studien schildern Menschen hier und heute ähnliche Erfahrungen, beispielsweise ein HIV-Kranker, der aus seiner Religionsgemeinschaft exkommuniziert worden war:

> „Ich fühle die Gegenwart Gottes beständig. Er ist stets bei mir. Ich gehe mit Jesus." (Fryback & Reinert, 1999).

Verbundenheit mit der Natur wird ebenfalls von vielen ZeitgenossInnen als „spirituell" gewürdigt, so vom früheren russischen Präsidenten Michael Gorbatschow:

> „Gut, ich glaube an den Kosmos. Wir alle sind mit dem Kosmos verbunden. Schau die Sonne. Wenn sie nicht wäre, könnten wir nicht existieren. So ist die Sonne mein Gott. Für mich ist die Natur heilig. Bäume sind meine Tempel und Wälder meine Kathedralen." (Taylor, 2001).

Intensivste spirituelle Erfahrungen in der Natur machten die von Taylor (2001) interviewten UmweltaktivistInnen:

„Das erste Mal, wie ich den Laubwald in Grizzly Creek betrat – da fiel ich in die Knie und begann zu schreien, weil der Geist des Waldes mich gepackt hatte. Dieses Wissen, diese Spiritualität, diese Kraft, dafür gibt es keine Worte, aber mir standen die Haare zu Berge. Diese Kraft, sie macht einem Gänsehaut."

Verbundenheit mit der sozialen Mitwelt gehört ebenfalls zur horizontalen Ausrichtung. Eine Patientin, die von einem Infarkt genas, schilderte:

„Ich bin noch immer in einem Prozess ... aber mir kommt vor, ein neues Leben zu leben, vor allem in der Beziehung zu Personen. Ich habe einen viel tieferen Sinn, ein Bewusstsein von Gottes Gegenwart in allen Dingen, in allen Personen und allem, was in der Schöpfung geschieht." (Walton, 1999, 49).

In der Grafik wird als Kernkomponente von Spiritualität auch Selbsttranszendenz aufgeführt. Sie ist insofern auf Verbundenheit bezogen, als nur der/die sich einem Größeren als er/sie selber anheim geben kann, der vom Ego bzw. individuellen Selbst abzusehen vermag. Wer stets auf sich selbst fixiert ist, sei es hypochondrisch auf seine Gesundheit, sei es eifersüchtig auf seine/n Partner/in, öffnet sich nicht für spirituelle Wirklichkeiten und tut sich – so Viktor E. Frankl (2007) – schwerer damit, im Leben einen tragfähigen Sinn zu finden. Ein Gesprächspartner von Niedermann schildert Selbsttranszendenz ebenso anschaulich wie authentisch:

„Ich meine, die wichtigste Sache ist, sich ganz einer höheren Kraft anheim zugeben, sich ganz zu öffnen. Letztlich habe ich durch diese Erfahrungen ein Gefühl von Frieden bekommen, und das Verständnis für die Vollkommenheit der Realität." (Niederman, 1999)

In dem Maße, in dem der Mensch vom individuellen Selbst absieht und sich einer Aufgabe, einem Du, einer Sache zuwendet, verwirklicht er sein wahres Selbst, das mehr ist als das Ich.

An qualitativer Forschung, zumeist mit kleineren Stichproben durchgeführt, wird vor allem kritisiert, ihre Ergebnisse ließen sich nicht verallgemeinern. Einem sorgfältig rekonstruierten Fall – beispielsweise wie Spiritualität das Coping von Karzinom erleichtert – lasse sich das Gegenbeispiel entgegenstellen: dass aufgrund der Diagnose jegliche Hoffnung schwindet und der spirituelle Glaube an eine höhere Wirklichkeit zusammenbricht. Nichtsdestoweniger sind qualitative Zugänge zu spirituellen Phänomenen unumgänglich. Diese werden lebendiger, plastischer, anschaulicher und können bei LeserInnen mitunter motivierend wirken. Darüber hinaus kann qualitative Spiritualitätsforschung innovative und komplexere Sichtweisen zu Tage bringen, als dies die quantitative Forschung vermag.

3. Quantitative Zugänge zu Spiritualität

Erst nach gründlichen qualitativen Sondierungen ist es angemessen, sich an quantitative Messinstrumente zu machen. Solche liegen vor, in reichlicher Menge, und sie messen keineswegs das Gleiche. Es gibt Instrumente mit nur einer Dimension, beispielsweise der Index spiritueller Erfahrungen nach Kass et al (1991), aber auch solche mit neun Dimensionen, so die Skala „Humanistisch-phänomenologische Spiritualität" nach Elkins et al (1988) sowie das facettenreiche „Multidimensionale Fetzer Messinstrument" (Fetzer Institute, 1999; dazu Neff, 2006), das sowohl traditionelle Religiosität, persönliche Spiritualität sowie wünschenswerte Tugenden wie Vergebung zu messen beansprucht.

Die wohl populärste und bisher am häufigsten eingesetzte Skala erarbeiteten Paloutzian und Ellison (1982), die spirituelles Wohlbefinden in die Komponenten religiöses und existenzielles Wohlbefinden ausdifferenzierten (je zehn Items). In einer mit 190 StudentInnen in Fribourg und Salzburg durchgeführten Pilotstudie zeigte sich:

	absolut richtig 6	richtig 5	eher richtig 4	eher falsch 3	falsch 2	absolut falsch 1
Ich glaube, mein Leben hat ein wirkliches Ziel (existenzielles Wohlbefinden)	35 %	**40 %**	20 %	4 %	1 %	0 %
Die Beziehung zu Gott trägt zu meinem Wohlbefinden bei (religiöses Wohlbefinden)	20 %	20 %	**21 %**	20 %	9 %	10 %

Den Items der Subskala „Existenzielles Wohlbefinden" stimmten die Befragten signifikant stärker zu: durchschnittlicher Mittelwert: 4.95 (bei Punktwertspanne 1 bis 6), also bei „richtig", als jenen zum religiösen Wohlbefinden, das insbesondere in einer positiv erlebten Gottesbeziehung besteht: durchschnittlicher Mittelwert: 3.7, also zwischen „eher richtig" und „eher falsch". Diesbezüglich unterscheidet sich dieses mitteleuropäische Sample enorm von nordamerikanischen: In einer großen Stichprobe (N = 319) fand der Religionspsychologe Ledbetter (1991), dass das religiöse Wohlbefinden signifikant höher ist als das existenzielle – ein Indiz dafür, dass die quantifizierbare Religiosität in den Staaten ausgeprägter ist als in Mitteleuropa.

Paloutzian und Ellison (1982) konzeptualisierten spirituelles Wohlbefinden als Verschränkung von existenzieller und religiöser Zufriedenheit, die in etwa vergleichbar stark ausgeprägt sind und statistisch signifikant positiv korrelieren. Zumindest in unserer mitteleuropäischen Stichprobe erwies sich dies als problematisch:

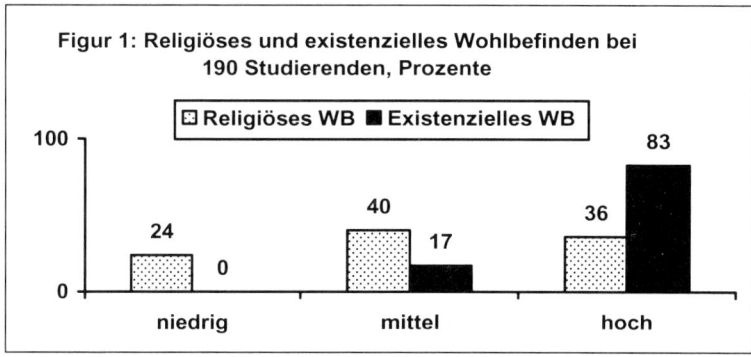

Figur 1: Religiöses und existenzielles Wohlbefinden bei 190 Studierenden, Prozente

Bei immerhin 83 Prozent erwies sich das existenzielle Wohlbefinden als hoch (über zwei Drittel der möglichen Punkte auf dieser Teilskala), aber bloß bei 36 Prozent besteht Wohlbefinden aufgrund einer Gottesbeziehung – eine Differenz von fast 50 Prozent. Es gibt demnach eine alles andere als unbeträchtliche Quote von jungen Menschen, die in ihrem Leben Sinn sehen und existenzielle Ziele verfolgen, aber für die Gott nicht wichtig ist. Entsprechend niedrig ist die Korrelation zwischen den beiden Teilskalen (r = .26), wodurch sechs Prozent der Streuung erklärt werden.

An diese Spiritualitäts-Skala wurde die Kritik gerichtet, sie messe im Grunde genommen das Gleiche wie traditionelle Messinstrumente für Religiosität, speziell intrinsische, die um ihrer selbst willen vollzogen wird. Aber was geschieht mit einer Person, die sich zwar als spirituell versteht und von der Existenz einer höheren Wesenheit überzeugt ist, nicht aber von einem personalen Gott, wenn sie das Item: „Ich glaube, dass Gott mich liebt und sich um mich kümmert" beurteilen soll? Sie wird in Richtung „falsch" ankreuzen und fällt damit unweigerlich in die Gruppe der wenig Spirituellen.

Aus diesem Grunde haben in den letzten Jahren zahlreiche ForscherInnen Fragebögen entwickelt, die ohne das Wort „Gott" auskommen. So die Australier Kirk, Eaves & Martin (1999), die ihr Instrument „Spirituelle Selbsttranszendenzskala" nannten. In einer an der Theologischen Fakultät Salzburg betreuten psychologischen Diplomarbeit legte Elke Lackinger (2005) die 15 Items 142 Personen zur Beurteilung vor (1: trifft gar nicht zu .... 4: trifft sehr zu):

	trifft sehr zu	trifft eher zu	trifft eher nicht zu	trifft gar nicht zu
Ich fühle oft eine starke spirituelle oder emotionale Verbundenheit mit allen Menschen, die um mich sind.	19 %	29 %	34 %	18 %
Ich fühle oft, dass ich Teil einer geistigen Kraft bin, von der alles Leben abhängt.	26 %	27 %	30 %	17 %
Manchmal fühle ich mich so verbunden mit der Natur, dass alles ein Teil eines lebendigen Organismus zu sein scheint.	15 %	20 %	36 %	29 %

Die Autoren akzentuieren in ihrem Spiritualitätskonzept die Verbundenheit des Menschen mit dem gesamten Kosmos, aber auch die Selbsttranszendenz, die Fähigkeit, vom eigenen Ego abzusehen und sich zu öffnen, hin zu den Mitmenschen, der Natur, einer höheren, geistigen Kraft. Offensichtlich konzeptualisierten sie Spiritualität anders als die bereits erwähnten Paloutzion und Ellison (1982), die ein theistisches Modell vertreten. Wenn unterschiedliche Skalen beanspruchen, „Spiritualität" zu messen, wird keinesfalls das Gleiche gemessen, sondern teils klassische Religiosität im Sinne von William James (1979, erstmals 1902) (Beziehung des Menschen zu jener Wirklichkeit, die er als göttlich bezeichnet), aber auch ‚profane' Konstrukte wie Selbstwirksamkeit, so von Daaleman und Frey (2004) mit Items wie: „Ich weiß nicht, wie ich beginnen soll, meine Probleme zu lösen".

Für ein besonders viel versprechendes Instrument halte ich die Spiritualitäts-Sensitivitätsskala des finnischen Psychologen Tirri (2007). Er differenziert Spiritualität in vier Dimensionen: Bewusstseinsempfinden („Ich versuche auf meinen Körper zu hören, wenn ich studiere und arbeite"), Mysteriumsempfinden („Ich bewundere die Schönheit der Natur, zum Beispiel einen Sonnenuntergang"), Werteempfinden („Ich bin auf der Suche nach dem Guten im Leben") und schließlich Gemeinschaftsempfinden („Ich bin auf der Suche nach einer Gemeinschaft, wo ich spirituell wachsen kann"). Tirri versteht unter „Spiritualität" eine „universal menschliche Fähigkeit ..., die in jedem Menschen unabhängig von einem religiösen oder kulturellen Hintergrund zu finden ist." In der Tat wurde die Mehrheit der insgesamt 12 Items von Kirchen- und Nicht-Kirchenmitgliedern gleich beurteilt. Es bestehen jedoch signifikante gendertypische Unterschiede: Auch gemäß dieser Skala sind Frauen spiritueller als Männer.

Weitere Messinstrumente für Spiritualität werden in Bucher (2007a) präsentiert und diskutiert. *Das* quantitative Messinstrument gibt es jedenfalls noch nicht. Angesichts der Vielfalt an Spiritualitäten ist es ohnehin fraglich, ob ein einziges Messinstrument auch wirklich wünschenswert ist.

4. Empirisch nachgewiesene Effekte von Spiritualität

Auch hier können nur einige wenige Segmente erörtert werden, und wiederum stammen die meisten Ergebnisse aus dem angelsächsischen Raum (Review: Koenig, McCullough & Larson, 2001; Levin, 2001). Erst zögerlich beginnen auch im deutschsprachigen Raum erste Studien, beispielsweise Mehnert, Rieß & Koch (2003), die bei 117 Krebspatienten zeigen konnten, dass aktiv-kognitive Krankheitsverarbeitung und Spiritualität positiv korrelieren; oder Renz (2003), die mit 253 Krebspatienten arbeitete, von denen mehr als die Hälfte während der Krankheit spirituelle Erfahrungen machten, die ihnen gut taten; oder Kremer (2001), der zeigen konnte, dass Frauen, um ihren Schlaganfall zu bewältigen, häufiger religiöse Strategien einsetzten.

An gut gesicherten Effekten kann festgehalten werden:
- Spiritualität reduziert die Mortalitätsrate und verlängert die Lebensdauer (Hummer, 1999).
- Spirituelle Menschen sind gesünder und weniger anfällig für kardiovaskuläre Erkrankungen, und dies umso mehr, wenn sie leicht in die Entspannungsreaktion, wie von diversen Meditationsformen begünstigt, eintreten können (Benson, 1997). Italienische Nonnen, regelmäßig den Rosenkranz betend, haben einen niedrigeren Blutdruck (Timio et al, 1987).
- Dass spirituelle Menschen gesünder sind, wird auch durch ihre gesündere Lebensweise erklärt, die man aber auch als Effekt von Spiritualität würdi-

gen kann (Levin, 2001). Spirituelle Menschen konsumieren seltener Drogen (harte ebenso wie bürgerliche); viele wertschätzen das Fasten wie es in den meisten religiösen Traditionen gepflegt wird; promiskuöse Sexualität wird mehrheitlich abgelehnt, dies auch schon im Jugendalter (Rew & Wong, 2006).

- Spiritualität, sowohl klassisch theistisch als auch als Selbsttranszendenz konzeptualisiert, geht mit (geringfügig) mehr Wohlbefinden und geringerer Depressivität einher (Doolittle & Farrell, 2004), wobei insbesondere solche Menschen von einer höheren Lebenszufriedenheit berichten, die sich als spirituelle Sucher verstehen (Kaldor et al, 2004).

- Relevanter wird Spiritualität vor allem in extrem stressreichen Situationen, wenn in höchster Not alle anderen Bewältigungsformen ausgeschöpft sind. Spirituelle Menschen können leichter kritische Lebensereignisse bewältigen, sei es – was für Eltern das Furchtbarste ist – den Tod eines Kindes, was in einer der wenigen deutschsprachigen Studien von Znoj, Morgenthaler & Zwingmann (2004) untersucht wurde, sei es eine lebensbedrohliche Diagnose, speziell Karzinom (Laubmeier, Zakowski & Bair, 2004).

- Spiritualität ist ein robustes und eigenständiges Persönlichkeitsmerkmal, d.h. spirituelle Menschen sind nicht neurotischer – wie von Freud unterstellt –, aber auch nicht psychotischer oder introvertierter (Piedmont 1999; MacDonald, 2000).

- Spiritualität begünstigt jene menschlichen Stärken und Tugenden, die in den Fokus der Positiven Psychologie gerückt sind (Auhagen, 2004; Snyder & Lopez, 2005).

- Spirituelle Menschen können erwiesenermaßen leichter verzeihen, wodurch sich physiologische Stressindikatoren ebenso vermindern wie negative Emotionen, speziell Zorn und Traurigkeit (Witvliet, Ludwig und van der Laan, 2000).

- Spiritualität fördert die Haltung der Dankbarkeit, auch für alltägliche und unscheinbare Dinge. McCullough, Emmons & Tsang (2002) entwickelten eine Gratitude scale mit Items wie: „Ich bin dankbar für alles, was ich im Leben erhalten habe" – diese korrelierte signifikant mit Spiritualität.

Noch einmal: Präsentieren ließ sich bloß eine Auswahl; völlig unberücksichtigt blieben die empirischen Studien, die bisher zu Spiritualität, Religiosität in therapeutischen Settings durchgeführt wurden (Utsch, 2005; Utsch in diesem Band).

5. Desiderata zukünftiger Forschung

Spiritualität ist nicht bloß ein Modethema, sondern eine menschliche Fähigkeit, die menschheitsgeschichtlich schon seit gut 100.000 Jahren nachweisbar ist und in der Evolution eine enorm adaptive Funktion erfüllt hat (Überblick Bucher, 2007b). Trotz der religionskritischen Prognosen blieb Spiritualität enorm virulent, ja, sie scheint, auch außerhalb kirchlicher Reglementierung, im Wachsen begriffen. Dass sie auf psychologisch relevante Variablen Effekte hat, bald eher moderate, bald sehr starke, steht außer Streit.

Umso dringlicher wäre es, auch im deutschsprachigen Raum die psychologische Spiritualitätsforschung zu intensivieren, die qualitative ebenso wie die quantitative. Denn die Ergebnisse der angelsächsischen Spiritualitätspsychologie, speziell die in den USA gewonnenen, lassen sich nicht ohne Weiteres auf die mitteleuropäischen Kontexte transferieren. In den USA ist der Glaube an Gott seit 1944 konstant hoch geblieben (um die 95%), in Europa hingegen hat er deutlich abgenommen. In den Vereinigten Staaten gibt es eine öffentliche religiös/spirituelle Rhetorik, in Europa hingegen ist Religiosität ein privates Thema, auch wenn in den letzten Jahren gerade der Diskurs über Spiritualität zumindest lauter wurde.

Dass die entsprechende psychologische Forschungslage in Mitteleuropa defizitärer ist, hat mehrere Gründe. Zum einen könnte es sein, dass viele Psychologen aufgrund biographischer Erfahrungen an Religiosität/Spiritualität wenig interessiert sind und möglicherweise einen 68er Effekt entwickelt haben, zumindest gegenüber der Kirche, die aber ihr Monopol für Spiritualität schon längst verloren hat. Zum anderen ist es nach wie vor nicht empfehlenswert, zu einem religionspsychologischen Thema zu promovieren oder gar zu habilitieren; es gibt kaum einschlägige Lehrstühle und Institute. Und nur sehr begrenzte fachspezifische Berufsmöglichkeiten.

Auch gibt es – zumindest bis jetzt – noch kaum Forschungsabnehmer. Diesbezüglich aber bin ich überzeugt, dass sich dies ändern wird und dass insbesondere die Medizin, speziell die Geriatrie, an noch mehr empirisch gesicherten Befunden über Effekte von Spiritualität auf Gesundheits- und Krankheitsvariablen interessiert sein wird. Auch unter Medizinern beginnen sich spirituelle Netzwerke zu verbinden, die gut beraten sind, interdisziplinär – auch mit Religionswissenschaftlern, Psychologen etc. – zu arbeiten. Für wegweisend und hoffnungsvoll erachte ich den Tagungsband „Spiritualität, Krankheit und Heilung – Bedeutung und

Ausdrucksformen der Spiritualität in der Medizin" von Büssing u.a., 2006).

Spiritualität wird bleiben:

„Solange unser Gehirn so eingerichtet ist, wie es ist, und solange unser Geist diese tiefere Wirklichkeit zu spüren vermag, wird die Spiritualität die menschliche Existenz weiterhin prägen, und Gott – egal was wir unter diesem majestätischen, mysteriösen Begriff verstehen – wird nicht verschwinden" (Newberg, d'Aquili & Rause, 2003, 234).

Literatur

Auhagen, A.E. (Ed.) (2004). Positive Psychologie. Anleitung zum "besseren" Leben. Wenheim: Beltz.

Benson, H. (1997). Heilung durch Glauben, München: Heyne.

Beringer, A. (2000). In search of the sacred: A conceptual analysis of spirituality. Journal of Experimental Education, 23, 157–165.

Bucher, A. (2005). Psychobiographien religiöser Entwicklung. Glaubensprofile zwischen Universalität und Individualität. Stuttgart: Kohlhammer.

Bucher, A.: (2007a). Psychologie der Spiritualität. Handbuch. Weinheim: Psychologie Verlags Union.

Bucher, A. (2007b). Warum achtarmige Götter, Menschenopfer, Nächstenliebe? Religiosität/Spiritualität als evolutionäres Beiprodukt oder mit adaptiver Funktion. In A. Bucher (Hg.): Moral, Religion, Politik. Psychologisch-pädagogische Zugänge, Münster: Lit, 291–304.

Büssing, A., et al. (Eds.) (2006). Spiritualität, Krankheit und Heilung – Bedeutung und Ausdrucksformen der Spiritualität in der Medizin. Frankfurt/M.: VAS

Burkhardt, M.A. (1994). Becoming and connecting: Elements of spirituality for women. Holistic Nursing Practice, 8, 12–21.

Burkhardt, M.A. & Nagai-Jacobson, G.N. (2001). Spirituality: Living our connectedness. Southwestern: Delmar Thomson Learning.

Chiu, L. (2000). Lived experience of spirituality in Taiwanese women with breast cancer. Western Journal of Nursing Research, 22, 29–53.

Daaleman, T.P. & Frey, B.B. (2004). The Spirituality Index of Well-being: A new instrument for health-related quality of life research. Annals of Family Medicine, 2, 499–503.

Doolittle, B. & Farrell, M. (2004). The association between spirituality and depression in an urban clinic. Primary Care Companion Journal of Clinical Psychiatry, 6, 114–118.

Eckhart, Meister (1963). Deutsche Predigten und Traktate. Herausgegeben und übersetzt von Josef Quint. München: Hanser.

Elkins, D.N. (1998). Beyond religion: A personal program for building a spiritual life outside the walls of traditional religion. Wheaton: Quest Books.

Elkins, D.N., et al. (1988). Toward a humanistic-phenomenological spirituality. Definition, description, and measurement. Journal of the Humanistic Psychology, 28 (4), 5-18.

Ellis, A. (1983). The case against religiosity. New York: Institute for Rational-Emotive Therapy.

Farran, C.J. (2003). Spirituality in multicultural caregivers of persons with Dementia, 2, 353–377.

Fetzer Institute (1999). Multidimensional measurement of religiosity/spirituality for use in health research. A report of the Fetzer Institute/National Institute on Asging Working Group.

Frankl, V.E. (2004). Der Mensch vor der Frage nach dem Sinn. Eine Auswahl aus dem Gesamtwerk, München: Piper.

Fryback, P.B. & Reinert, B.R. (1999). Spirituality and people with potentially fatal diagnoses. Nursing Forum, 34, 13–22.

Fuller, R.C. (2001). Spiritual, but not religious. Understanding unchurched America. New York: Oxford University Press.

Gangl, J. (2007). Im Gespräch mit spirituellen Menschen. Publikation in Vorbereitung.

Gollnick, J. (2005). Religion and spirituality in the life cycle. New York et al: Peter Lang.

Gometz, R. & Fisher, J.W. (2003). Domains of spiritual well-being and development and validation of the spiritual well-being questionnaire. Personality and Differences, 35, 1975–1991.

Goswami, A. (2007). Das bewusste Universum. Wie Bewusstsein die materielle Welt erschafft, Stuttgart: Lüchow.

Griffin, D.R (1997). Parapsychology, philosophy, and spirituality. A postmodern exploration. New York: State University of New York Press.

Hummer, R.A., et al. (1999). Religious involvement and U.S. adult mortality. Demography, 36, 273–285.

James, W. (1979). Die Vielfalt religiöser Erfahrungen. Eine Studie über die menschliche Natur. Olten & Freiburg i. Br.: Walter (erstmals 1902).

Joshi, M.M. (1998). Die Bedeutung von Wissenschaft und Spiritualität für den Weltfrieden. www.here-now4u.de/die_bedeutung_von_wissenschaft.htm.

Kaldor, P., et al. (2004). Spirituality and wellbeing in Australia. NCLS Research. Occasional Paper 6. www.ncls.org.au/download/doc3416/NCLSOccasionalPaper6-SpiritualityandWellbeing.pdf.

Kass, J.D., et al. (1991). Health outcomes and a new index of spiritual experiences. Journal for the Scientific Study of Religion, 30, 203–211.

Kirk, K.M., Eaves, L.J. & Martin, N.G. (1999). Self-transcendence as a measure of spirituality in a sample of older Australian twins. Twin Research, 2, 81–87.

Koenig, H.G., McCullough, M.E. & Larson, D.B. (Eds.) (2001). Handbook of religion and health. Oxford/New York: Oxford University Press.

Kremer, R. (2001). Religiosität und Schlaganfall. Bewältigen religiöse Menschen anders. Frankfurt/M.: Peter Lang.

Lackinger, E. (2005). Einfluss der Religiosität bzw. Spiritualität auf die Konstrukte der positiven Psychologie Optimismus, Vertrauen, Vertrauen in der Partnerschaft, Verzeihen, Glück. Unveröffentlichte Diplomarbeit am Fachbereich Psychologie der Universität Salzburg.

Laubmeier, K.K., Zakowski, S.G. & Bair, J.P. (2004). The role of spirituality in the psychological adjustment to cancer: a test of the transactional model of stress and coping. International Journal of Behavioral Medicine, 11, 48–55.

Ledbetter, M.F. et al. (1991). An evaluation of the construct validity of the spiritual well-being scale: A confirmatory factor analytic approach. Journal of Psychology and Theology, 19, 94–103.

Levin, J. (2001). God, faith, and health. Exploring the spirituality-healing connection, New York: Wiley & Sons.

Mack, W. (2007). Braucht die wissenschaftliche Psychologie den Begriff der Seele? E-journal   Philosophie   der   Psychologie.   In: http://www.jp.philo.at/texte/MackW1.pdf

MacDonald, D.A. (2000). Spirituality: Description, measurement, and relation to a five factor model of personality. Journal of Personality, 68, 153–197.

McCullough, M.E., Emmons R.A. & Tsang, J.A. (2002). The grateful disposition: A conceptual and empirical topography. Journal of Personality and Social Psychology, 82, 112–127.

McDonald, B. (2003). The soul of environmental activists. In: International Journal of Wilderness, 9 (2), 14-17.

Mehnert, A., Rieß & Koch, U. (2003). Die Rolle religiöser Glaubensüberzeugungen bei der Krankheitsbewältigung maligner Melanome. Verhaltenstherapie und Verhaltensmedizin, 24, 147–166.

Neff, J.A. (2006). Exploring the Dimensionality of „Religiosity" and „Spirituality" in the Fetzer Multidimensional Measure. Journal for the Scientific Study of Religion, 45, 449–459.

Neisser, U. (1967). Cognitive psychology, New York: Appleton-Century-Crafts.

Newberg, A., d'Aquili & Rause, V. (2003). Der gedachte Gott. Wie Glaube im Gehirn entsteht. München/Zürich: Piper.

Niederman, R. (1999). Spirituality Research. The conceptualization of a model of spirituality. Doctoral Dissertation at the School of Social Work at the University of Georgia. Summary: www.geocities.com/randyniod/home.html

Paloutzian, R.F. & Ellison, C.W. (1982). Loneliness, spiritual well-being, and the quality of life. In L.A. Pelau & D. Perlman (Eds.) : Loneliness, New York: John Wiley, 224-237.

Persinger, M.A. (2002). The temporal lobe: The biological basis of the God experience. In: R. Joseph (Ed.). NeuroTheology, San Jose: University Press, 273-278.

Piedmont, R.L. (1999). Does spirituality represent the sixth factor of personality? Spiritual transcendence and the five-factor model. Journal of Personality, 67, 985-1013.

Renz, M. (2003). Grenzerfahrung Gott. Spirituelle Erfahrungen in Leid und Krankheit. Freiburg i. Br.: Herder.

Rew, L. & Wong, J. (2006). A systematic review of associations among religiosity/spirituality and adolescent health attitudes and behaviors. Journal of Adolescent Health, 38, 433–442.

Rose, S. (2003). Der Weg der Priesterin. Die Rolle der Frau als Weise, Heilerin und Verkörperung der Göttin. München: Ansata.

Saucier, G. & Skrzypinska, K. (2006). Spiritual but not religious? Evidence for two independent dispositions. Journal of Personality, 74, 1257–1292.

Shulman, A. (1995). Drinking the rain. New York: Farrar, Straus & Giroux.

Snyder, C.R. & Lopez, S.J. (2005). Handbook of positive psychology, Oxford: Oxford University Press.

Stefanek, M., McDonald, P.G. & Hess, S.A. (2004). Religion, spirituality and cancer: Current status and methodical challenges. Psycho-Oncology, 14, 450–463.

Taylor, B. (2001). Earth and nature based spirituality (part 1): From deep ecology to radical environmentalism. Religion, 31, 175-193.

Timio, M., et al. (1987). Blood pressure trend and cardiovascular events in nuns in a selected order: A 30-year follow-up study. Blood Pressure, 6, 81–87.

Tirri, K. (2007). Spirituelle Empfindsamkeit junger Erwachsener. In: A. Bucher (Hg.): Moral, Religion, Politik. Psychologisch-pädagogische Zugänge, Münster: Lit, 269–277.

Utsch, M. (2005). Religiöse Fragen in der Psychotherapie. Psychologische Zugänge zu Religiosität und Spiritualität. Stuttgart: Kohlhammer.

Walton, J. (1999). Spirituality of patients recovering from an acute myocordial infarction: A Grounded Theory study. Journal of Holistic Nursing, 17, 34–53.

Walton, J. & Sullivan, N. (2004). Men of prayer: Spirituality of men with prostate cancer. A Grounded Theory study. Journal of Holistic Nursing, 22, 133–151.

Witvliet, C., Ludwig, T.E. & van der Laan, K.L. (2000). Granting forgiveness or harbouring grudges: Implications or emotions, physiology and health. Psychological Science, 121, 117–123.

Znoj, H., Morgenthaler, C. & Zwingmann, C. (2004). Mehr als nur Bewältigen? Religiosität, Trauerreaktion und Coping bei elterlicher Depressivität nach dem Verlust eines Kindes. In C. Zwingmann & H. Moosbrugger (Hrsg.), Religiosität: Messverfahren und Studien zu Gesundheit und Lebensbewältigung. Münster: Waxmann, 277–297.

Spiritualität in der Psychotherapie – Was ist empirisch dazu bekannt?

Michael Utsch

Religiöse Heilweisen sind die Vorläufer der heutigen Medizin und Psychotherapie. Unsere Kulturen verfügen über einen reichen Erfahrungsschatz an religiöser Heilkunde – in den Naturreligionen, buddhistischen Versenkungsmethoden und der chinesischen Medizin, im Christentum und der Naturheilkunde. Spätestens seitdem der Methodist Herbert Benson 1988 die erste Mind-Body-Klinik in den USA gründete, interessiert sich auch hierzulande die Schulmedizin für komplementärmedizinische Angebote: Akupunktur wird erfolgreich zur Schmerzbekämpfung eingesetzt, Yoga zur Stressreduktion, und immer öfter finden Homöopathika zur Eigenbehandlung leichter Erkrankungen dankbare Nutzer. Dabei versteht sich die moderne Mind-Body-Medizin ausdrücklich nicht als Alternative zur konventionellen Medizin, sondern als ihre Ergänzung. Forscher erhoffen sich dadurch ein besseres, ganzheitliches Verständnis von Erkrankungs- und Heilungsprozessen (Dobos et al., 2006).

Glaube und Heilung, Spiritualität und Psychotherapie waren bis ins 17. Jahrhundert untrennbar miteinander verknüpft. Schon im Altertum waren die Heiler Angehörige der Priesterklasse. Im Mittelalter wurde der Arztberuf von der Geistlichkeit ausgeübt. Mönche gründeten die ersten Hospitäler, und Diakonissen prägten über Jahrhunderte das Leitbild für Diakonie und Pflege (Hofmann & Schibilsky, 2001). Früher wurden religiöse Übungen und Rituale wie Opfer, Anbetung oder Beichte gezielt zu physischen und psychischen Heilzwecken eingesetzt. Heute untersuchen Psychologen genauer die therapeutischen Wirkungen von Ritualen und überlegen, wie solche verantwortlich in eine Behandlung eingesetzt werden können (Straube, 2005).

Der Heidelberger Mediziner und Psychologe Rolf Verres geht davon aus, dass in Momenten tiefer Resonanz zwischen Arzt und Patient Prozesse in Gang gesetzt werden können, die er vorsichtig mit „Tiefendimension der Heilkunde" umschreibt. In der Resonanz als Bezogenheit der Menschen aufeinander sieht Verres (2005) einen vernachlässigten Wirkfaktor einer „Medizin mit Seele". In diesem Ansatz werden Vertrauen, Liebe und Dankbarkeit als wesentliche Bestandteile einer gesundheitsförderlichen Arzt-Patient-Beziehung benannt und beschrieben. Mit Recht wird deshalb immer häufiger angemahnt, bei einer ganzheitlichen Heilbehandlung des Menschen neben den biopsychosozialen Bedingungen seine spirituellen Bedürfnisse nicht zu übergehen.

Nachdem der Schatz religiöser Heilkunde lange Zeit vergessen schien, wird er gegenwärtig wiederentdeckt. Psychologen erkunden mit staatlichen Forschungsgeldern die befreiende Wirkung des Verzeihens, die stabilisierenden Funktionen der Dankbarkeit, die Widerstandskraft von Hoffnung und Vertrauen (Auhagen, 2008). Auf der Suche nach tragenden Werten und weltanschaulicher Orientierung hat das kulturelle Erbe der Weltreligionen das Interesse der Gesundheitsforscher geweckt. Religionsvergleichende Untersuchungen haben dabei ergeben, dass die großen Weltreligionen folgende sechs Kerntugenden beinhalten: Weisheit/Wissen, Mut, Liebe/Humanität, Gerechtigkeit, Mäßigung, Spiritualität/Transzendenz (Seligman, 2003, 214ff). Weil das therapeutische Potential dieser Haltungen offensichtlich ist, fragen auch Psychotherapeuten vermehrt nach Wegen, diese Einstellungen zu vermitteln und therapeutisch zu nutzen. Der Forschungsansatz der Positiven Psychologie bietet hier anregende Querverbindungen, indem die Zusammenhänge zwischen Lebenszufriedenheit und Lebenssinn bzw. Spiritualität untersucht werden. Auf der Suche nach den Quellen für subjektives Wohlbefinden hat die Glücksforschung herausgefunden, dass glückliche Menschen eher einen Sinn stiftenden religiösen Glauben haben und sich in einer unterstützenden Gemeinschaft aufgehoben wissen (Myers, 2005, 562).

Unklare Konzepte

Wer sich mit den psychotherapeutischen Effekten der Spiritualität beschäftigt, stößt allerdings schnell auf das Problem, dass dieses Konzept schwammig und unklar ist. Verwechselungen mit der Parapsychologie, veränderten Bewusstseinszuständen oder dem Spiritismus kommen häufig vor. Auch Abgrenzungen zur Religion sind nicht leicht zu treffen. Oftmals wird Religiosität negativ als eine verkrustete, institutionelle und zwanghafte Form dargestellt, Spiritualität hingegen durchwegs positiv als offen, erfahrungsstark und befreiend. Dabei wird übersehen, dass Spiritualität den Kern jeder Religion ausmacht und dass spirituelle Bewegungen auch erstarren und krank machen können. Aktuellen Befragungen zufolge ist nach wie vor Religiosität der gebräuchlichere Begriff. 88 Prozent einer großen amerikanischen Klinikstichprobe bezeichneten sich sowohl religiös als auch spirituell. In einer deutschen Klinikumfrage bezeichneten sich 35 Prozent der Patienten ausschließlich als religiös oder 32 Prozent sowohl religiös als auch spirituell. Lediglich neun Prozent schätzten sich als spirituell, nicht jedoch als religiös ein (Klein & Albani, 2006).

Insofern steht die sozialwissenschaftliche Religionsforschung vor einem Dilemma. Bisher liegen keine überzeugenden Theorien vor, wie Religiosität bzw. Spiritualität zum Menschsein gehören. Auch das neue Konzept der Spiritualität leidet darunter.

Der große Nachholbedarf an Spiritualität ist neben der Psychotherapie besonders in drei anderen Bereichen zu beobachten: in der Alternativmedizin, wo von der Schulmedizin Enttäuschte einen neuen Umgang mit sich und ihren Körper erfahren, in der Gerontologie, wo Studien zufolge das Wohlbefinden im dritten Lebensabschnitt wesentlich von positiver Spiritualität abhängt (Kruse, 2006), und in der Palliativmedizin, wo Schwerkranke und Sterbende Hoffnung und Gelassenheit durch spirituelle Zuwendung erhalten (Roser, 2007). Die Weltgesundheitsorganisation hat kürzlich unterstrichen, dass die Beachtung der spirituellen Bedürfnisse wesentlich zu einer Lebensqualität bis in die letzte Stunde beiträgt. Gerade bei chronischer Krankheit gewinnen die Themen Sinnfindung und Spiritualität an Bedeutung. Das belegt eine kürzlich veröffentlichte Übersichtsstudie, die in einer renommierten Zeitschrift für Gesundheitsforschung publiziert wurde (Mehnert, 2006). Die Einordnung belastender Ereignisse in einen Sinnzusammenhang, so belegen auch erste deutschsprachige Studien, kann durch spirituelles Erleben erleichtert werden.

Mittlerweile liegen eindeutige Befunde vor, dass positive Spiritualität zur Krankheitsbewältigung und Gesundheitsvorsorge dient (Utsch, 2005, van Quekelberghe, 2007; Bucher, 2007). Bei der Auseinandersetzung mit existentiellen Krisen und bei traumatischem Stress gibt es offenbar keinen besseren Weg als den, die spirituellen Ressourcen beim Patienten zu aktivieren (Madert, 2007). Dazu ist es aber notwendig, darüber Bescheid zu wissen. Deshalb setzt sich immer mehr durch, dass zu einer fachgerechten Krankengeschichte eine religiös-spirituelle Anamnese gehört, etwa Fragen wie: Welche religiösen oder spirituellen Glaubensüberzeugungen haben Sie? Welchen Einfluss nehmen diese Überzeugungen auf Ihre Alltagsgestaltung? Sind Sie Mitglied einer spirituellen oder religiösen Gemeinschaft? Wie soll in der Krankenbehandlung mit spirituellen Erwartungen und Problemen umgegangen werden? Erst auf der Grundlage dieser Kenntnis ist es möglich, besser mit diesem sensiblen Bereich umzugehen, fällt ihm doch gerade in Krisenzeiten eine besondere Bedeutung zu.

Insbesondere amerikanische Studien belegen die Heilkraft des Glaubens. Die überwältigend hohe Anzahl von religionspsychologischen Studien aus den USA nützt Europa jedoch nur bedingt. Die Kulturgebundenheit religiösen bzw. spirituellen Erlebens und Verhaltens erfordert eigene Untersuchungen und Erklärungsansätze. Leider fristet die Religionspsychologie hierzulande immer noch ein Nischendasein, obwohl sie zur Überwindung fundamentalistischer Haltungen und dem interreligiösen Dialog entscheidende Hilfen beisteuern könnte. Nur seitens der Theologie wird die religionspsychologische Perspektive immer wieder eingefordert (Utsch, 2006; Heine, 2007). Der Mangel an sozialwissenschaftlichen Erkenntnissen wirkt sich jedoch negativ aus, weil über die Heilwirkungen oder aber den Schaden von Glaubensüberzeugungen nur gemutmaßt werden kann. In den deutschen Lehrbüchern zur Psychotherapie werden religiöse oder spirituelle Überzeugungen immer noch ignoriert. In einem umfassenden, renommierten Standardwerk fehlen auch in der überarbeiteten dritten Auflage in dem ausführlichen Stichwortregister Begriffe wie Glaube, Religion oder Spiritualität (Senf & Broda, 2004). Während an zwei Dritteln der amerikanischen medizinischen Fakultäten ein Einführungskurs in Religionspsychologie Pflicht ist, werden solche hierzulande nicht einmal angeboten.

Es stimmt allerdings hoffnungsvoll, dass hier in den letzten Jahren ein Trendwechsel erkennbar ist: Psychoanalytiker haben sich auf einer Jahrestagung konstruktiv mit der Psychoanalyse des Glaubens beschäftigt (Gerlach, Schlösser & Springer, 2004). Eine psychoanalytische Untersuchung von Glaubensvollzügen mit Hilfe der Objektbeziehungstheorie ermöglicht es, verschiedene Glaubensformen zu differenzieren und die Heilkraft bestimmter Glaubenshaltungen zu entdecken (Ruff, 2005). Die buddhistischen Tugenden der Achtsamkeit, Akzeptanz und des Mitgefühls werden mittlerweile als regelrechte Behandlungsmethoden und eine Art „dritte Welle" der Verhaltenstherapie thematisiert (Heidenreich

& Michalak, 2003). Auch die Forschungsrichtung der Transpersonalen Psychologie hat in den letzten Jahren in der akademischen Psychologie und der psychotherapeutischen Praxis an Bedeutung gewonnen (Walach, Kohls & Belschner, 2005). Die psychologischen Lücken zum angemessenen Umgang mit existentiellen Fragen werden also endlich aufgefüllt.

Die Verbindung von Psychotherapie und Spiritualität

Zweifellos ist die Verbindung von Psychotherapie und Spiritualität heikel und erfordert ein aufmerksames und sehr behutsames Vorgehen. Vor allem darf dabei die Verschiedenartigkeit von wissenschaftlich überprüfbarer Heilbehandlung und weltanschaulich geprägter Heils-Erfahrung nicht aus dem Blick geraten. Die psychotherapeutische und die spirituelle Grundhaltung stehen nämlich in einem deutlichen Widerspruch zueinander. Geht es in einer therapeutischen Beratung um konkrete Konfliktlösungen, bleibt die spirituelle Haltung offen und aufmerksam für den jeweiligen Augenblick, ohne Absichten oder Nutzen verfolgen zu wollen. Während in der Psychotherapie Selbstsicherheit und Verhaltenskontrolle wichtige Behandlungsziele sind, will die spirituelle Haltung unbedingtes Vertrauen in sich und das Leben vermitteln, ohne eine methodische Absicherung bei der Hand zu haben. Will die Psychotherapie zum Leben befähigen, will die Spiritualität die Quelle zur eigenen Lebendigkeit öffnen.

Religion und Spiritualität rühren an das Geheimnisvolle und Rätselhafte des Menschseins. Zu einer evidenzbasierten Medizin und qualitätskontrollierten Psychotherapie bestehen kaum Berührungspunkte. Werden an Psychotherapie häufig (unrealistische) technische Machbarkeitserwartungen geknüpft, führt die Beschäftigung mit spirituellen Wegen zunächst einmal in die Stille und Einsamkeit. Nicht Nützlichkeit und Funktionalität sind gefragt, sondern schweigen, loslassen und vertrauen. Aber gerade dadurch, so mutmaßen Forscher, wird eine neue Wahrnehmung, Haltung und ein neuer Umgang mit sich und mit belastenden Konflikten möglich.

Beraterinnen und Therapeuten, die religiöse oder spirituelle Elemente in ihre Behandlungen mit aufnehmen wollen, stehen vor erheblichen Schwierigkeiten – nicht nur rechtlichen. Denn normalerweise wird eine Methode oder Interventionstechnik gezielt und kontrolliert eingesetzt.

Alles andere wäre unseriös und unverantwortlich. Das generelle Ziel einer therapeutischen und beraterischen Behandlung besteht darüber hinaus darin, den Klienten zu mehr Autonomie und Selbstkontrolle zu führen.

Auf dem Gebiet der Religion und Spiritualität herrschen jedoch offensichtlich andere Gesetzmäßigkeiten. Hier geht es nicht um Kontrolle, sondern Loslassen, nicht um aktives Steuern, sondern vertrauendes Zulassen. Eine spirituelle Haltung scheint von Akzeptanz, Achtsamkeit und Vertrauen geprägt zu sein (Hundt, 2007). Im Zentrum der spirituellen Haltung stehe, so schlussfolgern zwei amerikanische Religionspsychologen, sich bereitwillig einem größeren Ganzen zu ergeben (Cole & Pargament, 1999). Diese „spirituelle Ergebenheit" beschrieben sie als einen paradoxen Weg des Kontrollierens. Durch spirituelle Ergebenheit, so definieren die Autoren, wird „die persönliche Kontrolle zugunsten des Geheiligten aufgegeben, sei es für ein transzendentes Ziel, sei es für ein Ideal, eine Beziehung, oder eine Verpflichtung" (ebd., 184).

Meditationsforscher, sowohl mit buddhistischem als auch christlichem Hintergrund, stießen mit ähnlichem Ergebnis übereinstimmend auf den paradoxen Befund, dass die Heilwirkung der Meditation dann besonders groß ist, wenn sie gerade nicht zielgerichtet und funktional eingesetzt wird. Gesundheit und Entspannung treten demnach nur als ein indirekter Nebeneffekt ein. „Spiritualität und Absicht vertragen sich nicht" fasst Monika Renz (2006, 17) ein Ergebnis ihrer Untersuchungen an Sterbenden zusammen: „Spiritualität ist Berührung mit einer andersartigen Realität, zu der man Ja sagen kann oder Nein". Religiosität und Spiritualität haben also mit Ehrfurcht und Achtsamkeit gegenüber einer größeren, umfassenderen Wirklichkeit zu tun.

Eine bewährte Methode meditativer Gesundheitspflege ist die Einübung der „Entspannungsreaktion" („relaxation response"). Sie ist das Gegenteil der Stressreaktion, die jeder körperlich kennt: Das Herz rast, die Hände werden schweißnass, Nervosität breitet sich aus. Die kontemplative Ruhe ist hingegen körperlich weniger deutlich wahrnehmbar und muss deshalb eingeübt werden. Sie verlangt Eigeninitiative und Disziplin, wird aber durch nachweisbare Effekte auf den Körper belohnt: 184 Frauen mit organisch nicht erklärbarer Unfruchtbarkeit erlernten in einem zehnwöchigen Kurs eine meditative Entspannungsmethode („relaxation response", H. Benson). Innerhalb von einem Jahr nach Abschluss des Kurses wurden 55 Prozent der Teilnehmerinnen schwanger, in der Kontrollgruppe waren es lediglich 20 Prozent (Domar et al., 2000).

In einer anderen amerikanischen Studie erlernten 25 Arbeiter von einem Meditationsexperten Entspannungstechniken. Sie und eine Kontrollgruppe erhielten danach eine Grippe-Impfung. Bei den Meditierenden schlug die Impfung besser an – sie hatten eine bis zu 25 Prozent höhere Zahl von Antikörpern im Blut (Davidson & Kabat-Zinn, 2003). Erste Untersuchungen in Deutschland weisen auf vergleichbare Effekte hin: Das konzentrierte Wiederholen eines Gebets oder Mantras bewirkt eine tiefe körperliche Entspannung und wohltuende innere Leere (Majumdar, 2000).

Befunde bei der Einbeziehung religiös-spiritueller Änderungsstrategien

Welche nachweisbaren Wirkungen ergibt die Einbeziehung religiösspiritueller Strategien? Im Folgenden werden dazu schlaglichtartig einige Befunde referiert.

- 25 drogenabhängige junge Menschen wurden in einer christlichen Therapieeinrichtung in Schweden befragt, wie die Hinwendung zum religiösen Glauben ihre Heilung und weitere Lebensführung beeinflusst hat. Nach sechs Jahren lebten 72 Prozent der Befragten immer noch drogenfrei (Borgen, 2003).
- 157 Patienten mit lebensbedrohlichen Erkrankungen wurden in Süddeutschland daraufhin untersucht, welchen Einfluss eine positive religiöse Einstellung auf die Krankheitsverarbeitung nimmt. Je positiver die Religiosität getönt war, so lautet ein zentrales Ergebnis dieser Studie, umso besser konnten sich die Patienten aktiv mit ihrer Situation auseinandersetzen und Sinn darin zu finden und umso weniger versuchten sie sich abzulenken oder zogen sich sozial zurück (Deister, 2000).
- 192 Patienten aus kirchlichen Beratungsstellen und zwei freikirchlichen „christlichen" Kliniken wurden darauf hin untersucht, welche Form von Religiosität die psychische Gesundheit positiv beeinflusst (Dörr, 2001). Ein kooperativer Bewältigungsstil („Wenn ich das Problem anpacke, unterstützt Gott mich dabei") erwies sich gegenüber einer aktivselbständigen („Ich muss mein Problem selber lösen, auch wenn ich an Gott glaube") und einem passiv-deligierenden Stil („Ich muss nicht nach Lösungen für das Problem suchen, weil Gott sie mir zeigen wird") als überlegen.

- Bei 21 Klienten mit psychosomatischen Auffälligkeiten, die einen acht-wöchigen Achtsamkeits-Meditations-Training teilgenommen hatten, wurden Veränderungen des Gesundheitszustands überprüft (Majumdar, 2000). Es ergaben sich effektive und nachhaltige Symptomreduzierun-gen. Insgesamt wurde das Meditationstraining als hilfreiche Ergänzung zur ärztlichen und/oder psychotherapeutischen Behandlung erlebt.

Auch bei einer körperlichen Erkrankung können religiöse und spirituelle Einstellungen bedeutsam sein.

- Bei einer Stichprobe von 191 Hamburger Krebspatienten und einer Kontrollgruppe von 151 Gesunden wurden positive Zusammenhänge zwischen Religiosität und einer positiven Stressbewältigung gefunden (Mehnert & Koch, 2001).
- Bei 117 Patienten wurde nach ihrer Hautkrebs-Operation untersucht, welchen Einfluss religiöse und spirituelle Überzeugungen auf die Krankheitsbewältigung nahmen. In Übereinstimmung mit amerikani-schen Untersuchungen gingen Patienten, für die ihr Glaube Kraftquelle und Sinngebung bedeutete, offen mit ihrer Krankheit um und bemüh-ten sich aktiv um Bewältigung (Mehnert, Rieß & Koch 2003).
- 135 von 251 Patienten auf einer onkologischen Station berichteten von einer besonderen spirituellen Erfahrung angesichts ihrer schweren Er-krankung. Bei allen veränderte sich dadurch ihre Befindlichkeit stark: „Anders im Körper, anders in Raum und Zeit, anders in Bezug auf ihre krankheitsbedingte Situation, frei, weit, intensiv, entspannt, liebend, versöhnt mit sich selbst" (Renz, 2006, S. 129).
- Weitere deutsche Studien zur Rolle der Religiosität als Ressource bei der Bewältigung von Krankheiten ergaben bei psychosomatischen (Murken, 1998), psychiatrischen (Dörr, 2001) und Schlaganfallpatien-ten (Kremer, 2001), jedoch eher schwache oder uneindeutige Zusam-menhänge. Ein negatives Gottesbild trug sogar zur Verlangsamung des Heilungsprozesses bei (Zwingmann, 2004).

Um die Zusammenhänge zwischen Religiosität und Gesundheit psycho-logisch zu verstehen, haben Schowalter und Murken (2003) sechs Erklä-rungsansätze formuliert. Hier werden Faktoren wie die soziale Unter-stützung durch die Glaubensgemeinschaft, die ethische Verhaltensregu-lierung, die weltanschauliche Orientierung, die alternativen Werte, die positiven Emotionen und das Bewältigungsverhalten diskutiert. Die Be-fundlage zur Religiosität in Psychotherapie und Beratung ist aber derzeit in Deutschland noch äußerst dürftig und lässt keine zu verallgemeinern-den Schlüsse zu. Erst in den letzten Jahren sind hier Ansätze zu einem besseren Verständnis ihrer Zusammenhänge entwickelt worden (van

Quekelberghe, 2007; Klein & Albani, 2006; Mehnert, 2006; Utsch, 2005).

Einbeziehung spiritueller Interventionen

Es scheint also in bestimmten Fällen möglich und indiziert zu sein, spirituelle Elemente in eine traditionelle Behandlung einzubinden. Eine spirituelle Psychotherapie erfordert eine ausgewogene Balance zwischen Profession und Konfession. Denn niemand will zurück ins Mittelalter und sich bevormunden und indoktrinieren lassen. Aber andererseits sind existentielle Lebensfragen nicht fachlich, sondern nur gläubig zu beantworten. Wie ein aufgeklärter Transzendenzbezug oder konkret eine reflektierte Gottesbeziehung heute aussehen kann, darüber lohnt sich der fachübergreifende Erfahrungsaustausch! Auch die differenzierten Befunde der amerikanischen Forschung an der Schnittstelle von Psychotherapie und Religionspsychologie sind überaus anregend (Pargament, 2007). Glaubensüberzeugungen besitzen neben ihren verführerischen Aspekten ein Heilungspotential, das nicht zu nutzen unprofessionell wäre. Besonders bei hochreligiösen bzw. stark spirituell orientierten Patienten bieten sich hier spirituelle Interventionen an, wie auch erste Studien aus Deutschland belegen.

Der Psychotherapieforscher Allen Bergin hat gemeinsam mit einem Kollegen ein differenziertes psychologisches Konzept zur Integration spiritueller Interventionen in eine psychotherapeutische Behandlung vorgelegt (Richards & Bergin, 2005). Dieses Buch entwickelte in Theorie und anhand anschaulicher Praxisbeispiele, wie von einem theistischen Weltbild aus spirituelle Methoden als therapeutische Interventionen in eine Behandlung integriert werden können. Die Besonderheit lag nicht so sehr in dem Bekenntnis des Autors zu Gott – im Bereich der Psychotherapie sind schon vorher Bücher mit anderen weltanschaulichen Standpunkten wie der Esoterik oder dem Buddhismus erschienen (Deikman 1982, Walsh 2005). Das Handbuch war streng an wissenschaftlichen Kriterien und dem aktuellen psychotherapeutischen Wissensstand orientiert. Obwohl in dem Buch ausdrücklich ein Modell zur Einbeziehung spiritueller Interventionen dargestellt wurde, konnten die beiden Psychologen der renommierten Mormonen-Universität aus Utah ihr Werk aufgrund der stringenten Argumentation in dem Fachverlag der amerikanischen Psychologenvereinigung publizieren. Damit erfüllte sich Bergin einen Lebenstraum und Karriereziel, die „Religiosität und damit die Religionspsychologie zu einer Hauptdisziplin der Psychologie zu machen" (Richards & Bergin, 2005, X).

In ihrem Buch heben die Autoren den Einfluss weltanschaulich-kultureller Vorverständnisse auf Beratung und Psychotherapie hervor. Deshalb werden im weiteren Verlauf ausführlich folgende drei verbreitete Weltbilder beschrieben:

> Naturalismus (z.B. Positivismus)
> Idealismus (z.B. Christentum)
> Vitalismus (z.B. Buddhismus).

Die Autoren plädieren an die Behandler, ihre weltanschaulichen Prämissen offen darzulegen, weil keine Veränderungsmaßnahme ohne Vorannahmen vonstatten gehen würde. Konkret listen die Autoren folgende bewährte religiöse und spirituelle Praktiken als nützliche therapeutische Interventionen auf (ebd., 201-228):

1. Gebet
2. Kontemplation und Meditation
3. Lesung religiöser Texte
4. Buße und Vergebung
5. Lobpreis und religiöse Rituale
6. Einbeziehung der religiösen Gemeinschaft
7. Zusammenarbeit mit Seelsorgern
8. Klärung der ethisch-moralischen Werte

Ein derart differenziertes Modell, das aufgrund seiner Wirksamkeit zudem auch noch wissenschaftlich anerkannt wurde, ist hierzulande Zukunftsmusik. Am weitesten haben sich in diesem Bereich Religionspädagogen vorgewagt, die gezielt religiöse und spirituelle Impulse in beraterische und pädagogische Arbeitsfelder einbezogen haben. Ein Berner Theologieprofessor und eine Pfarrerin haben gemeinsam einen Kursus entwickelt, um das Profil einer ausdrücklich „religiösen Beratung" zu schärfen (Schibler & Morgenthaler, 2001). Nach ihrer Übersicht über Religiosität und psychische Gesundheit geben Klein und Albani (2006, 6f) folgende Anregungen, um den Umgang mit Religion und Spiritualität in der klinischen Praxis zu verbessern: Wertoffenheit und Bedachtsamkeit, weltanschauliche Kompetenz, Wissen über die Bedeutung von Religiosität, Exploration religiöser Wertsysteme, Religiosität als Ressource, religiöse Selbstöffnung, Supervisionsbedarf, Beschränkung auf die Behandlungsaufgabe. Im Bereich der klinischen Psychologie gibt es hier noch viel zu tun.

Sind aber spirituelle Therapien besser als herkömmliche? Diese Frage verneint eine neue Untersuchung (Wade, Worthington & Vogel, 2007). Dort wurden 220 Therapieverläufe von 51 Therapeuten verglichen, die zum Teil in ausgewiesen christlichen, andere in staatlichen Beratungsstellen arbeiteten. Es wurden sechs traditionelle und sieben religiöse Interventionen (mit dem Patienten beten, still beten, religiöse Konzepte verwenden, spirituelle Literatur und Praktiken empfehlen) erhoben. Im Gruppenvergleich ergaben sich keine bedeutsamen Verbesserungen durch die Einbeziehung religiöser Maßnahmen. Allerdings stellte die weltanschauliche Passung einen wichtigen Wirksamkeitsfaktor dar. Gemeinsame Glaubensüberzeugungen egal welcher Couleur erweitern demnach das therapeutische Beziehungsgeschehen und machen es möglich, die spirituelle Dimension des Patienten ernst zu nehmen.

Hierzulande sind gegenüberstellende Untersuchungen zwischen säkularen und spirituellen Behandlungen eine Seltenheit. Es liegen jedoch Ergebnisse einer Therapeutenbefragung aus den Niederlanden (Uden & Pieper, 2002) und einer Patientenbefragung aus Süddeutschland (Schowalter et al., 2003) vor.

In der niederländischen Studie wurden die Standpunkte von 65 Therapeuten zweier öffentlicher Ambulanzen für psychische Gesundheit (RI-AGG) mit denen von 29 Therapeuten verglichen, die einem evangelisch-konservativ orientierten Dachverband der Gesundheitsfürsorge angehören (GLIAGG). Die wichtigsten Ergebnisse dieser Studie:

- ➢ 46 Prozent der Riagg-Therapeuten und 57 Prozent der Gliagg-Therapeuten wünschen eine bessere Ausbildung im Umgang mit religiösen Fragen und Weltanschauungskonflikten.
- ➢ 40 Prozent der Riagg-Klienten (!) vermuten einen Zusammenhang zwischen ihrer seelischen Problematik und ihrer religiösen Glaubens- und Lebenseinstellung.
- ➢ Nach Meinung der Riagg-Therapeuten wirkt sich der Glaube jedoch nur bei 18 Prozent der Klienten negativ bzw. schädigend aus, während nach Überzeugung der Gliagg-Therapeuten der Glaube bei 67 Prozent ihrer Klienten eine zentrale Rolle hinsichtlich ihrer psychischen Problematik spielt.
- ➢ Während die Gliagg-Therapeuten eher auf positive als auf negative Effekte des Glaubens verweisen, nehmen die Riagg-Therapeuten ebenso

viele positive wie negative Einflüsse der Religiosität wahr. Positive Einflüsse ergeben sich für beide Gruppen bei der Bewältigung von Verlusterlebnissen und traumatischen Erfahrungen, negative bei Depressivität und der Schuldproblematik.

➢ Gliagg-Therapeuten setzen religiöse Interventionen ein, z.B. beten 41 Prozent dieser Gruppe für ihre Patienten, während das bei den Riagg-Therapeuten so gut wie gar nicht vorkommt.

➢ Gliagg-Therapeuten arbeiten gut mit kirchlichen Seelsorge-Angeboten zusammen, während das bei Riagg-Therapeuten nur bei einem Prozent der Fall ist.

In Süddeutschland wurden 280 Patienten einer psychosomatischen Fachklinik ohne Einbeziehung religiös-spiritueller Interventionsmethoden (ohne RSI) mit 185 Patienten einer psychosomatischen Fachklinik, die religiös-spiritueller Interventionsmethoden in ihr Behandlungskonzept mit einbezieht (mit RSI), verglichen. Die wichtigsten Befunde dieser Studie (Schowalter et al., 2003):

➢ 50,3 Prozent der Patienten der Klinik ohne RSI messen ihrem religiösen Glauben eine extreme bis ziemlich wichtige Bedeutung bei.

➢ Bei den Patienten mit RSI verbesserte sich ihr Gesundheitszustand unabhängig davon, ob in der Behandlung religiöse Elemente angewendet wurden oder nicht. Für eine symptomatische Verbesserung, so schlossen die Forscher, scheint eine explizite Integration religiöser Behandlungselemente nicht notwendig zu sein.

➢ Im Hinblick auf ihr spirituelles Wohlbefinden profitierten die Patienten in der Klinik mit ISR mehr von ihrer Behandlung als die Patienten ohne ISR. Die Forscher vermuten gerade darin den Wert der Integration spiritueller Behandlungselemente, dass den Patienten die anscheinend nicht so offensichtliche Verzahnung zwischen psychischer Symptomatik und Glaubenserleben transparent gemacht wird und dadurch eine Veränderung in beiden Bereichen ermöglicht.

Als eine entscheidende Einflussgröße auf den Heilungsprozess in einer beraterischen oder therapeutischen Beziehung hat sich nach Jahrzehnten intensiver Therapieforschung die innere Haltung des Lebenshilfe-Anbieters herausgestellt. Sehr genau wird diese/r nämlich auf die Glaubwürdigkeit, Echtheit, Überzeugungskraft und schlicht auch auf Sympathie hin angeschaut. Amerikanische Forscher haben nach der Sichtung zahlreicher Studien die folgende Zusammenfassung der Wirksamkeitsfaktoren einer Psychotherapie vorgelegt (Miller, Duncan, Hubble 2000, 46):

40 %   außertherapeutische Faktoren
30 %   die therapeutische Beziehung
15 %   therapeutische Techniken
15 %   Erwartungen, Hoffnungen, „Placebo"

Aus diesen Befunden ergeben sich für unsere Fragestellung einige weiterführende Schlussfolgerungen:

- Einflüsse aus dem sozialen Umfeld üben offensichtlich die größte Wirksamkeit während einer therapeutischen Behandlung aus. Diesbezügliche Ressourcen sollten unbedingt genutzt werden. Dieses überraschende – für professionelle Therapeuten auch ernüchternde Ergebnis – verdeutlicht einmal mehr den strukturellen Vorzug einer weltanschaulich orientierten Vorgehensweise. Denn ein gemeinsames Weltbild wirkt gemeinschaftsbildend, und häufig können spirituell ausgerichtete Behandler die Ratsuchenden auf gleich gesinnte Gemeinschaften hinweisen. Derartige soziale Unterstützung erweist sich offensichtlich als höchst wirksam. Dasselbe gilt für das wichtige Zusammenspiel zwischen christlicher Seelsorge und der örtlichen Kirchengemeinde.
- Wenn die Qualität der therapeutischen Beziehung doppelt so wirksam ist wie die der eingesetzten psychotherapeutischen Techniken, unterstreicht das die bekannte Tatsache der Integrität, Echtheit und Glaubwürdigkeit des Therapeuten. Auch ein noch so umfangreich ausgebildeter Experte wird zunächst nicht an seinem Wissen oder Können gemessen, sondern nach seiner Ausstrahlung, dem Einfühlungsvermögen und seiner Beziehungsfähigkeit.
- Dass der Glaube an eine Veränderung genauso wirkmächtig ist wie das eingesetzte Verfahren, sollte jeden Therapeuten demütig machen.

Die spirituelle Haltung als ein therapeutischer Wirkfaktor?

Gerade angesichts auswegloser Situationen wie einer lebensbedrohlichen Krankheit hängt der Verarbeitungsprozess und die Bewältigungsfähigkeit davon ab, mit welcher Haltung dieser schwere Weg gegangen wird. Mit der Methode der Achtsamkeits-Meditation will beispielsweise der Meditiationsforscher Kabat-Zinn (1995) zur persönlichen Entwicklung einer spirituellen Haltung beitragen, aus der heraus diese Schwierigkeiten besser zu lösen sein sollen. Dazu zählt er

➢ *Akzeptanz und Achtsamkeit* – das Leben im gegenwärtigen Moment zu akzeptieren und leben, ohne passiv oder resigniert zu werden

> *Selbstvertrauen* – selber Entscheidungen treffen; den eigenen Körper wahrnehmen; emotionale Reaktionen erkennen; eine Sicherheit aufbauen, dass alles sich entwickelt, wie es sein soll
> *Geduld* – die Beziehung zu sich selbst und zu anderen, sich entwickeln lassen
> *Großzügigkeit* – loslassen und geben, ohne selbst etwas zu geben
> *Empathie* – den anderen verstehen und sich gegenseitig mitteilen lernen

Glaubensüberzeugungen und religiös-spirituelle Rituale bergen ein großes Potential an Bewältigungskraft, Trost und Hoffnungsspender. Diese Ressourcen sind zur Bewältigung jeglicher Krisensituation sehr gefragt. Sie erschließen sich jedoch nicht wissenschaftlich, sondern im gläubigen Vollzug. Vertrauen kann man nicht verordnen, sondern nur vorleben. Will man als Berater oder Therapeutin diesen Bereich in seiner Tätigkeit mit einbeziehen, sollte dies offen mitgeteilt werden.

Literatur

Auhagen, A. E. (Ed.). (2008). Positive Psychologie. Anleitung zum „besseren" Leben. Weinheim: BeltzPVU.

Benson, H. (1997). Heilung durch Glauben. Selbstheilung in der neuen Medizin. München: Heyne.

Borgen, B. (2002). The therapeutic process in the religious context. Archiv für Religionspsychologie, 24, 234-250.

Bucher, A. (2007). Psychologie der Spiritualität. Handbuch. Weinheim: BeltzPVU.

Cole, B. & Pargament, K. (1999). Spiritual surrender: a paradoxical path to control. In W. Miller (Ed.), Integrating spirituality in treatment. Washington: APA, 181-199.

Davidson, R. J., Kabat-Zinn, J., et al. (2003). Alterations in brain and immune function produced by mindfulness meditation. Psychosomatic Medicine, 65, 564-570.

Dobos, G. et al. (2006). Mind-Body-Medicine als Bestandteil der Integrativen Medizin. Bundesgesundheitsblatt, Gesundheitsforschung, Gesundheitsschutz, 49, 722-728.

Deikmann, A. J. (1982). The Observing Self. Mysticism and Psychotherapy. Boston: Beacon Press.

Deister, T. (2000). Krankheitsverarbeitung und religiöse Einstellungen. Ein Vergleich zwischen onkologischen, kardiologischen und HIV-Patienten. Mainz: Grünewald.

Dörr, A. (2001). Religiosität und psychische Gesundheit. Zur Zusammenhangsstruktur spezifischer religiöser Konzepte. Hamburg: Kovac.

Domar, A. Clapp, D., Slawsby, E. et al. (2000). Impact of Group Psychological Interventions on Pregnancy Rates in Infertile Women. Fertility and Sterility 73
(4), 805-811.

Heidenreich, T. & Michalak, J. (2003). Achtsamkeit als Therapieprinzip. Verhaltenstherapie, 13, 264-274.

Gerlach, A., Schlösser, A.-M. & Springer, A. (Eds.). (2004). Psychoanalyse des
Glaubens. Gießen: Psychosozial-Verlag.

Heine, S. (2007). Religionspsychologie. In W. Gräb & B. Weyel (Eds.), Handbuch
Praktische Theologie. Gütersloh: Gütersloher Verlagshaus, 783-795.

Hofmann, B. & Schibilsky, M. (Eds.). (2001). Spiritualität in der Diakonie. Anstöße
zur Erneuerung christlicher Kernkompetenz. Stuttgart: Kohlhammer.

Hubble, M. A., Duncan, B. L. & Miller, S. C. (Eds.) (2001). So wirkt Psychotherapie. Dortmund. Verlag Modernes Lernen.

Hundt, U. (2007). Spirituelle Wirkprinzipien in der Psychotherapie. Münster: Lit-
Verlag.

Kabat-Zinn, J. (1995). Gesund durch Meditation. Das große Buch der
Selbstheilung. München: Barth. (amerik. Original 1990).

Klein, C. & Albani, C. (2006). Religiosität und psychische Gesundheit. Eine Übersicht über Befunde, Erklärungsansätze und Konsequenzen für die klinische
Praxis. Psychiatrische Praxis, 33, 1-11.

Kremer, R. (2001). Religiosität und Schlaganfall. Bewältigen religiöse Menschen
anders? Frankfurt: P. Lang.

Kruse, A. (2006). Religiosität. In W. Oswald, W. Herrmann, U. Lehr, C. Sieber, J.
Kornhuber (Eds.). Gerontologie. Medizinische, psychologische und sozialwissenschaftliche Grundbegriffe. Stuttgart: Kohlhammer, 318-321.

Madert, K.-K. (2007). Trauma und Spiritualität. Neuropsychotherapie und die
transpersonale Dimension. München: Kösel.

Majumdar, M. (2000). Meditation und Gesundheit. Eine Beobachtungsstudie. Essen: KVC-Verlag.

Mehnert, A. (2006). Sinnfindung und Spiritualität bei Patienten mit chronischen
körperlichen Erkrankungen. Bundesgesundheitsblatt, 49/8, 780-787.

Mehnert, A. & Koch, U. (2001). Religiosität und psychische Befindlichkeit. Zeitschrift für Medizinische Psychologie 10/4, 171-182.

Mehnert, A., Rieß, S. & Koch, U. (2003). Die Rolle religiöser Glaubensüberzeugungen bei der Krankheitsbewältigung maligner Melanome. Verhaltenstherapie und Verhaltensmedizin, 24/2,147-166.

Murken, S. (1998). Gottesbeziehung und seelische Gesundheit. Münster: Waxmann.

Morgenthaler, C. & Schibler, G. (2002). Religiös-existentielle Beratung. Stuttgart:
Kohlhammer.

Myers, D. G. (2005). Psychologie. Heidelberg: Springer.

Pargament, K. (2007). Spiritually Integrated Psychotherapy: Understanding and
Addressing the Sacred. New York: Guilford.

van Quekelberghe, R. (2007). Grundzüge der spirituellen Psychotherapie.
Eschborn: Klotz.

Richards, P. S. & Bergin, A. E. (2005). A Spiritual Strategy for Counselling and Psychotherapy. Washington. American Psychological Association.

Renz, M. (2006). Grenzerfahrung Gott. Spirituelle Erfahrungen in Leid und Krankheit. Freiburg: Herder.

Roser, T. (2007). Spiritual Care. Stuttgart: Kohlhammer.

Ruff, W. (2005). Glauben und seine Heilkraft. Psychoanalytische Erkundungen zu verschiedenen Glaubensformen. Wege zum Menschen, 57, 43-54.

Schowalter, M., et al. (2003). Die Integration von Religiosität in die psychotherapeutische Behandlung bei religiösen Menschen – ein Klinikversuch. Zeitschrift für Klinische Psychologie, Psychiatrie und Psychotherapie, 51, 361-374.

Schowalter, M. & Murken, S. (2003). Religion und psychische Gesundheit – empirische Zusammenhänge komplexer Konstrukte. In C. Henning, S. Murken, E. Nestler (Eds.). Einführung in die Religionspsychologie. Paderborn: Schönigh, 139-162.

Seligman, M. (2003). Der Glücks-Faktor. Warum Optimisten länger leben. München: Ehrenwirth.

Straube, E. R. (2005). Heilsamer Zauber. Psychologie eines neuen Trends. München: Elsevier.

Uden, M. van, & Pieper, J. Z. T. (2000). Religion in Mental Health Care: Psychotherpists' Views. Archiv für Religionspsychologie, 23, 264-277.

Utsch, M. (2005). Religiöse Fragen in der Psychotherapie. Psychologische Zugänge zu Religiosität und Spiritualität. Stuttgart: Kohlhammer.

Utsch, M. (2006). Religion und Psychologie. In Religion und Psychologie. In B. Weyel/W. Gräb (Eds.), Religion in der modernen Lebenswelt. Erscheinungsformen und Reflexionsperspektiven. Göttingen: Vandenhoeck & Ruprecht, 296-314.

Verres, R. (2005). Was uns gesund macht. Ganzheitliche Heilkunde statt seelenloser Medizin. Freiburg: Herder.

Wade, N.G., Worthington, E.L. & Vogel, D.L. (2007). Effectiveness of religiously tailored interventions in Christian therapy. Psychotherapy Research, 17, 91-105.

Walach, H., Kohls, N. & Belschner, W. (2005). Transpersonale Psychologie – Psychologie des Bewusstseins: Chancen und Probleme. Psychotherapie, Psychosomatik, Medizinische Psychologie, 55, 1-11.

Walsh, R. N (2005). Der Geist des Schamanismus. Düsseldorf: Patmos.

Zwingmann, C. (2004). Spiritualität/Religiosität und das Konzept der gesundheitsbezogenen Lebensqualität. In C. Zwingmann & H. Moosbrugger (Eds.). (2004). Religiosität: Messverfahren und Studien zu Gesundheit und Lebensbewältigung. Münster: Waxmann, 162-184.

Transpersonale Psychologie/ Psychotherapie, Quantenpsychologie

Konzepte zur Spiritualität in der Transpersonalen Psychologie und Psychotherapie

Renaud van Quekelberghe

Giordano Bruno (1548-1600) hat in seinen vielfältigen Schriften holographisch und fraktalsystemisch gedacht, lange vor Ken Wilber, aber auch sehr lange nach den Veden, dem Tao-Te-King oder dem Girlanden-Sutra.

Giordano Bruno legte die kopernikanische Wende mutig, ja grenzenlos aus. Dies führte bei ihm zu einer Bewusstseinsweite, die im Nachhinein betrachtet eng mit dem Quantenvakuum und den unendlichen parallelen und antiparallelen Universen zusammenhängt. Dass er dies tat, lag vermutlich daran, dass er lange vor der modernen Physik eine extrem holofraktale und holonomische Denkart vertrat. Ähnlich Meister Eckhart (1260-1327/8) sah Giordano Bruno sämtliche Mikro- und Makrokosmen vom absoluten Bewusstsein durchdrungen. Dies führte dazu, dass er bis heute als „dynamischer Pantheist" etikettiert wird.

Brunos holographische Vision erinnert deutlich an Indras unendliche Perlenkette, die aus unendlich sich widerspiegelnden Perlen oder vielmehr Universen besteht, in denen unzählige androide Lebewesen anzutreffen sind und – nebenbei bemerkt – unzählig viele Jesus Christus inkarnieren, zum Opfer fallen oder am Kreuz sterben, um dann in dieser oder jener Form aufzuerstehen. Solche fraktalsystemische Vorstellungen waren um 1600 so kühn und revolutionär, dass Giordano Bruno 52jährig, am 17. Februar 1600, auf dem Campo de Fiori in Rom öffentlich verbrannt wurde.

Galileo Galilei (1564-1642) und René Descartes (1596-1650), die kurz nach ihm weniger extreme holofraktale Ideen vertraten, waren bereits vorgewarnt. Nicht zuletzt durch den Jesuitenschüler René Descartes wurde der psychotraumatische Schock des 17. Februar 1600 in Richtung Spaltung bzw. Dissoziation von Religion und Wissenschaft forciert betrieben.

Das darauf folgende 18. Jh. – als „Aufklärungsjahrhundert" bekannt – führte zu einer starken und generalisierten Konsolidierung der Spaltung zwischen Religion und Wissenschaft. Diese Spaltung erreichte gegen Ende des 19. Jh.s bis weit in die erste Hälfte des 20. Jh. einen unübersehbaren Höhepunkt.

Die westliche Spiritualität oder Mystik, die im mittelalterlichen Europa aufs Engste mit der christlichen Religion verbunden war, kann man als den eigentlichen Verlierer der nach Brunos Verbrennung entstandenen Spaltung zwischen Religion und Wissenschaft dingfest machen.

Wenn von christlicher Spiritualität oder Mystik die Rede ist, sollte doch daran erinnert werden, dass die christliche Mystikerin Margarete Porète am 1. Juni 1310 öffentlich verbrannt wurde und der Mystiker und Theologe Meister Eckhart zeit seines Lebens heftig attackiert wurde. Beide wurden sie wegen ihrer psychospirituellen Unterweisungen durch die scholastische, universitär und somit wissenschaftlich gewordene Theologie angeprangert.

Die im Gefolge der spanischen Mystik – vor allem durch Teresa von Avila (1515-1591) und Johannes vom Kreuz (1542-1591) gestärkte Quietismus-Mystik wurde nicht zuletzt von Ludwig dem XIV. und Bossuet im Streit gegen Fénelon Ende des 17. Jh.s mundtot gemacht. Das Aufklärungszeitalter und das Emporkommen der Naturwissenschaften im 19. Jh. drängten die Mystik bzw. die christliche Spiritualität nicht nur ins Abseits, sondern in die Domäne der gerade entstandenen Psychiatrie und Psychopathologie. Jean-Martin Charcot, Pierre Janet und Sigmund Freud brachten die christliche Mystik in die unmittelbare Nähe der krankhaften Hysterie und des psychotischen Wahns. Somit wurde die christliche Mystik oder Spiritualität bis zur Mitte des 20. Jh.s durch eine doppelte Abwehrspaltung sowohl theologisch als auch naturwissenschaftlich zur Ausgeburt des Krankhaft-Irrationalen schlechthin stilisiert. Westliche Mystiker wie z.B. Teilhard de Chardin (1881-1955) wurden dementsprechend systematisch demontiert und von Theologie und Naturwissenschaft teilweise verhöhnt.

Der Kongress „Psychologie und Spiritualität" (27.-30.9.2007) an der naturwissenschaftlichen Fakultät einer europäischen, ehrwürdigen Universität mag bei seiner Ankündigung zumindest neugierig gestimmt haben. Handelt es sich um eine archäologische Fragestellung, ein retroromantisches Nostalgietreffen, einen schlechten Witz, eine flüchtige, realitätsfremde „Schnapsidee"? Was ist nun passiert, dass das Begriffspaar „Psychologie und Spiritualität" in den letzten Jahren hier und da auftaucht?

Wie Ken Wilber in seinem neuen Buch "Integral Spirituality" m.E. richtig feststellt, gibt es makrokulturelle und sozialsystemische Strömungen, deren Wirkungen – wenn überhaupt – äußerst schwer bewusst gemacht werden können. Mitten in diesem globalen, schwer überschaubaren Netz hat gegen Ende der 90er Jahre die American Psychological Association unter der Leitung vom weltbekannten Psychologen Martin Seligman eine Öffnung der Psychologie gegenüber soziokulturellen Werten, darunter Spiritualität und Religion, gefordert und gefördert. In den letzten zehn Jahren sind in der amerikanisch-akademischen Psychologie und Psychotherapie etliche Lehrbücher über die spirituell-religiöse Dimension des Menschen erschienen, innovative Ausbildungsprogramme über Psychologie und Spiritualität gestartet und neue Forschungsschwerpunkte über Themen wie Meditation, Achtsamkeit oder Verzeihen großzügig finanziert worden.

Dabei ist nicht zu übersehen, dass die Erstarkung der evangelikalen Bewegung in den USA während der 90er Jahre auch die traditionell atheistischen Bastionen der Psychiatrie, der Psychologie und Psychotherapie mit erfasst hat. Paradoxerweise oder nicht kann die Öffnung der US-amerikanischen Psychologie zu den christlich-theistischen Strömungen auch den eher kleineren Gruppierungen genutzt haben, die sich schon seit längerer Zeit mit Themen wie z.B. Buddhismus, Meditation oder Achtsamkeit befassen. Auch die transpersonale Psychologie und Psychotherapie, die seit ihrer Gründung im Jahre 1969 weitgehend außerhalb des universitären Lehr- und Forschungsbetriebs aktiv war, bekommt nun eine größere Chance, innerhalb von US-akademischen Ausbildungs- und Forschungsprogrammen integriert zu werden.

Wenn man die grobe Metagliederung „Prämoderne vor 1600", moderne Ära bis etwa Mitte des 20. Jh.s und beginnende Postmoderne seit ca. drei oder vier Jahrzehnten als Orientierungskonstrukt für eine Weile akzeptiert, dann lässt sich in Bezug auf die Demarkation zwischen Spiritualität und Religion einiges behaupten. Anders als die moderne Ära, die weit und breit Dogmatismen und Nationalismen propagierte und inszenierte, strebt die beginnende postmoderne Ära danach, den modernen Mythos des „Gegebenen" (Ken Wilbers "myth of the given") abzubauen, indem sie die sog. modernen Realitäten als kulturgeschichtliche Konstruktionen und Kontexte bewusst zu machen versucht und die dogmatische Etablierung einiger konzeptueller Perspektiven als so seiend (ontisch) vorgegeben (nach dem Motto: Es ist so und auf keinen Fall anders) soweit möglich entlarvt und demontiert.

So betrachtet eröffnet die postmoderne Ära neue Perspektiven bezüglich Spiritualität und Religion. Der psychologische Bewusstseinshorizont erweitert sich allmählich über die Nationen und Kontinente hinweg zum Planetarischen. Die Weltreligionen, die sich gegenseitig bis vor Kurzem noch immer das „Anathema sit" zuriefen, treten allmählich und notgedrungen in einen ökumenischen Dialog ein. Auch wenn jede etablierte Religion für sich die volle und alleinige Wahrheit beansprucht, wird doch diese dogmatische, absolute Anspruchshaltung gerade in der postmodernen Ära zunehmend in Frage gestellt. Der interkulturelle globale Kontext der letzten Jahrzehnte lässt die Idee des Wahrheitsanspruchs für eine bestimmte kulturgeschichtliche Tradition als Ausdruck eines mittelalterlichen, im Grunde obsolet gewordenen Fundamentalismus erscheinen. Gerade während der Zuspitzung der modernen Ära in der ersten Hälfte des 20. Jh.s hat der hegemoniale Anspruch des naturwissenschaftlichen Positivismus durch schockartige Erkenntnisse seine endgültigen Grenzen erkennen müssen, was leider bis heute nur wenigen Wissenschaftlern voll bewusst geworden ist. Es sind u. a.: 1. Werner Heisenbergs Unschärferelationen; 2. Kurt Gödels Unvollständigkeitssatz; 3. die universelle Turingmaschine des Informatikers Alan Turing.

Mit anderen Worten: Die grundlegenden Wissenschaften Mathematik, Physik und Informatik haben im Laufe des 20. Jh.s auf ihre grenzenlosen Erklärungsansprüche irgendwie verzichtet bzw. diese Ansprüche in wesentlichen Punkten für immer relativieren müssen.

Indem die postmoderne Ära beginnt, uns von den zahlreichen institutionellen „Wahrheitsdogmatiken", sei es aus den Religionen oder den sog. Naturwissenschaften, loszusagen, erhalten wir in diesem Augenblick die Chance, in uns selbst ohne einschränkende Dogmatik hineinzublicken.

Zugegeben: Seit tausenden von Jahren, seitdem es Menschen gibt, die Bewusstsein erleben, ist die grenzenlose Dimension mitten im Bewusstsein klar erkennbar und auch immer wieder von vielen Weisheitstraditionen und Religionen erkannt worden. Neu ist vielleicht, dass die kulturellen und institutionellen Regisseure ihre vorherrschende Stellung zunehmend verlieren, sodass Dogmen, die unser Bewusstsein gleichsam zuschütten, womöglich etwas weniger als früher die Konditionierung und Strukturierung unseres Mentalen bestimmen. Dies führt im Prinzip zu einer bewusstseinspsychologischen Auffassung der Spiritualität, unabhängig von und vor jeglicher kulturell-religiösen Setzung.

In der Tat, seit den 60er Jahren des 20. Jh.s wird Spiritualität zunehmend getrennt und abseits institutionalisierter Religion entdeckt und erfahren. Die individuelle Spiritualität wird z.b. von Orlinsky (2005) psychologisch wie folgt definiert: durch Attribution persönlicher Bedeutung; 1. zum Zugang zu einer Quelle der Sinnhaftigkeit im Leben; 2. zu hohen persönlichen, moralischen und ethischen Standards; 3. zur Erfahrung einer spirituellen Dimension des eigenen Lebens; 4. zur persönlichen Hingabe gegenüber Anderen; 5. zur inneren Sicherheit und zu Gemeinschaftsgefühlen beim Meditieren.

Auf dem Hintergrund der postmodernen Sichtweise erscheint für Elkins, der schon früh für eine psychologische Konstrukttrennung zwischen Spiritualität und Religion plädiert hatte und auch den ersten Fragebogen (Spiritual Orientation Inventory) zur Erfassung der individuellen Spiritualität ohne explizite Bezugnahme auf religiöse Einstellungen oder Glaubensannahmen entwarf, Spiritualität mehr und mehr als transkulturell - bzw. insofern Religionen an der Kulturgeschichte eng gebunden sind - transreligiös / als Bewusstseinsphänomen, wobei Bewusstseinsdimensionen wie untrennbare Totalität, Unendlichkeit, dynamische Stille oder All-Potentialität besonders hervorgehoben werden / als erfahrbar ohne wirklich fassbar zu sein, da das Bewusstsein sämtlichen Ergreifungsversuchen entgleitet bzw. per Definition als eine Art universeller Turing-Maschine sich selbst gegenübersteht und somit inkommensurabel bleiben muss.

Nach Elkins (1998) können Wege für die Bewusstwerdung und Verwirklichung der spirituellen Dimension im Menschen begangen werden, die fernab von institutionalisierten Religionen gepflegt und kultiviert werden können. Hierzu gehören z.b.:

der „Pfad der Seelenheilkunde", (Stichwort psychotherapeutische und medizinische Spiritualität); der „Pfad der Naturliebe" bzw. der planetarischen Ökologie (Stichwort: "Mutter Erde"); der „Pfad der freundschaftlichen Gemeinschaften" (Stichwort: Spiritualität der Beziehung); der „Pfad der existenziellen Lebenskrisen" (Stichwort: die dunkle Nacht der Seele); der „Pfad der schöpferischen Erotik" (Stichwort: Neotantra).

Das Neue an dieser postmodernen, nicht religiösen Form der Spiritualität sind nicht so sehr die Themen, sondern die Hervorhebung des spirituellen Potenzials des menschlichen Bewusstseins schlechthin. Der evangelische Theologe und Religionswissenschaftler Rudolf Otto (1869-1937) beschrieb schon 1917 die numinöse Erfahrung als wesentlich für das "Mensch-Sein bzw. als eine menschliche a priori Bewusstseinsdimension". Am Beispiel des Christentums und des Hinduismus wies er auf die prinzipielle Universalität dieser zentralen Bewusstseinserfahrung hin.

Für die Psychotherapie bringt m.e. die postmoderne Trennung zwischen Spiritualität und Religion einige Vorteile mit sich. Indem der Zugang zur spirituellen Dimension des eigenen Bewusstseins von allen religiösen Konstrukten, Glaubensannahmen oder rituellen Praktiken befreit wird, gewinnt die Psychologie an Autonomie und Forschungsmöglichkeiten. Es gibt dann keine Theologie oder religiöse Wissenschaft, die der Psychologie der Spiritualität Grenzen hinsichtlich Modellbildung, Reflexionen oder Methodik auferlegen würde. Somit kann die Psychologie oder Psychotherapie von einer Spiritualität ausgehen, die keinerlei religiöse Aspekte mehr anerkennen muss, nicht einmal die tradierte Trennung zwischen Sakralität und Profanem. Dank einer weitestgehenden Trennung zwischen Spiritualität und Religion gewinnt die Psychologie oder Psychotherapie die für eine wissenschaftliche Erforschung notwendige „kritische Distanz" wieder. Sie kann somit auch Aussagen hinterfragen, die Transpersonales oder Transzendentes immer schon jenseits des eigenen Bewusstseins postulieren (vgl. van Quekelberghe, 2007).

Mitunter fragt man sich, ob die Ideen des Transpersonalen oder der Transzendenz nicht dadurch entstehen, dass wir den unendlichen Abgrund mitten in unserem eigenen Bewusstsein nicht wahrnehmen möchten. Wenn wir aber bereit sind, mitten in uns den Geschmack des Unendlichen und Unfassbaren zu kosten, dann schwindet zunehmend die angenommene Dualität zwischen Transzendenz einerseits und Immanenz andererseits.

Die Möglichkeit, Spiritualität von religiösen Systemen getrennt zu erfahren und zu erforschen, ist für die Psychologie als Wissenschaft ein großes Geschenk. Gleichwohl sollte man nicht vergessen, dass bis heute die allermeisten Menschen die spirituelle Dimension von ihrem ureigenen Bewusstsein scheinbar ausschließlich über religiöse Dogmen, Offenbarungen oder Institutionen - nolens volens - vermittelt bekommen.

Ein weiterer Vorteil der prinzipiellen Trennung zwischen Spiritualität und Religion besteht darin, die spirituelle Orientierung vieler Atheisten oder Agnostiker endlich ernst zu nehmen, anzuerkennen und zu würdigen. Die Entdeckung des grenzenlosen Bewusstseinsabgrunds, der unteilbaren Totalität oder des sog. „einen Einen" mitten in einem selbst erscheint mir ohne Weiteres kompatibel zu sein, mit vielen Spielarten von Atheismen oder Agnostizismen. Gerade weil sich viele Psychologen und Psychotherapeuten, nicht nur Taoisten oder Buddhisten, als Atheisten oder Agnostiker verstehen, sollte der prinzipielle Unterschied zwischen Religion und Spiritualität deutlicher als bisher herausgearbeitet werden. Die Erkenntnis, dass jemand höchst spirituell werden und wirken kann, ohne überhaupt religiös zu sein, hat sicher Konsequenzen für den Umgang mit spirituellen und religiösen Fragen oder Belangen von Patienten in der Psychotherapie.

Sicher: Ein Diskurs über Spiritualität, der überhaupt nicht auf Gott, Offenbarungsschrift, Glauben und die Gemeinschaft der Gläubigen eingeht, wird in abrahamitischen Kulturen (sprich christlichen, islamischen und jüdischen Traditionswelten) vermutlich noch lange kaum glaubhaft erscheinen.

Durch die Öffnung zu asiatischen Traditionen wie Buddhismus, Taoismus, Hinduismus wird Meditation als Weg zur eigenen Bewusstseinserkundung – mit oder ohne religiöse Deutung – zunehmend thematisiert. Das in den letzten Jahren aufgekommene Psychotherapie-Thema mit dem Stichwort „Achtsamkeit und Akzeptanz" zeigt m. E., dass eine transkonfessionelle und transkulturelle Bewusstseinserforschung der Spiritualität nicht nur prinzipiell möglich ist, sondern sogar für Psychotherapeuten und ihre Patienten in vielerlei Hinsicht nützlich und heilsam sein kann. Man mag die aktuelle Achtsamkeitswelle innerhalb der Psychotherapie - nicht zu unrecht - kritisch hinterfragen. Dennoch sollte man dabei nicht übersehen, dass zum ersten Mal in der Geschichte der Psychotherapie eine jetzt gangbare Bresche in Richtung Meditation, Kontemplation, Mystik oder Spiritualität geschlagen wurde. Schon jetzt lässt sich beobachten, dass die Forschungsprojekte und Ausbildungsprogramme unter dem Motto „Achtsamkeit und Akzeptanz" bei Weitem den Rahmen der transpersonalen Psychotherapie gesprengt haben, die seit drei Jahrzehnten wenig Anklang bei der akademischen Psychologie und Psychotherapie fand.

Aus Zeitgründen möchte ich hier nicht auf das fraktal-systemische Paradigma des Bewusstseins und die Supereigenschaften wie Autorekursivität, Nicht-Linearität, Selbstähnlichkeit, Nicht-Teilbarkeit näher eingehen. Vielmehr möchte ich jetzt Ihre Aufmerksamkeit auf ein Denkschema, das sog. Pyramidenmodell des Bewusstseins, lenken.

Abgesehen davon, dass Pyramiden wie Berge eine transkulturelle und spirituelle Symbolik haben, erinnert ihre kristalline Form an ein dissipatives oder offenes System, das auf einen einzigen Attraktor, nämlich die Pyramidenspitze, kontrahiert.

Analog dem physikalischen Gesetz, wonach „offene Systeme" grundsätzlich auf sich selbst kontrahieren, kann man die progressive Bewusstwerdung der Autorekursivität des eigenen Bewusstseins auf sich selbst als heilsame Erleuchtungskontraktion betrachten. Die einzelnen Kontraktionsstufen sind nur als eine didaktische Metapher zu verstehen. Getreu der wichtigen Unterscheidung zwischen Bewusstseinszuständen ("consciousness states") und Bewusstseinsstufen ("consciousness stages"), die Wilber in "Integral Spirituality" mit Recht besonders hervorhebt, lässt sich generell feststellen, dass die Entstehung der Bewusstseinsstufen eher linear, also aufeinander aufbauend, vor sich geht. Die Entstehung der Bewusstseinszustände, die erheblich zur Stufenbildung beitragen, kann dagegen in aller Regel nicht-linear zustande kommen.

Der Ausgangsbereich bzw. die Basis der Pyramide ist das sog. Alltagsbewusstsein. Diese allen Menschen selbstverständliche Modalität des Bewusstseins ist m.E. das eigentliche Problem für die Entwicklung und Begründung einer spirituellen oder kontemplativen Psychologie und Psychotherapie. Das „Alltagsbewusstsein" einer x-beliebigen Kultur – sei es bei den Steinzeitmenschen oder bei den Europäern im Jahr 2007 – glänzt durch zahllose ontologische Einschränkungen und widersprüchliche Auffassungen, die womöglich dem goldenen Meinungsdurchschnitt (die sog. „aurea mediocritas") eines Bildzeitungsniveaus entsprechen.

Dank dem scheinbar vernünftigen, jedoch bei näherer Analyse recht spröden Alltagsbewusstsein haben wir sehr schnell den Eindruck, uns auf einem menschlich – allzu menschlichen Niveau begegnen und miteinander wie selbstverständlich kommunizieren zu können.

Kulturgesellschaftliche und -geschichtliche Normen werden im sog. Alltagsbewusstsein oft als selbstverständlich, ja naturgegeben angenommen. Bewusstseinsphänomene, die vom sog. „Alltäglichen" abweichen, werden fast automatisch als „abnorm, unvernünftig, ungesund, infantil, regressiv, pathologisch" wahrgenommen. Es ist z.B. in unserer Gesellschaftsgeschichte gar nicht so lange her, dass Homosexualität und ekstatische Mystik als psychische Erkrankungen deklariert wurden. Umgekehrt: In einer Gesellschaft, in der Spiritualität für das Alltagsbewusstsein völlig selbstverständlich wäre, würde dieser Kongress über Psychologie und Spiritualität nicht einmal stattfinden, weil diese Thematik als völlig banal und vollkommen selbstverständlich gelten würde.

Nebenbei bemerkt: Da die moderne akademische Psychologie und Psychotherapie vom mittleren Brei des europäischen Alltagsbewusstseins z.Zt. massiv profitiert, macht sie kaum Anstrengungen, sich mit Spiritualität ernsthaft auseinanderzusetzen. Erst das in den letzten Jahren beobachtete Wiederaufflammen spiritueller Belange innerhalb des euroamerikanischen Alltagsbewusstseins scheint die akademische Psychologie langsam in Richtung einer arroganten Duldungsneigung hinzubewegen.

Das Trance-Bewusstsein erscheint mir als Eintrittskarte für das Erfahren des Einheitsbewusstseins und weiterer höherer Stufen. Im Trance-Bewusstsein erfahren die gewöhnlichen, akzeptierten Vorstellungen und Grenzen des Alltagsbewusstseins eine erste Verunsicherung. Dies gilt selbstverständlich für sämtliche Tag- und Nachtträume.

Bei der sich weiter vertiefenden Trance werden allerlei Grenzziehungen des Alltagsbewusstseins gewöhnlich in Frage gestellt. Ungewohnte Assoziationsneigungen und flexible Sichtweisen breiten sich allmählich aus. In der tiefen Trance wird oft die Auflösung oder breite Dekonditionierung zentraler Kategorien und Referenzparameter des Alltagsbewusstseins beobachtbar. Die meisten Komponenten der naiven „Alltagsidentität" bzw. des „Alltags-Ichs" verlieren hierbei ihre festen Konturen. Neben imaginativen, halluzinogenen oder trance-induzierenden Verfahren kann man auch die tiefenpsychologische Erweiterung des Alltagsbewusstseins um das sog. persönliche oder biographische Unterbewusste als einen modernen, psychotherapeutischen Beitrag zur Eröffnung und Stärkung des Trance-Bewusstseins betrachten.

Bei der weiteren Kontraktion des Alltagsbewusstseins auf sich selbst kommt es nun zur eigentlichen Spiritualisierung des Erlebens oder zur spirituellen Transformation des eigenen Ich-Bewusstseins. Statt von „Transformation" könnte man genauer vom Erwachen zum eigentlichen Bewusstsein sprechen. Jedenfalls geht es hier darum, die Grenzen der diversen Ich- und Weltkonstruktionen zu erkennen und zunehmend in das Attraktionsgebiet des unermesslichen, grenzen- und ichlosen Bewusstseins hineinzugeraten. Zur Stufe des spirituellen Bewusstseins gehören zahlreiche Bewusstseinszustände, die z.T. mit tiefen Gefühlen und Erfahrungen von Harmonie, Frieden, Klarheit, Ewigkeit, Transzendenz, Liebe und Freude einhergehen. Mit anderen Worten: Mitgefühl, Stille, innerer Frieden, Gleichmut, Gelassenheit breiten sich im spirituellen Bewusstsein besonders aus. Auf dieser Ebene können neben Achtsamkeits- bzw. Meditationspraktiken, die nun zunehmend in die moderne Psychotherapie integriert werden, alle symbolpsychologischen Verfahren nutzbringend einbezogen werden, die etwa im Sinne Carl Gustaf Jungs das kollektive Unbewusste bzw. die kulturellen und transkulturellen, strukturierenden Archetypen bewusster machen und somit, mehr noch als das Trance-Bewusstsein, zur transpersonalen sowie transkulturellen Erweiterung unseres individuierten Bewusstseins wirksam beitragen können. Dabei werden die Ich-Grenzen immer mehr ausgedehnt und verdünnt, bis wir unweigerlich in die Modalität oder Zone des Einheitsbewusstseins gelangen.

Aufgrund der nun enormen Kontraktion oder Einfaltung des Bewusstseins auf sich selbst, werden die kulturgebundenen Konditionierungen drastisch reduziert. Dies führt u.a. dazu, dass phänomenologische Berichte über die Stufe des Einheitsbewusstseins bzw. die dazu gehörigen Bewusstseinszustände über alle Kulturen hinweg starke Ähnlichkeiten zeigen. Im Einheitsbewusstsein emergieren Phänomene wie z.B. ein grenzenloses, alles durchdringendes Licht, eine endlose, durchvibrierende Energie, eine uneingeschränkte, dynamische Stille oder Leerheit. Hierzu gehört auf jeden Fall die Verabschiedung von diskursiven oder begrifflichen Erfassungsmodalitäten. Einheit, Stille, Unendlichkeit erscheinen zunehmend als Synonyme. Vielleicht lässt sich die Modalität des Einheitsbewusstseins beschreiben als das äußerst positive Erfahren einer sämtliche Grenzen auflösenden und allumfassenden, lebendigen, grenzenlosen Einheit.

Der transpersonale Psychologe Abraham Maslow (1968) nannte nicht weniger als zwei Dutzend Beschreibungsmerkmale für diese Modalität des Bewusstseins. So zum Beispiel:

Alles wird als eine unendliche, unzertrennbare Ganzheit wahrgenommen; nicht bewertendes, bejahendes, ehrfurchtvolles Erleben; völlige Auflösung von sämtlichen sog. Barriere-Gefühlen wie z.b. Angst, Wut, Neid, Machtgier etc.

Ähnlich den bekannten Siddhi-Kräften bei höheren Yogastufen wird in diesem Zusammenhang hin und wieder über Psi-Phänomene, Wunderheilung, subtile Körpererfahrungen berichtet. Es scheint, als ob das Einheitsbewusstsein die bekannten Grenzen der „Alltagskörperlichkeit" teil- und zeitweise aufheben würde. Vielen Menschen gelingt es im Laufe ihres Lebens, während einiger Sekunden Bewusstseinszustände zu erleben, die ihnen eine Vorahnung dieser Bewusstseinsstufe vermitteln können. Solche kurzzeitigen „peak experiences" reichen in aller Regel aber nicht aus, um im Sinne einer Plateau-Erfahrung stabile Merkmale eines „unitive mystical consciousness" zu bilden. Auf der Ebene des Einheitsbewusstseins werden die kulturgebundenen Auswirkungen des persönlichen und kollektiven Unbewussten gleichsam durchleuchtet und auch überwunden. Fraktalsystemische, holonomische oder quantenpsychologische Grundmodelle können u.U. als orientierende, nützliche Metaphern hier zunehmend gebraucht werden.

Je mehr wir uns vom Einheitsbewusstsein in Richtung „Nicht-Dualität" bewegen, umso klarer dürfte sein, dass wir uns von kultureinschränkenden, systemtheoretischen oder gar Quanteninformatik-Modellen allmählich verabschieden, um in eine Zone der kultur- und konstruktlosen Erfahrbarkeit hinüber zu gleiten. Spätestens hier hört die wissenschaftliche Erfassung des Bewusstseins auf, was nicht zwangsläufig bedeuten muss, dass die erfahrbare Kontraktion des Bewusstseins auf sich selbst aufhört. Es handelt sich vielmehr um eine extrem paradoxe Zone, so dass selbst die Paradoxien der modernen Quanteninformatik scheinbar nicht mehr greifen können. Über die überaus wichtige, nicht-duale Bewusstseinsstufe möchte ich wenig aussagen. Generell wird man in der hindu-istischen Tradition (Buddha-, Yoga-, Shiva-Schriften über Nirbija- oder Nirvikalpa-Samadhi) viele treffende Beschreibungen bzw. Anhaltspunk-te finden. Es ist zumindest klar, dass die psychologische oder psycho-therapeutische Fachsprache noch weitgehend fehlt, um sich subtil und präzise genug in der Zone des hoch kontrahierten, nicht-dualen Be-wusstseinsniveaus bewegen zu können. Spätestens aber, wenn es um die Erfahrung der ultimativen Bewusstseinskontraktion geht, nämlich um das absolute oder reine Bewusstsein, müssen wohl sämtliche Konzepte und Kulturen längst ad acta gelegt worden sein. Hier könnte allenfalls die Chiffre des Hinweisens Gültigkeit haben wie z.b.: ein Finger zeigt auf den Mond, Brahman ist gleich Atman oder der oft zitierte Satz des Traktatus von Wittgenstein (s. Satz 7. „Wovon man nicht sprechen kann, darüber muss man schweigen.").

Literatur
Elkins, D. N. (1998). Beyond Religion. Wheaton, Ill.: Quest Book.
Maslow, A. (1968). Toward a psychology of being. New York: J. Wiley & Sons.
Orlinsky, D. E. (2005). Die Spiritualität von Psychotherapeuten. In J. Galuska und A. Pietzko (Eds.), Psychotherapie und Bewusstsein (S.39-60). Biele-feld: Kamphausen Verlag.
van Quekelberghe, R. (2007). Grundzüge der spirituellen Psychotherapie. Eschborn bei Frankfurt/M., Klotz.
Wilber, K. (2006). Integral spirituality. Boston & London: Integral Books.

Von der transpersonalen zur natürlichen Bewusstseinspsychologie und Bewusstseinspsychotherapie

Renaud van Quekelberghe

„Der Bereich der menschlichen Natur umfasst in seiner menschlichen Möglichkeit Gott und das Weltall." Nikolaus von Kues (De coniecturis, ca. 1442)

Die Transpersonale Psychologie und Psychotherapie spielt sich mitten im menschlichen Bewusstsein ab und reicht nicht selten an seine innersten Grenzen. Erst zu Beginn der 70er Jahre - wohl durch die entstehenden Informatikwissenschaften beeinflusst - öffnete die akademische Psychologie die sog. "black box" wieder und damit den kognitiven Zugang zum Bewusstsein. Spätestens seit den Tucson-Konferenzen in den 90er Jahren wurde das Bewusstsein wieder erkannt als der Verwaltungs- und Explorationsapparat des Virtuellen, der uneingeschränkten Potenzialität, als virtuell-reale Quelle grenzenloser Möglichkeiten bzw. als Können allen Könnens oder, wie Nikolaus von Kues schrieb, „posse omnis posse".

Selbstverständlich verkörpert das System „Bewusstsein" u. a. die zentralen Eigenschaften aller komplexen Fraktalsysteme, nämlich Autorekursivität, Nicht-Linearität, Selbstähnlichkeit, Totalität oder Nicht-Teilbarkeit, (vgl. van Quekelberghe, 2005). Wenn dies so stimmt, lohnt es sich, sich eine Zeit lang mit den zellulären Automaten auseinanderzusetzen, sofern diese als mathematische Modelle physikalischer oder anderen Systemen dienlich sein können. Ein einfacher zellulärer Automat (abgek.: EZA) besteht aus einem uniformen Gitter - im Prinzip unendlich in eine oder mehrere Richtungen -, das sich aus Zellen zusammensetzt. Der Wert einer x-beliebigen Zelle wird bestimmt durch den Wert der Nachbarzellen in der jeweils vorherigen Zeitstufe. Eine endliche Menge an lokalen oder Nachbarschaftsregeln bestimmt den jeweiligen Übergang von einer Stufe zur nächsten. Die einfachen zellulären Automaten der ersten Klasse (vgl. z.B. Regel 250, Abb.1) führen schnell und unendlich weit zu homogenen Mustern. Angesichts dieser Tatsache ist man selbstverständlich versucht zu behaupten, einfache Regeln können nur einfache Muster erzeugen.

Ergebnis der Anwendung der EZA-Regel 250 nach 16 Iterationen /Stufen.
Einfache Regeln führen zu einfachen Mustern (EZA Klasse I)!

Abb. 1

Der Informatiker Stephen Wolfram (2002) hat vier Hauptklassen von zellulären Automaten unterschieden. Die erste Klasse führt wie gesagt zu sehr einfachen Mustern.

Die zweite EZA-Kategorie führt zu stabilen, periodischen, aber verschachtelten Strukturen wie z.b. dem Pascal'schen Dreieck oder dem Sierpinski-Dreieck. Vorsicht! In diesen verschachtelten Strukturen verbergen sich viele, auch recht subtile Eigenschaften mathematischer Gebilde. Die dritte EZA-Kategorie führt sehr schnell zu komplexen, stark chaotischen, kaum überblickbaren Strukturen. Selbstverständlich distanzieren sich Menschen sehr rasch von den EZA der dritten Klasse, denn diese Gebilde bieten anscheinend nur komplexe, verwegene Datenstrukturen, die Trillionen von Supercomputern für Trillionen von Jahren beschäftigen könnten, ohne das Versprechen einer substanziellen Entdeckungsfreude „at the end of the day".

Die Erfolgsstory der Galaxien, der Genetik, des Gehirns und auch der Naturwissenschaften scheint einzig und allein auf der bunten und spannenden Mischung der letzten, der vierten EZA-Kategorie zu basieren.

Es scheint, dass unser Gehirn, auf jeden Fall unser Bewusstsein, geradezu süchtig ist nach den EZA der vierten Klasse, was die Vermutung nahe legen könnte, dass diese kunterbunte Mischung zutiefst unser Dasein und sein Universum prägt.

EZA der Klasse IV beinhalten alle Eigenschaften der drei vorherigen Klassen, d.h. sie bieten einfache bis komplexe, verschachtelte und verzweigte Strukturen, aber auch alle monströsen, hyperkomplexen Formen der Klasse III und das Ganze, wie immer, in unendlicher Variation. Nach Stephen Wolfram (2002) könnten ca. 7% der 256 elementaren zellulären Automaten diese Option realisieren. Durch drei Zellzustände und die binäre Modalität 0 oder 1 lassen sich sämtliche endliche mögliche Programme anhand einer EZA der Klasse IV aufstellen. Mit anderen Worten: Es handelt sich hier um eine sog. „Universelle Turing-Maschine". Ein EZA wie z.b. der EZA mit der Regel 30 (s. Abb.2) generiert nicht nur im Prinzip eine unendliche Komplexität bzw. sämtliche, erdenkliche binäre Strukturen. Sie generiert vermutlich auch unendlich viel „Beinahe-Zufallsreihen". Die in der Mitte von EZA-Regel 30 beobachtbare beginnende Reihenfolge ist zwar 100%ig durch die Regel 30 determiniert, sie ist dennoch die z. Zt. bestmögliche Zufallsreihe der Welt, ohne jedoch – streng mathematisch genommen – eine echte Zufallsreihe zu sein! Nicht zuletzt dadurch ist es praktisch unmöglich, die einfache Regel zu entdecken, hier die Regel 30, wenn man z.b. allein mit dem Protokoll der zehntausendstel Zeile und der Zeilen, die darüber hinaus generiert werden, konfrontiert wäre. Trillionen von Trillionen von Jahren mit den heute schnellsten Computern würden mit hoher Wahrscheinlichkeit nicht ausreichen, um die extrem komplexen Entstehungswege bzw. die denkbar einfache auslösende Regel, die Regel Nr. 30, zu entdecken. Mit anderen Worten: Extrem einfache Regeln können einerseits sehr einfache Muster generieren; sie können aber andererseits auch durch dieselbe Autorekursivität potenziell die unendliche Komplexität erzeugen. Womöglich regiert eine einfache Regel, noch viel einfacher als die Regel 30 unser gesamtes Universum...(?!).

Es ist meine feste Überzeugung, dass dies nicht erstmalig von Informatikern wie Alan Turing oder Stephen Wolfram entdeckt wurde, sondern von zahlreichen Schamanen und I-Ging-Konstrukteuren vor Jahrtausenden schon erkannt wurde. Gerade die indischen Djains - Mahatma Gandhi wurde, wie wir wissen, durch djainische Gurus unterwiesen - haben neben den Taoisten die Kombinatorik extrem hoher Zahlen systematisch betrieben. Vermutlich haben sie intuitiv das Äquivalenzprinzip zwischen allen Lebewesen erfasst und z.T. extreme Konsequenzen daraus abgeleitet. Die EZA-Regel 30 und die EZA-Regel 110 sind, genau genommen, überhaupt nicht gleich. Die Juxtaposition beider Diagramme macht es auch sehr deutlich. Sie sind aber gleich potent bzw. absolut gleichwertig. D.h., alle denkbaren Programme können sowohl auf der

Grundlage von Regel 30 als auch auf der Grundlage der Regel 110 konstruiert werden. Beide bergen in sich die Potenzialität der unendlichen Komplexität.

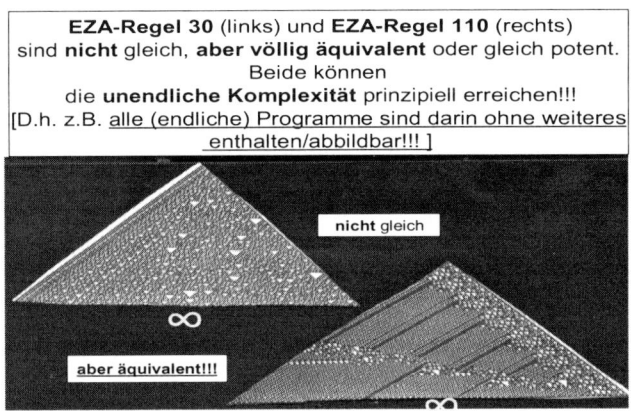

Abb.2

So gesehen sind unsere individuellen Bewusstseinsformen auch nicht untereinander gleich, sondern höchst vermutlich vollkommen einander gleichwertig bzw. äquivalent. Vielleicht meinte dies auch der Pionier der Quantenphysik, Erwin Schrödinger, als er in seinem Beitrag mit dem Titel „Das arithmetische Paradoxon – die Einheit des Bewusstseins" den Satz schrieb: „Bewusstsein gibt es seiner Natur nach nur in der Einzahl". Man braucht in der Tat nicht viel nachzudenken, um zwingend zu dem Schluss zu kommen, dass es unendlich viele universelle Turing-Maschinen gibt. Im Grunde aber wird hier der Plural überflüssig. Denn aus dem Äquivalenz-Prinzip folgt: Es gibt, genau genommen, nur eine einzige universelle Turing-Maschine! Analog dazu könnte man sagen, womöglich gibt es unendlich viele Universen. Im Grunde aber kann es nur ein einziges Quantenvakuum geben. Ähnlich haben auch die „vedischen Seher", die Rishis, seit über 3000 Jahren formuliert: Es mag unendlich viele individuelle Bewusstseins oder Atman geben, im Grunde sind sie aber alle einander gleich potent oder absolut gleichwertig. Das individuelle Atman ist absolut äquivalent zum universellen Brahman.

Das Äquivalenz-Prinzip trifft man also nicht nur bei der Erforschung zellulärer Automaten der Klasse IV an, sondern überall in der Quantenphysik, der Informatik und der Bewusstseinspsychologie. Anders aber als die Physiker oder Informatiker haben die vedischen Rishis die Äquivalenz zwischen dem universellen Brahman und dem individuellen Atman zur 1. psychologischen Basiserkenntnis und 2. gleichzeitig zur psychologischen Basistherapie erhoben.

Nur wenn jemand zweifelsfrei erfährt, dass sein individuelles Bewusstsein schon immer äquivalent zum universellen Bewusstsein gewesen ist und sein wird, wird er als Person in dieser einen Erfahrung im wahrsten Sinn Brahman gleichwertig bzw. wunschlos glücklich werden, (vgl. hierzu das yogische Satcitananda, die Erfahrung Schiwas oder die ewige Glückseligkeit in Gottes Hand).

Die Wissenschaft und die Religion haben selbstverständlich enorme Probleme mit solchen Behauptungen. Dies liegt im Wesentlichen daran, dass beide - um als Institutionen zu funktionieren und zu überleben - an Begriffe, Konzepte, Konstrukte etc. gebunden sind, die per Definition immer viel zu kurz greifen, um sozusagen der unendlichen und universellen Turing-Maschine gerecht zu werden, die – sofern das strikte Äquivalenz-Prinzip erkannt wird – ubiquitär und jederzeit erscheint. Die gleiche Begriffsneigung, die institutionelle Wissenschaften, Religionen und Gesellschaften fest im Griff hat, grassiert leider auch in den individuellen Identitäts- oder Ich-Konstruktionen. So gesehen scheint eine von kulturellen Zwängen und Konstrukten losgelöste Spiritualität am ehesten in der Lage zu sein, die – um hier einen Ausdruck der Gestalttherapie zu gebrauchen – sog. „Ich- oder Identitätskonserven" zu öffnen und somit die Menschen von ihrer erlittenen Bewusstseinsenge zu befreien.

Die vedische, taoistische, buddhistische, sufi-, aber auch christliche Mystik versucht im Grunde genommen – meist gegen und trotz der Zwänge der Institutionen – unsere "Identitätskonserven" zu öffnen. Dafür wurde die Mystik in den meisten Kulturen verschrien, denn wie Platon in seinem Höhlengleichnis deutlich macht, mögen die Menschen, die in der Höhle bleiben, nichts wissen von der Sonne da draußen und sind sogar bereit, diejenigen, die sich aus dem Schatten- in das Sonnenreich gewagt haben, umzubringen. Getreu den Veden bzw. deren Äquivalenzannahme zwischen Brahman und Atman oder getreu dem Eingangsmotto vom Kardinal Nikolaus von Kues (1442), nämlich „die menschliche Natur umfasst in ihrer Möglichkeit Gott und das Weltall" sehe ich die Aufgabe der spirituell orientierten Psychotherapie wohl darin, jedem psychisch Leidenden die befreiende Erfahrung unserer so verstandenen menschlichen Natur zu ermöglichen. Mit anderen Worten: Es gilt, unsere Patienten von den zahlreichen Ich-Verstrickungen und Ich-Verwirrspielen mit ihren „Identitätskonserven" los zubekommen. Das primäre Ziel einer spirituell orientierten Therapie sehe ich also darin, die unendliche, wohltuende dynamische Stille und Ruhe als die Natur des eigenen Bewusstseins so maximal wie möglich erfahren zu lassen. Vermutlich kein anderes Ziel hatte Meister Eckhart im Auge, als er in seiner Predigt „in omnibus requiem quaesivi" sagte: „Fragte man mich, ich sollte kundig Auskunft darüber geben, worauf der Schöpfer abgezielt habe damit, dass er alle Kreaturen erschuf, so würde ich sagen: auf Ruhe. Fragte man mich zum Zweiten, was die Heilige Dreifaltigkeit in allen ihren Werken insgesamt suche, ich würde antworten: Ruhe. Fragte man mich zum Dritten, was die Seele in allen ihren Bewegungen sucht, ich würde antworten: Ruhe. Fragte man mich zum Vierten, was alle Kreaturen in allen ihren natürlichen Strebungen und Bewegungen suchen, ich würde antworten: Ruhe."

Die Ruhe oder die Stille der Seele bzw. des Bewusstseins ist auch das Hauptziel im Yoga Patanjalis. Im ersten Vers des Yoga-Sutra schreibt nämlich Patanjali: Ziel des Yoga ist die Bewusstseinsstille, d. h. die Ausmerzung jeglicher Bewusstseinsunruhe, - denn Letztere führt zum Unwohl- oder Unglücklichsein. Die Schiwa-Sutras sehen in der Unruhe des Bewusstseins, im Auf und Ab von Glück und Unglück, die Ablenkung vom Wesentlichen. Allein in der unendlichen, einzigartigen Bewusstseinsstille, die jedem Bewusstsein von Natur aus gegeben ist, sehen sie die Quelle und die Möglichkeit einer endlosen Glückseligkeit. Wenn mitten in unserem Bewusstsein eine endlose, unitäre Stille stets zu finden ist und wenn allein diese Bewusstseinsstille uns heilen kann, fragt man sich dann, wie können Psychotherapeuten und ihre Patienten diese heilsame Stille, diesen sog. „inneren Frieden" zutiefst erfahren und verwirklichen?

Die Antwort ist m. E. denkbar einfach: indem die natürliche, unendliche Stille des eigenen Bewusstseins mehr und mehr erfahren wird. Es ist m. E. zunächst einmal sehr wichtig, sich die Plausibilität und die Tragweite einer solchen Antwort bewusst zu machen. Meist wird dies – auch von vielen Psychotherapeuten – nach dem Motto „weniger Stress – mehr Entspannung" verstanden. Auch wenn diese Interpretation nicht ganz falsch ist, lenkt sie doch schnell davon ab, auf die abgrundtiefe, unitäre

Stille mitten im Bewusstsein deutlich hinzuweisen. Es bedarf i. d. R. viel Eigenarbeit seitens eines Psychotherapeuten, sich der allumfassenden, unitären Bewusstseinsstille als Grunddimension seines eigenen Bewusstseins wirklich bewusst zu werden. Sorgen, Ängste, Ärgernisse, Wünsche jeder Art, Leidenschaften jeglicher Art, lenken allzu leicht den Blick des Therapeuten dafür ab. Sobald aber die Grunddimension der Stille intuitiv erfasst wird, lassen sich m.e. zahlreiche kreative Wege und Mittel finden, um das je spezifisch leidende Ich-Bewusstsein des Patienten in seinen natürlichen Urzustand wieder einzubringen.

Generell gilt es dabei, den Gravitationspunkt des erlebten Ich-Bewusstseins von den oberflächlichen Glücks- und Unglückswellen und -spiralen in Richtung unendliche Tiefe zu verlagern.

Am Beispiel der Metapher „Du bist im Wesentlichen das Meer, nicht allein die Wellen", lässt sich die Verlagerung des Gravitationspunktes des Ich-Bewusstseins anschaulich nachvollziehen. Statt sich nur an der Wellenoberfläche hin und her zu bewegen, taucht man einige Meter in das Meer hinein und setzt dort seinen neuen Gravitationspunkt. Allmählich erhält man dadurch die Überzeugung und das Gefühl, dass man weit mehr wird als nur der Spielball von Glücks- und Unglückswellen. Je tiefer wir den Gravitationspunkt im Meer unseres Ich-Bewusstseins setzen können, umso natürlicher, aber auch gleichzeitig umso spiritueller wird unsere Bewusstseinserfahrung.

Die in den letzten Jahren aufgetauchte „Welle der Achtsamkeit und Akzeptanz" innerhalb der modernen Psychotherapie hat das Augenmerk der Therapeutinnen und ihrer Patientinnen auf die heilsame Unterscheidung zwischen „Ich als Kontext" und „Ich als Inhalt" gelenkt. Indem wir durch Achtsamkeit und Akzeptanz lernen, uns von unserer Identifikation mit einzelnen Bewusstseinsinhalten und "Identitätskonserven" ein wenig zu distanzieren, erfahren wir eine heilsame Loslösung von oft oberflächlichen und widersprüchlichen Wellen und somit eine Rezentrierung um einen tieferen, kontextuellen Gravitationspunkt unserer Identität.

Samadhi oder Einheitsbewusstsein führt uns auf eindrückliche Weise vor, dass wir alle im Grunde „unendlich Eins" waren, sind oder werden. Das intensive Erfahren dieses „Eins-Seins" führt in jeder Hinsicht dazu, klar einzusehen, dass jede Regung (Gedanken, Stimmungen, Handlungen), die andere verletzt, im Grunde mich verletzt bzw. jede Regung, die anderen fürsorglich hilft, mir auch, unmittelbar und zutiefst wirkend, fürsorglich dient.

Das höchste Einheitsbewusstsein – von vielen Autoren als nicht-duales Bewusstsein bezeichnet – ist aufs Engste mit „Ahimsa", nämlich nicht verletzender, protektiver Fürsorge verbunden, der universellen Grundlage des erwachten Bewusstseins. Je mehr jemand die unzertrennbare Einheit von allem Leben erfährt, umso weniger wird er geneigt sein, mutwillig dagegen vorzugehen. Banal ausgedrückt: Wenn sich jemand aufs Engste mit allen anderen verbunden erfährt, gleichsam nach Art von untrennbaren siamesischen Zwillingen, wirkt jede Leidenszufügung den anderen Lebewesen gegenüber genauso wie eine Selbstschädigung. Umgekehrt: Jede fürsorgliche Handlung anderen gegenüber gilt auf dem Hintergrund einer maximalen Einheitserfahrung als eine fürsorgliche Handlung sich selbst gegenüber.

Diese sehr einfache Erkenntnis, die auf der Erfahrung des natürlichen Einheitsbewusstseins basiert, wurde in den spirituellen Traditionen früh entdeckt. Bei näherem Hinsehen findet man diese bewusstseinspsychologische Grunddimension in vielen schamanischen Heiltraditionen wie auch in den abrahamitischen Religionen. Bei den Letzteren wird man sie am ehesten in den sog. "mystischen Schulen" antreffen.

In diesem Zusammenhang ist u. a. die Pionierleistung des Mediziners Jon Kabat-Zinn zu erwähnen, der das international bekannte Verfahren "Mindfulness-Based-Stress-Reduction" entwickelte, das zur Implementierung der meditativen Achtsamkeit innerhalb der Medizin und Psychotherapie beitrug. Mittlerweile gibt es zahlreiche, z.T. auch evidenzbasierte Therapieverfahren, die die Adaptation der Vipassana-Meditation in die Psychotherapie erfolgreich belegen. Marsha Linehan, Zindel Segal, Barry Magid, Steven Hayes (und viele andere) sind bekannte Namen, die die meditative Achtsamkeit in die Verhaltenstherapie, Psychoanalyse oder interpersonelle Therapie wirksam integriert haben. Solche Autoren haben sicher dazu beigetragen, die meditativ-spirituelle Dimension des Bewusstseins für die akademische, empirische Psychotherapie salonfähig gemacht zu haben. Es besteht allerdings die Gefahr, dass statt meditativer Achtsamkeit eine Art Aufmerksamkeits- oder Konzentrationspraxis fortentwickelt wird, etwa analog dem Training aufmerksamkeitsgestörter Kinder, die lernen sollen, über Selbstinstruktionen Problemlöse-Schritte zu unterscheiden. Mit solchen Trainings allein kann keine nachhaltige spirituelle Haltung oder Bewusstseinstransformation eingeleitet und entwickelt werden. Vielmehr sollte die Einübung in "Achtsamkeit" etwa im Sinne Buddhas als ein ausgezeichneter Weg zur Befreiung sämtlicher Bewusstseinsleiden betrachtet werden. Achtsamkeit und Akzeptanz lenken den Blick auf das Ich-Bewusstsein als Kontext und Quelle aller denkbaren Bewusstseinsinhalte und -wünsche. Erst durch eine allmähliche Dezentrierung von Bewusstseinsinhalten und -wünschen kann die Wahrnehmung des natürlichen Bewusstseins als einen umfassenden Kontext beginnen und gelingen. Metaphern der inneren Stille (Ruhe, Frieden, Gelassenheit etc.) oder des Spiegels der Achtsamkeit vs. die ephemeren Ich-Inhalte oder Spiegelungen machen uns deutlich, dass wir uns der systematischen Kultivierung der Bewusstseinsachtsamkeit im Sinne der meditativen Tradition des Buddhismus oder des Yoga und vielen anderen spirituellen Schulen stark annähern.

Indem meditative Achtsamkeit geübt wird, gewinnt nicht nur die Einsicht in die große Einheit des lebendigen Leidens. Auch „Ahimsa" oder die universelle Fürsorge nimmt zu. Angst-, Trauer- oder Wutgefühle werden zunehmend im Entstehen – Vergehen wahrgenommen. Indem diese achtsame, meditative Wahrnehmung zunimmt, wächst die Wahrnehmung der engsten Verwandtschaft des eigenen Schicksals mit dem gemeinsamen Lebens- und Leidensschicksal aller Lebewesen. Dadurch gelangt man allmählich in den natürlichen Bewusstseinsbereich der inneren Gelassenheit mit Gefühlen oder Einstellungen wie z.B. Güte, tiefes Mitgefühl, Mitfreude, grenzenlose Stille oder innerer Frieden.

Obwohl der Eintritt in die permanente Befreiung vom Leiden für alle Patienten, d.h. im Wortsinn für alle Leidenden, sicher von ganzem Herzen zu wünschen ist, gebietet doch eine realistische Sicht, dass ein in diesem Sinn spirituell orientierter Psychologe nur erste, einzelne Schritte in Richtung "natürliches Einheitsbewusstsein" fördern und begleiten kann. Ab einem bestimmten Punkt wird wohl der Patient allein den weiteren, unendlichen Weg seiner spirituellen Bewusstseinsentdeckung beschreiten müssen.

Barry Magid, ein New Yorker Psychoanalytiker und Zen-Meister, wurde vor ein paar Jahren dafür bekannt, dass er seine Praxis-Couch und seinen Zen-Dojo Tür an Tür installierte und seine Patienten – je nach Stand der Therapieentwicklung – mal auf die Couch, mal auf den Safu, das Zen-Kissen, schickte. Schon vor einem Jahrhundert hatten Sri Aurobindo und Sri Ramana es wahrlich verstanden, den Zugang zur vedischen Sicht des tiefen Bewusstseins möglichst ohne kulturgebundene Vorschriften und Rituale zu vermitteln, ohne aber, wie bei etlichen neueren Gurus, auf die harte Desidentifikationsarbeit zu verzichten.

Die postmoderne Psychologie und Psychotherapie braucht m.e. dringend zahlreiche professionelle Bewusstseinsexplorateure, die weitab vom kulturellen Sektarismus erstens die universelle therapeutische Effizienz der natürlichen Bewusstseinsstille selbst pflegen und erfahren und zweitens es verstehen, effiziente Wege und Verfahren zur Vermittlung dieser heilsamen Erfahrung zu erforschen.

Angesichts des z. Zt. verheerenden Mangels an kulturübergreifenden Aus- und Fortbildungsangeboten diesbezüglich, kann ich völlig verstehen, dass der Rekurs auf bestehende Traditionen wie Tantra–Yoga, Zen-Buddhismus oder Sufimystik hoch im Kurs steht. Es ist aber zu hoffen, dass postmoderne Psychologen und Psychotherapeuten sich eines Tages in völlig neu konzipierten Ashrams zwecks natürlicher Bewusstseinserforschung zu Ausbildungs- und Fortbildungstrainings treffen werden, in denen in allen Quadranten und auf allen denkbaren Erfahrungsstufen eine integrale und integrative Erfahrbarkeit des unitären, ubiquitären, alles durchdringenden Bewusstseins zum Wohl aller Menschen intensiv gepflegt und mit großem Elan vorangetrieben werden kann.

Literatur
Meister Eckhart (1977, 4. Aufl.). Deutsche Predigten und Traktate. München: Carl Hanser.
von Kues, N. (2002). De coniecturis. Mutmaßungen. Hamburg: Meiner Verlag.
van Quekelberghe, R. (2005). Transpersonale Psychologie und Psychotherapie. Eschborn bei Frankfurt: Klotz Verlag.
Wolfram, S. (2002). A new kind of science. Winnipeg: Wolfram Media Inc.

Der kreative Kosmos.
Geist und Materie aus Quanteninformation

Brigitte und Thomas Görnitz

Die Vorstellung, dass Geist und Materie letztlich „Eines" sein könnten, ist nicht neu. In der Philosophie werden diese Vorstellungen seit Jahrtausenden immer wieder gedacht; wir wollen mit drei Zitaten, die mit einem Abstand von etwa je einem Jahrhundert aufgestellt wurden, die Situation verdeutlichen.

Friedrich Wilhelm Schelling schreibt 1797 in seinen „Ideen zu einer Philosophie der Natur": „Endlich, wenn wir auf diesem Dualismus bestehen, so haben wir nun ganz in der Nähe den Gegensatz, von dem wir ausgingen: Geist und Materie. Denn immer noch drückt uns dieselbe Unbegreiflichkeit, wie zwischen Materie und Geist Zusammenhang möglich sei. Man kann sich das Abschneidende dieses Gegensatzes durch Täuschungen aller Art verbergen, kann zwischen Geist und Materie so viel Zwischenmaterien schieben, die immer feiner und feiner werden, aber irgend einmal muss doch ein Punkt kommen, wo Geist und Materie Eins sind oder wo der große Sprung, den wir so lange vermeiden wollten, unvermeidlich wird, und darin sind alle Theorien sich gleich."[1]

Etwa ein Jahrhundert später erklärt 1872 Emil Du Bois-Reymond in seinem berühmt gewordenen Vortrag „Über die Grenzen des Naturerkennens":

„Es ist eben durchaus und für immer unbegreiflich, dass es einer Anzahl von Kohlenstoff-, Wasserstoff-, Stickstoff, Sauerstoff- usw. Atomen nicht sollte gleichgültig sein, wie sie liegen und sich bewegen, wie sie lagen und sich bewegten, wie sie liegen und sich bewegen werden. Es ist in keiner Weise einzusehen, wie aus ihrem Zusammensein Bewusstsein entstehen könne." Er führt weiter aus: „Schließlich entsteht die Frage, ob die beiden Grenzen unseres Naturerkennens nicht vielleicht die nämlichen seien, d.h. ob, wenn wir das Wesen von Materie und Kraft begriffen, wir nicht auch verständen, wie die ihnen zugrunde liegende Substanz unter bestimmten Bedingungen empfindet, begehrt und denkt."[2]

Und ein weiteres Jahrhundert später schreibt 1992 der Philosoph Thomas Nagel in seinem Buch „Der Blick von Nirgendwo": „Jede grundlegende Entdeckung hinsichtlich der Frage, warum wir über Bewusstsein verfügen [...] wird uns auch fundamental neue Wahrheiten über den Baustoff des ganzen Universums gewinnen lassen." Er meint, dass jetzt eine Theorie gesucht wird, „nach der das Psychische und das Materielle in Wirklichkeit ein und dasselbe sind."[3]

Das Neue, das wir hier vorstellen wollen, besteht darin, dass derartige Überlegungen, die auf eine einzige Grundsubstanz abzielen, jetzt aus dem Bereich von philosophischen Spekulationen in den der „harten Naturwissenschaften" gelangen.

Der bisherige Weg der naturwissenschaftlichen Erkenntnis

Naturwissenschaftliche Erkenntnis ging bislang von der Annahme aus, dass das Einfachere sich durch Zerlegen findet. Die Menschen denken vom Spielzeugalter bis zu den Atomvorstellungen der klassischen Physik gemäß der Prämisse: „Alles kann verstanden werden, wenn wir die kleinsten Bausteine verstehen". Wir nennen dies das „Lego-Weltbild". Kinder werden mit dem Affekt des Interesses der Neugier geboren. Bei Kindern kann man deren Bestreben beobachten, alles zu zerlegen, was ihnen in die Hände kommt. Solches Streben nach Erkenntnis durch Zerlegen bleibt bei vielen Wissenschaftlern lebenslang erhalten.

Das populäre Bild von den Atomen bzw. Elementarteilchen als „kleinsten Objekten" und damit als „Bausteine" der Materie bewährt sich erfolgreich in Chemie und Molekularbiologie. Dieses anschauliche Bild verflüchtigt sich jedoch, je genauer die Materie untersucht wird. Der Atomkern, in dem fast die gesamte Masse konzentriert ist, nimmt nur einen winzigen Bruchteil vom Raum des Atoms ein. Andererseits stellen die Quarks, die noch oftmals als „Bausteine" der Nukleonen bezeichnet werden, lediglich 2 % von deren Gesamtmasse bereit. Daher wäre es aus dieser Sicht zutreffend, Materie im Wesentlichen als „Bewegung" und als „leeren Raum" zu charakterisieren.

Dass es im Kleinen komplexer wird, kann man sich leicht anhand der berühmten Formel von Max Planck verdeutlichen. Die Energie E ist über das Plancksche Wirkungsquantum h mit der Frequenz v (*ny*) verbunden:

$$E = h \, v.$$

Da elektromagnetische Wellen sich mit Lichtgeschwindigkeit c ausbreiten, bedingen hohe Frequenzen kurze Wellenlängen λ (*lambda*):

$$v = c \, /\lambda.$$

Mit dem Kleinerwerden der Ausdehnung des Untersuchten wächst somit die Energie an:

$$E = h \, c \, /\lambda.$$

Immer Kleineres verbindet sich daher mit immer höheren Energien, und höhere Energien haben reichhaltigere Strukturen und somit komplexere Gebilde zur Folge. Damit wird der Grundhoffnung jeder Form eines räumlichen Atomismus, dass es im Kleinen einfach wird, der Boden entzogen.

Der bisher meist übliche Versuch, Materie durch die These zu erklären, dass sie „aus kleinen Stücken von Materie besteht", ist nicht sehr erhellend. Ein besserer Ansatz geht auf Platon zurück. Er schlug vor, die „Atome" dadurch zu erklären, dass sie als reguläre – so genannte Platonische – Körper aus reinen mathematischen Gestalten, aus gleichseitigen oder rechtwinkligen Dreiecken aufgebaut seien. Dreiecke (vorgestellte, nicht aufgemalte) sind als mathematische Gestalten vollkommen verstehbar, sie sind Ideen. Die vier regulären Körper Tetraeder, Oktaeder, Ikosaeder und Hexaeder sollten die Atome der vier irdischen Elemente Feuer, Luft, Wasser und Erde bilden, während der fünfte, das Dodekaeder, für die himmlische Quintessenz reserviert war. Damit war erstmals eine Erklärung versucht worden, bei der Materie nicht wieder durch Materie definiert wird.

Bis zum Ende des 19. Jahrhunderts lag sowohl für das Materielle als auch für das Seelische eine Verbindung von derartigen philosophischen Überlegungen zu naturwissenschaftlichen Konzepten jenseits des Vorstellbaren – nämlich „Gestalt", etwas Erkennbares, aber Nichtmaterielles, als Grundlage der „Materie" zu wählen.

Für die beiden Bereiche, den des Materiellen und den des Seelischen, brachte das Jahr 1900 mit wichtigen Arbeiten von Max Planck und Sigmund Freud eine entscheidende Wende. Beide Forscher waren zwar noch fest im Determinismus bzw. Materialismus des 19. Jh.s verwurzelt, waren aber so gute Wissenschaftler, dass sie nicht den überkommenen Vorstellungen verhaftet blieben.

Genaues Überprüfen von experimentellen Daten und der vorhandenen Theorie führte durch das Wirkungsquantum zur Aufhebung der Grundannahme der klassischen Physik. Die Möglichkeit von beliebig kleinen Veränderungen ungleich Null und damit von einer Beschreibung des Faktischen durch Differentialgleichungen (d.h. ein mathematischer Determinismus) ist nicht mehr gegeben. Planck entdeckte hinter der scheinbaren Kontinuität der Alltagsfakten die Diskontinuität der Quantenwirklichkeit.

Freud war mit seiner Arbeit an einer mechanistischen Neurophysiologie gescheitert. Deshalb erfolgte seine Zuwendung zum Psychischen mit einer genauesten Auswertung von ärztlichen Erfahrungen mit neurotischen Patientinnen und Patienten. Seine „Traumdeutung" markiert das Ernstnehmen des Psychischen als ein Phänomen, das auf unbewussten Vorgängen aufbaut. Freud entdeckte hinter den wahrnehmbaren Symptomen das Wirken der Kräfte aus dem Unbewussten. C. G. Jung führte die Bedeutung des Unbewussten über das Individuum hinaus. Dabei erleichterte ihm der enge Kontakt mit dem Physiknobelpreisträger Wolfgang Pauli eine gewisse Nähe zur modernen Naturwissenschaft. Beide hatten die Hoffnung, das Psychische und das Physische in einer „Hintergrundsphysik" zu vereinen. Allerdings war zu ihrer Zeit eine solche Theorie noch nicht erreichbar.

Seit Plancks Entdeckung hat die Quantentheorie eine gewaltige Entwicklung erlebt. Im Jahre 1925 fand Heisenberg eine erste mathematische Version der Quantenmechanik, die 1926 von Schrödinger in eine leichter handhabbare Form übergeführt wurde. 1930 entwickelten Heisenberg und Pauli eine Quantentheorie der Kräfte, die Quantenfeldtheorie. Bereits in den 1960er Jahren stellte Carl Friedrich v. Weizsäcker erste Überlegungen über eine Quantentheorie der Information an, die er später zu seiner „Ur-Hypothese" ausbaute. Heute ist die Quanteninformationstheorie sowohl experimentell als auch theoretisch ein wichtiger Bereich der Physik.

Was sind Quanten?

Eine zwar zutreffende, aber unbefriedigende Antwort auf diese Frage wäre: Quanten sind alles, was mit Quantentheorie beschrieben wird. Zuerst ist festzustellen, „Quanten" ist ein Oberbegriff – wie „Obst". Man hat nie „Obst" im Einkaufskorb, sondern Äpfel, Trauben, Bananen.

Die Quantenobjekte, die die Physik bisher betrachtet, können entweder „real vorgeführt" werden, wie Elektronen, Protonen, Neutronen und die Lichtteilchen, die Photonen. Es ist aber auch möglich, dass sie lediglich als theoretische Strukturen innerhalb von „vorführbaren Objekten" wirken. Jeder kennt Magnete. Bei diesen es ist prinzipiell unmöglich, einen einzelnen Magnetpol daraus zu isolieren. Dazu ähnlich sind „Strukturquanten", die ebenfalls nicht isoliert werden können. Zu ihnen gehören beispielsweise in Festkörpern die Schallquanten (Phononen) sowie in „Elementarteilchen" die Quarks und Gluonen und wohl auch die Strings. Qubits sind zwar frei denkbar, können aber nur mit Trägern lokalisiert vorgeführt werden.

Zum Wesen der Quantentheorie

Über das Wesen der Quantentheorie gibt es bis heute grundlegende Missverständnisse, die beiden Wichtigsten sind: Quantentheorie sei nur „fürs Kleine", und sie sei „unscharf". Sie ist jedoch die beste Beschreibung der Natur, die wir besitzen, denn sie ignoriert die Beziehungen, die überall in der Wirklichkeit bestehen, nicht einfach als „irrelevant", so wie dies die klassische Physik tut. Letztere geht im Grunde von unveränderlichen Elementarobjekten aus, von „Atomen", zwischen denen dann Kräfte wirken. Die Quantentheorie hingegen hat eine mathematische Struktur, mit der es möglich wird, dass Teile, die miteinander in Beziehung stehen, in einem größeren Ganzen aufgehen – und somit ihre Eigenexistenz verlieren. Es wird bereits hier deutlich, dass in dieser naturwissenschaftlichen Theorie ein wichtiger Aspekt spiritueller Erfahrung angesprochen wird.

Wenn wir verschiedene theoretische Strukturen der Naturwissenschaften zutreffend einordnen wollen, so ist ein wichtiger zu beachtender Unterschied der zwischen Genau und Exakt. Aus dem vielen Unterschiedlichen, das wir in unserer Lebensumwelt vorfinden, entsteht Regelhaftes und Gesetzmäßiges durch Vereinfachen und Weglassen. Das „Gleiche", von dem die Naturgesetze handeln – „vor dem Gesetz ist alles gleich" –, entsteht durch ein Ignorieren von Unterschieden. Je mehr an Konkretem ignoriert wird, desto mehr eigentlich Verschiedenes wird gleich. Für

Gleiches ist Regelmäßigkeit zu erwarten. Einfache Strukturen können sogar mathematisch als Naturgesetz modelliert werden.

Es gilt also: Je mehr ignoriert wird, desto ungenauer wird damit die Modellierung. Es gilt aber auch: Je weniger an Einzelheiten erfasst wird, desto mathematischer und damit exakter kann die Beschreibung werden.

Wir wollen diese Überlegung auf die klassische Physik anwenden. Sie zerlegt die Welt in jeweils einzelne Objekte, die in ihrem Verhalten als Fakten beschrieben werden. Daher kann die klassische Physik alle die durch sie erfassten Vorgänge mit der mathematischen Methode von deterministischen Differentialgleichungen darstellen. Sie ist somit der exakteste Teil der Naturwissenschaften. Wahrscheinliches oder Zufälliges sind in ihrem Rahmen lediglich Ausdruck von Ignoranz (wie bei der Statistik, in welcher der konkrete Einzelfall uninteressant ist) oder von beschränkter Rechenkapazität wie beim Chaos. Bei diesem hängt ein vollkommen nichtzufälliger Systemverlauf derartig komplex von den Anfangsbedingungen ab, dass er jeweils nur für eine gewisse Zeitspanne explizit vorherberechnet werden kann. Die mathematische Struktur beim deterministischen Chaos lässt also keineswegs zu, dass etwas Neues entstehen könnte – auch wenn in der populären Literatur diese Meinung oft kolportiert wird.

Im Sozialen ist eine Beziehung dadurch gekennzeichnet, dass sie die Partner nicht unverändert lässt und dass darin manches „Eigene" im „Ganzen" aufgeht. Dies ist für uns das Bild, mit dem wir die mathematische Struktur der Quantentheorie veranschaulichen wollen. Sie erfasst den Beziehungsaspekt der Wirklichkeit dadurch, dass zwei miteinander in Wechselwirkung stehende Systeme ihre Eigenexistenz im Wesentlichen aufgeben und ein neues Ganzes bilden. Diese Beschreibung ist naturgemäß genauer als die der klassischen Physik, somit ist die Quantentheorie die *Theorie fürs Genaue.*

Beziehungen erzeugen neue, zuvor nicht existierende Ganzheiten, daher ist die Quantentheorie auch eine *Theorie über das Ganze.* Sie markiert damit das Ende eines universell gedachten „Lego-Weltbildes" von grundlegenden „kleinsten Bausteinen". Möglich wird die Erfassung von Beziehungen bei Quantensystemen, weil dort die Teile multiplikativ miteinander kombiniert werden und nicht mehr lediglich additiv nebeneinandergestellt wie in der klassischen Physik. Beziehungen sind multivalent, sie können sich in verschiedenen Möglichkeiten realisieren. Damit erfasst die Quantentheorie die Fülle der Möglichkeiten, die einem System zu Verfügung stehen, sie ist also eine *„Physik der Möglichkeiten"*, während die klassische Physik die Welt als Ansammlung von Fakten beschreibt.

Was folgt aus der Quantentheorie?

Der Sinn von Möglichkeit besteht darin, dass mit einer Möglichkeit zugleich andere Möglichkeiten koexistent sind, die sich als Fakten logisch ausschließen würden. Damit können in der Quantentheorie bei einem mit Sicherheit gegebenen Vorliegen eines Zustandes dennoch bei einer Nachprüfung andere Zustände gefunden werden. Deswegen sind ihre Vorhersagen fast immer nur probabilistisch. Dies kennt jederman auch von der Psyche des Menschen. In dieser ist ein Grundzug die Ambivalenz, die sich oft in widersprüchlichem Verhalten äußert. Manche leben beispielsweise lange in der Spannung zwischen den gleichzeitigen Möglichkeiten, eine Beziehung fortzuführen oder zu beenden. Als Faktum ist natürlich nur eins von beiden real.

Die Realität von Beziehungen erschließt sich erst bei einer sehr genauen Beschreibung der Wirklichkeit. Bei den Atomen muss man sehr genau sein, und dort ist man zum ersten Male mit der Tatsache der Quanten konfrontiert worden. Dabei hat es sich gezeigt, dass die erwähnte klassische Vorstellung von „beliebig glatten Veränderungen" bei sehr genauer Betrachtung unzutreffend wird. Wirkungen sind quantisiert, sie treten nur in *„Stufen"* oder *„Portionen"* auf, im Vielfachen des Wirkungsquantums. Alle Veränderungen sind daher – sehr genau besehen – *„Quantensprünge"*. Der Quantensprung ist somit die kleinste an einem System mögliche Veränderung   auch wenn in der Öffentlichkeit oft ein gegenteiliger Eindruck erweckt wird.

Für unser Thema ist besonders bedeutsam, dass Quantentheorie Denkverbote beseitigt, die im Rahmen der klassischen Physik unüberwindbar sein müssen.

Die Quantentheorie relativiert Unterschiede wie die zwischen Lokalität und Ausgedehntheit – oder anders formuliert – zwischen Welle und Teilchen. Weiterhin hebt sie den Unterschied zwischen Kraft und Stoff sowie zwischen Masse und Bewegung weitgehend auf. Diese Erkenntnisse bestehen seit Langem, werden aber bis heute meist nicht bedacht.

Neu ist, dass darüber hinaus auch die Unterscheidungen zwischen Materie und Information und noch weiter zwischen Objekt und Eigenschaft relativiert werden. Schließlich wird die in der Spiritualität seit Langem formulierte „Einheit von Fülle und Nichts" zu einem Befund, der naturwissenschaftlich gesehen nicht mehr als sinnleer erscheinen muss. Das Vakuum der Elementarteilchen: „An keinem Ort befindet sich ein Teilchen", enthält potentiell unendlich viel Information. Durch eine andere strukturelle Anordnung dieser Quanteninformation lassen sich damit aber auch Zustände mit einer beliebigen Anzahl an Teilchen generieren.

Obwohl die Quantentheorie die grundlegendere Theorie ist, wäre eine Weltbeschreibung, die in den reinen Möglichkeiten stecken bliebe, für das alltägliche Leben recht ungeeignet. Wir benötigen daher eine Berücksichtigung sowohl der Möglichkeiten als auch der Fakten.

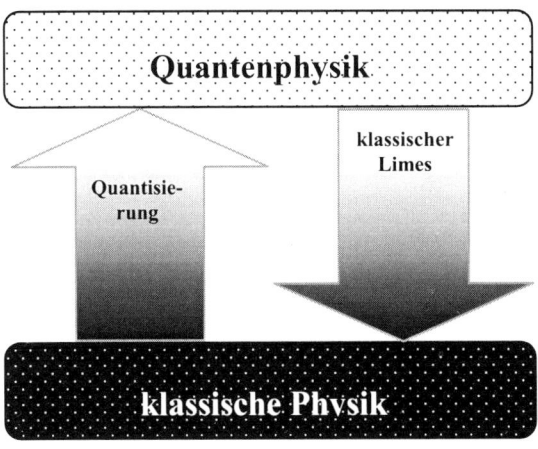

Abb. 1: Die dynamische Schichtenstruktur aus klassischer und quantischer Physik

Beide Theoriebereiche, die klassische Physik, die die Entwicklung von Fakten beschreibt, und die Quantentheorie, welche die Realität der Möglichkeiten berücksichtigt, ergänzen und bedingen einander. An der Realität des Faktischen ist schwer zu zweifeln, also wird klassische Physik gebraucht. Außerdem erlaubt ihre theoretische Struktur, die Welt in einzelne Objekte zu zerlegen. Dies ist im mathematischen Rahmen der Quantentheorie nicht vorgesehen. Andererseits können erst an isolierten Objekten deren Quanteneigenschaften deutlich werden, denn ohne eine solche Isolierung würden sie in einem größeren Ganzen einfach auf- und damit untergehen. Demgegenüber kann die klassische Physik nicht eines der Objekte, mit denen sie erfolgreich arbeitet, tatsächlich erklären. Es ist sogar noch schlimmer: Ihre mathematische Struktur lässt die Existenz von Atomen nicht zu, diese müssten sich umgehend unter Zerstrahlung auflösen. Die Naturwissenschaft benötigt daher eine *dynamische Schichtenstruktur* aus klassischer und quantischer Physik für eine möglichst gute und umfassende Beschreibung der Welt. Beide Theorien haben unterschiedliche mathematische Strukturen, die Übergänge zwischen beiden sind aber verstanden und beherrschbar.

Protyposis – die Grundsubstanz für Geist und Materie

Die Quantentheorie ermöglicht die entscheidende Wende für das Verstehen der Materie. Unter Berücksichtigung der Beziehungsstruktur der Wirklichkeit wird es mit ihr möglich, eine Reduktion auf *logisch Einfaches*, auf binäre Quantenalternativen, Qubits, durchzuführen und damit auf etwas, das zumindest im Prinzip gedacht und – zumindest in der Form unserer eigenen Gedanken – auch gekannt werden kann. Weizsäcker war der erste, der bereits in den 1950er Jahren begann, aus philosophischen Gründen eine Grundlegung der Physik auf der Basis der Quanteninformation zu entwerfen. Er hat quantisierte binäre Alternativen – Ur-Alternativen = Ure[4] – als Basis für eine neue Reduktion vorgeschlagen. Werner Heisenberg schrieb über Weizsäckers Konzept in seinem Buch „Der Teil und das Ganze", dass die Durchführung dieses Programms „ein Denken von so hoher Abstraktheit erfordert, wie sie bisher, wenigstens in der Physik, nie vorgekommen ist." Ihm, Heisenberg, „wäre das sicher zu schwer", aber Weizsäcker solle es mit seinen Mitarbeitern unbedingt versuchen.[5]

Um aber das Leben und vor allem das Bewusstsein tatsächlich naturwissenschaftlich zu erfassen, war es notwendig, sogar über das Ur-Konzept hinauszugehen. Während Weizsäcker im Aufbau der Physik formuliert: „Ein »absoluter« Begriff der Information hat keinen Sinn", ist eine Lösung nur dadurch zu erreichen, wenn genau ein solcher Begriff eingeführt wird. Erst wenn „Information" so abstrakt gefasst wird, dass dabei weder Sender noch Empfänger und vor allem auch keine Bedeutung mehr mitgedacht werden, kann mit dieser weitgehenden Abstraktion Quanteninformation zu einer absoluten Größe werden. Erst damit wird es möglich anzugeben, wie viele Qubits ein Teilchen konstituieren, während man sonst eine solche Anzahl um einen beliebigen Wert verändern könnte. So wird aus einer philosophischen Betrachtung eine naturwissenschaftliche Aussage und es wird möglich, eine abstrakte Quanteninformation als Grundsubstanz in einem naturwissenschaftlichen Sinne zu definieren.

Dafür notwendig war eine neue Synthese von abstrakter Quantentheorie, der Bekenstein-Hawking-Entropie der Schwarzen Löcher und der Kosmologie mit den philosophisch begründeten Ideen aus Weizsäckers Ur-Theorie.[6]

Um die notwendige Abstraktion leichter verstehbar zu machen, haben wir für die absolute, abstrakte und kosmologisch begründete Quanteninformation, die noch bedeutungsfrei ist, einen neuen Begriff eingeführt: „Protyposis".[7] Der Protyposis als solcher kommen primär die üblichen Eigenschaften der Materie wie Widerständigkeit, Undurchdringlichkeit, Massivität u.ä. nicht zu. Sie hat daher wegen ihres Informationsaspekts viel eher Eigenschaften dessen, was wir als „Geistiges" bezeichnen. Der Protyposis kann sich aber in bestimmten Situationen eine von uns wahrnehmbare konkrete Gestalt oder Form und sogar eine Bedeutung einprägen, nämlich dann, wenn sie sich zu Materie geformt hat.

Mit der Protyposis kann jetzt formuliert werden: Das Einfache ist das Ganze. Wie ist das zu verstehen? Wenn wir lediglich ein einziges Qubit haben, also keinerlei weitere Information über den Ort oder irgend eine andere Beziehung zu etwas anderem, z.B. einem Träger, mit dem es verbunden ist, dann gibt es dafür weder ein „Hier" noch ein „Dort". Da das Qubit aber dennoch eine mögliche Entscheidung repräsentiert, wird diese so wenig lokalisiert sein wie es überhaupt denkbar ist. Somit wird sich ein abstraktes Qubit allein, d.h. ohne zusätzlichen Träger, veranschaulichen lassen als „über den ganzen Kosmos ausgedehnt" und eine „Aufteilung des ganzen Kosmos in zwei Hälften" bewirkend. Erst beim Zusammenwirken von vielen solcher Qubits werden Zustände erreichbar, die auf einen kleinen Raumbereich lokalisierbar sind und die es dann ermöglichen, daraus Strukturen zu bilden, die die Eigenschaften von Quantenteilchen besitzen.[8] Erst damit werden dann Energie und Materie verstehbar als kondensierte oder geformte oder als gestaltete Quanteninformation. Die Anzahl N der Qubits, die ein Teilchen der Masse m konstituieren, ist proportional zu dieser Masse. In den Proportionalitätsfaktor gehen das Quadrat der Lichtgeschwindigkeit c, das Weltalter t_K und der Kehrwert des Wirkungsquantums $\hbar$ ein:

$$N = m \cdot c^2 \cdot t_K \cdot 6 \cdot \pi / \hbar$$

Diese Formel ist analog zu Einsteins Formel, bei der die Energie E proportional zur Masse ist:

$$E = m \cdot c^2.$$

Damit kann die bisherige Definition der Materie, sie würde aus kleinen Stücken von Materie bestehen, aus Elektronen, Protonen, Neutronen, Quarks usw., abgelöst werden. Wenn Quantenteilchen letztlich gestaltete Quanteninformation – Protyposis – sind, dann wird das Geistige so existent wie das Gehirn. Gedanken als bedeutungstragende Protyposis sowie Zellen und Synapsen als geformte und kondensierte Protyposis sind gleichermaßen real und können beide Wirkungen entfalten.

Die Quantentheorie zeigt, dass Quanteneigenschaften ein gegenseitiges räumliches Durchdringen ermöglichen, ohne dass dies notwendig mit einer Wechselwirkung verbunden sein müsste. So können beispielsweise die Photonen des Lichtes durch Glas hindurchgehen, ohne dass sie mit diesem in Beziehung treten müssten und deswegen ihre Quanteneigenschaften verändern würden.

Wenn wir eine Anknüpfung an die Alltagsbedeutung herstellen wollen, so kann man formulieren: Energie ist das, was Materie gegen Kraftfelder in Bewegung versetzen kann. Information ist das, was Energien auslösen kann.

Die Protyposis als bedeutungsfreie Information strebt nach Bedeutung und schließlich nach Selbstkenntnis. Mit ihr lässt sich ein teleologischer[9] Aspekt in der kosmischen Evolution erkennen, denn die Entwicklung führt zum Leben und schließlich bis zum Bewusstsein.

Lebewesen kann man definieren als instabile Systeme, als Fließgleichgewichte, die eine interne Informationsverarbeitung zur Eigenstabilisierung nutzen können. In ihnen gibt es eine kausale Bottom-Up-Verursachung, also beispielsweise durch die chemische Wirkung der Nahrung auf den Verdauungstrakt. Daneben existiert eine Stabilisierung des instabilen Systems „Lebewesen" durch eine interne Quanteninformationsverarbeitung und damit durch eine Top-Down-Steuerung. Mit einer solchen Top-Down-Steuerung auf den Körper treten Quantenmöglichkeiten makroskopisch in Erscheinung. Wir kennen von uns, dass ein Gedanke oder eine Vorstellung aus dem Bewusstsein oder dem Unbewussten nicht nur das Denken selbst, sondern auch den Zustand des ganzen Körpers beeinflussen und verändern kann.

Aus der Physik lässt sich ableiten, dass Information zur Lokalisierung einen materiellen Träger benötigt. Andererseits gilt auch: Nicht jede Information muss in Raum und Zeit lokalisiert sein.

Bedeutungsvolle Information kann den Träger wechseln, ohne dass deswegen die Bedeutung geändert werden müsste, ein triviales Beispiel ist z.b. das Fax. Bei diesem wird eine für den Sender bedeutungsvolle Information vom Papier in Helligkeitsschwankungen des reflektierten Abtaststrahles verwandelt, diese dann in elektrische Veränderungen in der Telefonleitung, um danach als elektromagnetische Wellen durch das Vakuum des Weltraumes zu einem Nachrichtensatelliten zu gelangen, und schließlich wird die Prozedur wieder rückwärts zum Empfänger durchlaufen. Im Körper ist die für das Lebewesen bedeutungsvolle Information mit einem Träger verbunden wie z.b. Photonen oder Molekülen. Diese können entweder selbst die Bedeutung sein oder diese mit sich führen – wie ein Brief den Text.

Bedeutung ist ein Begriff, der an Lebewesen gebunden ist. Sie sind es, die die Protypose, also eine noch bedeutungsfreie Quanteninformation, zu Bedeutung werden lassen. Information wird dadurch bedeutungsvoll, dass sie eine bessere Stabilisierung für Überleben ermöglicht. Der Tod ist letztlich der Lehrmeister, der Bedeutung kreiert. Lebewesen, die einer relevanten Information eine falsche Bedeutung geben, fallen aus der Evolution heraus. Für den Menschen mit seinem Bewusstsein sehen wir allerdings, dass sekundäre und kulturell begründete Bedeutungen wichtiger werden können als lediglich biologisch fundierte.

Die Informationsverarbeitung in einem Lebewesen kann man in verschiedene Kategorien unterteilen.

Als *Grunderleben* bezeichnen wir einen individuellen Prozess von Quanteninformationsverarbeitung mit dem Gehirn als Träger. Es ist zu verstehen als eine Abbildung der wesentlichen Zustände des Körpers mit seinen Grundgefühlen und des Gedächtnisses in Verbindung mit langsam veränderlichen Daten der Umwelt.

Als das *Erleben* selbst bezeichnen wir einen komplexen Zustand von Quanteninformation, der aus einer Verknüpfung des Basiserlebens mit aktueller Information aus den Sinnesorganen entsteht. Durch das Erleben kann ein Lebewesen auf äußere Informationen sehr variabel reagieren und dabei über die bei allen Lebewesen vorhandene Top-Down-Steuerung hinausgelangen, die das Leben vom Unbelebten unterscheidet. So können sich z.b. bewusste Handlungen über die Zwänge der Instinkte hinwegsetzen.

Im *Verhalten* werden die Quantenmöglichkeiten des Erlebens auf makroskopische Fakten eingeschränkt und werden von außen sichtbar. Handeln beseitigt Möglichkeiten und eröffnet neue. In der Sprache der Physik ist dies ein „Messvorgang".

Bewusstsein kann definiert werden als Quanteninformation, die sich selbst erlebt und selbst kennt. Das Bewusstsein ist daher zu verstehen als ein an die „Realität" gekoppelter Quanteninformationszustand, der eine Abbildung wesentlicher Aspekte des Erlebenszustandes auswählt. Man spricht daher auch vom „Spot" des Bewussten, der einen Ausschnitt aus dem Vorbewussten beleuchtet und aufzeigt.

Für das *Unbewusste* hat bereits Freud eine weitgehende Unabhängigkeit von den realen Raum- und Zeitrelationen der Außenwelt konstatiert. Seine A-Logizität, die von der Realität abkoppelnd in Phantasie und Traum erkennbar wird, lässt auf eine vorwiegend quantische und nur in geringerem Maße klassisch arbeitende Informationsverarbeitung schließen. Darüber hinaus stützen verschränkte Zustände, sogenannte EPR (Einstein-Podolski-Rosen)-Phänomene die Vorstellung einer quantischen Informationsverarbeitung und von ausgedehnten Ganzheiten.[10]

Während Erleben ein Quanteninformationszustand ist, der eine Abbildung wesentlicher Aspekte des Körperzustandes umfasst, ist Bewusstsein seinerseits ein Quanteninformationszustand, der eine Abbildung wesentlicher Aspekte des Erlebenszustandes umfasst

Damit Erleben bewusst werden kann, ist es also notwendig, dass diese Quanteninformation präsent gehalten werden kann, während sie zugleich dupliziert und weiterentwickelt wird. Dies ermöglicht eine Wahrnehmung und damit Bewusstwerdung von Gegenwart, in der die vergehenden und die kommenden Gedanken koexistieren können.[11]

Beim Erwachsenen kann ein Teil des Bewusstseins über das ganze Bewusstsein reflektieren. Das „Ich" ist dabei nicht an einen festen lokalen Teil des Gehirns gebunden, es gibt keinen materiellen Homunkulus, wohl aber einen geistigen, der wechselnde Bereiche des Gehirns zum hauptsächlichen Träger haben kann.

Eine Modellierung von Selbstbezüglichkeit erfordert eine mathematische Unendlichkeit, d.h. die Möglichkeit einer vollständigen Abbildung ohne Auslassung und ohne Doppelbelegung des Ganzen auf lediglich einen Teil von sich. Dies wird durch die mathematische Struktur der Quantentheorie ermöglicht.

Die im Bewusstsein gegebene Reflektion des Erlebens in ihrer Beziehung zum Körper (sowie zu Gedächtnis, sozialem Umfeld usw.) gibt dieser Quanteninformation eine Bedeutung. Erst durch die Einbindung in den damit gegebenen Kontext wird also diese Quanteninformation bedeutungsvoll. Aufgrund dieser so entstandenen Bedeutung kann jetzt die Quanteninformation als eine Repräsentanz derselben bezeichnet werden. „Repräsentanz" wird immer erst sinnvoll, wenn bereits eine Bedeutung vorliegt, denn sie bezeichnet immer etwas, was sie nicht ist und was ohne den Kontext einer Bedeutung nicht erschlossen werden kann. Auch sämtliche kulturellen Repräsentanzen, z.B. Flaggen, basieren auf Bewusstseinsrepräsentanzen.

In der Stammesentwicklung kommt es zu einer immer komplexeren und differenzierteren Informationsverarbeitung. Die Herausbildung von Bewusstsein ermöglicht Tieren und Menschen einen Vergleich von Handlungsoptionen vor einem körperlichen Einsatz. Bewusstsein dürfen wir bei allen Säugern und Vögeln annehmen, wahrscheinlich sogar bei hochentwickelten Mollusken wie Kraken.

Auch in der Individualentwicklung des Menschen wird die Informationsverarbeitung immer komplexer und differenzierter. Dabei erfolgt ein Übergang von einem mehr auf die körperlichen Bedürfnisse bezogenen Anteil zu einer „Freiwerdung des Geistigen", man spricht von „Mentalisierung".[12]

Da das Bewusstsein ein Quantenzustand ist, der die Einheit von Körperzustand, Wahrnehmungen, Gefühlen und Gedächtnisinhalten reflektiert, wird damit zugleich ein Subjekt kreiert. Das Subjekt erweist sich als Einheit von Leib und Seele. Aus naturgesetzlichen Gründen verunmöglichen die Quanteneigenschaften des Bewusstseins seine Objektivierung. Subjektive Inhalte sind einer Dritten Person lediglich näherungsweise zugänglich. Die Erste-Person-Perspektive ist die meinige, subjektive Realität, aber erst die Dritte-Person-Perspektive ermöglicht eine Einigung auf „Objektives" und damit auch Kommunikation. Im Prozess des Erlebens, Nachdenkens und auch Sprechens wird eine Schichtenstruktur von Quantischem und Klassischem, also von möglichkeitsorientierter und faktenorientierter Beschreibung deutlich.

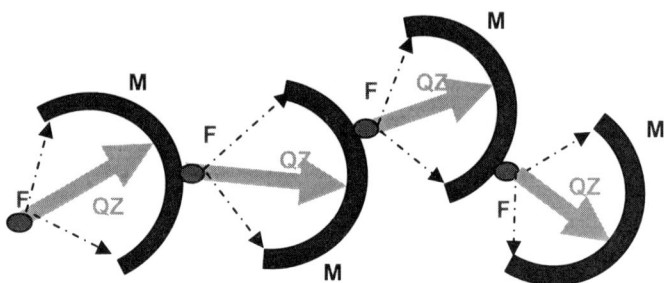

Abb. 2: Die Entwicklung der Gedanken beim Sprechen: Aus einen gesprochenem Faktum „F" entwickelt sich ein Quantenzustand „QZ" mit einem Feld von Möglichkeiten „M", die in ein neues Faktum münden, welches nur bedingt vorherbestimmt war.

Beim freien Sprechen beginnen wir oft einen Satz, dessen Ende uns lediglich als Möglichkeit vorbewusst vorschwebt. Im Laufe der Rede wird der Satz vervollkommnet – oder auch nicht – und wir kreieren mit jedem ausgesprochenen Wort ein Faktum, aus dem ein weiterer Quantenzustand mit einem neuen Möglichkeitsfeld erwächst.

Das sich selbst reflektierende Ich wird zum Selbst, welches als die Grundlage und zugleich als umfassende Struktur des Psychischen zu verstehen ist. Diese umfassende Struktur (die dem nahe kommt, was früher als Seele bezeichnet wurde) regelt die Beziehungen im Inneren und nach außen. Auch das Selbst ist ausgedehnt ohne starre Grenzen vorzustellen, mindestens über den ganzen Leib.

Die Beziehungen zwischen Therapeutin und Patient sind immer stärker ins Blickfeld der wissenschaftlichen Analyse getreten; in allen Therapieformen sind diese Beziehungen als ein wesentlicher Aspekt für den Erfolg anzusehen.

Bekanntlich wird nicht allein durch die verbale Kommunikation, sondern ebenfalls durch nonverbale und emotionale Kommunikation, also auch durch Körperausdruck und Gefühle, eine Bedeutung in einer Beziehung generiert, die z.T. auch unbewusst bleibt.

Es gibt ferner subliminale Wahrnehmungen, bei denen die Reize nicht bis ins Bewusstsein gelangen, obwohl sie unterschwellig registriert werden und das Unbewusste beeinflussen können. Über diese Phänomene hinaus gibt es noch eine Wahrnehmung und Bedeutungserzeugung, die man als atmosphärisch bezeichnen kann. Die ›Atmosphäre‹ kann aus unserer Sicht verstanden werden als ein Zustand von Quanteninformation, der sich spontan zwischen Psyche und Umgebung ausbildet.

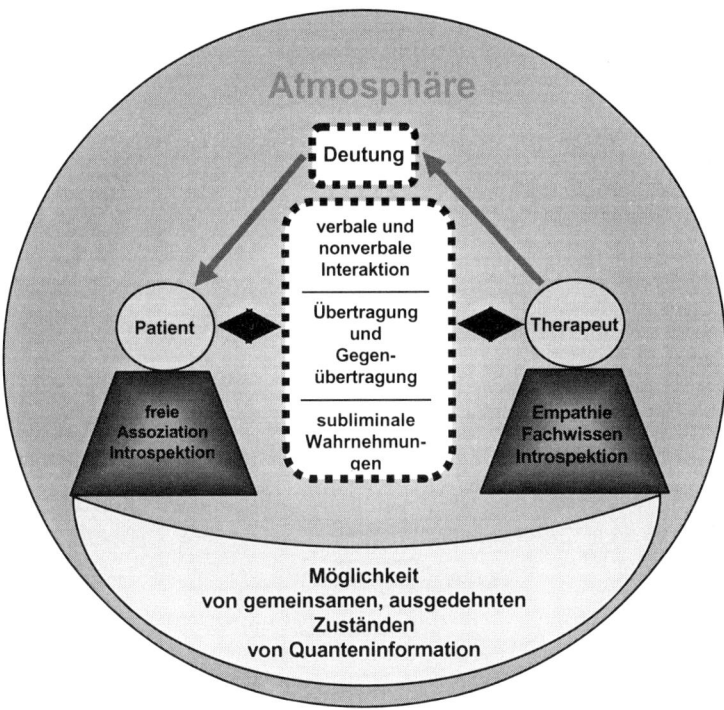

Abb. 2: Aspekte möglicher Beziehungen zwischen zwei Psychen.

Die immer genauere Erfassung des intersubjektiven Geschehens führte Altmeyer zum Begriff eines „relationalen Unbewussten" zwischen Therapeut und Patient.[13] Dabei entsteht das Phänomen eines virtuellen Raumes, »in dem die klassische Trennung von Innen und Außen virtuell aufgehoben ist«. Wir sehen dies als eine eher psychologische Beschreibung eines kohärenten Zustandes von Quanteninformation an, der zeitweilig seinen Träger in den Psychen zweier Personen zugleich hat.

Meditation und außergewöhnliche Seelenzustände

Mit unserem Geist können wir uns der Welt in ihrer Ausdehnung und bis zu ihrem Anfang nähern. In bestimmten Seelenzuständen können wir Erfahrungen sammeln, die die gewöhnliche Alltagserfahrung ähnlich übersteigen wie dies die Quantentheorie mit der klassischen Physik tut. Aus der Quantentheorie ist bekannt, dass ein Quantenprozess durch „Faktisch-Werden" beendet wird. In der Meditation soll durch Schutz eines Teils des Bewusstseins, d.h. durch Isolierung von möglichen Wechselwirkungen, erreicht werden, dass in diesem keine Fakten entstehen, z.b. durch Bewertungen. In der Regel kann durch langes und intensives Üben bewirkt werden, dass ein Teil des Bewusstseins einen restlichen, quantischen Teil in einer solchen Weise schützend isolieren kann. Dadurch kann dann dieser quantische Bewusstseinszustand mit anderen nicht-lokalen Zuständen von Quanteninformation in Beziehung treten.

Die Paradoxie zweier sich widersprechender und gleichzeitig präsenter Bewusstseinszustände beschreibt David Steindl-Rast, Benediktiner und Zen-Meister:

„Sammlung jedoch ist jene umfassende Art von Aufmerksamkeit, die T.S. Eliot»Konzentration, die nichts ausgrenzt« nennt. Das ist natürlich ein Paradox. Aber sollten wir hier nicht ein Paradox erwarten? Laufen nicht alle Gegensätze in Gott zusammen? Wie also sollten wir – ohne das Paradox – Gott im Gebet begegnen?"[14]

Nichtlokalität und die Möglichkeit einer gegenseitigen Durchdringung bei zugleich gegebener vollständiger Trennung kann nur bei Quantensystemen vorkommen. Insofern ist der Mensch mehr als nur lokalisierte Materie. Daher müssen auch Beziehungen weiter gefasst werden als bisher zumeist vorgestellt, das Selbst, die Seele, ist in die Welt eingebunden.

Die Quantentheorie erklärt die Möglichkeit von außergewöhnlichen psychischen Zuständen, die Raum und/oder Zeit übersteigen. Die seit einigen Jahren – allerdings nur an einfachen physikalischen Objekten – auch experimentell bestätigen Einstein-Podolski-Rosen-Phänomene – EPR – zeigen die Realität von „nichtlokalen" Korrelationen. Diese schließen allerdings Kausalität und damit jede mit ihnen verbundene Machtförmigkeit aus. Als Beispiel für das Gemeinte zitieren wir E.

Gaddini, der als Arzt auch Vorsitzender der italienischen Psychoanalytischen Gesellschaft war:

„Ein Patient sagte mir gegen Ende einer Sitzung, er habe den Eindruck, auf der linken Seite (der mir zugewandten) den Druck eines gigantischen Körpers zu verspüren, und es schien ihm sogar, als krümme er sich unter dem Stoß. Im selben Moment wurde, wie ich in der darauf folgenden Sitzung erfuhr, das von seiner Mutter gesteuerte Auto auf der linken Seite von einem Autobus erfasst und zerquetscht. Als ich den Patienten auf die in der vorhergehenden Sitzung erwähnten physischen Empfindungen ansprach, gelang es ihm zu meinem Erstaunen nicht, sich daran zu erinnern."[15]

Der Kosmos ist zwar „zeitlich und räumlich begrenzt", aber dennoch ist der Kosmos nicht „kausal geschlossen" in dem Sinne, dass es für alles Geschehen kausale Ursache-Wirkungs-Ketten geben würde. So zeigen die Experimente, dass gleiche Ausgangssituationen unter dem gleichen Messvorgang unterschiedliche Resultate ergeben können, und andererseits unterschiedliche Ausgangssituationen die gleichen Resultate. Daher gibt es keinen durchgängigen Determinismus der Fakten, sondern es gibt echt Zufälliges, und Neues kann immer wieder entstehen. Auch die Frage der Gewissheit, die viele Menschen mit der Naturwissenschaft verbinden, ist lediglich vordergründig gelöst. Naturwissenschaft ist ungeheuer erfolgreich und ungeheuer bewährt, dennoch gilt: Keine Wissenschaft liefert Gewissheit. Schlüsse sind lediglich so sicher wie die Annahmen, aus denen man schließt. Selbst in der Mathematik kann man beweisen, dass es keine völlige Gewissheit gibt.[16] Man bemerke die Paradoxie! Die Mystiker haben dies auf ihre Weise gesagt: „Und wiewohl diese Welt nicht unendlich ist, so kann sie doch auch nicht als endlich gedacht werden, da sie keine Grenzen hat, in welche sie eingeschlossen ist." Dieses fast 600 Jahre alte Zitat von Nicolaus von Cues (1401 bis 1464), dem Kardinal und Fürstbischof von Brixen (Tirol), kann erst mit der Allgemeinen Relativitätstheorie als eine naturwissenschaftlich sinnvolle Aussage verstanden werden.[17]

Über die Naturwissenschaft hinaus

Die Naturwissenschaft ist an das Beobachtbare und das experimentell Prüfbare gebunden und für die Naturgesetze gilt: „Gesetz" ist lediglich für „Gleiches" sinnvoll. Gleiches entsteht durch das Ignorieren von Unterschieden. Das Einmalige kann von keinem Gesetz erfasst werden, es kann aber erlebt und erinnert werden. Daher fragen Menschen über die Naturwissenschaft hinaus – auch wenn dann eine Prüfbarkeit nicht mehr möglich ist.

Mit der modernen Quantentheorie dürfen wir Erfahrungen aufgeschlossener betrachten, die mit der alten Naturwissenschaft unvereinbar waren und die sich nicht mehr voll in die aristotelische Logik pressen lassen. Wir stehen heute vor einer neuen Sicht auf Welt und Geist. Die Wirklichkeit ist im Grunde eher als geistig denn als materiell zu verstehen. Sie beginnt mit einer abstrakten Quanteninformation, der Protyposis, die sich in der kosmischen Evolution teilweise in materielle Objekte und zu Energie ausformt.

Da das Wesen von Information darin besteht, bedeutungsvoll werden zu können und sogar zu Selbsterkenntnis fähig zu werden, ist es nicht überraschend, dass in der kosmischen Evolution die zum Teil materialisierte Quanteninformation dazu strebt, bedeutungsvolle Information werden zu können. Das „Vehikel" dafür ist zuerst das Leben und dann die Entwicklung von Bewusstsein.

Unter Spiritualität verstehen wir die Wahrnehmung der Einheit der Wirklichkeit und das Anerkennen des Geistigen als Realität. Diese – in der Regel nichtwissenschaftliche – Wahrnehmung kann aber durch die universelle Gültigkeit der Quantentheorie auch an die Naturwissenschaften angebunden werden.

Wenn Information bedeutungsvoll und zu Selbsterkenntnis fähig wird, dann hat sie das Bestreben, schließlich noch darüber hinaus zu gelangen, möglicherweise zur Erkenntnis des Göttlichen. Das Göttliche liegt jenseits der Logik. Meister Eckhart (1260 bis 1327), Generalvikar der Dominikaner von Böhmen und Professor der Theologie in Straßburg, charakterisiert es so: „Darum soll deine Seele nichtgeistig sein, frei von allem, was Geist ist, und soll geistlos dastehn; denn liebst du Gott, wie er Gott ist, wie er Geist ist, wie er Person ist und wie er Bild ist, das muss alles hinab. „Wie soll ich ihn denn lieben?" Du sollst ihn lieben wie er ist: ein Nichtgott, ein Nichtgeist, eine Nichtperson, ein Nichtbild, sondern: wie er ein bloßes, pures, reines Eins ist, gesondert von aller Zweiheit, und in dem Einen sollen wir ewiglich versinken von Nichts zu Nichts. Das walte Gott. Amen."[18]

Literatur

Altmeyer, M. (2005-2006). Die intersubjektive Wende der Psychoanalyse und das relationale Unbewusste. In M.B. Buchholz & G. Gödde, Bd. III, 93–122.

Buchholz, M.B. &Gödde, G. (Eds.). Das Unbewusste. Bd. 1–3, Gießen.

Chaitin G. (1999). The Unknowable. Singapore.

DuBois-Reymond, E. (1872). Über die Grenzen des Naturerkennens. Leipzig.

Fonagy, P., Gergely, G., Jurist, E.L. & Target, M. (2007). Affektregulierung, Mentalisierung und die Entwicklung des Selbst. Stuttgart.

Gaddini, E. (1998). Das Ich ist vor allem ein Körperliches. Tübingen.

Görnitz, T. (2006). Quanten sind anders, die verborgene Einheit der Welt. Heidelberg.

Görnitz, T. & Görnitz, B. (2006). Der kreative Kosmos, Heidelberg.

Görnitz, T. & Görnitz, B. (2008). Die Evolution des Geistigen. Göttingen.

Heisenberg, W. (1969). Der Teil und das Ganze. München.

Nagel, T. (1992). Der Blick von Nirgendwo. Frankfurt am Main.

Schelling, F.W.. Ideen zu einer Philosophie der Natur, Quellen Philosophie: Deutscher Idealismus, http://www.digitale-bibliothek.de/QP03.htm.

Steindl-Rast, D. (1999). Fülle und Nichts, Freiburg.

Weizsäcker, C.F. v. (1985). Aufbau der Physik, München.

Anhang

[1] Schelling, G.F.W., Natur, 12500
[2] DuBois-Reymond, E., Grenzen
[3] Nagel, Th., Nirgendwo, 95.
[4] Weizsäcker, C.F. v., Aufbau, S. 172.
[5] Heisenberg, W., Der Teil und das Ganze, S. 332.
[6] Görnitz & Görnitz: Kosmos.
[7] Protyposis: τυπόω – eindrücken, prägen, προτύπωσις das Vorbilden.
[8] Görnitz & Görnitz: Entwicklung, 150ff.
[9] τέλος – Ende, Ziel, Vollendung.
[10] Görnitz & Görnitz, in Buchholz und Gödde, Bd. II
[11] Görnitz & Görnitz, Evolution, S. 262
[12] Fonagy et. al, Affektregulierung.
[13] Altmeyer, in Buchholz, Gödde, Bd. III, 93–122.
[14] Steindl-Rast, D., Fülle, 42.
[15] Gaddini, E.: „Das Ich ist vor allem ein Körperliches", S. 270
[16] Siehe z.B. Chaitin, G., The Unknowable,
[17] Nicolaus von Cues, Von der Wissenschaft des Nichtwissens, 9101.
[18] Meister Eckhart „Predigten, Traktate, Sprüche"

Transformationen des Bewusstseins in der spirituellen Psychotherapie

Alfons Reiter

R. van Quekelberghe weist mit deutlichen Worten den Weg zu einer spirituell orientierten Wissenschaft und Psychotherapie: Die Fortschritte der Quantenphysik und Quanteninformatik lassen uns die fundamentale Spiritualität unseres naturgegebenen Bewusstseins wiederentdecken und klarer denn je als das ..."Natürlichste aller Erscheinungen" erfahren (im Band).

Diese natürliche Erkenntnis und Erfahrung ist zentral für die spirituell orientierte Psychotherapie. Indem Wege und Möglichkeiten entwickelt und erprobt werden, um das natürliche Bewusstsein bewusst zu machen, kann Spiritualität immer mehr zu einem ganz natürlichen Wissenschaftsgegenstand werden.

Von einer solchen Wissenschaft – im Besonderen von einer „Psychologie des Bewusstseins" – würde letztlich nicht weniger verlangt werden, als dass sie uns ein Verstehen vermittelt, wie progressive Bewusstseinstransformationen mit Zuständen des Glücks und der Glückseligkeit in Zusammenhang stehen. Eine Psychologie des Bewusstseins wäre gleichzeitig die entsprechende Forschungsgrundlage für eine „spirituelle Psychotherapie".

Durch die Öffnung der Quantentheorie für die geistigen Bereiche können die Beiträge östlicher Bewusstseinstraditionen (Vedantismus, Taoismus, Buddhismus etc.) neu gewürdigt werden. Wir können außerordentliche Bewusstseinszustände, mystische Erfahrungen oder Transformationen unseres Bewusstseins, wie sie uns auf dem Weg zur „Selbstwerdung" bzw. in spirituell orientierten Therapien begegnen, in verstehbaren Zusammenhängen begreifen; und dies auf Grund

1. der Eigendynamik unseres Bewusstseins,
2. der Potentialitäten unseres Bewusstseins und
3. der Transformationsstufen unseres Bewusstseins.

Gibt der Psychotherapeut einer ganzheitlichen, spirituellen Entwicklung Raum, bekommt er im therapeutischen Prozess Antwort; dies besonders in luziden Träumen. Eine zentrale Instanz – C. G. Jung nennt sie das eigentliche Selbst – bietet uns eine weise Entwicklungsbegleitung an. Es ist die Selbstverwirklichungstendenz unseres Selbst (Müller, Seifert, 1994, 203). Dieses Selbstverwirklichungsstreben kann als emergierende Struktur des kreativen Schöpfungsgrundes begriffen werden, der sich im Individuationsprozess zu erleben und zu erkennen strebt.

Evolution des Bewusstseins als Selbstverwirklichungsstreben

Mit der Quantentheorie stehen wir heute – so Görnitz & Görnitz (im Band) – vor einer neuen Sicht auf Welt und Geist. Sie weist über die Naturwissenschaft hinaus. Die Wirklichkeit beginnt mit einer abstrakten Quanteninformation, der Protyposis, die sich in der kosmischen Evolution teilweise in materielle Objekte und zu Energie ausformt; im Weiteren wird die materialisierte Quanteninformation im Lebendigen zu bedeutungsvoller Information und schließlich in der Entwicklung von Bewusstsein zur Selbsterkenntnis fähig.

Unter Spiritualität wird die Wahrnehmung der Einheit der Wirklichkeit und das Anerkennen des Geistigen als Realität verstanden. Diese – in der Regel nichtwissenschaftliche – Wahrnehmung könne aber durch die universelle Gültigkeit der Quantentheorie auch an die Naturwissenschaften angebunden werden. „Wenn Information bedeutungsvoll und zu Selbsterkenntnis fähig wird, dann hat sie das Bestreben, schließlich noch darüber hinaus zu gelangen, möglicherweise zur Erkenntnis des Göttlichen." (Görnitz & Görnitz, 2008, 84).

Die Kapazität unseres Bewusstseins

In der Ableitung des Bewusstseins als Quanteninformation sind dem Bewusstsein die Kapazitäten zuzusprechen, wie wir sie im „kreativen Kosmos" antreffen. So können im menschlichen Bewusstsein auch die zentralen Eigenschaften aller komplexen Fraktalsysteme im hohen Maße realisiert gefunden werden wie die Autorekursivität, die Nicht-Linearität, die Selbstähnlichkeit und die Totalität oder die Nicht-Teilbarkeit (vgl. van Quekelberghe, 2005, 23 f; 2007, 45f.) Die „zelluläre Automatentheorie" (Stephen Wolfram) zeigt, wie diese Supereigenschaften beim menschlichen Bewusstsein zu außerordentlichen Phänomenen führen können. Nach Alan Turing handelt es sich bei unserem Gehirn um eine sog. „Universelle Turing-Maschine". Die Komplexität, die damit generiert werden kann, ist unvorstellbar; so vielfältig, wie das Universum selbst. Menschliches Bewusstsein eröffnet damit den Horizont grenzenlosen Könnens, unabhängig davon, ob dies verwirklicht werden kann oder nicht (van Quekelberghe, 2005, 31). Bewusstseinstransformationen auf dem Wege einer spirituellen Entwicklung legen diese Potenzen mit den entsprechenden Erlebens- und Erkenntnismöglichkeiten frei.

Transformationen des Bewusstseins

R. van Quekelberghe (2007, 50f) beschreibt Stufen der Bewusstseinstransformationen. Zwischen dem Alltagsbewusstsein und dem höchsten Zielbewusstsein, dem absoluten Bewusstsein, lassen sich Zwischenstufen beschreiben.

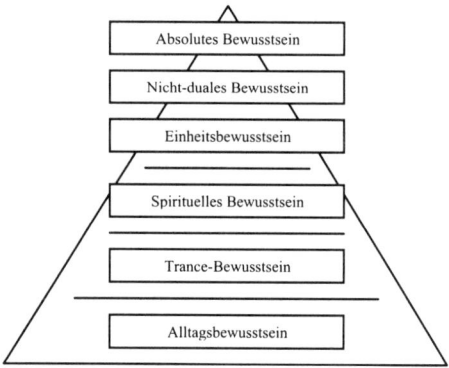

Die erste Stufe sei das uns vertraute Alltagsbewusstsein. Im *Trance-Bewusstsein* erfahren die gewöhnlichen, akzeptierten Vorstellungen und Grenzen des Alltagsbewusstseins eine erste Verunsicherung und Erweiterung. Dies gelte auch schon für sämtliche Tag-, und Nachtträume.

Das *Spirituelle Bewusstsein* sei das Erwachen zum eigentlichen Bewusstsein. Ich- und Weltkonstruktionen sollen erkannt werden, um sich Zuständen des unermesslichen, grenzenlosen und ichlosen Bewusstseins zu öffnen. Hier werden Gefühle und Erfahrungen von Harmonie, Klarheit, Transzendenz, Liebe und Freude berichtet.

Im *Einheitsbewusstsein* zeigen die Bewusstseinszustände interkulturell große Ähnlichkeiten. Hier werden Zustände beschrieben wie ein grenzenloses, alles durchdringendes Licht, eine alles durchvibrierende Energie, eine uneingeschränkte, dynamische Stille oder Leerheit.

Das Vorletzte erweise sich als das *nicht-duale Bewusstsein*. Die gängigen Unterscheidungen zwischen Ich und Du, Subjekt und Objekt schwinden zunehmend. Wir erleben die Verschränkung mit allem. Die Spitze der Pyramide bildet das *Absolute Bewusstsein*. Wir können es lediglich postulieren bzw. „erahnen". Es ist im eigenen Bewusstsein absolut immanent und absolut transzendent zugleich.

Das absolute Bewusstsein, das All-Eine, der GEIST, sei auf jeder Stufe präsent. Der Begriff Seele ist aus dieser Sicht identisch mit der Essenz des Bewusstseins. Die Seele bzw. das Bewusstsein ist - so van Quekelberghe (2007, 51) – von Natur aus spirituell.

Sein Modell bleibt auf einer bewusstseinspsychologischen Ebene und vermeidet ontologische Aussagen. Bewusstsein ist in seiner Essenz „Sein" und legt sein Wesen mit der Zunahme seiner Potenzialitäten bei aufsteigender Hierarchie frei. So komme die Allgüte als Attraktor des spirituellen Bewusstseins bei Menschen mit unterschiedlichsten Erlösungswegen zum Ausdruck (van Quekelberghe, 2005, S.469). Die Allgüte sollte auch ein Hauptziel einer Spirituellen Psychotherapie sein.

Transformationen des Bewusstseins in Träumen

Das Trance-Bewusstsein kann gezielt durch Trance-Rituale hervorgerufen werden; begegnet uns aber auch in Tag- und Nachtträumen; im Besonderen in luziden Träumen (C. G. Jung).

R. van Quekelberghe bezeichnet das Trance-Bewusstsein als quasi eine Eintrittskarte zu den weiteren spirituellen Ebenen. Im Individuationsprozess muss unser Ich-Bewusstsein erst vorbereitet werden, um die Inhalte der aufsteigenden Ebenen unseres Bewusstseins aufnehmen zu können; und dies, was das Verstehen, aber auch die energetische Seite betrifft. Das Ich-Bewusstsein ist, so lange die Eintrittkarte nicht gelöst ist, ein sehr zerbrechliches Gefäß. Dies wird in der folgenden Eigenerfahrung deutlich:

Ich beschäftigte mich für ein Referat mit dem Thema: Das Wesen des Glücks. In der Nacht erwachte ich mit einem Traumrest. Wie auf einem Transparent geschrieben sah ich im Traum die Worte vor mir:

"Glück obliegt der Obsorge des Augenblicks".

Ich bin im Traum von der Erlebnisintensität wie auch vom Inhalt der Worte überwältigt. Ein Erleben von Fülle und gleichzeitig eine Klarheit.

Das ist das Wesen des Glücks, denke ich mir noch im Traum. Das muss ich behalten. Während mir beim Aufwachen die Intensität des Gefühls entglitt, verloren sich auch die einzelnen Worte. Ich versuchte zu rekapitulieren: „Glück bedeutet..." Nein, „bedeutet" stimmt nicht. Es hieß anders: „obliegt". Ja, obliegt der Sorge. Nein, dafür stand ein anderes Wort: Obsorge. Es dauerte eine Weile, bis ich die wenigen Worte wieder beisammen hatte. Ich verfügte wieder über die ursprüngliche Wortfolge; nahezu nichts aber vom Gefühl, das diese atmosphärisch umgab. Die Intensität und Qualität des erlebten Inhaltes zeigten beim Aufwachen die Grenzen des reflektierenden Denkens. Mit Mühe rettete ich die ästhetische Form ins Erwachen.

Die Worte besagen Tiefsinniges zum Thema Glück: Das eigentliche Glück besteht in der Seinserfahrung. Und das liegt im Erleben der Fülle des Augenblicks. Es war ein Erleben und Wissen auf einer transformierten Bewusstseinsebene. Mit meinem Ich-Bewusstsein registrierte ich noch im Trance-Zustand des Traumes: Das ist es, was ich suche, und ich erlebte Inhalt, Gefühl als eine Einheit. Mit Einsetzen des Ich-Bewusstseins wusste ich zwar, dass ich zu etwas Bedeutendem Zugang bekam, konnte davon aber nur einen formalen Rest behalten.

Das Beispiel verdeutlicht Eigenheiten des Individuationsprozesses: Wir tragen ein Wissen von der Vollgestalt unseres Menschseins in uns. Wir sind das in unserem eigentlichen Wesen. Dieses drängt sich zu verwirklichen.

Das geschieht über Transformationsstufen des Bewusstseins. Der Austragungsort ist unser Ich. Wir verbinden damit unsere Identität. Transformationen zwingen die jeweilige Identität zerfallen zu lassen. Das sind Ich-Tode. Wie immer im Alltagsbewusstsein dem eigentlichen Selbst entfremdet, so ist es meine vertraute Identität. Werden wir im Traum mit geforderten Transformationen konfrontiert, können wir das Ich unseres Alltagsbewusstseins bisweilen als Gegenspieler zu unserem eigentlichen Selbst erfahren. Dazu Wiederholungsträume, die ein Klient in die erste Therapiestunde mitbringt. Er träumte sie mehrmals vor Therapiebeginn:

Traum vom Doppelgänger

> Traum: Ich war in einer Runde von Leuten. Wir übten, zu immer früheren Erinnerungen Zugang zu bekommen. Das ging immer bes-

ser. Ich dachte mir: Das Assoziieren beherrsche ich für die kommende Psychoanalyse nun schon recht gut.

Darauf folgte jeweils dieser Traum:
Traum: Ich treffe meinen Doppelgänger. Ich stehe selbst vor mir. Dieser andere – ich selbst - schaut mich durchdringend an. Bei diesem Blick gibt es kein Tricksen. Er sieht und erkennt alles in mir. Es ist anstrengend, sich diesem Blick auszusetzen. Ich werde wütend, wie mich das klein macht. Ich werde wütend auf diesen anderen vor mir. Gleichzeitig beneide ich ihn um diese Klarheit. Das ist so anstrengend, mich dem auszusetzen. Noch beim Aufwachen denke ich: Aber auch der andere bin ich und das beruhigt mich wieder.

Die Denkweise vom ersten Traum ist ihm vertraut. Er bereitet sich mit dem Memorieren auf die Therapie vor. So meint er, funktioniere die Psychoanalyse und freut sich schon darauf.

Im zweiten Traum ist die Ich-Bewusstheit einer spirituellen Bewusstheit gegenübergestellt; die Gegensätze sind in eine Individuationsdynamik eingebettet. Das Ich wird in seinem eigentlichen Wesen gespiegelt. Er muss sich dieser Konfrontation aussetzen. Die Gegensätzlichkeit erlebt er dramatisch. Seine Ich-Existenz kann vor diesem anderen nicht bestehen. Er sieht sich durchschaut, ist gleichzeitig neidisch auf die Überlegenheit dieses anderen. Erst beim Aufwachen gewinnt er seine Überlegenheit zurück und versucht die soeben erfahrene Ich-Kränkung zu mildern: Der andere bin ja auch ich.

Das stimmt auch, nur nicht in der Ordnung, wie es sein sollte. Hier ist das Ich dem eigentlichen Selbst entfremdet, dass er dieses als vernichtend erlebt. Das Ich sollte seine Entfremdungsanteile erkennen und sich zunehmend in den Dienst der Selbstwerdung stellen.

Der Traum ist ein eindrucksvolles Beispiel, wie mächtig das Ich-Bewusstsein trotz all seiner eigentlichen Ohnmacht ist. Welche mühevolle Aufgabe hat der innere Entwicklungsregisseur, seine Botschaften auf die dem Selbst entfremdete Bewusstseinsebene zu bringen.

Es ist unserem gewohnten Denken schwer zu vermitteln, was den Unterschied zwischen beiden Ebenen ausmacht. Es ist ein radikaler Paradigmawechsel. Unser Denken, mit dem wir uns ständig erschaffen und das unsere vertraute Realität ist, wird von der anderen Ebene in Frage gestellt.

Traum: Frau vor dem Spiegel

In einem anderen Doppelgängertraum sind wieder Ich-Bewusstsein und spirituelles Bewusstsein vertreten. Im Gegensatz zum vorhergehenden Traum identifiziert sich hier die Träumerin mit dem Zustand auf einer spirituellen Bewusstseinsebene.

> Traum: Ich sehe eine Frau beim Spiegel sitzen. Sie macht sich gerade fertig für den Tag. Ich sehe ihr gleichzeitig von hinten zu und winke ihr. Das bin auch ich. Weil ich hinter ihr bin, sehe ich nur meine Hände im Spiegel, nicht mich selbst. Ich stehe dahinter in einem Türrahmen, wo ein anderer Raum anschließt.
>
> In diesem Raum dahinter ist alles wohl geregelt. Wie von einem wunderbaren Butler gelenkt, läuft alles ab: die Welt hier und in die alles eingebettet ist. Obwohl ich mit meinen Augen nichts sehe, nehme ich dennoch alles wahr, wie es wunderbar geregelt ist. Ich überlasse mich ganz dieser Ordnung.

Die Welt der Frau vor dem Spiegel ist die uns vertraute Alltagsbewusstheit. Die Doppelgängerin dahinter sieht mit anderen Augen. Sie sieht hinter die Dinge, erkennt die komplexen Zusammenhänge einer Schöpfungsordnung und wie diese von einem weisen Regisseur gelenkt wird. Im Gegensatz zum Traum vorher verschiebt sich der Schwerpunkt zur „wissenden Frau" dahinter. Sie ist in einem „erwachten Bewusstsein". Sie erkennt die kleine Welt der Frau vorne am Spiegel. Im Alltagsbewusstsein weiß diese nichts von der Großartigkeit der Welt, die sie umgibt. Sie – hier in einem spirituellen Bewusstsein – kann sie nicht erreichen, um ihr ihre Berührtheit von der eigentlichen Wirklichkeit mitzuteilen.

Die beiden Welten trennt ein Quantensprung. Wie klein dieser auch bgl. der weiteren Potentialitäten unseres Bewusstseins sein mag. Für unser Ich-Bewusstsein ist es eine andere Wirklichkeit. In östlichen Bewusstseinstraditionen ist es bekannt, wie schwer dieser Schritt ist. Es muss das, was ich mir als Wirklichkeit konstruiere, zerfallen. Es ist ein Ich-Tod. Die Träumerin hat diesen Schritt noch nicht getan, weiß aber um ihn im Traum.

Traum vom „Geschenkspapier und dem Mädchen"

Im folgenden Traum ein Beispiel, wie die spirituelle Dimension ureigen mit unserem individuellen Menschsein verbunden ist. Kann sich diese

Dimension nicht entfalten, hat das essentielle Konsequenzen. Wir wissen darum in unserem „eigentlichen Selbst" und bekommen – so wir uns auf den Weg machen – weise Hilfestellungen.

Traum: „Ich bin in einem Haus. Ich hantiere mit Geschenkspapier. Es ist ein netter Mann da. Er schaut mir zu. Er ist von dem Geschenkspapier fasziniert und bittet mich, ihm eines zu geben. Ich schenke es ihm. Er freut sich darüber und geht. Ich denke mir: Bin ich doch ein guter Mensch; gab ich es ihm doch so spontan.

Der Traum geht weiter. Es ist im selben Haus. Ein kleines Mädchen ist nun bei mir; auffallend schön. Sein Strahlen berührt mich. Es führt eine Holztreppe nach oben. Es fragt mich, ob es mir oben was zeigen darf. Wir gehen die Treppe hinauf. Was es mir dann zeigen wollte, weiß ich nicht mehr. Das Mädchen steht nun neben einem kleinen Tisch, darauf ein Geoheft mit großen Lettern: Gott und das Universum. Ich schaue das Mädchen an und weiß: All dieses Wissen trägt dieses Kind in sich. Gleichzeitig wird mir was Furchtbares bewusst: Ich habe vor vielen Jahren einen Mord begangen und die Leiche grausam zerstückelt. Der Gedanke, dies wäre mir erst in der Sterbestunde eingefallen, macht mich fast wahnsinnig."

Die Szene im ersten Teil: Es ist die Alltagswelt mit ihren Konventionen. Eine Zufriedenheit mit gut kaschierten Oberflächen (Geschenkpapier), mit denen gehandelt und Wert erfahren wird.

Im zweiten Teil eine andere Welt. Das schöne Mädchen - im Jung'schen Sinne ein Symbol des Selbst - weiß um die Zusammenhänge von Gott und dem Universum. Die Träumerin erkennt dies. Auch ihr Bewusstsein ist jetzt verändert. Sie begreift ihren spirituellen Entwicklungsweg als verfehlt und fühlt sich schuldig. Sie wird ihres Todseins gewahr; hier im Traum verschoben auf die zerstückelte Leiche.

Die Botschaft des Traumes: Weil ein „Mord" passiert ist, konnte sie eine Entwicklung nicht fortführen. Möglicherweise wird hier auf ein Trauma in der spirituellen Entwicklung verwiesen – oft Seelentod bezeichnet – weshalb sie ihre Ganzheit, ihre Seele nicht leben kann (Reiter, 2007). Die Ebene des „Geschenkpapiers" zeigt sich aus Not geboren. Sie hat sich darin einrichten können. Aber es blieb ein Suchen in ihr. Was sich nicht weiterentwickeln konnte, will leben und gibt ihr Botschaften.

Die Seele „will zu Bewusstsein" kommen. Diese geht didaktisch vor. Sie holt die Träumerin (im ersten Traumabschnitt) dort ab, wo sie ist. Dann lädt sie zu einem Transformationsschritt ein, indem sie diese mit ihrem transformierten Wissen berührt. Diese Dimension zeigt sich souverän, hier geradezu liebevoll, werbend; die Seele ist darauf angewiesen, dass wir mittun, die Botschaften begreifen und uns in die anstehende spirituelle Entwicklung einlassen.

Erkenntnistheoretisch wird deutlich: In der hier geforderten Entwicklung geht es nicht um einen kumulativen Erkenntniszuwachs, sondern um eine Bewusstseinstransformation. Diese gibt uns erst einen Zugang zu dem Ordnungsbewusstsein, aus dem die Träumerin hier angerufen wird. Ihr Ichbewusstsein wird durch den Einbruch einer spirituellen Erkenntnis verunsichert. Als Träumende kann sie von ihrem Selbst erreicht werden.

Traum vom fragilen Kleid und der Perlenkette

Aus Jungscher Sicht ist „das Ich der bewusste Repräsentant des Selbst, sein Auge, mit dessen Hilfe das Selbst sich zu erkennen vermag. Zwischen ihnen besteht ein dialektisches und kompensatorisches Abhängigkeitsverhältnis" (Müller, Seifert, 1994, 202). Bei einem günstigen Individuationsverlauf wird das Ich immer aufnahmefähiger für die Botschaften aus dem Selbst, transformiert sich und „erwacht" schließlich zum spirituellen Bewusstsein. Im folgenden Traum ist das Ich der Träumerin bereits „erwacht".

Traum: Ich war in einem Geschäft, hatte Männerkleidung an. Ich merkte, die passt nicht mehr zu mir. Ich suchte ein Dirndlkleid für mich aus. Ich fand aber keine passende Bluse dazu. Ich war schon einmal in diesem Geschäft, hatte auch eine gefunden, konnte mich damals aber nicht entscheiden. Und nun fand ich keine passende. Ich dachte mir, muss ich mir also selbst eine nähen.

In der Durcharbeitung des Traumes beschreibt sie, wie die Bluse ausgesehen hat, für die sie sich nicht entscheiden konnte: Das Besondere sei die Stoffqualität gewesen: Der Stoff an sich war brüchig, hauchdünn. Beim leisesten Windstoss wäre er zerfallen. Um den Kragen der Bluse waren Perlen. Sie waren nicht als Kette herumgelegt. Die Perlen waren einzeln fest mit dem Stoff verbunden, wie eingeschweißt. Sie gaben dem Stoff erst die Festigkeit. Die Perlen stehen für Unendlichkeit. Erst wenn ich die Perlen habe, kann ich das ganze Kleid tragen. Aber ohne das Kleid habe ich die Perlen nicht zur Verfügung. Ich könnte sagen: Dieser fragile Stoff ist der vergängliche Körper, der einmal zerfallen wird. Aber ich kann die Perlen ohne diesen Stoff nicht haben. Ich muss die Begrenztheit des Körpers und die Unendlichkeit des Seins verbinden, sonst werde ich nie den Augenblick leben können.

Die Aussagen dieses Traumes betreffen Kerninhalte der Weisheitslehren und Mystik. Die Perlen, die für das Sein, die Unendlichkeit stehen, sollen mit der endlichen Form, dem Körper, zu einer Einheit werden. Das eine ist ohne das andere nicht zu haben. Menschsein ist – im Bild des Traumes – Gestalt gewordenes Sein. Diese Ordnung kann sie mit ihrem bereits transformierten Ich-Bewusstsein erfassen.

Zugang zum Ordnungswissen im spirituellen Bewusstsein

Ein „erwachtes Bewusstsein" hat Zugang zum Erleben und Erkennen, was Menschsein in seiner Auszeichnung ist. Es weiß auch um die Stationen der Entfremdungen von seinem eigentlichen Wesen und den Weg zurück in die Ganzheit. Noch mehr: Es strebe – so Görnitz & Görnitz (2008) – zur Selbsterkenntnis und möglicherweise zur Erkenntnis des Göttlichen. Diesen Gedanken fortführend könnte die Evolution des Bewusstseins darin bestehen, dass sich der Schöpfer im Menschen erlebt und erkennt.

Psychotherapie - im eigentlichen Sinne - sollte eine Entwicklungsbegleitung auf dieses Ziel hin sein. Ein Wissen darüber tragen wir in uns und bekommen über ein transformiertes Bewusstsein Zugang dazu.

> Wichtige Erfahrungen dazu gewann ich aus der psychotherapeutischen Praxis; im Besonderen in der Entwicklungsbegleitung von Frau A[1]. (Von ihr stammt auch der Traum mit dem Kleid und der Perlenkette). Die Gespräche mit ihr waren für mich ein Forschungs- und ein Selbsterfahrungsweg. Ihre Erkenntnisse zwangen mich, meine bisherigen Bezugssysteme zu relativieren und das Konzept von C. G. Jung, die Grundpostulate der Humanistischen Psychologie, der Transpersonalen Psychologie, sowie Inhalte der Weisheitslehren und der Mystik in mein Denken einzubeziehen.

Das Menschenbild von Frau A. kurz skizziert, wie es sich ihr in ihrer spirituellen Erkenntnis darstellt:

„Menschsein in seiner Auszeichnung verstanden" würde gelebt werden, wenn wir Seele leben dürfen. Dazu müssten mich Eltern begleiten, die selbst Seele leben. In einer solchen Atmosphäre könnte sich der Mensch erlebend und erkennend bewusst werden. Weil meine Umwelt nicht darum weiß noch sie lebt, kommt das Kind nicht zum Erleben seines Wesens noch erkennt es dieses. Diese Nichtbeantwortung des eigenen Wesens durch den konkreten anderen unterbindet das allmähliche Gewahrwerden der Seelendimension in meinem Bewusstsein. Anstatt Seele zu erleben, nehme ich mich und meinen Körper wahr, bin nicht mehr Erlebender und Wissender der Ganzheit. Ich bin dann in einem anderen System; wir können es „Ego- oder Kopfsystem" nennen. Ich schaffe mir die Welt über die Vorstellung, anstatt in mir die Ganzheit des Seins zu erfahren. Diesen radikalen Wechsel des Daseins von Seins- zur Vorstellungswelt bezeichnet Frau A. als Urtrauma, als Seelentod. Auf dieses Urtrauma würden alle späteren Traumen aufbauen (Reiter, 2007).

Die „Selbst-Entfremdung" bestehe darin, dass man anstatt „Sein" zu leben, nur noch darum weiß; und auch das geht verloren. Jedes folgende Trauma wird weitere Schutzhüllen darüber legen. In diesem Zustand wird angenommen, dass die Schutzhüllen bzw. die Identifikationen mit meiner Umwelt meine Identität sind. Mein eigentliches Wesen, meine Seele will aber das leben, was sie ist und drängt, mit ihren Möglichkeiten ihre Bestimmung im Menschsein leben zu können.

Die mystische Erkenntnis schöpft aus einer – wohl den meisten – nicht vertrauten Erfahrungsquelle. Der Forscher und Therapeut, der zu solcher Erkenntnis nicht selbst Zugang hat, hat von seinem Denken her Mühe, die Stimmigkeit der Aussagen im Kontext nachzuvollziehen. Dennoch: In diesem Bemühen wird er für die spirituelle Entwicklung substanziell. Er wird dadurch ein entsprechender atmosphärischer Dialogpartner, wodurch sich erst der mystische Erfahrungsprozess entfaltet.

Gesprächsausschnitt mit Frau A.

Frau A.: „Das Prekäre vom Kopfsystem (unsere Ich-Konstruktionen) ist, dass ich nicht mehr die Fülle (meines Menschseins) lebe, sondern höchstens noch um sie weiß. In diesem System ist dann außen nicht mehr für mich Sein, obwohl mich die Fülle umgibt. Das, was da in der Brust heraus will, ist ja außen. Ich sperre mich aber durch mein Kopfsystem davon aus, töte das Licht außen. Damit töte ich mich selbst. Wenn ich mit dem Kopf das Licht außen vernichte, nützt mir das Licht da drinnen nichts.

Kommentar: Der Seelenzustand des anderen wird für mich schicksalhaft. Bekomme ich nicht die Spiegelung für meine Seele, kann ich Seele nicht leben. Ich „töte" damit auch das Licht um mich herum. Ich erkenne nicht mehr, dass alles um mich Licht, Sein ist. Ich kann aber auch andere nicht mehr zum „Seele leben" wecken.

Frau A.: Damit ich Seele leben kann, muss das, was ich eigentlich bin, außen zur Verfügung sein. Wenn das die Eltern leben, wärest du in einer Atmosphäre, wo du Seele leben kannst. Dann lebst du das Licht und kannst es erkennen. Sonst, wenn dir das nicht zur Verfügung gestellt wird, kannst Du nicht Seele leben. D.h., du darfst nicht sein. Anstatt Seele zu leben, weißt du nur noch davon. Du kannst nicht mehr erleben, was du eigentlich bist. Es ist ja im Außen da, nur du hast dich davon ausgesperrt.

Kommentar: Anstatt Seele zu leben, erkenne ich, dass ich diesen Zustand verloren habe. Das sei – so an anderer Stelle – die Geburtsstunde der Bedürftigkeit und der gegenseitigen Wertungen. Es entstehe ein Kopfsystem (oft als Ego-Ebene angesprochen), in dem ich mich an die neue Realität anpasse bzw. ich werde von der Umwelt, die selbst die Ganzheit nicht mehr lebt, in diese hineinsozialisiert. Sie beschreibt den Weg aus dieser Selbst-Entfremdung zurück.

Frau A.: Jetzt müsstest du mit dem Verstand dieses Ich loslassen, das zugesperrt hat. Dieser Ich-Anteil bekommt dabei Panik. Er fürchtet, dass wieder die Konsequenz eintritt, die passiert, wenn du die Fülle nicht mehr bekommst, wenn du Seele nicht mehr leben darfst. Dieser Ich-Anteil kann nicht erleben, dass er nicht mehr fließt, aber er hat die Konsequenz begriffen. Er weiß nur noch um das Licht, was er verloren hat. Und schließlich weiß er auch das nicht mehr und ist nur noch in Not und bedürftig. Hinter all dem bleibt aber dieses ungestüme Drängen, das Verlorene wiederzugewinnen.

Wenn du endlich so weit gekommen bist, dass du merkst: Du hast dich selbst ausgesperrt. Du bist Wissender davon geworden, dass das Fließen aufgehört hat. Damit ist Sein für dich im Außen nicht mehr da.

Wenn du nun mit dem Verstand (davon) loslassen kannst, löst sich dieser „Ich-Anteil" (der sich aus der Konsequenz des „Seelentodes" gebildet hat) auf. Löst sich dieser auf, löst sich das Trauma auf. Du erlebst wieder Fließen und wirst gleichzeitig Wissender daraus.

Damit man in das Erleben des Seins wieder kommt, braucht man den Mut, sich auflösen zu lassen. Dies geht nur, indem du begreifst, dass ja alles Sein ist; der ganze Kosmos. Nur mit meinem Ich schließe ich mich davon aus. Wenn es sich nicht mehr ausschließt, braucht es keinen Halt (von anderen) mehr. Dann verschmilzt es mit allem. Mit dieser Erkenntnis kann sich der Verstand am Sein anbinden. Man begreift, dass das Sein in der sinnenhaft wahrzunehmenden Welt lebt, ja dass diese sinnenhaft wahrgenommene Welt das Sein ist. In dem Moment kann der Verstand die richtige Entwicklung beginnen. Es ist ein Gefühl, als wenn du vollkommen im Licht stehst." (Ende des Protokollauszuges)

Die Worte berühren. Es ist eine tiefe Erkenntnis und gleichzeitig ein Erfülltsein im Licht. Mit den uns vertrauten psychologischen oder auch psychotherapeutischen Modellen stehen wir an, das Gesagte zu verstehen und in seiner Tragweite zu begreifen.

Das Bewusstsein von Frau A. ist „erwacht". Sie hat Zugang zum Wissen um die Vollgestalt des Menschseins; aber auch um den Zustand und die Not der Seele, wenn dieser Weg misslungen ist. Aus diesem Ordnungswissen heraus weiß sie auch den Weg zurück in die Ganzheit.

Bei Frau A. hat eine Umbewertung des „Ich-dominierten Bewusstseins" stattgefunden (van Quekelberghe, 2007, 106). Mit der progressiven Freilegung der Potentialitäten wird die Seele vom transformierten Ich-Bewusstsein sinnenhaft als allumfassende Atmosphäre wahrgenommen. Das „All-Eine" rückt immer mehr in das Zentrum der Aufmerksamkeit und des Geschehens. Solche Alleins-Erfahrungen gehen mit grenzenloser Liebe, abgrundtiefer Stille oder mit einem alles durchdringenden Licht einher. Das transformierte Bewusstsein in der Alleins-Erfahrung begreift sich in der Schöpfungsordnung, – und nochmals die Worte von Frau A. – „...dass das Sein in der sinnenhaft-wahrzunehmenden Welt lebt, ja dass diese sinnenhaft wahrgenommene Welt das Sein ist. In dem Moment kann der Verstand die richtige Entwicklung beginnen. Es ist ein Gefühl, als wenn du vollkommen im Licht stehst."

Dringlichkeit einer spirituellen Psychotherapie

Der spirituelle Weg ist auf Begegnung verwiesen. Wir sind gegenseitig Schöpfer. Verweigere ich dem anderen die Spiegelung seines eigentlichen Wesens, kann er es nicht leben. Ich kann es ihm aber nur entsprechend meines Entwicklungsstandes spiegeln. Meine Entwicklung wird schicksalhaft für den anderen; dies in der Eltern-Kind-Beziehung und auch in der psychotherapeutischen Begleitung.

Seele will zu Bewusstsein kommen. Dies – wie es in Träumen oder in einer spirituellen Entwicklungsbegleitung deutlich wird – in elementarer Weise. Ein Psychotherapeut, der Menschen in Krisen begleitet, sollte darum wissen. Dies vor allem dann, wenn die Ursache seines Leidens eine „spirituelle Krise" (van Quekelberghe, 2007, 109f) ist.

Wie ist es möglich, dass wir die Realität der Seele in unseren psychotherapeutischen Konzepten kaum berücksichtigen? Die Traumadiskussion machte uns die Folgen einer Grundstörung für die weitere Entwicklung deutlich. Welche Nachhaltigkeit ist für unsere Entwicklung zu erwarten, wenn wir nicht um die Dimension der Seele, um deren Entwicklungsweg und um einen möglichen frühen „Seelentod" wissen?

C. G. Jung spricht vom „Leiden der Seele" über die Barrieren, die ihrem Selbstentfaltungsstreben von unserem entfremdeten Bewusstsein entgegengestellt werden. Die Not ist groß und spürbar; im Einzelnen und kollektiv; und macht „erfinderisch". Eine Aufbruchsstimmung zur Wiederentdeckung der spirituellen Dimension ist trotz aller Abwehr erkennbar wie es im Boom esoterischer Bewegungen oder der Wertschätzung östlicher Erlösungswege deutlich wird.

In esoterischen Bewegungen wird das „Ego" angeprangert. Aber auch das Ego wird „erfinderisch". Es schafft sich Phantasiewelten der Erlösung, um damit seiner Entmachtung zu entkommen. Transformationen des Ichs sind stets ein Stirb und Werde; ein Tod unserer erdachten Ich-Realität, in der wir gefangen sind. Mit System wird eine Bewusstseinsentwicklung unterbunden. Bewusstseinstraditionen sprechen von einem Wachkoma, einem Schlafzustand, in dem wir verharren (Walsh, 1088, 41).

Psychodynamisch orientierte Psychotherapiekonzepte treten als „aufdeckende Verfahren" gegen Irrationalität und Unbewusstheit an. „Wo Es ist, soll Ich werden" (Freud). Es wird aber ein „Ich" propagiert, das eine Vernunft hervorbringt, die auf der Reflexionsebene gehalten ist. In diesem Sinne ist die Psychoanalyse eine aufdeckende, aber gleichzeitig auch eine zudeckende Methode.

Der psychoanalytische Weg basiert auf einem Beziehungsparadigma; es ist dialogisch, begegnend. Es hat Entwicklungskraft. Diese muss zugelassen werden dürfen. Namhafte Pioniere der Psychoanalyse (C.G. Jung, O. Rank, u.a.) wurden ausgegrenzt, weil sie mit der psychoanalytischen Methode das enge Triebkonzept Freuds sprengten. Erst wenn im therapeutischen Setting der Kreativität Raum gegeben werden darf, ist der psychoanalytische Weg eine tief greifende „aufdeckende Methode".

In diesem Sinne ist G. H. Graber Recht zu geben, dass auch der Westen Wege zum Selbst, zur Bewusstseinsentwicklung habe und diese Wege nicht weniger gangbar seien als die östlichen. „Es ist der Weg, den die tiefenpsychologische Psychotherapie geht, der Weg zur Erforschung und Wandlung des Unbewussten". (Graber, 1976, 177) Ziel der Entwicklung sei ein „bewusstseinserleuchtetes Selbst", das aus der Dialektik vom Wissen aus dem inneren Selbst und Ich-Bewusstsein hervorgeht. Dieses „innere Selbst" verfolgte Graber (1976) in seiner Entwicklung von der Zeugung an. In „Ursprung und Zwiespalt der Seele" beschreibt er den Entwicklungsweg vom vorgeburtlichen unbewussten Selbst zum nachgeburtlichen „bewusstseinserleuchteten Selbst".

Das ist eine Entwicklungssicht, die den Verkörperungsweg der Seele vom „vorgeburtlichen unbewussten Selbst" bis zu dessen Erwachen in der Selbstwerdung einbeziehen kann. In einem solchen Rahmen kann eine Psychotherapie eine spirituelle Psychotherapie werden. Der Psychotherapeut weiß sich als Entwicklungsbegleiter des inneren Selbst. Dabei wird er Zeuge, wie das innere Selbst die Bewusstheit des Ichs sukzessiv transformiert.

Eine solche Psychotherapie ist stets auch Bewusstseinsforschung. Eine konsequente Forschung dazu steht noch aus. Zu fordern ist eine „Spirituelle Wissenschaft" (Eurich, 2004) bzw. eine entsprechende „Psychologie des Bewusstseins". Wissen dazu liegt uns bereits reichlich vor in den östlichen Bewusstseinstraditionen, in der Weisheitsliteratur, in der Mystik oder in der Transpersonalen Psychologie.

R. van Quekelberghe (2007, 326) schließt sein Buch „Grundlagen einer spirituellen Psychotherapie" mit den treffenden Worten: „Und falls wir uns entscheiden sollten, als Bewusstseinsbeobachter therapeutisch aufdeckend zu wirken, werden wir kreativ werden und viele Wege finden, um bei unseren Patienten die befreiende, achtsame Beobachtung ihres eigenen Bewusstseins einzuleiten und sie Schritt für Schritt aus ihren leidvollen „Bewusstseinsengpässen" herauszuholen. Beinahe unbemerkt werden wir dabei immer stärker zu top-wissenschaftlichen Bewusstseinsforschern und gleichzeitig zu höchst spirituellen Menschen."

Literatur

Bucher, A. (2007a). Psychologie der Spiritualität. Handbuch, Weinheim: Psychologie Verlags Union.

Eurich, C. (2004). Liebeskraft aus Erkenntniskraft. Grundzüge eine spirituellen Wissenschaft. In A. Reiter (Ed.). Vorgeburtliche Wurzeln der Individuation. Mattes: Heidelberg. S. 127 – 138, Bd. 2, S. 187-204.

Görnitz, T. & Görnitz, B. (2007). Der kreative Kosmos. Geist und Materie aus Quanteninformation. München: Spektrum.

Görnitz, T. & Görnitz, B. (2008). Der kreative Kosmos. Geist und Materie aus Quanteninformation. In diesem Band.

Graber, G.H. (1976). Gesammelte Schriften. 4 Bände. München: Goldmann.

Müller, L. & Seifert, T. (1994). Analytische Psychologie. Urbilder der Seele. In H. Petzold (Ed.). Wege zum Menschen. Bd.II. Paderborn: Junferman.

Reiter, A. (2005). Vom „unbewussten vorgeburtlichen Selbst" zum „bewussten Selbst". In A. Reiter (Ed.). Vorgeburtliche Wurzeln der Individuation. Heidelberg: Mattes. S. 127 – 138, Bd. 2, S. 175-244.

Reiter, A. (2007). Die „verletzte Seele". Psychotraumatologie aus transpersonaler Sicht. In: K. M. Fischer (Ed.) Die Seele ist transpersonal. Linz: Edition pro mente, S. 228-302.

van Quekelberghe, R. (2005). Transpersonale Psychologie und Psychotherapie. Grenzenlose Grenze des Bewusstseins. Eschborn.

van Quekelberghe, R. (2007). Grundzüge der spirituellen Psychotherapie. Eschborn.

van Quekelberghe, R. (2008). Von der transpersonalen zur natürlichen Bewusstseinspsychologie und –psychotherapie. In diesem Band

Walsh, R.N. & Vaughan, F. (Eds.) (1988). Psychologie in der Wende. Hamburg: Rowohlt.

Wilber, K. (2002). Integrale Psychologie. Freiamt: Arborverlag.

Anhang

[1] Frau A. (Elisabeth Aichhorn) ist 50, verh., zwei erwachsene Kinder. Sie bietet einzeln und in Gruppen spirituelle Entwicklungsbegleitung an. Nähere Auskunft beim Verfasser.

Spiritualität als Entwicklungs- und Erkenntnisweg

Werden, die wir sind - Individuation als spiritueller Prozess

Ursula Wirtz

Individuation ist zuerst ein natürliches Geschehen, sie ist das, was einen Baum zum Baum macht. Wenn die Natur ihren freien Lauf nimmt, meint Jung, dann kann die Eichel zur Eiche werden, zu dem, was sie von Anbeginn an war.

"So ist es auch mit dem Menschen. Er entwickelt sich aus einem Ei heraus und wächst zum ganzen Menschen heran, denn das ist sein inneres Gesetz."[1] So wie die Entelechie einer Blume ist zu blühen, so gehört es zum Ziel des Menschen, ein ganzer Mensch zu werden; er hat sein Vollendungspotenzial, seine Ganzheit in sich selbst von allem Anfang an. Jung teilt diese Auffassung, dass Teile eines Ganzen über Informationen des Ganzen verfügen, mit dem Quantenphysiker David Bohm, der den Begriff der impliziten Ordnung geprägt hat.

Individuation ist aber auch ein Reifungsprozess, zu dem ich bewusst Ja sage. „Wolle die Wandlung", heißt es bei Rilke. Ich muss mich, von einer inneren Sehnsucht getrieben, voll auf eine dialektische Beziehung mit meinem Unbewussten einlassen, was Anstrengung und manchmal auch Überwindung bedeutet.

Individuation bedeutet, sich auf die Suche nach unserer unteilbaren Ganzheit, nach einer Ganzheit im Gebrochenen zu begeben, nach dem, was wir immer schon waren, ohne es zu wissen. Es geht um einen Reifungs- und Erkenntnisprozess, dem - ähnlich wie in den spirituellen Traditionen - der Gedanke der Entwicklung, der Höher- oder Weiterentwicklung zu Grunde liegt. Die psychische Reifung, Selbstwerdung ist eine Evolution und Ausfaltung des Bewusstseins, wobei unter Bewusstsein die Gesamtheit von Erfahrung und Erleben verstanden wird, der „Ermöglichungsgrund" (Scharfetter), die „absolute Potenzialität" (van Quekelberghe) von Selbst, Welt und Absolutem.

In diesem seelischen Entwicklungsprozess ist Erfahrung, Selbsterforschung und innere Schau das wesentliche Element. Ähnlich wie auf spirituellen Wegen, geht es um den Wert der Einsicht, als Einsicht in den menschlichen Geist, Einsicht in das Wirken der Seele, Einsicht in das Wesen der Wirklichkeit.

Jung versteht Individuation, die Bewusstwerdung des Menschen, nicht nur als natürlichen Entwicklungsprozess, sondern metaphysisch formuliert als einen Teil des göttlichen Lebensprozesses, in dem Gott offenbar wird im menschlichen Reflexionsakt. Rilke hat dieses ineinander Verschränktsein der menschlichen und der göttlichen Dimension in seinem Stundenbuch sehr berührend gestaltet:

> *Was wirst Du tun, Gott, wenn ich sterbe?*
> *Ich bin Dein Krug (wenn ich zerscherbe)?*
> *Ich bin Dein Trank (wenn ich verderbe)?*
> *Bin Dein Gewand und Dein Gewerbe.*
> *Mit mir verlierst Du Deinen Sinn.*

Der Individuationsprozess ist ein Prozess der Bewusstseinstransformation und Selbsterkenntnis, eine Ausfaltung und Differenzierung der Persönlichkeit zur werdenden Ganzheit Mensch, in der das Ganze mehr ist als die Summe seiner Teile. Seelische Prozesse werden synthetisch betrachtet und die Annäherung der Gegensätze, männlich und weiblich, bewusst und unbewusst, Ich und Selbst, ihre Aussöhnung und das Zusammenwachsen zu einer ursprünglichen potentiellen Einheit, Vollständigkeit und Ganzheit als das Ziel dieses seelischen Entwicklungsgeschehens gesehen. Mit seinen alchemistischen Studien hat Jung den integrativen Prozess spiritueller Entwicklung bebildert, z.B. als Hierosgamos, die Hochzeit von Wasser und Feuer, als 2 sich verbindende Schlangen, die komplementären Formen göttlicher Energie (Kundalini), als Caduceus, der Hermesstab mit 2 Flügeln.

„Der richtige Weg zur Ganzheit besteht – leider - aus schicksalsmäßigen Um- und Irrwegen. Es ist eine „longissima vita", nicht eine gerade, sondern eine gegensatzverbindende Schlangenlinie, an den wegweisenden caduceus erinnernd, ein Pfad, dessen labyrinthische Verschlungenheit des Schreckens nicht entbehrt."[2]

Es geht um Differenzierung und Integration, separatio und coniunctio, einen analytischen und einen synthetischen Prozess.

Das *principium individuationis* ist das angeborene Streben nach dem eigenen Wesen, das Streben nach Unterschiedenheit, zum unvergleichlich einzigartigen Individuum zu werden, eine dynamische Kraft, die den Menschen dazu antreibt, ein Einzelwesen zu werden, sich selbst zu erkennen und zu verwirklichen. (Jung, Bd. 7 & 266) Diese Bewusstseinserweiterung, das Erwachen, geschieht nicht nur auf der individuellen Ebene, sondern hat auch für die kollektive Dimension Relevanz.

Auf diesem lebenslangen Individuationsprozess begleiten mich Fragen wie: Wer bin ich, woher komme ich, wohin will ich, was ist mein innerstes Wesen, mein Wesenskern? Wie kann ich dazu in Kontakt treten? Was hindert mich, dieses Wesen zu verwirklichen? Wann bin ich am meisten ich selbst und was hilft mir dabei, ganz ins Eigene zu kommen?

Beim bewusst gelebten Individuationsprozess muss ich mein Geworden-Sein reflektieren, eine Form von Reinigung, eine sorgfältige Analyse meiner Haltungen und Verhaftungen, meiner Widerstände und Verstrickungen. Erst wenn ich meine Projektionen erkennen und loslassen kann, komme ich heraus aus der Egozentrik, vom Schein zum Sein, vom falschen Selbst zum wahren Selbst. Aus der Einsicht in mein inneres Wesen und das Wesen der Wirklichkeit folgt verantwortliches Handeln, ethisches Mitgestalten der Welt in dem Bewusstsein, dass ich mit allem verbunden bin.

Dieser Identifizierungs- und Desidentifizierungsprozess hat viel gemeinsam mit Techniken, die auf einem spirituellen Übungsweg in der täglichen Meditationspraxis erlernt werden, um der Wahrheit des eigenen Seins und der Wirklichkeit immer näher zu kommen.

Selbstverwirklichung als spiritueller Auftrag

Jedes Individuum hat sein ihm eingeborenes Lebensgesetz, seine Bestimmung, jenen irrationalen Faktor, der den Menschen zu seiner ganz persönlichen Entwicklung drängt. Zu dieser Bestimmung gehört, Bewusstsein zu schaffen, „ein Licht anzuzünden in der Finsternis des bloßen Seins."[3], denn Unbewusstheit ist für Jung die größte „Sünde".

Für Jung wirkt diese Bestimmung, dieser Ruf „wie ein Gesetz Gottes", dem sich der Mensch nicht entziehen kann, wenn er nicht krank und neurotisch werden will. Individuation bedeutet darum Seinsverwirklichung, „Glück in der Seinserfahrung" (Reiter, *im Band*) auf die innere Stimme zu hören, was durch mich in die Welt gebracht werden will. Ich

muss mich mit meinem inneren Daimon befreunden, dem inneren Gesetz treu bleiben, mich darauf einlassen, mein wahres Gesicht erkennen
zu wollen.

In der analytischen Psychologie ist die Treue zum eigenen Wesen, die
Erkenntnis des je persönlichen Lebensmusters, eine ethische Verpflichtung, eine Art kategorischer Imperativ, wie er auch im paulinischen Paradox: Werde, der Du bist - im Shakespeare'schen „To thy own self be
true", in den Worten des apokryphen St.Thomas-Evangeliums ausgedrückt wird: „Wenn du erschaffst, was in dir ist, wird das, was du erschaffst, dich retten; wenn du nicht erschaffst, was in dir ist, wird das,
was du nicht erschaffst, dich töten". Es geht darum, sich zu öffnen für
das, was in uns zur Verwirklichung drängt, um nicht „das Ganze und
Eine" zu verfehlen. (Jäger)

„In dem Maße, in dem man dem eigenen Gesetze untreu, nicht zur Per-
sönlichkeit wird, hat man den Sinn seines Lebens verpasst." [4]

Individuation als Metamorphose

Jung hat beschrieben, wie sein therapeutisches Anliegen darauf zielt,
dass ein Mensch mit seinem Wesen zu experimentieren lernt. Individuation ist ein solcher Prozess der Flüssigkeit, der Veränderung und des
Werdens. Wir brauchen ein transparentes flexibles Ich, das Perspektiven
wechseln kann. Das Menschenbild der analytischen Psychologie begreift Leben als Wandlung, als Spiel mit den eigenen Möglichkeiten, als
Ringen um die persönliche Gleichung. Es geht um einen Sinn schaffen-
den spirituellen Entwicklungsprozess, in dem wir uns mit Hilfe der
selbstregulierenden Kräfte unserer Seele ständig um- und neu gestalten.
„Keine Erscheinung behält die Gestalt: die Verwandlerin aller Dinge,
Natur, schafft stets aus den alten erneuerte Formen." (Ovid)

Individuation und Spiritualität als Bezogensein auf das Unendliche

„Die entscheidende Frage für den Menschen ist: bist Du auf Unendli-
ches bezogen oder nicht? Das ist das Kriterium seines Lebens." [5]

Diese Frage stellt sich nicht nur auf dem Individuationsweg, sondern
gehört als essentielle Herausforderung zu jedem spirituellem Pfad. Jung
hat vor allem die Notwendigkeit der religiösen Einstellung hervorgehoben, um wieder zu den verleugneten, zutiefst religiösen Schichten der
Seele zurückzufinden (religio als Rückbindung, als Rückverbindung mit

den Kräften der Seele). Ähnlich wie das Bedürfnis nach Sinn, ist für Jung auch das religiöse Bedürfnis ein apriorisches Grundbedürfnis, und niemand könne wirklich geheilt werden, ohne dass er seine religiöse Einstellung wiederfinde.

Für Jung sind alle religiösen Phänomene, alle monotheistischen Gottesvorstellungen seelischen Ursprungs, und es sei menschliche Blindheit zu glauben, dass die Gottheit außerhalb des Menschen sei. Selbsterkenntnis ist damit immer auch eine Art der Verwirklichung des Göttlichen in uns, Individuation also das Bewusstmachen und Erkennen meiner Gottesebenbildlichkeit, meines im Selbst verborgenen Wesens.

Individuation und die Überwindung des Ich-Bewusstseins, das „Entwerden" von allem „Was", berührt sich mit der mystischen Forderung, sich nach innen zu wenden, weil im Inneren die Wahrheit wohnt. Unsere Seele wächst nicht durch Hinzufügen, sondern durch Wegnehmen von allem, was das wahre Wesen verbirgt.

In diesem Selbstfindungsprozess scheint die Seele in ihrer transpersonalen Dimension auf und lässt Jung zu Aussagen kommen, die mystischen Charakter haben. Viele der Grundauffassungen in der analytischen Psychologie berühren sich mit den Einsichten der Mystiker und der Quantenphysik, was Jung auch die Kritik der Unwissenschaftlichkeit eingetragen hat, worauf er zu entgegnen wusste, dass wir alle ein bisschen mehr Meister Eckhart brauchen könnten. Das Wissen um das Paradoxe jeder Sinnantwort kennzeichnet die analytische Psychologie, aber auch das Wissen um eine apriorische Einheit des Seins, „denn in allem Chaos ist Kosmos und in aller Unordnung geheime Ordnung, in aller Willkür stetiges Gesetz..."[6]

Die Welt beseelt zu erleben, das heißt mit Sinn und Geist erfüllt, ist ein Urbedürfnis der menschlichen Psyche. Es geht um Erfahrungen des Geborgenseins statt „transzendentaler Obdachlosigkeit". Im Verständnis der analytischen Psychologie ist unsere Seele naturaliter religiosa, das heißt, es gibt eine spirituelle Libido, die uns dazu drängt, die zu werden, als die wir im Innersten angelegt sind, da wir als Menschen, wie Dürkheim das formulierte, einen doppelten Ursprung haben: Wir haben Teil an Erde und Himmel und haben dadurch auch einen Auftrag zu erfüllen, diesem Ursprung in beiden Bereichen gerecht zu werden. Für Jung ist es das Selbst, das „ein Fenster zur Ewigkeit"[7] hin öffnet, denn als Mensch mit doppeltem Ursprung, sind wir zum Teil empirisch und zum Teil transzendental, **und** es ist unsere Aufgabe an einer durchlässigen Verbindung zwischen Ich und Selbst zu arbeiten.

Die Jungsche Psychologie steht als Bewusstseinspsychologie in der kontemplativen Tradition. Transformation des Bewusstseins, Erhellen unseres Wirklichkeitserlebens, Einüben in Differenzierungsfähigkeit und Achtsamkeit im Umgang mit der Seele sind wesentliche Elemente dieses psychologischen Entwicklungsprozesses, der praktisch als ein spiritueller Weg erfahren werden kann.

Spirituelle Erfahrungen verweisen uns auf etwas, das größer und weiter ist als unser Alltagshorizont. Aus der Meditation ist diese Erfahrung vertraut, dass sich das Alltags-Ich temporär auflöst und Momente einer tiefen Zugehörigkeit zu einem größeren Ganzen uns erfüllen.

Alle „Bausteine eines spirituellen Welt- und Menschenbildes" (Walach) finden sich auch im Individuationsprozess wieder. In den Archetypen des kollektiven Unbewussten begegnen wir der inneren Grunderfahrung der Verbundenheit, der „Geschwisterschaft alles Seienden" als Basis aller spirituellen Traditionen. Der seelische Reifungsprozess vermittelt uns die Relativität des individuellen Ich und die Erfahrung des Selbst. Unser Unbewusstes lehrt uns die Relativität der Zeit, den erfüllten Augenblick. Die Komplementarität von phänomenaler und tieferer, absoluter Wirklichkeit, die Aufhebung der Trennung von Leib und Seele wird nach Jungscher Auffassung besonders in den Erlebnissen der Synchronizität erfahren, wenn sich die materielle Wirklichkeit sinnentsprechend zur psychischen Wirklichkeit verhält und scheinbare Zufälle einen tiefen Sinn ergeben. In diesem Verständnis seelischer Entwicklungsprozesse erweisen sich Materie, Energie und Geistiges als Ausformungen einer Grundsubstanz.

Individuation und das Numinose

Ähnlich wie im Taoismus dieser Weg nicht nur eine individuelle, sondern auch eine kosmische Dimension hat, dass das individuelle Bewusstsein äquivalent ist zum universellen Bewusstsein (van Quekelberghe, 2007), so spricht auch Jung in Anlehnung an die Alchemie vom Hintergrund der empirischen Welt als „unus mundus". Die psychische Erfahrung der Gegensatzvereinigung, die Synthese des Bewusstseins mit dem Unbewussten, die Erfahrung des „ganzen Menschen" und seiner Gottesebenbildlichkeit ist letztlich ein zutiefst numinoses Erleben.

Das Numinose (Rudolf Otto[8]) bezieht sich auf das Heilige, das Geheimnis der Erfahrung des Göttlichen und beschreibt einen Zustand der Ergriffenheit und des Schauderns. Diese Ergriffenheit setzt Jung in Beziehung zu dem Wirken der Archetypen. Er bezeichnet damit die Energie und Kraft, die von den Wirkungen des Unbewussten ausgeht, die energetische Aufladung, den Geheimnis- und Verweisungscharakter von Symbolen und archetypischen Manifestationen des Unbewussten, die ein mysterium fascinans und tremendum sind. Darum haben numinose Erfahrungen das, was uns erschüttert, bewegt, aufrüttelt, uns fasziniert und fürchten lässt, den Wert religiöser Erfahrung, die uns tief anrührt.

„Wir könnten dem nur noch das mysterium ineffabile der unio mystica, das Tao, den Inhalt von Samadhi oder das Satori Erlebnis des Zen an die Seite stellen, womit wir in die Sphäre des Unanschaulichen per excellence und des extrem Subjektiven gelangen, wo alle Kriterien der Vernunft versagen."[9]

Persönlichkeitsbildende Zentrierungsvorgänge im Unbewussten und spirituelle Erfahrungen sind zwei Prozesse, die mit dem Geheimnis zu tun haben, mit dem Unsagbaren, denn es geht hier um Lebensvorgänge, die nur in der Erfahrung und nicht über die Wissenschaft berührt werden können. Die Ohnmacht der Sprache erweist sich besonders dort, wo es um nichts diskursiv Erfahrbares geht, sondern um ein Erleben „zu dessen Natur das Gefühl unwiderruflicher Ewigkeit oder Zeitlosigkeit gehört."[10]

Der Topos vom Weg

Die Metapher des Weges, die wir für den Individuationsprozess gebrauchen, ist gleichzeitig die universelle Metapher aller spirituellen Methoden. Individuation ist eine „Queste", eine Entdeckungsfahrt und Suchwanderung, um das Mysterium der Seele zu ergründen. Wie auf spirituellen Übungswegen gilt auch hier, dass dieser Prozess nie abgeschlossen ist, dass der Sinn sich im Unterwegssein erfüllt und nicht erst im Erreichen eines Ziels, denn "wandernd wandelt sich der Mensch".

„Der Weg ist das Ziel" - mit diesem Paradox, dem wir auch im Zen begegnen, die Zielfreiheit als Ziel, sind wir auch auf dem Individuationsweg konfrontiert. Wir wissen nicht, wohin der Weg führt, aber wir entscheiden uns immer wieder bewusst, den nächsten Schritt zu tun. Dieser Prozess des Unterwegs–Seins zu sich selbst ist in Literatur, Kunst, Religion und Psychologie verschieden symbolisiert worden, als Stufenprozess oder Jakobsleiter, als Labyrinth und Spirale, als Suche nach dem Gral, als alchemistisches Opus. Ob wir die Ochsenbilder im Zen Buddhismus heranziehen oder Mozarts Zauberflöte hören, ob wir der via regia, dem Königsweg der Träume, folgen, wir begegnen Bildern der Individuation auf den Suchwegen der via positiva, negativa, creativa und transformativa.

Der Weg, die Reise als archetypisches Bild für den Lebensweg, ist auch ein Symbol, dem wir in der spirituellen Tradition des Taoismus begegnen. "Der unentdeckte Weg ist uns wie ein psychisch Lebendiges, das die klassische chinesische Philosophie "Tao" nennt und einem Wasserlauf vergleicht, der unerbittlich sich zu seinem Ziele bewegt. Im Tao sein bedeutet Vollendung, Ganzheit, erfüllte Bestimmung, Anfang und Ziel und völlige Verwirklichung des in den Dingen eingeborenen Daseinssinnes."[11]

Im Tao-Te-Jing bezieht sich dieser Weg auf den Weg des Weisen, auf die zyklische Bewegung zum Ursprung alles Seienden, dem alle Dinge entstammen. Dem Prozesscharakter dieses Weges entspricht in der analytischen Psychologie die Progression und Regression der Libido im energetischen, seelischen Entwicklungsprozess.

Schattenbegegnung

Schmerzlich und bedrückend sind diese Wege, weil wir durch den Spiegel unseres Unbewussten auf Einsichten über unser Wesen stoßen, die wir nicht wahrhaben wollen, eine Konfrontation mit dem Schatten. Kein natürlicher Entwicklungsprozess und keine spirituelle Übung sind denkbar ohne diese Erfahrung des Dunklen in sich selbst. Aufgabe ist es, den Feind im eigenen Herzen lieben zu lernen, den Wolf in sich zu umarmen und ihn Bruder zu nennen, wie Jung das formulierte, oder durch den „Schlamm unserer Erbärmlichkeit" (Theresa von Avila) Selbstwerdung zu erfahren. Individuation ist ein Stirb- und Werde-Prozess.

Die Hingabe an die überpersönlichen Kräfte des Unbewussten wird oft als ein gefährliches Wagnis erlebt und setzt ein starkes Ich voraus. Ähnlich lauern auch auf dem spirituellen Weg zahlreiche Gefahren, die eine stabile Selbstorganisation und verlässliche Begleitung notwendig machen.

Erfahrung der Mitte - Wesentlich werden

In der kontemplativen Praxis üben wir, unmittelbar wahrzunehmen, was ist und uns in der Stille auf das innere Zentrum auszurichten. Auch Individuation bedeutet die tägliche Aufmerksamkeit auf die Wirklichkeit des Selbst, das Lauschen auf die Träume, das bewusste Wahrnehmen symbolischer Bilder und die Integration des Geschauten durch das aktive Gestalten. Wenn wir Mandalas malen und uns mit Kreuz und Kreis als Symbolen des Selbst auseinandersetzen, bedeutet dies Orientierung und Einordnung, eine Hilfe, sich wieder auszubalancieren und die eigene Mitte, den Wesenskern zu spüren. Das Aushalten von Stille, um ins Wesentliche zu kommen, das Hören mit dem dritten Ohr, Besinnen, ruminatio, Wiederkäuen, im Herzen tragen, kontemplieren, betrachten - das sind wesentliche Elemente auf dem Weg der Selbstwerdung und auf dem spirituellen Übungsweg: Schweigen, einfach, bescheiden, demütig sein. Demut bedeutet ja nichts anderes als in der Wahrheit und aus der Wahrheit heraus zu leben, was mit Selbsterkenntnis, dem zentralen psychologischen Anliegen zu tun hat. Symbole des Unbewussten begleiten uns auf diesem seelischen Wachstumsprozess und konstituieren in ihrer Sinnhaftigkeit unser Lebensmuster, die Leitmotive unseres Lebensweges.

Einen spirituellen Übungsweg gehen, Bewusstseinsstille pflegen, bedeutet, sich auf einen Weg einlassen, der den inneren Menschen formt, der ihn seine **Essenz**, sein Wesen erfahren lässt.

Für Jung ist das Grenzenlose das Wesentliche, aber nur wenn ich mir meiner Einzigartigkeit und Begrenzung bewusst bin, kann ich das Unbegrenzte wahrnehmen. „Letzten Endes gilt man nur wegen des Wesentlichen, und wenn man das nicht hat, ist das Leben vertan." [12] Diese Aussage Jungs korrespondiert mit der Aufforderung des Mystikers Angelus Silesius: Mensch, werde wesentlich!

Zum Wesentlichen gehören die existentiellen Fragen nach dem Sinn und Unsinn unseres Lebens. Drei Sinnebenen sind dabei relevant: die Selbstbeziehung, die Weltbeziehung und die Beziehung zur Transzendenz, das heißt, wir haben es beim Individuationsgeschehen mit einem intrapersonellen, einem interpersonellen und einem transpersonellen Prozess zu tun, denn „Individuation schließt die Welt nicht aus, sondern ein." [13]

Der Individuationsprozess ist ein Beziehungsvorgang, bedeutet Herzensverbindung und Wesensverbindung. Krankheit entsteht dort, wo nicht mehr in Beziehung getreten werden kann, wo sich nichts mehr entwickeln kann. Die Idee der Balance von Gegensätzen ist ein wichtiges Element in der Jungschen Psychologie. Aus der Balance fallen, einseitig werden bedeutet Krankheit, individuell und kollektiv. Heilung hingegen geschieht dort, wo die seelische Energie fließt, wo Sinn erschaffen wird durch Veränderung unserer Einstellung zu dem, was uns leiden macht.

Individuation und Zen

Wenn Neurose das Leiden der Seele ist, die ihren Sinn nicht gefunden hat, so können wir den Individuationsprozess als einen Weg verstehen, zu psychischen Leidenszuständen eine andere Bewusstseinseinstellung zu gewinnen, besser zu verstehen, warum wir Leiden, den Sinn dieses Leidens tiefer zu ergründen.

Auch die erste der edlen buddhistischen Wahrheiten: Leben ist Leiden, meint etwas Ähnliches, denn *dukkha* heißt so viel wie aus dem Zentrum fallen, aus der Balance geraten.

Wiederherstellung des Gleichgewichts ist darum nicht nur ein therapeutisches Ziel, sondern auch ein buddhistisches Anliegen. Als Ziel eines buddhistischen Weges gilt, das Leiden, dukkha, zu durchschauen und durch Einsicht zu transzendieren. Dadurch werden wir auf dem spirituellen Weg auch für das Leiden der Anderen durchlässiger und entwickeln Mitgefühl.

Mit-Leiden ist eine Art Antidot gegen Fragmentierung und Selbstentfremdung, hat mehr mit Sein zu tun als mit Tun und erinnert an das Wuwei Konzept im Taoismus, das Jung als wegleitend für die therapeutische Haltung verstand. Hier geht es um die Frage nach dem, was wir tun bzw. lassen müssen, um die Tugend der Passivität jenseits des Machbarkeitwahns, um Geduld, Warten können im Vertrauen auf das Andere, jungianisch formuliert: dem Selbst eine Chance geben zu wirken und nicht primär vom Ich her zu handeln. Wir müssen uns in die Kunst des psychisch Geschehen-Lassens einüben, an das Tun im Nicht-Tun glauben, eine Form des Sich-Lassens.

Wir können auch die 2. Buddhistische Wahrheit der Ursache des Leidens: Leiden ist bedingt durch Begehren und Unwissenheit, mit dem Individuationsprozess in Verbindung bringen, denn auf diesem Weg geht es um die Einsicht in die 3 Gifte „Gier, Hass und Verblendung". In einem Gespräch mit dem Zen-Meister Shin'ichi Hisamatsu über die 3. edle Wahrheit: Das Leiden ist überwindbar, erklärt Jung, dass auch die Psychotherapie versuche, „durch Einsicht den Menschen der Nidhana-Kette (Verkettung der Triebbegierden) bewusst zu machen, sie von unnötigem Leiden zu befreien... Der Zweck ist genau derselbe wie im Buddhismus."[14] Jung hielt es für „nicht undenkbar", dass auch mit der Psychotherapie als Methode, der Mensch von seinem ursprünglichen Leiden befreit werden könne. In der 4. edlen Wahrheit des Buddhismus, dem Weg zur Überwindung des Leidens, zeigt sich ein Unterschied zum Individuationsprozess. Im Zen geht es darum, die dualistische Struktur von bewusst und unbewusst, Sein und Nicht-Sein zu durchbrechen und in den formlosen Zustand des wahren Selbst zu gelangen. Das Durchschauen der Wesensnatur des dualistischen Bewusstseins ist nicht das primäre Ziel des Individuationsprozesses, sondern die Integration unbewusster Inhalte. Auch im Verständnis des Konstruktcharakters von Ich und Selbst und der Methode unterscheidet sich der Zen-Weg von dem Prozess der Individuation. In Jungs spätem Denken und seiner visionären Schau verringert sich aber auch dieser erkenntnistheoretische Gegensatz.

Ich und Selbst

Während das Ich in Raum und Zeit verankert ist, hat das Selbst mit der Dimension jenseits von Raum und Zeit zu tun. Der Jungsche Begriff des Selbst ist schillernd und auch mit dem buddhistischen Begriff des Nicht-Selbst *anatman* amplifiziert worden, mit dem großen Geheimnis, dem Tao, Brahma, der letzten Wahrheit. Die dekonstruktivistische Kritik hat das Selbst als „Kern", als „Zentralinstanz" aufgelöst zu Gunsten eines elastischeren Konzeptes, das dem fluiden Charakter der Psyche mehr entspricht. Jung selbst hat am Ende seines Lebens das Selbst nicht mehr primär als die imago dei gesehen, als ein dem Hindu Konzept des Atman vergleichbares inneres Zentrum und christliches Pendant zum Seelenbegriff, sondern als Leere, als *sunyata*, „reines" Bewusstsein. Auf seinem Totenbett habe Jung das Buch von Charles Luk: Chan and Zen Teachings: First Series gelesen, und bei der Lektüre soll er enthusiastisch ausgerufen habe, dass Hsu Yun es genau so ausgedrückt habe, wie er es selbst gesagt haben könnte. "It was just „it"! Er bat Marie Louise von Franz Luke einen Brief zu schreiben und ihm seine Begeisterung über diese Entdeckung mitzuteilen.[15]

Ich möchte diese Parallele zum Zen mit dem Hinweis auf jenes visionäre Textdokument von Jung ergänzen, den Beginn der sieben Belehrungen der Toten, in dem er sich mit einer gnostischen Gestalt, Basilides, identifiziert und in Paradoxen spricht. In meinem Verständnis erweisen sich hier Jungs Grundgedanken der Gegensatznatur des Geistes und des Lebens, das Streben nach Individuation und Selbstwerdung als spirituelle Aussagen, die auffällig mit dem buddhistischen Sunyata Konzept der Leere und dem Herz Sutra übereinstimmen:

„Höret: ich beginne beim nichts. Das Nichts ist dasselbe wie die Fülle. In der Unendlichkeit ist voll so gut wie leer. Das Nichts ist leer und voll...Das Nichts oder die Fülle nennen wir das PLEROMA. Das Pleroma hat keine Eigenschaften. Wir erschaffen sie durch das Denken....Darum gibt es im Grunde nur ein Streben, nämlich das Streben nach dem eigenen Wesen."[16]

Literatur

Jung, C.G. Gesammelte Werke. Walter Verlag Olten, Bd. 1-19

Jung, C.G. (1986). im Gespräch. Interviews, Reden, Begegnungen. Hrsg: Hinshaw, Fischli, Zürich: Daimon Verlag.

Jung, C.G. (1976). Erinnerungen, Träume, Gedanken. A. Jaffé Hrsg., Olten: Walter Verlag.

Anhang

[1] C.G. Jung im Gespräch. A.a.O. S.147
[2] Jung, GW 12, 6
[3] Jung, Erinnerungen ,Träume, Gedanken.a.a.O.S.329
[4] Jung, GW17, p 314
[5] Jung, Erinnerungen a.a.O. S.327
[6] Jung, GW 9,p 41
[7] Jung, GW14,II, p 418
[8] Rudolf Otto: Das Heilige. München 1939
[9] Jung, GW 14/II, p 426
[10] Jung, GW 13, 201
[11] Jung, GW 17, p 323
[12] Jung, Erinnerungen a.a.O. S. 328
[13] Jung, GW 8, 432
[14] C.G. Jung im Gespräch.S.195
[15] Zitiert von Houston Smith in seinem Vorwort zu Philip Kaplan: The three pillars of Zen: Teaching, Practice, Enlightenment. Doubleday New York 1980)
[16] Jung, Erinnerungen S.389ff

9. Ich, Seele und Geist in der Psychotherapie

Joachim Galuska

Das Ich und der Identifizierungsprozess

Im Einklang mit der tiefenpsychologischen Entwicklungspsychologie und Identitätstheorie kann man sagen, dass das bei Erwachsenen vorherrschende Bewusstsein im Wesentlichen Ich-Bewusstsein ist. Es ist begründet und bewirkt durch den Identifizierungsprozess, der im Zentrum der so genannten Ich-Struktur oder Ich-Organisation steht. Die Identifizierung bewirkt letztlich die Ich-Identität, also ein stabiles zusammenhängendes Konzept von uns selbst: Das ist *meine* Hand, *mein* Mund, *mein* Körper. Das sind *meine* Gedanken, *meine* Überzeugungen, *meine* Worte. *Ich* bewege mich, *ich* atme, *ich* denke, *ich* höre zu, *ich* nehme wahr. Ich stehe also im Zentrum meines Erlebens. Als Ich erfahre ich mich, wenn ich mich mit meinem Erleben identifiziere. Somit ist das Gefühl, ich zu sein, eigentlich ein permanenter Prozess des sich-Identifizierens mit Gedanken, Empfindungen, Impulsen, Gefühlen und Wahrnehmungen.

Aus der Fülle unserer Erlebnisse, mit denen wir uns identifizieren und an die wir uns erinnern, entwickeln wir offenbar ein Konzept von uns selbst. Es besteht aus Vorstellungen und Gefühlen darüber, wer ich bin, wie ich mich anfühle, verhalte, mit anderen Menschen umgehe. Dieses Konzept ist somit eine mentale und psychische Konstruktion, eben ein Konzept, so etwas wie ein inneres Modell. Ständig muss ich es neu erschaffen, arbeite es weiter aus, vergewissere mich seiner. Erst durch den Identifizierungsprozess – das bin ich, das ist ein anderer, das ist ein Gegenstand – entsteht unser alltägliches Selbstverständnis und Weltverständnis. Meine Innen- und meine Außenwelt bestehen dann in der Folge aus konzeptualisierten Objekten.

Es geht nicht so sehr um mein Denken oder Fühlen, sondern um meine Gedanken und meine Gefühle. Andere Menschen sind Objekte meiner Begierden und Interessen. Selbst abstrakte Kategorien werden zu eigenständigen Mächten wie die Religion, die Wissenschaft, die Gerechtigkeit usw. Sie müssen nur möglichst exakt definiert, also konzeptualisiert und identifiziert werden. Eine so genannte "Objekt-Beziehungs-

Theorie" von Kernberg (1981) beschreibt die verschiedenen Identifizierungsprozesse hin zur Ich-Identität. Das reife Ich steht also im Zentrum unserer Wahrnehmung und Handlung. "Ich denke, also bin ich", ist nach Descartes der Ausgangspunkt aller Philosophie. Ich denke, ich identifiziere mich also mit meinem eigenen Denken, das ich als meines betrachte. Also bin ich! Diese Identifizierung mit meinem Denken erschafft meine Existenz, gibt mir erst Substanz. Ich bin also die Folge meiner Gedanken und meines Denkens. Und dies ist nicht statisch zu verstehen, als etwas Gegebenes, sondern als ein Prozess, der sich beständig wiederholt und mein Selbstverständnis und mein Weltverständnis validieren muss, wie die Ich-Psychologen und Objekt-Beziehungs-Theoretiker uns gezeigt haben. Mein Leben lang muss ich also erkannt werden, anerkannt werden, gesehen und bestätigt werden, als der, für den ich mich halte, und muss mich meiner selbst und meiner Vorstellungen über meine Mitmenschen vergewissern.

Vom Ich zur Seele

Bewusstheit ist anfangs eng an die Identifizierung gekoppelt. Durch die Fähigkeit, über sich selbst und die Welt nachzudenken, sich und die Welt zu beobachten und darüber Begriffe und Konzepte zu bilden, wächst unsere Bewusstheit. Wir sind nicht mehr dem Erlebnisstrom ausgeliefert, sondern wir strukturieren ihn, wir können ihn sogar beobachten. So beginnt sich zunehmend der Bewusstwerdungsprozess vom Identifizierungsprozess zu differenzieren. Zunächst identifizieren wir uns noch mit unserer Bewusstheit und stellen uns ins Zentrum unseres Reflexions- und Bewusstwerdungsprozesses: Ich beobachte mich. Mit wachsender Bewusstheit werden jedoch die Identifizierungsvorgänge erkannt, durchschaut und relativiert. Auf diese Weise befreit sich unsere Bewusstheit von der Identifizierung. Das Stadium des "inneren Beobachters" oder der "inneren Achtsamkeit" kann zwar noch recht ichhaft empfunden werden, es gibt jedoch eine natürliche Tendenz, die Bewusstheit oder die Achtsamkeit selbst zu spüren, ohne sich mit ihr zu identifizieren. Dann verändert sich das perspektivische Beobachten zum Raum der Bewusstheit, zu einem aufmerksamen Raum, innerhalb dessen die inneren Prozesse des Denken, Fühlens und Wollens ablaufen.

Dieser Bewusstseinsraum wird manchmal als "Zeugenbewusstsein" bezeichnet: der innere Zeuge, der alles erlebte Geschehen im Lichte der

Bewusstheit erscheinen lässt. Es ist die innere Leinwand, auf der der
Film des Lebens spielt, auch der Film meiner Identifizierungen, meiner
Interaktionen mit anderen Menschen und meines Erlebens der Welt.
Während der innere Beobachter also eher als Zentrum des Ich-
Bewusstseins erlebt wird, ist der Zeuge eher ein Raum, in dem das Ich-
Empfinden sichtbar und spürbar wird. Auch mit diesem Raum können
wir uns in subtiler Weise identifizieren und ihn als unseren Bewusst-
seinsraum empfinden. Er trägt dann etwas Selbsthaftes, aber nicht wie
ein inneres Objekt, sondern mehr wie eine Charaktereigenschaft dieses
Bewusstseinsraumes: ein selbsthafter Geschmack, könnte man vielleicht
sagen. Hier sind wir mehr als unsere verschiedenen Rollen, mit denen
wir uns identifizieren und die wir eher als Teil unserer Oberfläche
wahrnehmen, unter der wir eine Tiefe spüren, der wir dann eine größere
Wirklichkeit zusprechen, so dass wir diese Erfahrung gerne als "wahres
Selbst", als "essenzielles Selbst" oder als unser eigentliches "Wesen"
bezeichnen. Ich würde es gerne das Gewahrwerden unserer Seele nennen.

Die Seele

Ich meine damit einen Seelenbegriff, der nicht auf die Funktionen der
Psyche reduziert wird. In der modernen Psychotherapie ist der Seelenbegriff weitgehend abgelöst worden von den Begriffen "Selbst", "Ich",
"Identität" und "Persönlichkeit", die die zusammenfassenden und steu-
ernden Funktionen der Psyche bezeichnen. Unsere Seele aber ist mehr
als der Ort unserer inneren Konflikte zwischen unseren verschiedenen
Persönlichkeitsinstanzen, zwischen Bewusstem und Unbewusstem. Sie
ist mehr als der Ort unserer inneren Reflexionen über unsere Einstellungen, Motivationen und Kognitionen. Wir haben in unserer eigenen Tradition eine Geschichte des Seelenbegriffes, die sehr viel weiter geht.

Die Seele hatte immer eine religiös-spirituelle Dimension. Sie war so
etwas wie ein Mittler zwischen Diesseits und Jenseits, ein Bote zwischen den Welten, wie im Bild des Seelenvogels, der zwischen Himmel
und Erde fliegt. Seele, so können wir dem philosophischem Wörterbuch
entnehmen, stammt als Wort vom urgermanischen "Saiwolo" ab, die
vom See her Kommende, dem Aufenthaltsort der Seele vor der Geburt
und nach dem Tod. Sie ist dem Menschen als Lebensatem eingehaucht,
was sich im griechischen Wort Psyche, der Atem, die Lebenskraft, zeigt.

So heißt es in der Schöpfungsgeschichte: "Und er, Gott, bildete den Menschen, Staub vom Acker, er blies in seine Nasenlöcher Hauch des Lebens, und der Mensch wurde zum lebenden Wesen" (Zweites Buch Moses, Genesis 2, 7, Übersetzung von Martin Buber): Wir Menschen haben die Seele also religiös oder spirituell interpretiert, und zwar nicht nur in den Religionen, sondern auch in der Philosophie von Platon bis zu Augustinus, die die Seele als etwas Ewiges und Göttliches betrachteten. Erst die moderne Philosophie hat die Seele verweltlicht, bis hin zur Neurophilosophie, die Seele und Geist lediglich als Absonderung des menschlichen Gehirns versteht. Aber können wir ein Seelenverständnis entwickeln, das offen für die Transzendenz ist, für das große Unbekannte, das wir immer religiös mit Gottesbildern und Gottesbegriffen interpretiert haben?

Kehren wir zurück zum Raum unserer Bewusstheit, zum Zeugenbewusstsein, zum Seelenraum, wenn man so will. Kern dieser Erfahrung ist die Präsenz, unser bewusstes Anwesendsein, die Vergegenwärtigung dessen, dass wir gerade da sind, anwesend sind, lebendig sind. Dieses unmittelbare Empfinden von Anwesendsein weist auf etwas Wesenhaftes hin. Unser Wesen wird durch Anwesendsein spürbar: "An" kann gefühlt werden wie "da": da sein, gegenwärtig sein. "Wesend" kann gefühlt werden wie geschehend, seiend, inne seiend des eigenen Wesens. Anwesend fühlt und spürt die Seele sich selbst, vergegenwärtigt sie sich ihrer ursprünglichen Eigenart. Sie ist fühlend, spürend, rezeptiv und wesend, geschehend, im Fluss. Ihr Herzstück ist eine Art fließendes Spüren des Erlebten.

Wenn wir diesen Bewusstseinsraum weiter erforschen, finden wir eine Reihe von Eigenschaften, die wir vertiefen können und dann in einer zunehmenden Reinheit erleben können: reine Bewusstheit, reine Achtsamkeit, innere Klarheit, Weite und Raumhaftigkeit des Bewusstseins, das wie ein offener, klarer, unendlich weiter Bewusstseinsraum empfunden wird, innerhalb dessen alle Erlebnisweisen erscheinen. Er ist also offen und leer, frei von unseren Identifizierungen und einzelnen Erlebnisinhalten. "Leere Weite" wird eine seiner Eigenschaften genannt. Und dieser Bewusstseinsraum ruht in sich selbst, trägt in sich selbst einen Frieden und eine Stille. Und angesichts der Offenheit des Erlebens wird eine tiefe Verbundenheit empfunden mit den Inhalten des Erlebens, insbesondere denen, die sich auf solche Wesensmerkmale beziehen.

So lernen wir zu unterscheiden zwischen unserer Wesenstiefe und unserer Oberfläche, unseren Grundwerten und unseren oberflächlicheren Interessen. Hier können wir spüren, was geschieht, wenn wir unsere Souveränität verlieren und uns in einer Teilidentität, einer Rolle oder gar einem Konflikt zwischen Teilrollen verlieren und wie sich dies wieder auflösen kann. Hier können wir auch spüren, dass da etwa Größeres und Tieferes ist, das uns trägt.

Wie also unser konzeptualisierendes Ich-Bewusstsein unser Erleben strukturiert und uns eben auf die dadurch konstruierte Art und Weise mit uns selbst und der Welt umgehen lässt, so strukturiert auch unser Seelenbewusstsein unser Erleben, gibt ihm Tiefe und Oberfläche, Leere und Fülle, Stille und Bewegtheit, Ewigkeit und Zeit, Dichte und Transparenz. Eine der wichtigsten Eigenschaften ist vielleicht diese Transparenz, die gleichzeitige Offenheit für die Erscheinungsformen der Welt und für unser Aufgehobensein im Seinsgrund, im Göttlichen, Absoluten und Unbekannten. Dort ist keine Struktur, keine Form, keine Bewegung, kein Konzept, sondern etwas, was all dies transzendiert, ein Schweben, ein Geschehen. Die Erscheinung der Welt ist dagegen das Bewusstsein einer spezifischen Wirklichkeit, einer konkreten Form: ein individuelles Leben, eine persönliche Wirklichkeit, eine konkrete Situation.

Wir könnten sagen, dass sich das Unbekannte und Absolute also in das individuelle und persönliche Leben und Erleben wandelt. Leere wandelt sich also in Form, und Form wandelt sich wieder in Leere, um einmal die großen Metaphern des Buddhismus zu verwenden. Die Struktur dieses Wandlungsprozesses von Leere in Form und wieder von Form in Leere halte ich für die Grundstruktur unserer Seele. Die Seele ist damit die individuelle Art und Weise, wie das Unbekannte und Absolute sich manifestiert und allem Erlebten seine Gestalt gibt. Sie ist sozusagen der Wandlungsprozess des Absoluten und Unbekannten in das gegenwärtige individuelle Leben. Die Seele erkennt also das Unbekannte, Formlose oder Göttliche und die Welt der Formen, Erscheinungen und Daseinsweisen als zwei Seiten ihres Wesens.

Letztlich begegne ich auf der Ebene des Ich-Bewusstseins immer nur dem Konzept eines anderen Menschen, aber nie "Dir" selbst, Deinem Wesen. Dies ist erst auf der Ebene des Seelenbewusstseins möglich, denn unsere Seele ist offen für die anderen Seelen, insbesondere für die anderen menschlichen Seelen. Sie spürt die jeweilige Mischung der jeweiligen sich individualisierenden menschlichen Seele und erkennt auch das typisch Menschliche dieser Seele, wie ihre Verletzlichkeit, ihre Leidensfähigkeit, ihre Oberfläche und ihre Tiefe, ihr Ringen oder ihren inneren Frieden, ihre Liebe, ihre Offenheit oder Verschlossenheit. Diese Du-Erfahrung geschieht in dem offenen Gefäß meiner Bewusstheit. Dein Wesen berührt mich, bewegt mich, erfüllt mich, und so erlebe ich dich in unserer Verbundenheit: Ich spüre deine Präsenz und realisiere, wie du meine Präsenz spürst. So entsteht eine gemeinsame Präsenz, ein gemeinsamer Bewusstseinsraum für unsere gegenwärtige Begegnung. In unserem Wesen können wir uns verbinden, vereinen, unsere Gemeinsamkeit spüren, "wir" sein. Und erst auf der Basis unseres Wir-Bewusstseins, unseres Verbundenseins kann jeder seinen Unterschied, seine Individualität entfalten, ohne dabei egoistisch und rücksichtslos werden zu müssen. Und dann kann gespürt werden, dass jede dieser Seelenverbindungen, jede dieser Wesensverbindungen, wenn sie sich vertieft, ein neues Seelenwesen darstellt, eine Art kollektive Seele oder kollektives Seelenbewusstsein unserer Beziehung, sei es unserer Paarbeziehung, unserer Familienbeziehung, unserer Arbeitsbeziehungen oder gar unserer kollektiven Verbundenheit als Menschheit.

Konventionelle und beseelte Psychotherapie

Konventionelle Psychotherapie ist Psychotherapie des Ich-Bewusstseins, und zwar sowohl in dem Sinne, Störungen in der Entwicklung der Ich-Identität zu beheben, als auch aus dem Ich-Bewusstsein des Therapeuten heraus zu handeln. Sie ist damit immer konzeptualisierte Psychotherapie, im perspektivischen Denken eines Therapiekonzepts gefangen. Damit meine ich die Identifizierung mit einer Schule oder einem Theorie-Modell. Durch die Perspektive einer Schule betrachten wir nie die Tiefe eines Menschen, sondern untersuchen sein Störungsverständnis, sein Lebenskonzept, sein Selbstverständnis, sein Beziehungskonzept und vergleichen dies mit unserem. So stellen wir fest, wo wir es für untauglich halten, und behandeln dies dann. Wir behandeln also nicht die anderen Menschen, sondern unser Störungsverständnis von ihnen. Und im Grunde bringen wir ihnen nur unser eigenes Störungsverständnis, unser eigenes Menschenbild und unser eigenes Weltverständnis bei, d. h. wir erziehen sie um. Wir lassen sie nicht herausfinden, wie sie das Leben aus ihrem eigenen Verständnis heraus sehen wollen, ohne die Brillen des systemischen Denkens, der

ödipalen Konstellation, der gelernten Verhaltensweisen oder von mir
aus auch der spirituellen Aufgaben aufgebürdet zu bekommen. Letztlich
ersetzen wir das untaugliche Lebensverständnis unserer Patienten durch
unsere Theorie, durch das Lebensverständnis unserer Schule, in der
Hoffnung, dass es tauglicher und gesünder ist als das des Patienten. In
vielen Fällen mag dies hilfreich sein, aber im Grunde stellt es eben lediglich eine Umerziehung dar. Die Orientierung an therapeutischen
Schulen ist konzeptionell gefangen. Ken Wilber (2001) und die von ihm
ausgehende Bewegung versuchen daher zunächst einmal ein integrales
Denken in die Welt zu bringen, das in der Lage ist, den eigenen Standpunkt zu relativieren. Integral wäre es, die eigene Perspektive wechseln
zu können und zu sehen, was geschieht, wenn ich aus der Perspektive
eines völlig anderen Denkmodells mein Tätigkeitsfeld betrachte. Integra-
rale Theoretiker würden sagen: Wenn ich nur oft genug die Perspektive
wechsele, dann entsteht in mir eine Struktur der Fähigkeit zum Perspek-
tivwechsel, und diese Struktur selbst ist im Sinne von Jean Gebser
(1986) aperspektivisch, nicht gebunden an eine einzelne Perspektive.
Eine solche integral-aperspektivische Struktur ist in der Lage, eigene I-
dentifizierungen als Therapeut aufzulockern, aufzugeben und den inneren Platz zu finden, der offen ist für das gesamte Fachgebiet und für das
Leben der Patienten. Und diese Position ist im Grunde eine Verankerung in unserer Seele.

Eine Psychotherapie der Seele oder des Seelenbewusstseins hat nun
zwei Aspekte: Zum einen hilft sie einem Menschen, seine Seele zu wecken, zu entfalten und zu entwickeln. Und zwar ist dies in einem umfassenderen Sinne gemeint, sowohl die Identität der Persönlichkeit zu tragen als auch offen zu sein für das Unbekannte und Transzendente. Sie
hilft ihm, diesen Reifungsschritt zu machen, zunächst als Seelenerfah-
rung, als Erfahrung der beschriebenen Seelenqualitäten, und dann zunehmend als Haltung, als innere Sicherheit, in der Seele verankert zu leben, das eigene Leben beseelt zu leben, beseelt zu arbeiten, beseelt Beziehungen zu gestalten.

Zum anderen geht es um eine Psychotherapie von der Seele her, also um
eine beseelte Psychotherapie. Wenn also ein Verhaltenstherapeut, ein
Psychoanalytiker, ein Systemiker oder ein humanistischer Psychotherapeut mit seinem gesamten Wissen und seiner gesamten methodischen
Kompetenz her beseelt handelt, begegnet er dem Menschen anders als
wenn er ihn nur als ein psychodynamisches Wesen sieht, das von Trieb-

kräften gesteuert wird, die miteinander in Konflikt stehen, oder wenn er ihn als Patienten sieht, der mit seinen Kognitionen bessere Wege gehen muss oder als ein Klientensystem, das in familiensystemischen Zusammenhängen gefangen ist und dafür neue Lösungen finden muss. Beseelte Psychotherapie ist in diesem Sinne eigentlich keine Technik und keine Methode, sondern sie nutzt Techniken und Methoden und wendet diese beseelt an, handelt beseelt.

Die Verankerung in unserer Seele führt dazu, dass der Therapeut die Identifizierung mit seinen Theorien und Modellen immer wieder lösen kann und damit eine vielschichtige mehrperspektivische Diagnostik betreiben kann, dass er seinen Vorlieben, seinen methodischen und schulen-spezifischen Prägungen nicht so ausgeliefert ist und auf diese Weise dem Patienten gerechter werden kann. Und aus dieser Sicht wäre keine der Perspektiven, in denen heute die Psychiatrie oder die Psychotherapie denkt, falsch oder schlecht, sondern sie wären eben immer nur Perspektiven.

Da ein beseelter Psychotherapeut in der Lage ist, seine Gefühle zu betrachten und auch die, die in ihm durch den Patienten ausgelöst werden, befindet er sich in einer inneren Position jenseits von Übertragung und Gegenübertragung, sodass ihm eine solche Verankerung ermöglicht, auch mit schwierigen Patienten umzugehen, ohne sich mit ihnen zu verwickeln oder sie sich vom Leibe halten zu müssen. Der innere Seelenraum erst lässt die Übertragungsprozesse, also wen oder was dieser Patient in mir sieht, und meine Reaktionen darauf, also die Gegenübertragung, betrachten. Und dies ermöglicht, auch mit heftigen Prozessen wie bei Borderline-Patienten umzugehen. Leider finden sich in der Tiefenpsychologie nur wenige Hinweise, wie diese Haltung einzunehmen und zu erhalten ist.

Ein beseelter Psychotherapeut arbeitet und wirkt aus seiner Seele, und dies geschieht intuitiv. Intuition basiert auf der fühlenden Eigenschaft unserer Seele. Damit ist nicht das Wahrnehmen von Gefühlen gemeint, sondern das Spüren der inneren Wirklichkeit. Fühlen meint, herauszuspüren, wie sich die eigene innere Welt und die unserer Patienten jeweils anfühlt. Unser Ich-Bewusstsein hat Gefühle und Gedanken, denen sich ein anderer beobachtender Teil gegenüberstellen kann. Unsere Seele fühlt, spürt, erlebt, erkennt, im Sinne eines umfassenderen intuitiven Spürens. Das intuitive Fühlen schöpft aus der Fülle dessen, was uns bewusst ist, aber auch was noch unbewusst oder unbekannt ist. Intuitives Gespür nutzt unseren Verstand und unsere Modelle und entscheidet, welche brauchbar sind und welche nicht, oder ob wir vielleicht sogar ein neues Modell entwickeln müssen. Intuitiv entscheidet ein beseelter Therapeut, welche seiner inneren Resonanzen auf den Patienten aus seinem Fachwissen, seiner klinischen Erfahrung, seinen gegenwärtigen persönlichen Reaktionen oder den Tiefen seiner Seele er als Antwort zum Patienten hin ausdrückt. Jede Antwort kann ein neuer kreativer Moment sein, der diesen Menschen berühren, trösten, heilen und weiterbringen kann. Erst hier kann man wieder von einer Heilkunst sprechen, die unserer technischen und evidenzbasierten Medizin einen ihr angemessenen Ort zuweist.

Das Wesen einer beseelten Psychotherapie besteht darin, dass die Problematik, die Störung, die Krankheit des Patienten in der Seele von uns Menschen aufgehoben wird. Dies bedeutet zunächst in unserer Seele offen zu sein für das ganze Sein unserer Patienten, für ihren Schmerz, ihr Leid, ihr Schicksal, aber auch für ihre Hoffnungen, ihre Stärke, ihre Größe und ihr Potenzial. Dieses Offensein bedeutet, sich in unserem Inneren von unseren Patienten berühren zu lassen, sie auszuhalten, sie zu ertragen, sie in uns zu tragen, sie in uns wirken zu lassen und dann aus der Tiefe unserer Seele, unserer Stille, unserer Weite, unserer Herzensverbindung, unserer Unberührtheit, unserer Ehrfurcht oder unserer Erschütterung heraus Antworten entstehen zu lassen. Dies sind dann Antworten unserer Seele, die die Seele unserer Patienten ansprechen, ihren eigenen Seelengrund wecken. Die Ausstrahlung der Seele des Therapeuten kann die Seele des Patienten wecken, zum Strahlen und Leuchten bringen und damit ein Gefäß schaffen, einen Kontext für seine Störung, für seine Erkrankung, für sein Schicksal. Die Selbstheilungskraft unserer Seele ist enorm, denn da sie im Herzen des Lebens sitzt, schöpft sie aus den heilenden Strukturen und Tendenzen der Evolution. Die Seelenverbindung innerhalb einer beseelten Psychotherapie kann Heilungs- und Selbstheilungsprozesse in Gang setzen, die eben aus einer größeren Tiefe und Weite stammen als die unserer Einsichten und Techniken. Wahrscheinlich ist es die Berührung der Ganzheit, Tiefe und Weite unserer Seele mit unseren Verletzungen und Störungen, was das Heilsame ausmacht. Wenn das seelische Überpersönliche und Transpersonale also das gestörte Persönliche berührt, kann Heilung geschehen. Eine beseelte

Psychotherapie hält diesen Kontext für essenziell und nutzt Methoden und Fachwissen nur in diesem Sinne.

Von der Seele zum Geist

Unsere Bewusstseinsentwicklung besitzt eine Tendenz zur Transzendenz, zum Überschreiten der gegenwärtigen Grenzen unseres Bewusstseins und zur Suche nach dem uns noch Unvertrauten und Unbekannten. Das Seelenbewusstsein wendet sich sozusagen dem Unbekannten selbst zu. Die spirituellen Wege haben Methoden entwickelt, das Unbekannte direkt und unmittelbar zu realisieren und dann diese Position einzunehmen, in die Welt zu schauen als das nicht näher Konzeptionalisierte, als das Offene, als das Geheimnisvolle, das alles durchdringt. Das Unbekannte dieser Art enthält damit nicht nur das primitive Unbewusste unserer persönlichen und der artspezifischen Vergangenheit, sondern auch unser Potenzial, unsere Zukunft, und das Unbeschreibliche und Mysteriöse unserer Gegenwart, die wir realisieren können als Ausdruck des Wirkens einer unermesslichen Tiefe des evolutionären Geschehens. Um ein solches Bewusstsein zu entwickeln, braucht es lediglich ein kontinuierliches Gewahrsein, das sich nicht auf die vertrauten Strukturen bezieht. Es ist wie ein Abstoßen vom Bekannten durch die Negation, ein Sich-Auflösen in das Unbekannte hinein. Das Bewusstsein wendet sich also ab von allem Bekannten, von allen Formen, von allen Inhalten des Erlebens, von allem, was sichtbar ist, hörbar ist, fühlbar ist, denkbar ist, und lässt sich fallen, lässt sich schweben. Es folgt der Auflösung aller Formen, aller konkreten und verdichteten Inhalte, dahin, wo nicht etwas ist, wo nichts ist, völlig gelöst und frei. Das Bewusstsein des Unbekannten ist wie ein gelöstes freies Schweben in der Formlosigkeit. Aus der Begrifflichkeit des Seelenbewusstseins heraus wird es zunächst negativ beschrieben, als das Un-bekannte, Un-begründete, Un-getrennte, Formlose, Eigenschafts-lose, Zeit-lose, Raum-lose, A-kausale, Nichtshafte. Eine andere Art der Begrifflichkeit stellt das Urhafte in den Vordergrund: das Ursprüngliche, Urtümliche, den Urgrund.

Jegliche Trennung hat sich hier aufgelöst. Es gibt kein Bewusstsein, das das Unbekannte beobachtet, sondern das Bewusstsein realisiert sich selbst als ursprünglich, formlos, frei und gelöst. Es vergegenwärtigt sich seiner selbst als "so", als Ausdruck des Unbekannten, das alles unmittelbar durchdringt, ohne Hindernis, wie gesagt wird. Leere ist Form,

Form ist Leere. Form wird realisiert als unmittelbarer Ausdruck der Leere. Jeder Moment wird vergegenwärtigt als der, der er ist, in seiner Soheit als "so", unmittelbar, vollständig. Soheit und Alsheit sind typische Charakteristika dieses nondualen Bewusstseins. Es ist nondual, weil keine Trennung mehr da ist, kein Gegenüber. Alles geschieht aus sich selbst heraus, ohne Ursache, a-kausal. Jegliche Identifizierung kann erkannt werden als das, was sie ist, kann durchsichtig werden und sich auflösen. Die vollständige Auflösung jeder Identifizierung lässt das Gefühl, ein eigenes Wesen, ein eigenes Selbst zu sein, vollkommen verschwinden, und dies kann erlebt werden wie ein Sterben mitten im Leben. Stirb, bevor du stirbst, sagen die Mystiker, dann erfährst du das Ungeborene und Todlose als nondualen Geist. Da das Bewusstsein jedoch nicht verlöscht, sondern in geradezu höchster Klarheit erhalten bleibt, ist es ein Hineinsterben ins Leben, ein Realisieren und Vergegenwärtigen des Seins in allen seinen Formen und Momenten. So wird die Bewusstheit von etwas zu Bewusst-Sein, vollständige Erfüllung vom lebendigen Fluss des Lebens.

David Loy (1988) spricht von drei Aspekten der Nondualität:

1. Nonduale Wahrnehmung bedeutet, keine Trennung von Beobachter und Beobachtetem zu erleben, von Wahrnehmendem und Wahrgenommenem. Das Wahrgenommene und Erlebte realisiert sich selbst, vergegenwärtigt sich selbst als so.

2. Nonduales Denken bedeutet, kein Bewusstsein eines Denkers von Gedanken zu haben, sondern der spontane Fluss des Denkens zu sein, strömende geistige Kreativität, die sich selbst entfaltet.

3. Nonduales Handeln bedeutet, Nicht-Tun im Tun, kein Täter, der Taten vollbringt, keine Absicht, die Ziele verfolgt, sondern spontanes fließendes Geschehen, natürlich, anstrengungslos, aus sich selbst heraus steuernd.

Zu ergänzen wäre noch die Nondualität von Dualität und Nondualität Damit ist gemeint, dass auch das dualisierende Erleben der Welt, das konzeptionalisierende Erleben, das vergegenständlichende Erfassen der Wirklichkeit erfahren und erkannt wird als das, was es ist, eben duales Erleben, das damit nicht-dual vergegenwärtigt wird. Ich-Bewusstsein wird vergegenwärtigt als Ich-Bewusstsein, Seelenbewusstsein als Seelenbewusstsein, Gut und Böse als mentale Kategorien, Worte als Worte und all dies als Ausdruck des Unbekannten, als Manifestation des Göttlichen in der Welt, wenn man so will.

Bewusstseinsentwicklung folgt einer Gesetzlichkeit: Zunächst einmal werden einzelne Erfahrungen eines Ich-Bewusstseins oder eines Seelen-Bewusstseins gemacht, dann werden diese wiederholt, erinnert und durchgearbeitet, bis eine Kompetenz für die Verankerung im Ich-Bewusstsein oder im Seelenbewusstsein besteht. Im Laufe der Zeit wird diese Struktur immer selbstverständlicher, Ken Wilber nennt diesen Vorgang eine "Anpassung" (2001). Sie dient dann als Ausgangspunkt für die weitere Entwicklung. Analog entwickelt sich aus der Struktur der Seele heraus der nonduale Geist, ebenfalls über Einzelerfahrungen nondualen Bewusstseins, die wiederholt werden, zur Kompetenz führen und anschließend als selbstverständliche Struktur vorhanden sind.

Während die Seele also wie ein offenes Gefäß für jede Erfahrung ist, die sie in ihrem inneren Raum verortet, einordnet, fühlt und bewertet, vergegenwärtigt das nonduale Bewusstsein sich jeden Moment unmittelbar, ohne jede Beschränkung, so wie er ist, als der, der er ist, schmeckt ihn sozusagen direkt. Während die Seele sich innerlich berühren lassen kann, sich anrühren lassen kann, in Resonanz treten kann und andere beseelte Wesen berühren kann, braucht dies der nonduale Geist nicht, weil er unmittelbar vergegenwärtigt, weil er sozusagen die Spiegelung des anderen im eigenen Geist erkennt, ohne Bewertungen, Vorlieben und Abneigungen, ohne innere Verpflichtungen, wie sie die Seele fühlt. In diesem Sinne ist der nonduale Geist nüchterner. Er benötigt nicht die Liebe als verbindendes Prinzip, denn er empfindet keine Getrenntheit, so dass die nonduale Liebe eher ein in Liebe erstrahlendes Leben ist, eine Zuwendung des Moments in sich selbst, eine Brillanz des Moments, ein inneres Funkeln eines liebenden Bewusstseins.

Ansätze einer nondualen Psychotherapie

Wir benötigen gegenwärtig eine Psychotherapie, die den Mut hat und bereit ist, uns unserer eigenen Natur zunächst einmal im Nichtwissen, ohne jedes Konzept entgegenzustellen, in der Bereitschaft vor der Unergründlichkeit, Tiefe und Unerfassbarkeit unseres Seins zu leben und eben auch als Therapeuten zu handeln. Nur wenn wir das Leiden unserer Patienten auch in seiner Ursprünglichkeit, Unergründlichkeit und Unerklärlichkeit ertragen können, können wir ihnen erst die Möglichkeit geben, ihr Leben so anzunehmen, wie es wirklich ist, statt sich mit Illusionen und pädagogischen Konzepten darüber zu beschäftigen, wie wir es uns als Therapeuten vorstellen. Die Theorien, die wir über unsere Patienten haben, bilden doch nur die Oberfläche ihrer schicksalhaften Betroffenheit ab. Ihr wirkliches Leben ist etwas viel Unergründlicheres, Tieferes und Fundamentaleres als wir es uns vorstellen, aber etwas, das wir ständig spüren, dessen Präsenz uns ständig fühlbar ist, dessen Ursprünglichkeit uns ständig andrängt. Auf diesen Grund jenseits aller unserer Konzepte und schulischer Theorien könnten wir uns beziehen.

Dieser Grund könnte uns einen, denn wer diesen Grund erfahren hat, spürt, dass es der gemeinsame Grund ist. Er wäre ein Grund für eine erneuerte integrierte Psychotherapie, die nicht nur beseelt ist, sondern auch durchgeistigt, völlig offen für das Leiden und das Schicksal dieser Menschen, die zu uns als Patienten kommen. Er ermöglicht uns, ihnen unmittelbar entgegenzutreten und unvoreingenommen diesem Mysterium eines anderen Lebewesens zu begegnen, aus dem auch das Unbekannte spricht. Es geht also darum, eine Offenheit für diese völlig andere, vielleicht zerrüttete Bewusstseinswelt des anderen Menschen herzustellen und diese zu realisieren, ohne sie abwehren zu müssen.

Der nonduale Geist kann sich nicht wirklich verwickeln, da er die Muster erkennt als die, die sie sind. Er besitzt daher eine innere Freiheit innerhalb der Verwicklung, spürt sie, schmeckt sie, ohne an sie gebunden zu sein. Hier entsteht eine Wahl, herauszutreten aus den prägenden Mustern oder sie in einer anderen Richtung weiterzuleben. Vielleicht kann der Patient sich selbst erkennen im Spiegel dieser Bewusstheit als der, der er ist, wie er sich selbst versteht, was ihm selbst wesentlich ist und an welcher Stelle seines Schicksals er eben gerade steht. Wenn in dieser Vergegenwärtigung keine Lösung für die Schicksalsproblematik oder die Zerrüttung der Bewusstseinsstruktur gefunden wird, sucht der nonduale Geist nicht weiter im Fachwissen, der Lebenserfahrung oder dem Raum der Seele, sondern wendet sich dem Unbekannten zu, ist bereit, etwas völlig Neues zu betrachten.

Ein so verankertes Bewusstsein kann gemeinsam warten und nicht wissen, ob eine Lösung entsteht. Und wir können es auch annehmen, wenn keine Lösung entsteht, denn dies ist manchmal Schicksal. "Aus dem Ewigen gibt es keinen Ausweg", sagt Rilke. Im Unbekannten ist alles geborgen, hier löst sich alles auf. Auch die Psychose, auch das absolute Grauen hat hier seinen Platz und ist aufgehoben. Hier kann das Leiden über das Persönliche hinweg erkannt werden als erfahrenes Leid, das eben Menschen besitzen. Dann ist es nicht länger nur mein Schmerz, meine Angst, meine Verletztheit, sondern der Schmerz und die Angst, Verletztheit, Zerrissenheit, Krankheit als menschliches Schicksal. Dann kann eine tiefere Art von Mitgefühl sowohl bei uns als Psychotherapeuten als auch bei unseren Patienten entstehen, sich selbst und anderen Menschen gegenüber zu treten und unsere Geschichte und unser Leiden als menschliches Leiden zu respektieren, als menschliche Verletzung, als menschliches Schicksal.

Das kann dazu beitragen, dass wir uns selbst überhaupt einmal fundamental annehmen und aushalten können, und dies ist angesichts des wahrscheinlich kollektiven Traumatisiertseins von uns Menschen die einzige Haltung, aus der eine Heilung unseres kollektiven menschlichen Schicksals möglich ist. Nahezu jeder von uns trägt in sich selbst Gefühle des Überfordertseins, Überflutetseins, des Verlorenseins im Schmerz, in der Angst, in der Verzweiflung irgendeiner Traumatisierung, um die herum wir allerlei Schutzmechanismen, Abwehrformen und Muster konstruiert haben. Doch diese beherrschen häufig unser Leben, verhindern, dass wir offen aufeinander zugehen können und uns wirklich aufeinander einlassen können. Eine Heilung dieser Traumatisierungen ist nur möglich, wenn das Grauen und der Schmerz, die in diesem inneren Abgrund liegen, erkannt werden. Wenn wir spüren, wie diese Wunde uns prägt und wie wir dies annehmen können als menschliches Schicksal, als Teil des existenziellen Geschehens, dem wir eben ausgeliefert sind. Dieser Realität ins Auge zu schauen, scheint mir nur aus einer so verankerten spirituellen Haltung möglich zu sein, die an kein Muster mehr gebunden ist, sondern im Unbekannten verankert ist, das größer ist als unser Leben und Sterben und eben Teil einer Intelligenz ist, die wir nicht vollständig begreifen können, die uns aber einen Platz gibt im großen Gefüge der Evolution.

Vielleicht ist es wichtiger, unseren Patienten zunächst einmal nicht als Ärzte oder Therapeuten gegenüberzutreten, sondern als Mitmenschen, als Schicksalsgefährten im Angesicht der Unergründlichkeit des menschlichen Lebens. Medizin und Psychotherapie haben dann die Aufgabe, uns zu helfen, unser Schicksal zu realisieren, es anzunehmen, in die Hand zu nehmen, und es so frei wie möglich zu gestalten. Können wir uns also von unserer Seele und unserem Geist an die Hand nehmen lassen und uns weit hinaus führen lassen über unsere persönlichen Bilder von uns selbst, uns Menschen und der Welt und uns spüren lassen, dass unser Leben teilhat an einem schöpferischem Prozess, dessen Intelligenz die Reichweite unseres Bewusstseins noch weit überschreitet?

Literatur

Gebser, J. (1986). Ursprung und Gegenwart. Schaffhausen: Novalis.
Kernberg, O.F. (1981). Objektbeziehungen und Praxis der Psychoanalyse. Stuttgart: Klett-Cotta.
Loy, D. (1988). Nondualität. Frankfurt: Krüger.
Wilber, K. (2001). Integrale Psychologie. Freiamt: Arbor.

Gelebte spirituelle Praxis

Willigis Jäger

Wir haben als Menschen alle die gleiche Grundveranlagung. Es gibt nur einen Gipfel, auf den verschiedene Wege führen. Aber alle Wege haben die gleiche Grundstruktur. Es geht letztlich immer um die Zurücknahme des Ich, damit Erfahrungsebenen auftauchen können, die durch die Ich-Aktivität verdeckt sind. Denn das Ich, diese gewaltige Errungenschaft der Evolution – 15 Milliarden Jahre gab es uns nicht –, ist gleichzeitig eine Eingrenzung. Es ist der Schleier, der unsere wahre Identität verdeckt. Wer diese Tatsache nicht akzeptieren kann, wird mystische Erfahrungen immer ablehnen.

Die Religionen kommen aus der Erfahrung ihrer so genannten Stifter. Wenn man diese Erfahrung mit fließendem Wasser vergleicht, dann kommt den Religionen die Aufgabe zu, andere Menschen daran teilhaben zu lassen und ihnen den Weg zur Quelle zu zeigen. In Wahrheit bieten sie den Menschen aber oft nur abgestandenes Zisternenwasser an (Theresa von Avila) oder Eis, gefrorenes Wasser. Ein anderes Bild: Religionen gleichen einer Kathedrale mit Glasfenstern. Alle Farben und Strukturen werden von einem Licht erleuchtet. Wer das Licht erfährt, erfährt das eine Licht, das sie alle erleuchtet.

Mystik und die Wege des Ostens

Nachdem ich jahrelang dem christlichen Weg der Kontemplation gefolgt war, erkannte ich während meines Aufenthaltes in Japan, dass das Christentum in seiner Mystik einen absolut gleichwertigen, parallelen Weg neben den spirituellen Wegen des Ostens besitzt. Leider wurde der christliche Weg im Laufe der Rationalisierung der Theologie vergessen. Die Mystik wurde der Dogmatik untergeordnet. Sie musste ihre Erkenntnisse immer redogmatisieren. Doch selbst hinter diesen Formulierungen ist für mich ganz deutlich der Durchbruch in die Dimension des Einen zu erkennen. Hinter den Worten einer Theresa von Avila, eines Johannes vom Kreuz, eines Eckhart und Nikolaus von Kues zeigt sich die gleiche Tiefe wie in den Worten der Weisen des Ostens.

Zwei Grundstrukturen

Die spirituellen Wege besitzen verschiedene Weisen, um in die Erfahrung zu führen. Grundvoraussetzung von allen ist die Bereitschaft und der Wunsch des Menschen, mit dem Absoluten, mit Gott, in Kontakt zu kommen. Anfangs geschieht das oft durch mündliches Gebet und Gottesdienst, dann vielleicht auch durch Betrachtung von Bibeltexten und religiösen Bildern und durch gegenständliche Meditation. Um zu einer tieferen Erfahrung zu gelangen, bieten sich Übungswege mit zwei charakteristischen Grundstrukturen an: Bewusstseinsvereinheitlichung und Bewusstseinsentleerung.

Auf dem Weg der Bewusstseinsvereinheitlichung wird mit einem Fokus gearbeitet: Atem, Laut, Gehen. Der Übende wird eins mit dem Fokus. Wenn ihm das wirklich gelingt, öffnet sich das Bewusstsein in eine neue Dimension. Im Zen ist es der Atem oder das Koan Mu, mit dem man beginnt. Im Yoga ist es das OM oder auch der Atem. Bei den Sufis ist es das Allah Hu oder auch die Drehbewegung. Die Christen benützen das Wort Jesus oder Gott. Die Übung setzt sich fort im Gehen, dann ist es der Schritt. Die Anleitung zu dieser Form des Übens findet sich im Christentum sehr deutlich in der „Wolke des Nichtwissens", der Niederschrift eines englischen Mystikers für einen jungen Mann.

Die zweite Grundform besteht in der Bewusstseinsentleerung, einem Nichtreagieren des Bewusstseins. Das Bewusstsein ist hellwach, bindet sich aber an nichts. Der Übende lässt alles, was aufkommt, vorbeiziehen. Er gleicht einem Spiegel, der alles reflektiert, sich aber mit nichts identifiziert. Diese beiden Übungsformen bringen eine Deautomatisierung des Bewusstseins. Sie arbeiten seiner Grundtendenz entgegen, sich immer mit neuen Inhalten zu befassen. Im Weg des Schweigens (vom Verfasser der „Wolke des Nichtwissens") wird es „Schauen ins nackte Sein" genannt. Johannes vom Kreuz charakterisiert es als „Reine Aufmerksamkeit" oder „Liebendes Aufmerken". Im Zen wird es Shikantaza = "Nur sitzen" genannt, im Tao-te ching heißt es Wu Wei = „Nicht tun, absichtsloses Handeln". Die Tibeter nennen es Mahamudra = „das Große Symbol"; das sind alles praktische Anweisungen, wie man die Leerheit erfahren kann.

Erfahrungen

Ich habe beide Formen lange geübt. Sie führen in einen transpersonalen Bewusstseinsraum. Dort gibt es ein Erfassen, Erkennen und Erleben, das keinen Erfassenden mehr kennt oder braucht. Diese Nicht-Dualität zu erfahren, ist das Ziel. Dualität ist ein sich selbst erzeugender Prozess, der aus der Einheit entsteht. Es ist das Leben selber, das sich immer wieder strukturiert und neu formiert wie der Ozean, der immer wieder Wellen wirft. Wir kehren immer wieder zurück in die Dualität und in die Ich-Identität. Das Universum ist ein grandioses Spiel. Ich spiele dieses Spiel mit Leidenschaft mit. Es ist das Spiel „Gott". Ich fühle mich mit allem und allen verbunden. Es gibt keinen Anfang und kein Ende. Und es gibt keine Trennung.

Westöstliche Spiritualität

Während die traditionellen religiösen Wege eine innere Befreiung von der Welt durch die Loslösung vom Diesseitigen zu erreichen versuchen und das Eigentliche ins Jenseits verlegen, um dort eine unmittelbare Schau des Absoluten, des Göttlichen, der Leere und des Unbekannten zu erreichen, knüpft eine zeitgemäße, integrale Spiritualität an die mystischen Wege des Ostens und des Westens an und stellt das Hier und Jetzt in den Mittelpunkt. Denn im Hier und Jetzt drückt sich das Unbeschreibbare aus, in genau dieser Form, zu dieser Zeit, an diesem Ort. Es geht nicht darum, aus der Welt zu scheiden, zu verlöschen, in den Himmel oder eine neue Wiedergeburt einzugehen, um Seligkeit oder Erlösung zu erreichen. Es geht vielmehr um die Erkenntnis, dass wir alles durchdrungen sind von dieser Urwirklichkeit. Es geht darum, diesen Tanz des evolutionären Geschehens in diesem Augenblick mitzutanzen. Man tanzt nicht, um möglichst schnell zu Ende zu kommen, man tanzt um des Tanzes willen. Sich selbst als Tanzschritt des Tänzers Gott und zugleich als Tänzer zu erfahren, zu erleben, dass alles Handeln spirituell durchdrungen ist, das ist das Ziel. Es ist die Wahrnehmung, mit allem in fragloser Gegenwart verbunden zu sein.

Dies ist eine Wachheit ganz anderer Art, die übergeht in die Erfahrung der Leere, des Nichts. Doch diese Leerheit ist nicht leer, und das Nichts ist nicht Nichts. Es ist ein Bewusstsein, das sich als transrational beziehungsweise arational bezeichnen lässt. Diese Erfahrung besitzt eine unumstößliche und außerordentliche Qualität. Sie kann vergessene Tore

aufsprengen, religiöse Überzeugungen umstoßen und für den Lebensweg unerwartete Konsequenzen haben. Diese Erfahrung mündet
schließlich in den Alltag wie es das zehnte und letzte Ochsenbild im Zen
von der Rückkehr auf den Marktplatz zeigt. Hier, in unserem ganz gewöhnlichen Leben, hat sich alle Erfahrung zu bewähren. Denn das Ziel
der Mystik ist nicht eine abgehobene Ekstase, sondern die volle Entfaltung unseres Menschseins. Über die Erfahrung des Nichts führt der Weg
ins Alles.

Echte Mystik ist weltbejahend und führt in eine ganz neue Form der
Weltliebe. Sie bejaht nicht nur Welt und Mensch, sondern auch den Ge-
schichtsprozess in der Zeit. Denn der Mensch, der in einer mystischen
Erfahrung seine kindhafte Homozentrik und Geozentrik überwunden
hat, weiß sich in den evolutionären Prozess eingebunden, in dem sich
das Göttliche entfaltet. Geborenwerden und Sterben, das Gute ebenso
wie das so genannte Böse werden als Vollzug des Lebens im Hier und
Jetzt erkannt. In allem ist die Schöpferkraft des Göttlichen. Die Erfahrung dessen lässt im Menschen selbst die Schöpferkraft lebendig werden
und führt ihn in die Verantwortung für die Welt und seine Mitmenschen.
„Der schöpferische Mystiker war von jeher das Kreuz der Kirche. Aber
diesen Leuten verdankt die Menschheit ihr Bestes", erkannte C.G. Jung.

Das zeitlose Bewusstsein manifestiert sich als das Unbekannte, Unmani-
festierte, Absolute und Göttliche, das in der reinen Potenz, der Leere,
der Freiheit ruht. Es besitzt keine Struktur, keine Form, keine Bewegung, es ist reine unmittelbare Bewusstheit. Es ist zeitlos, allgegenwär-
tig und kennt keine Trennung. Das Unbekannte und Absolute erscheint
auch als individuelles Leben, als eine spezifische, ganz konkrete Form,
es manifestiert sich als unser ganz persönliches Leben. „Leere ist Form,
und Form ist Leere", heißt es im *Herzsutra*. Dies ist die „hagios gamos",
die heilige Hochzeit zwischen Himmel und Erde, zwischen Gott und
Mensch, Leerheit und Form. Es konkretisiert sich als dieses, mein ganz
individuelles Menschsein. Einzigartig, unverwechselbar, einmalig bin
ich diese Note in der Symphonie Gott und bin zugleich die Musik, die
zeitlos erklingt und weder Anfang noch Ende kennt. Ich bin eine Figur
des unendlichen Spielers auf diesem Schachbrett Evolution. Dieser
Spieler spielt sich selbst als diese Figur. Ich bin der/die Gespielte. Mich
selbst auch als Spieler zu begreifen, das ist das Ziel aller Mystik.

Das erwachte Bewusstsein durchdringt und durchstrahlt die Welt. Es geht dabei nicht nur um eine Rettung aller Lebewesen im Sinne des ersten Gelübdes im Zen: „Zahllos sind die Lebewesen. Ich gelobe, sie alle zu retten." Es geht um eine Weiterführung des evolutionären Geschehens. "Unser Erwachen ist ein Erwachen Gottes und unser Auferstehen ein Auferstehen Gottes". (LF IV,9) - Das Erwachen des Menschen ist ein Erwachen Gottes. Das Erwachen der Gesellschaft ist ein Erwachen Gottes in der Gesellschaft. Das Erwachen des Kosmos ist ein Erwachen Gottes in der Evolution.

Die mystische Dimension ist von Anfang an Teil unserer menschlichen Natur. Diesen göttlichen Kern zu erkennen ist das Ziel unseres Lebens. Wir sind Geschöpfe, die sich auf der Durchreise zu diesem Ziel befinden. Aus diesem Grund sind wir Mensch geworden. Aus dieser Erkenntnis entspringt alle Ethik.

Wir hungern nach dem Göttlichen und nach einem inneren Durchbruch. Früher oder später wird er passieren. Wenn wir begreifen, dass wir zutiefst mit dem Ganzen und mit allen anderen Wesen verbunden sind. Unser Getrenntsein ist eine Illusion und der größte Irrtum unserer Zeit. Solange das menschliche Dasein als getrennt von der höchsten Wirklichkeit erfahren wird, plagen uns Unwissenheit, Illusion, Zweifel und Sinnlosigkeit. Wenn ein Mensch sich wirklich bemüht und sich jeden Tag Zeit für die Meditation nimmt, wird er sich dieser Erkenntnis ständig nähern.

Die Transformation, die wir anstreben, wird niemals ausschließlich durch spirituelle Praxis erreicht. Es geht um mehr als um unsere eigenen Bemühungen, so heroisch sie auch sein mögen. Unsere Praxis soll im Alltag in einer liebevollen Präsenz und einer ständigen Beziehung zu dieser Wirklichkeit ihre Fortsetzung finden. Sie führt in den Alltag und ins ganz gewöhnliche Leben. Wir erreichen keine Transformation durch das, was wir tun, sondern durch unser Einswerden mit der Quelle, aus der alles fließt. Diese Quelle kann nur eine sein. In der Erfahrung dieser Quelle liegt die wahre Einheit der Religionen.

Interbeing: Vom kleinen Ich zum großen SELBST

Claus Eurich

Sein und Welt werden aus der Perspektive des Menschen als vielfältig, unberechenbar und kontingent wahrgenommen. Menschsein, so wie es sich auf der gegenwärtigen Evolutionsstufe darstellt, erhält seine Koordinaten des Denkens, des Empfindens und des Handelns aus seinen Grenzen innerhalb dieses unerfasslichen und fließenden Universums. Über die Grenzen nähern wir uns dem an, was wir unsere Identität nennen. Die Grenzen zwischen Innen und Außen, zwischen subjektiv und objektiv führen uns zu der Vorstellung von „Ich" und „Selbst", denen das „Andere" und der „Andere" gegenüberstehen. Hinsichtlich der Vielheit und Unermesslichkeit der äußeren Welt garantiert die Substanz der Person Einheit und ein gewisses Maß an Sicherheit und Verlässlichkeit. Sicherheit und Verlässlichkeit stellen dabei die Voraussetzung dafür dar, überhaupt ziel- und ergebnisorientierte Navigationen im Alltag vornehmen zu können.

Diese existentielle - weil die bewusste Existenz erst konstituierende - Bedeutung von Ich und Selbst, haben beide von Anfang an in den Fokus der Philosophie gerückt. Die Frage der Selbsterkenntnis wurde zur Schlüsselfrage des philosophischen Räsonierens schlechthin. Und als unwidersprochen kann die sokratische Grundeinsicht angesehen werden, dass die Voraussetzung allen tugendhaften Verhaltens die Selbsterkenntnis ist.

Doch was ist es, das erkannt werden soll und möchte? Die Antworten auf diese Frage fallen je nach dem erkenntnistheoretischen Ausgangssystem äußerst unterschiedlich aus. Wo bei René Descartes die Denkfähigkeit an sich (res cogitans) zum Wesenskern des Ich wird und dieser kognitive Anteil dem materiellen Anteil des Menschen (res extensa) gleichsam entfremdet gegenübersteht, betonen evolutionsbiologische Ansätze die sich wechselseitig beeinflussende Einbindung des Menschen in seine Um- und Mitwelt. Naturalistische und kulturalistische Anteile wirken in den gedanklichen Entwürfen und den sozialen Handlungen zusammen und formen prozesshaft die unverwechselbare Identität einer Person. Im neurobiologischen Blick schließlich erscheint die abendländische Vorstellung einer unverwechselbaren Ich-Identität als nicht mehr und nicht weniger als eine Selbsttäuschung des Gehirns; eine Selbsttäuschung gleichwohl, die das Gehirn benötigt, um sich selbst organisieren zu können. (Vgl. Roth, 2001)

Aus kulturwissenschaftlicher Perspektive konstituieren sich das Selbst und die Identität als die Konsequenz von Identitätsarbeit. Identität kann dann gesehen werden als fließendes Resultat im Prozess der Konstruktion von Sinn. Diese Konstruktion entsteht auf der Basis unterschiedlicher kultureller Attribute, Rollen, Rollenzuweisungen, Rollenerwartungen und Erwartungserwartungen. Die Vielfalt von kulturellen Gestalten, die eine Person im Prozess der Individuation innerhalb der modernen Gesellschaft ausfüllt, lässt auch unterschiedliche Partial-Identitäten entstehen und damit das Bild von einem oft mehrfach gespaltenen, disparaten Selbst. Dieses hochkomplexe und entsprechend fragile Selbstverständnis ist permanent bedroht durch eine Umwelt, die ihre kulturellen Attribute und die daraus folgenden Funktions- und Rollenerfordernisse kontinuierlich ändert und damit das Selbstverständnis des Subjekts immer mit betrifft, solange dieses seine Identität eben aus diesen Prozessen saugt und konstruiert.

Im Wissen und als Wissen stellt sich die Gestalt von Identität durch Erinnerung her. Es ist eine narrative Identität, die dadurch, dass sie als Geschichte auszudrücken ist, sich selbst bestätigt und das „Original" gleichsam immer wieder neu rekonstruiert. (Vgl. King, 2003, S. 175)

Diese narrative Identität sollte von dem, was wir „Biographie" nennen, unterschieden werden. Während die Biographie als diachrone Abfolge von gleichsam objektiven Lebensereignissen und –stationen gesehen werden kann, durchlaufen die Prozesse des Wachstums und der Veränderung einer narrativen Identität permanente Selektionen, Verdrängungen und Projektionen.

Die Wahl und Qualität der sozialen Handlungen spielt für diese Erinnerungsleistungen im Abgleich mit der darauf bezogenen Gestaltung des Gegenwärtigen eine zusätzliche zentrale Rolle. In diesen Handlungen stellt sich die Balance her zwischen den auf die Person bezogenen gesellschaftlichen Erwartungen und eigenen Bedürfnissen bzw. der Eigensicht. In der sich auf George Herbert Mead stützenden interaktionistischen Soziologie bzw. Sozialpsychologie ist das Finden dieser Balance ein infiniter Prozess der Integration von „I" und „Me", vom Ich und ge-

sellschaftlichen Normen/Erwartungen zum Selbst, gleichsam einer dia-
lektischen Beziehung zwischen persönlichem Freiheitsstreben und der
Anpassung an Strukturerfordernisse. (Vgl. Mead, 1973) Dieser Akt der
Integration wird als reflexive Denkleistung durch Sprache und symboli-
sche Kommunikation mit der Umwelt vermittelt. Riten und sich darauf
gründende bzw. durch sie bestätigte gemeinschaftliche Identitäten bilden einen weiteren Schlüsselzugang in diesem Prozess. Das Selbst erwächst und reift aus Selbstentwurf und Erfahrung. Es richtet alle Erfahrung auf sich selbst, macht sie zur Selbsterfahrung. (Vgl. auch Jörissen,
2000, S. 95-105) Die Multiperspektivität, im Sinne auch der Perspektiven anderer, die eine Person dabei einzunehmen in der Lage ist, entscheidet über die Breite und Tiefe der Integrationsleistung und damit die
Offenheit, Durchlässigkeit und Anschlussfähigkeit des Selbst. Schließlich ermöglicht erst der Spiegel des anderen ein integrationsfähiges
Selbstbild, das die immer mitspielende Selbstfremdheit in Grenzen hält.

Vieles also wirkt bei der Konstruktion unserer Identität als Selbst zusammen, und es erscheint mir wichtig, die unterschiedlichen Herange-
hens-, Sicht- und Erklärungsweisen nicht als divergent, sondern kom-
plementär zu sehen. Die Gestalt des Selbst baut sich auf aus den Sub-
stanzen der Biologie, der Geschichte, des kollektiven Gedächtnisses und
des kollektiven Unbewussten, des kulturellen Rahmens, der institutionellen Zwänge, der Wirkkraft geistiger Felder und der eigenen Ideen,
Träume und Phantasien. Nicht zuletzt spielt immer auch die Sehnsucht
eine entscheidende Karte – als Verlangen des Endlichen nach Unendlichkeit und Unsterblichkeit.

Zwanghafte Stilisierung

Modernität und die mit ihr einhergehende Globalisierung fragmentieren,
aber integrieren auch das Selbst auf neuer Ebene. Der massive kulturelle, soziale, ökonomische und technologische Wandel konfrontiert das
Selbst mit der Erfordernis, sich bewahrend zu schützen und zugleich
immer wieder neu zu entwerfen bzw. sich zu rekonstruieren, um exis-
tenzfähig zu bleiben in der Dialektik von „Innen" und „Außen". (Vgl.
Giddens, 1991, S. 189 f.) Erschwerend tritt die zunehmende Einbindung
in eine Vielzahl unterschiedlicher Bezugsebenen und Milieus hinzu, die
noch unübersichtlicher wird durch mediale und virtuelle Orientierungs-
und Begegnungsräume.

Ungleichzeitiges tritt gleichzeitig auf und ins Leben. Alte Binnenstabilität und Außenorientierung bietende Muster wie Erwerbsarbeit, Geschlechterrollen und Verbindlichkeiten lösen sich in oft kaum zu verarbeitender Geschwindigkeit auf. Sie lösen Orientierungs- und Verhaltensstress aus. Identitäten, auch ethnische und kollektive, werden nicht zuletzt durch als dramatisch empfundene, weltweit sich ereignende Migrationsbewegungen brüchig und suchen „Schutz" nicht selten in Regression und Entwicklung verweigerndem Fundamentalismus. In ihm wird jedes Außen und jeder andere zur Bedrohung stilisiert. Hinter dem Vorhang der Normalität reißen dann Abgründe auf, die das sorgsam zusammengefügte fragile Gerüst, das wir Zivilisation nennen, in Frage stellen.

Dieser Bedrohung der Selbst-Sicherheit in der Moderne steht die kulturelle Anforderung gegenüber, sich als Person einzig zu sehen, als einzig zu stilisieren und zu kommunizieren. Der im Letzten warengesellschaftlich begründete Druck, der auf dem Einzelnen lastet, ist ein Druck gegenüber sich selbst und gegenüber der Umwelt. Das Bild dessen, das ich als Selbst von mir entwerfe, muss meinen eigenen, zumeist außengesteuerten Ansprüchen standhalten; zugleich lebt es von der Anerkennung der sozialen Mitwelt, kann nur dadurch bestehen und überleben. Die Freiheit, die an sich durch den Wegfall alter Orientierungs- und Bindungsmuster hätte entstehen können, verliert sich im Labyrinth einer zwanghaften Stilisierung. Das Innere des Menschen und sein Äußeres bereichern sich nicht mehr in wechselseitiger Spannung auf der Suche nach Komplementarität. Sie fallen durch die Verdinglichungskraft des Äußeren deckungsgleich zusammen oder besser: Im Sog des Äußeren entfernt das Innere sich von seiner möglichen Tiefe. Diese Tiefe und damit die Quelle einer nichtentfremdeten Identität gehen im Sog der Verdinglichung nicht verloren. Aber ihr Zugang wird gemeinhin bis zur Unauffindbarkeit verschüttet. Brechen Ahnungen vom wahren Selbst auf, laufen sie Gefahr, nicht verstanden oder als leer und fremd erfahren zu werden.

Der Lifestyle, den die Gegenwartskultur fordert und der sie prägt, sollte trotz aller Verdinglichungs- und Entfremdungstendenzen gleichwohl nicht grundlegend als Identitätsblocker stigmatisiert werden. Er kann auch als eine Art „Zwischenantwort" gesehen werden auf die Zunahme an Bindungsverlust, den Anstieg der Verfügung über das eigene Leben, auch durch rasante Fortschritte in der Medizin, die Befreiung von Sehnsuchtspotentialen und die mit allem einhergehende Unsicherheit und Angst. So birgt die Suche nach der Körperlichkeit, nach als ästhetisch empfundenem körperlichen Selbstausdruck, nach Beherrschung des Körpers und nach seinem gezielten Einsatz als Medium der Kommunikation mit der Umwelt zwar einerseits die Gefahr narzisstischer Selbstverblendung. In ihr kann sich aber auch die tiefere Suche nach Einheit mit meinem auch körperlichen Selbst zeigen, ein neuer Versuch, Geist, Seele und Körper zu integrieren. Körperbewusstsein würde dann, über sich selbst hinaus gedacht, sogar zu einem Vorboten der Integration von „Natur" in das menschliche Bewusstseins- und Verfügungsfeld. Über die Annahme und Gestaltung unserer eigenen Natur, jenes cartesianischen „Außen", könnte auch die Beziehung zum Außen der Umwelt eine Wandlung hin zur Integration erfahren.

Der zum Individuum gewordene und gemachte Mensch der Moderne sieht sich mit historisch unvergleichlichen Herausforderungen konfrontiert. Sie bedrohen seine Vorstellungen von Identität und eröffnen zugleich ungeahnte Chancen. Will er sich nicht in neue Stammesbewegungen zurückentwickeln oder sich autistisch in seiner Selbststilisierung einigeln, muss er mehr und mehr nach der Einsicht leben, dass er das ist, was er selbst aus sich macht. Aus dieser Zuständigkeit und Verantwortung kann nichts und niemand ihn entlassen. Das Risiko, dass die Dinge sich zunächst schlechter entwickeln als in einer zumeist überpositiv gedeuteten Vergangenheit bleibt dabei inbegriffen. In globalisierten Bewusstseinsfeldern jedenfalls ist eine personale Identität, die sich in alten Vorstellungen und Mustern sucht, nicht mehr lebbar. Und sie macht keinen Sinn. Das Selbst muss sich neu entdecken. Seine Schmetterlingsgestalt hat nach dem historischen und notwendigen Gang durch die beengten Phasen seiner Entwicklungen nun die Chance, sich zu entfalten und Grenzen zu überwinden.

Die kulturell noch immer dominanten Verständnisse des Selbst in der Moderne verbauen sich ihre Entwicklungs- und Anschlussfähigkeit durch im Wesentlichen zwei grundlegende Defizite. Zum einen existiert die Um- oder besser Mitwelt der menschlichen Gattung in diesem Selbst-Verständnis nicht bzw. sie wird bewusstseinsmäßig abgespalten in anthropozentrischer Verkennung lediglich auf den Menschen zugedacht. Gleiches gilt zum anderen für die transzendenten Ebenen und Dimensionen des Seins. Auch sie fristen eine abgetrennte Nebenrolle. Sie sind im Blickfeld, aber als ein Element unter anderen, akzeptiert, aber austauschbar, ein liberales Zugeständnis, aber kein integrierter Bestandteil der Wesenheit des Seins schlechthin. Explizit religiöse Zugänge holen dieses Manko nur partiell ein, da in ihnen zumeist „Gott" als das Zentrum absolut und unveränderbar angesehener Offenbarungslehren selbst absolut und statisch gesehen und damit aus dem Prozess der Dynamik des Lebens ausgeschlossen wird. Wie die Um- und Mitwelt bleibt er ein Außen. Ein umfassendes, integrales und dynamisches Selbst, das sich selbst als Teil des fließenden Universums und damit auch des Göttlichen sieht, wird auch dem Göttlichen selbst eine entsprechende Offenheit und Entwicklung konzediert werden müssen.

Entwicklung verlangt Bewusstheit

Evolution verläuft nicht gleichförmig. Dies gilt für die Menschheit in besonderem Maße. Jeder Menschengeist repräsentiert eine eigene Wesenheit, einen eigenen Entwicklungsstand und eine spezifische Trägerschaft bzw. Repräsentation von Kultur – auch wenn das Eingebundensein in kulturelle/geistige Felder Vorgaben macht und Markierungspunkte setzt. In seiner Bewusstseinsfähigkeit und seinen geistigen Potenzialen und damit seiner Entwicklungsfähigkeit, liegt der besondere Auftrag für jeden Menschen – und zwar bezüglich seiner selbst und in Bezug auf das Leben und das Sein schlechthin. An dem Erkennen, der Annahme und der Erfüllung dieses Auftrages hängt die Zukunft unserer Gattung, wobei mit den selbst verursachten Gefährdungspotenzialen auf dieser Erde die Dringlichkeit dramatisch steigt. Wir sind zur Entwicklung verdammt. Ein weiteres Kreisen in Wunschperspektiven, die nur das Ich im Blick haben oder eine bestimmte Gemeinschaft, einen einzelnen Staat oder eine Kultur und die sich den Erfordernissen des Lebensnetzes insgesamt verweigern, wäre ein Kreislauf hin zu unserem Verschwinden. Wir können uns dieser Einsicht nicht länger entziehen, auch wenn wir gleichzeitig registrieren müssen, dass große Teile der Menschheit aus den unterschiedlichsten und oft nachzuvollziehenden Gründen sehr weit von dem entsprechenden Erkennen und den angemessenen Konsequenzen entfernt sind.

Selbstreflexion steht immer wieder in jeder Entwicklungsphase am Ausgangspunkt. Selbstreflexion stellt die Voraussetzung dar, unser Eingebundensein zu verstehen; das Eingebundensein in den universalen Charakter des Lebens und des Lebenswillens. Diese Selbstreflexion weist und führt über uns und über das Vorhandene hinaus. Sie erschließt im Erkennen neue Denk– und damit Handlungsdimensionen. In der Selbstreflexion nehme ich meine Lebensberechtigung, meinen Lebenswillen und meine Entwicklungsfähigkeit wahr. Als sich selbst erkanntes Leben kann ich sie so auch anderem Leben zubilligen. Selbstreflexion ist die Voraussetzung für das Entstehen von Selbstrespekt, die Voraussetzung für den Respekt gegenüber dem anderen Leben, ja dem Lebens- und Seinsvorgang an sich. Das Denken und das Erkennen vermögen den auf mich selbst bezogenen Willen zum Leben und zum Handeln, den Willen auch, Glück und Zufriedenheit zu erfahren, zu entgrenzen, ihn zu einem kosmischen Lebenswillen zu verfeinern. Ich vermag dies nicht zuletzt dadurch, dass ich mich als Teil des anderen Lebens erkenne, wie Albert Schweitzer es eindringlich beschrieben hat:

„Und Du vertiefst Dich ins Leben, schaust mit sehenden Augen in das gewaltige, belebte Chaos dieses Seins, dann ergreift es Dich plötzlich wie ein Schwindel. In allem findest Du Dich wieder... überall wo Du Leben siehst – das bist Du!" (Schweitzer, 1995, S. 209)

Vor diesem Erkennens- und Empfindungsakt aber warten hohe Hürden. Hier liegt etwa das Ringen der Geisteskraft mit instinktiven, emotionalen und auch gesellschaftlichen Potenzen, die sich nur auf das Partielle ausrichten. Dadurch, dass sie mit der Befriedigung im Moment zufrieden sind, verdrängen sie die Erfordernisse des Ganzen aus dem Horizont. Sie verdunkeln damit eine Wahrheit, die mehr ist als die Wahrheit des kleinen, selbstbezogenen und momenthaften „Glücks".

Spiritualität und Religiosität werden denkend begriffen. Auf diesen hohen Stellenwert des Geistes verweisen nicht zuletzt immer wieder Schlüsselaussagen im Selbstverständnis der großen Religionen. Erinnern wir uns an das Nicht-Erkennen als Ursache allen Übels im Buddhismus und das christliche Selbstverständnis, dass der Geist den Zugang zum Göttlichen herstellt. Und der Geist in seiner reinsten Form als heiliger Geist genießt alleine absoluten Rang wie aus dem Matthäus-Evangelium spricht:

„ Jede Sünde und Lästerung wird dem Menschen vergeben werden, aber die Lästerung gegen den Geist wird nicht vergeben." (Matthäus, 12,31)

Mit den Gaben des Geistes wird der Mensch zu der ihm möglichen Erkenntniskraft und der ihm möglichen Achtsamkeit geführt. Wobei es ge-

rade das Denken und die Reflexion des Denkens sind, die ihn sodann
mit den Grenzen des Denkens konfrontieren und in eine spirituelle Haltung der kontemplativen Zuwendung führen. In dieser Haltung liegt
auch ein Empfangen, das nicht mehr denkend gesteuert wird. Beides gehört für erfüllte Spiritualität zusammen, steht sich nicht entgegen. Denken und Mystik ergänzen sich im Begreifen der Welt und des Kosmos.
Im Zusammenspiel führen sie uns zu höchsten Aufmerksamkeits- und
Achtsamkeitsleistungen. Im Zusammenspiel überwindet das Selbst, das
sich erkannt hat, seine denkenden Grenzen.

Verbundensein und Transpersonalität

Die Bedingungen des Lebens, seine Gesetze, alle Interdependenzen und
Verwobenheiten, alle Beziehungen und Bezüge können aus dem großen
Lebensnetz, das wir Umwelt und Mitwelt nennen, abgelesen werden,
können in ihm, als ein Teil erspürt werden. Die alten Dualismen von
Subjekt und Objekt, Geist und Natur, Körper und Seele, Erkennendem
und Erkanntem sind als hinfällig längst auch durch die modernen Naturwissenschaften bewiesen. Sie zeigen sich uns heute als aus der jeweiligen Zeit heraus zu verstehende Empfindungs- und vor allem Erkenntnisgrenzen. Was uns die Liebe intuitiv lehrt, können wir auch erkennen
– den holistischen Weltzusammenhang, der Spaltungen aufhebt, etwa
die in wertes und unwertes Leben. Alles hat seinen Platz, seine Bedeutung und seinen Stellenwert im Lebensraum von Erde und Kosmos. Es
gilt nun auch für die Natur und das Sein an sich, was sich bislang allenfalls in zwischenmenschlicher Ethik wiederfand: Achtsamkeit, Verantwortung, Achtung, Respekt, Gerechtigkeit. Diese über die jeweiligen
Kulturgrenzen hinausweisenden Universalien beschränken sich nun
wiederum nicht auf die Beziehung Mensch-Mensch sowie Mensch-
Umwelt und Mensch-sichtbarer Kosmos. Nein, wir stehen vor der Herausforderung der Annahme unserer Partnerschaft mit dem Unendlichen
und Transzendenten selbst. Dem Menschen wird seine wachsende Teilhabe an der Schöpfung, am Sein und Werden, am Raum des Göttlichen
bewusst. Diese Teilhabe hat keinen Endpunkt, doch sie zieht zunächst
auf die Gewissheiten des All-Eins-Seins, die uns in allen mystischen
Traditionen der Weltreligionen begegnen. Mit dieser Gewissheit öffnet
sich sodann das Fenster der Erkenntnis einen Spalt weiter. Interbeing –
alles ist in allem mit allem verbunden, wenn auch auf unterschiedlichen
Bewusstseinsstufen. Hinsichtlich der Verbundenheit auch mit dem Gött-

lichen führt dies den Menschen auf eine sonderbare Reise – bis in die Weiten des Alls und zugleich bis in den letzten Winkel unseres Selbst. Gotteserkenntnis, All-Erkenntnis und Selbst-Erkenntnis zeigen sich als ineinander verflochten, als verbunden, wenn auch nicht identisch. Das Tun und Handeln stellt sich damit in einen neuen und entgrenzten Raum. Es kommt aus der Verbundenheitserfahrung mit dem absoluten Selbst und hebt die Verantwortung im so genannten Diesseits auf eine neue Stufe. Es zerbricht verschlossene und isolierte Welthorizonte und leistet seinen Beitrag für das schöpferische Werden dieser Welt. Indem der Mensch sich selbst neu entdeckt, schafft er sich neu und wird er zum Mitschöpfer. (Vgl. Fox, 1991, S. 296 f.)

Die Begegnung mit dem Du

Es ist eine alte Erkenntnis, dass der Mensch in der Spiegelung durch das Du, dem er in Achtsamkeit und Offenheit begegnet, zum Ich geführt wird, zum Selbst wächst. In dieser Begegnung beginnt er zu verstehen, dass sein Ich Teil des Ganzen und er von diesem her zu identifizieren ist. Er sieht zudem, dass nicht nur er in der Welt aufgeht, sondern die Welt auch in ihm, wenn er es zulässt. Er steht praktisch in einem universalen Dialog, der alle vier Ebenen des Du mit einschließt und berührt.

Ebene 1: Ich begegne dem Du in der Schöpfung – in den Elementen, den Pflanzen, den Tieren, den Gestirnen. Diese Begegnung lebt von der Anerkennung und Respektierung des Lebenswerten allen Seins. Ich höre etwa die Sprache des Baumes zwischen Verwurzelung und himmlischem Freiheitsdrang. Ich empfange vom Licht der Gestirne die Botschaft der Unendlichkeit, ich lese in den Augen eines Tieres das Ahnen der Sehnsucht. Alles erkenne ich als zugehörig zur universalen Geschwisterschaft.

Ebene 2: Ich begegne dem Du im anderen Menschen. In dieser Begegnung mit dem mir Gleichen und in der Anerkennung des So-Seins des Anderen erfahre ich Befreiung zu mir selbst und meiner Gattung insgesamt.

Ebene 3: Ich begegne dem Du in der göttlichen Welt. In dieser Begegnung mit den Quellen und den Zielen meiner Sehnsucht, mit dem Woher und Wohin meines und allen Seins, wird mein Stolz relativiert. Ich erkenne das Verfügt-Sein und meine Möglichkeiten, sehe, was mich unendlich übersteigt und wessen Teil ich zugleich bin. In der Kommunikation mit dem göttlichen Du dient als Sprache und Empfangsraum das Schweigen.

Ebene 4: Ich begegne dem eigenen, inneren Du, meinem innersten Seins-Grund, der mit allem verbunden, ja eins ist. Erst diese Begegnung macht mich zum ganzen Menschen, bewahrt mich davor, zerrissen, ausgeliefert und ohnmächtig zu sein. In der Begegnung mit dem Selbst begegne ich allem anderen wieder, bis hin zu dem Kern des Göttlichen, der auch mein eigener ist.

Der Stellenwert der Begegnung mit dem eigenen, inneren Du, verdeutlicht den Stellenwert des eigenen Lebens. Die Ehrfurcht vor dem Leben schließt an zentraler Stelle die Ehrfurcht vor dem eigenen Leben mit ein. Die Ehrfurcht und Achtung vor dem kosmischen und geschöpflichen Teil meines Seins und Wesens spitzt die Ehrfurcht vor dem Leben erst in ihrer ganzen Tragweite zu. Sie verdeutlicht mir meine Bedeutung und meinen Stellenwert, meine Verantwortung und meine Grenzen, meinen Auftrag im Dienst am Ganzen! Nun gibt es kein Entrinnen mehr, denn nun stehe ich jederzeit durch das Bewusstsein meines Selbst im universalen Kontext.

Die wechselseitige Verbundenheit allen Seins und die Befindlichkeit vor allem im ununterbrochenen Strom der Veränderung nimmt – um dies deutlich herauszustellen – dem Jeweiligen nicht sein Eigensein und sein Besonderes. Einssein meint nicht Gleichheit. Die Anerkennung des Eigenseins in seiner Besonderheit und Einzigartigkeit, auch unter den Menschen, ist das eine; diese Anerkennung auch in anderen Lebensformen, bei gleichzeitiger Ehrfurcht vor dem ungewussten Möglichen der Entwicklung anderen Lebens, ist das zweite; das dritte liegt in der Respektierung der Totalität und des Zusammenhangs des Seins schlechthin, ohne dabei das Besondere des Eigenseins aufzulösen. Aus diesem Dreischritt vermag im Menschen eine Lebenshaltung zu erstehen, die die Andersheit der Mitlebewesen zur Kenntnis nimmt und akzeptiert und die die Verschiedenheit, auch unter den Menschen selbst, als notwendig und als Voraussetzung zur Entwicklung annimmt. Das Anderssein im Du der Mitgeschöpfe zu ehren, beendet den Rassismus des Menschengeschlechts. Hier liegt unser zentraler Erst-Beitrag zur (unsichtbaren) Solidarität aller Lebewesen untereinander, zur, wie Max Scheler sagt, „Solidarität des Weltprozesses mit dem Werdeschicksal ihres obersten Grundes." (Scheler, 1954, S. 108) Hier wird Solidarität mit den Lebensvorgängen in der Mitwelt schlechthin zu mehr als einer Ethik des Mitleids mit anderen fühlenden Wesen. Noch einmal: Der kosmische Lebensprozess manifestiert sich in Unterschiedlichkeit als Einheit. Das Anderssein im Ganzen führt zur Entwicklung nicht nur des Einzelnen, sondern auch des Ganzen. Das verbietet bei Anerkennung von Stufungen Werturteile und fordert aus ganzheitlicher Sichtweise die Ehrfurcht auch vor dem kleinsten Geschöpf; Liebe, Mitleid und Fürsorge treten hinzu. Globale Verbundenheit im Bewusstsein des Einsseins kann so gesehen werden als Bewältigung des Andersseins in der erlebten Einheit.

Das Bewusstsein des Einsseins bedarf der Offenheit, Vielfalt und Tiefe der Wahrnehmung, damit es sich entfalten und selbst wiederum die Wahrnehmungsvorgänge stimulieren kann. So bleiben wir im Fluss der notwendigen Änderungen und angemessenen Anpassung unserer inneren Bilder, Gedanken, Gebäude und Wertvorstellungen. Wahrnehmung in diesem Geist ist ein bewusster und das Bewusstsein schärfender Vorgang. Sie verbleibt nicht bei Mitleid, sondern führt zum Erkennen. Sie empfängt und erkennt und bestimmt damit schließlich das Maß für das Tun. Sie ereignet sich nicht passiv, sondern sie tritt auf und gestaltet.

So wird die Wahrnehmung zugleich zu einer Übung in Toleranz. Aus der Perspektive des anderen erkennen wir ihn einerseits als mit uns zugehörig zum großen Netz des Lebens; wir sehen ihn aber auch in seiner Einzigartigkeit und wie grundlegend wesenhaft unterschieden von mir er sich darstellt – in seiner Wahrnehmung, seinem Habitus, seiner Gesinnung oder auch schon allein in seiner bloßen Existenzform.

Der Wechsel der Perspektive gehört wesenhaft zu dieser Wahrnehmung. Das schließt immer wieder auch den gleichsam kosmischen Blick auf das Geschehen mit ein. Beides, die Perspektive des Lebens, das mir gegenüber steht, und die Perspektive des kosmischen Zusammenhangs und Geschehens, erleichtern die unabänderliche Notwendigkeit, meine eigene Personalität in der Selbstwahrnehmung, in der vermuteten Fremdwahrnehmung und in den Handlungssituationen zu relativieren. Nur wer in der Lage ist, von der Absolutsetzung seines Ich zu abstrahieren, beugt dem Wahn der egozentrierten Weltsicht und Weltbeurteilung vor, der auf das Ich bezogenen Einteilung in Gut und Böse, Gegner und Freunde, Höher- und Minderwertiges. Vor dem Urteil, das sicherlich immer wieder unausweichlich scheint, steht die Anerkennung und Annahme des Du, die Anerkennung und Annahme des Andersartigen als Teil des größeren Gemeinsamen.

Das hohe Gut des Erkennens der Verbundenheit allen Lebens und ein entsprechendes Empfinden und Handeln hat einen somit auch hohen Preis. Es geht um die Transzendierung von Ich und Person, nicht nur zum Göttlichen, nicht nur zum Menschen, sondern eben auch zur kreatürlichen Mitwelt hin. Die Herrschaftsfähigkeit des Menschen bestand und besteht ja in seiner Anthropozentrik, in der Gewohnheit, alles von ihm her, auf ihn bezogen, ihm gegenüberstehend zu sehen, zu klassifizieren und zu bewerten. Ganz im Ich und im Person-Sein verfangen und aufgehend, konnte er gar nichts anderes als Zentrum sein. Historisch gesehen war diese Entwicklungsstufe wohl unvermeidbar, und sie hat erhebliche Potenziale an Logos- und Bewusstseinskräften freigesetzt. Doch in ihr wurzeln gleichzeitig Blockaden, Ängste, territoriale und geistige Abgrenzungen und die daraus folgende Entfremdung und Destruktivität. Nun gehört sicherlich das Ich-Bewusstsein auch weiterhin zu unserem Sein als Menschen. Entscheidend ist seine Rückbindung an das transpersonale oder besser Transzendenzbewusstsein und damit das Sich-Vernetzt und im Dienst-Sehen von Ich und Person. Das Ich wird zur Gefahr als Individualismus und Egozentrismus. Rück- und eingebunden, zugeordnet und transzendental relativiert, bleibt es der jeweilig einmalige Gottesfunke, kann es wachsen in seiner Aufgabe am Ganzen.

Mit der Transzendierung, nicht der völligen Überwindung unserer ichhaften Personalität bleiben wir zwar noch immer auf uns als Träger von Handlungen, als Akteur und als Beobachter unserer Mitwelt inklusive unserer selbst bezogen. Wir können einen Grundbestand an Anthropozentrik gar nicht hinter uns lassen. Doch unsere Rolle und Funktion im Weltprozess bestimmt sich neu. Auch wenn nicht alles Leben für den Menschen da ist und wohl auch ganz gut ohne ihn auskäme, hat er als zum Bewusstsein gelangte Schöpfung, individuell und gattungsbezogen, eine besondere Stellung, die auszufüllen noch vor ihm liegt. Den Vorbehalt immer mitbedacht, dass wir wenig über das Bewusstsein und die Bewusstseinsfelder anderer Lebensformen wissen, scheinen wir für die Evolution der Schöpfung am Übergang zwischen der Wahrheit des Diesseits und der Erkenntnis des Jenseits, zwischen Immanenz und Transzendenz, zwischen Verhaftetsein und Sehnsuchtsdrang zu stehen. Bewusster Teil der Lebensprozesse auf dieser Erde sein und sich ihnen dienend zuwenden, aber auch zu erkennen, dass es Orte und Prozesse gibt, wo wir nicht hingehören, wo wir nichts zu suchen und nichts zu finden haben, das macht die eine Seite unseres Daseins aus. Sich geistig zu entwickeln, das Göttliche zu suchen und ihm den Raum zu verschaffen, der ihm gebührt, das charakterisiert die zweite Seite. Die Einheit beider verdient den Namen Fortschritt, in dieser Einheit verschmelzen biologische und kulturelle Evolution.

Haben wir einmal das Sein an sich und darin die Entwicklung des Menschen und jedes Individuums als Prozess erkannt, als etwas, das im Werden und in der Veränderung begriffen ist, so kann dem nicht eine als unwandelbar behauptete Ethik gegenüber gebracht werden. Genauso wenig wie eine als zeitlos behauptete Spiritualität. Der Anspruch liegt in dem freien und kreativen Umgang mit der komplexen Wechselbeziehung von notwendigem Bestand, notwendiger Konvention, situationsbezogener Flexibilität, dem Bemühen um ein Verständnis des anderen und einer Offenheit sowie Empfänglichkeit für geistige Impulse, die aus der Annäherung an den Raum des Transzendenten resultieren. Dieser Anspruch kann immer nur – auch wenn er in den Weg einer Gemeinschaft eingebunden ist – personal verwirklicht werden. Diese Verwirklichung geschieht in der gelebten Beziehung des Einzelnen zum Du des Mitmenschen, zum Du der Mitlebewesen, zum Du des Selbst und zum Du des Transzendenten. Dies verdeutlicht allerdings auch unausweichlich, dass die Frage nach dem entsprechenden Ausdruck in Lebensvollzügen eine Frage nach unterschiedlichen Entwicklungsniveaus ist, auf denen sich die Menschheit insgesamt und auch jeder einzelne Mensch befinden. Und es liegt ein Ausdruck höchster Kultur in der Fähigkeit, zum einen diese Differenzen zu sehen und sie nicht wertend zu respektieren und zum anderen doch an dem Prozess einer Höherentwicklung und ihrer Förderung aktiv mitzuwirken. (Vgl. dazu Wilber, 1984 und 1996)

Existentielle Synthese

Dieser Prozess ist als persönlicher Prozess selbstredend eingebunden in soziale und gesellschaftliche Strukturen und Prozesse. Um ihn zu bewältigen, benötigen wohl die Gesellschaften auf dieser Erde eine ihrem Entwicklungsstand angemessene Diskursstruktur, die die Vielfalt der menschlichen Ausdrucksformen bezüglich aller Ebenen des Seins zulässt und integriert. Die Zukunftsfähigkeit des Menschengeschlechts hängt mit ihrer Bereitschaft, an einer solchen Kultur auf allen Ebenen zu arbeiten, auf Gedeih und Verderb zusammen. Dies reicht vom Umgang mit mir selbst in meinen Widersprüchlichkeiten über die vertrauten Lebensweltkollektive bis hin zu Staaten und der organisierten Weltgemeinschaft selbst.

Werden können wir immer auch nur das, was wir selber sind, die Restkategorien des Numinosen, des Unerklärlichen, der Gnade und des

Wunders gleichwohl mitbedacht. Das Werden allerdings hat selten freie Bahn. Von zu großer Dichte sind die kulturellen und sozialen Netzwerke, in denen wir uns positioniert haben. Mit den Rollenanforderungen, den Erwartungen und Erwartungserwartungen auf nahezu allen Ebenen des Miteinanders stehen wir in einem Geflecht von Strukturen und Funktionen, die es der Person untersagen, sich als Souverän zu stilisieren. Die Möglichkeiten liegen zwischen Heteronomie und Autonomie und erwachsen aus deren Wechselspiel. Das mag dem, der sich in absolut gesetzter und egozentrischer Freiheit im Aufbruch zu sich selbst befindet eine narzisstische Kränkung sein. Demjenigen jedoch, der nicht nur für sich selber geht, ist es Erinnerung an seine Eingebundenheit und seine Mitverantwortung. Und es zeigt ihm an der Grenze seiner Selbstermöglichung die Entgrenzungen, in denen er immer schon lebt, als Teil eines größeren Ganzen – naturhaft, sozial und kulturell. Zu werden bedeutet somit vom ersten bis zum letzten Schritt immer, im Rahmen meines In-die-Welt-gestellt-Seins die eigenen Möglichkeiten zu erkennen und sie als Ermöglichungen zu schaffen. Der Mensch hat seine größeren Möglichkeiten immer noch vor sich, personal und in dem globalen Feld des Metamenschen, der Menschheitsfamilie insgesamt. Möglichkeiten und Ermöglichungen stehen in unbegrenzter Zahl zur Verfügung. Die Möglichkeit ist die Nahrung für den Grundsatz des Seins, dass bewusstes Leben sich steigern will und steigern muss. Und Lebenssteigerung heißt Verfeinerung.

Die Reflexion an den Orientierungsmarken des Seins enthüllt dessen Kern. Von Station zu Station legt sie Schicht um Schicht frei. Weil sie nie fertig wird und das Erreichte letztendlich nie ausreicht, erscheint sie treulos, wenn man sie von außen betrachtet. Und in der Tat wirkt die aus ihr gewonnene Essenz wie ein tödliches Gift auf das Bestehende und Gewohnte, von dem nur die Erinnerung bleibt. Dieses Elixier steht für Abschied und Neubeginn zugleich. Treulos nennt man es in der Sprache des Überlebten. Dem Möglichen aber ist es die Nabelschnur. Es wird immer wieder neu erzeugt aus und in dem tief liegenden Glauben an die Wirklichkeit einer Wahrheit und eines Weges, die mir im Moment nur erfahrbar werden durch ihre Ermangelung.

Auf dem Weg des Werdens bleibt der Mensch ein Grenzgänger. Verwirklichung und Vergehen, Daseinsglück und Leiden gehen immer mit. Mit allen Sinnen lebend werden sie als gegeben wahrgenommen und als veränderbar durch fortwährendes Erkennen. In der Arbeit an diesem

Selbstentwurf als kontinuierliche Veränderung und Weitergestaltung entfaltet sich die schöpferische Produktivität des Menschen auf höchstem Niveau. Er wird sich als lebenslange Herausforderung selbst zu einem Kunstwerk, das sich in jedem Augenblick aus anderer Perspektive zu betrachten vermag. Jetzt erkennt er endlich seine Masken, die ihn oft so starr erscheinen ließen und dadurch erstarren ließen. Nun durchschaut er vieles Wollen als nicht aus einem flexiblen Seinsentwurf entstanden, sondern der blinden Projektion eines verhärteten Egos.

In der Selbstgestaltung als schöpferischem Prozess nehmen wir unsere Wesenheit und unsere Berufung an, bewusster Teil eines schöpferischen Universums zu sein. In der Formung des Selbst verändert sich das Ganze mit. Ermöglichung des Selbst dient so auch der Ermöglichung des Ganzen, aus dem es sich wiederum nährt. Der Schönheit und Größe dieser Anforderung, unser Stück Verantwortung für Himmel und Erde mitzutragen, können wir uns, wenn sie einmal erkannt ist, begründet nicht mehr entziehen. Die Wahl, die der Mensch im Sinne dieser Verantwortung in Freiheit trifft und die Entscheidungen, die daraus folgen, nennen wir Tugend. In ihr bestätigt eine Person ihre Einzigkeit bei aller wechselseitigen Verbundenheit und allen Verflechtungen in eine individuale, soziale und kulturelle Geschichte. In ihr erkennt sie an, dass sie für den schöpferischen Beitrag zur Verfeinerung des Universums unersetzlich ist. In ihr teilt sie mit und drückt sie aus, dass Denken in Erkennen münden kann und Erkennen in Freiheit und Freiheit letztlich in dem Entwurf und der Praxis universaler Verantwortung.

Der von den Grenzen unseres alltäglichen Denkens befreite Traum kann in Synthese mit der inneren Freiheit zu der uns möglichen Wahrheit werden. Diesseits und Jenseits, Schöpfung und Vergehen, subjektiv und objektiv fließen ineinander. Sie formen die Gestalt des Kosmos als unbegrenzt, fließend und unverfügbar. Zugleich finden sie im personalen Selbst einen sinnlichen und der Selbstreflexion zugänglichen Ausdruck. Die Natur des Menschen gehört somit zu seiner Freiheit, ja ohne sie kann er sie nicht erlangen. Geist und Materie müssen als Nicht-Zweiheit gesehen werden. Form und formlose Ausdehnung sind komplementäre Erscheinungsweisen der Ganzheit. Und ich habe keine Chance, mich diesem Ganzen begreifend zu nähern, wenn ich in unversöhnter Spaltung mit meiner Leiblichkeit lebe. Die Grenzen der Haut ermöglichen „nach Innen" die Gestaltwerdung des Selbst und „nach Außen" die Begegnung mit dem SELBST. Die integrative Brücke vom Selbst zum

SELBST errichtet der Geist. Und er hält sie begehbar. Sie entsteht aber auch wie von Zauberhand im Moment der mystischen Erfahrung, der Erfahrung des Einsseins. Vergänglich begegnet uns das Einssein in der körperlichen Verschmelzung zweier von Sehnsucht angezogener, sich liebender Menschen. Als Erfahrung und Empfindung des Ewigen bricht das Einssein licht- und gnadenhaft in den erwachten Menschen. Es transformiert Erworbenes und Entstehendes, Gewohntes und Unge-wohntes, erschüttert, öffnet und wandelt ihn. So überwindet der Mensch die Grenzen, die ihm überall begegnen und innerhalb derer er zugleich als Erdenkind verbleibt.

Die Schritte in diese Entwicklung und durch sie hindurch, der Weg also zum großen und universalen SELBST stellt die wohl größte Herausfor-derung für uns Menschen dar. Sie wird Generationen in Anspruch neh-men. Es sind die Schritte in eine neue evolutionäre Phase des Menschen als Person und Gattung. In ihr überwinden wir jene spätpubertäre Identi-tät, die sich in Abgrenzung zu finden und zu sichern glaubte. Sich die-sem Entwicklungssprung nicht zu stellen und ihn nicht zu bestehen, würde uns zu einem evolutionären Auslaufmodell machen.

Literatur
Erikson, E. H. (1973). Identität und Lebenszyklus. Frankfurt a.M.
Eurich, C. (2003). Spiritualität und Ethik. Unterwegs zu einem Ethos des Eins-seins. Stuttgart.
Eurich, C. (2006). Die heilende Kraft des Scheiterns. Petersberg.
Fox, M. (1991). Vision vom kosmischen Christus. Aufbruch ins 3. Jahrdau-send. Stuttgart.
Giddens, A. (1991). Modernity and Self-Identity. Self and Society in the Late Modern Age. Stanford.
Joosten, H. (2005). Selbst, Substanz und Subjekt. Die ethische und politische Relevanz der personalen Identität bei Descartes, Herder und Hegel. Würz-burg.
Habermas, J. (1988). Nachmetaphysisches Denken. Frankfurt a.M.
Jörissen, B. (2000). Identität und Selbst. Systematische begriffsgeschichtliche und kritische Aspekte. Berlin.
King, N. (2003).Memory, Narrative, Identity. Remembering the Self. Edin-burgh.
Kuhlmann, D. (1996). Biologische Möglichkeiten zum Entstehen von Identi-tätsvorstellungen. In A. Barkhaus et al. (Eds.). Identität, Leiblichkeit, Normativität. Neue Horizonte anthropologischen Denkens. Frankfurt, S.36 – 57

Mead, George Herbert (1973): Geist, Identität und Gesellschaft. Frankfurt a.m.

Roth, G. (2001). Fühlen, Denken, Handeln. Wie das Gehirn unser Verhalten steuert. Frankfurt.

Scheler, M. (1954). Philosophische Weltanschauung. Bern.

Schweitzer, A. (1995). Albert Schweitzer Lesebuch. München.

Wilber, K. (1984). Halbzeit der Evolution. München.

Wilber, K. (1996). Eros, Kosmos, Logos. Eine Vision an der Schwelle zum nächsten Jahrtausend. Frankfurt.

Erstabdruck dieses Aufsatzes in: Transpersonale Psychologie und Psychotherapie. Heft 2/2006, S. 41 – 53.

Kontemplation als Erkenntnisweg

Franz Nikolaus Müller

1. Was ist Kontemplation

„Contemplatio" bildet zusammen mit „oratio" und „meditatio" einen dreistufigen Gebets- bzw. Versenkungsweg. Oratio meint das Beten mit Worten, meditatio bezeichnet das Beten bzw. die Versenkung mit Hilfe eines Wortes, eines Satzes (z.B. eines Bibelverses) oder von etwas Gegenständlichem (Natur, Ikone etc.). Hier geht es um das Prinzip der Wiederholung, um das Bewusstsein zu sammeln und zu zentrieren. Als Wort, das innerlich oder auch laut gesprochen oder gesungen und oftmals wiederholt wird, hat es die Funktion eines „Mantra". Kontemplation (griechisch „theoria" = Schau) kann als gegenstandslose Meditation beschrieben werden.

Hier wird ein Dreischritt erkennbar, der in den Versenkungswegen verschiedener spiritueller Traditionen in Ost und West zu finden ist: Von der Bewusstseinssammlung über die Bewusstseinszentrierung zur Bewusstseinsleerung (vgl. Lipsett, 1992). Die Kontemplation kann auch als die eigentliche Übungspraxis der christlichen Mystik angesehen werden. Zu unterscheiden ist allerdings Kontemplation als etwas nicht Machbares, Geschenktes, und Kontemplation als Vertiefungs- und Übungsweg, der den Menschen offen und bereit machen soll für das, was nicht machbar ist.

Johannes Tauler (1300-1361), einer der großen Meister der Kontemplation, beschreibt den Vorgang der Bewusstseinsleerung mit folgenden Worten: „Der Mensch lasse die Bilder der Dinge ganz und gar fahren und mache und halte seinen Tempel leer. Denn wäre der Tempel entleert und wären die Fantasien, die den Tempel besetzt halten, draußen, so könntest du ein Gotteshaus werden und nicht eher, was du auch tust. Und so hättest du den Frieden deines Herzens und Freude, und dich störte nichts mehr von dem, was dich jetzt ständig stört, dich bedrückt und dich leiden lässt" (zit. nach Jäger, o.J., 46). Tauler bringt also die Kontemplation mit „Tempel" in Verbindung und beschreibt den Übungsweg der Kontemplation als eine Art Tempelreinigung (Mt 21,12ff par.): Gedanken, innere Bilder, Gefühle usw. werden in der Übung der

Kontemplation wahrgenommen, angenommen – also nicht bewertet – und losgelassen. Es geht also um ein „leeres Bewusstsein". Der Übende lässt gleichsam die Wolken vorbeiziehen und versucht, nur mehr den freien Himmel wahrzunehmen. In einem anderen Bild ausgedrückt: am Fluss sitzen und wahrnehmen, was da alles auf dem (Bewusstseins-) Strom vorüber fließt und dabei gut geerdet am Ufer sitzen bleiben und nicht mit den vorbeiziehenden Gedanken, Bildern etc. mitzuschwimmen. In der Tradition des Zen wird der ständige Gedankenfluss mit einem Affen verglichen, der von Ast zu Ast springt. In der spirituellen Übung geht es darum, dass der Affe zur Ruhe kommt bzw. zuletzt verschwindet. Dieser Vorgang kann wissenschaftlich als Prozess des Dissoziierens verstanden werden (vgl. Naranjo/Ornstein, 1987). Unser Alltagsbewusstsein identifiziert bzw. assoziiert sich weitgehend mit den Gedanken, Gefühlen, inneren Bildern. In der Kontemplation übe ich ein, all diese Bewusstseinsprozesse im Hier und Jetzt anschauen zu lernen und den „Hintergrund" der oberflächlichen Bewusstseinsaktivitäten wahrzunehmen. Letztlich geht es um die Erfahrung, dass es in mir eine Instanz gibt, die weit mehr ist als diese Aktivitäten an der Oberfläche meines Wesens.

2. Ursprung der Kontemplation

Philosophische Wurzeln

Platon hat in seinem Höhlengleichnis (politeia 514a-517a) einen dreistufigen Weg zur befreienden Erkenntnis gezeigt. Die erste Stufe des Weges ist das Alltagsleben und die alltägliche Meinung über die Wirklichkeit, die aber sehr defizitär sind. Die Menschen sehen nur Schatten an der Höhlenwand und halten sie für wirklich. Im zweiten Schritt geht es um eine Umkehr (metastrophe), die unsere Erkenntnis grundlegend verändert. Die Höhlenbewohner werden behutsam auf das Schauen im reinen Licht vorbereitet. Das braucht Geschick und Geduld des Begleiters auf diesem Weg. Der dritte Schritt ist das Schauen der Wirklichkeit wie sie tatsächlich ist (theoria/contemplatio). Im Gleichnis ist das nur im reinen Licht der Sonne möglich, die das letzte Prinzip der Wirklichkeit ist. Sie steht für das Gute schlechthin (agathon). Das Schauen dieser letzten Wirklichkeit bedeutet daher eine Desillusionierung unseres alltäglichen Bewusstseins, das sich an eine sehr vordergründige Konstruktion der Wirklichkeit klammert.

Der Neuplatonismus führt ab dem 3.Jhdt.n.Chr. diesen Ansatz weiter. Die gesamte Wirklichkeit in ihrer Vielheit fließt aus dem Einen (hen) hervor. Das Eine steht über allem, was sichtbar, denkbar und vorstellbar ist, auch über der Vernunft. Es ist über-vernünftig, über-seiend, über-wesentlich. Das Herausfließen aus diesem Einen, die Emanation, geschieht in mehreren Stufen: vom Einen hin zum Geist, weiter zur Weltseele und den vielen Einzelseelen bis hin zur sinnlich wahrnehmbaren, materiellen Welt. Sie hat am wenigsten Gehalt an Wirklichkeit, und der Weg zur höchsten Erkenntnis ist ein Aufstieg zurück zum Einen. Der Weg dahin ist wieder ein Dreischritt: Die Kunst führt uns über die Schönheit zurück zur Welt des Seelischen. Das Denken führt uns weiter zur Ursache des Schönen, zum Geistigen. Die Ekstase als letzter Schritt führt zurück zum Einen. Dieser letzte Schritt kann nur durch das „Aus-sich-heraustreten" (ek-stasis) geschehen. Damit wird die Philosophie definitiv zur Mystik. Es geht nicht mehr um Gedanken, Konzepte und Vorstellungen, sondern um gelebte Erfahrung/Erkenntnis und um den Weg zu dieser Erfahrung, die sich der Begrifflichkeit letztlich entzieht. Wenn Plotin in den Enneaden (V, 3,14) schreibt: „Wir sagen, was er nicht ist, was er aber ist, sagen wir nicht", dann finden wir hier eine negative, apophatische Theologie angelegt, die die christliche mystische Theologie vom 4. Jahrhundert an prägt.

Pseudo-Dionysius „Areopagites", der „Vater der christlichen Mystik"

Der Neuplatonismus wurde zunächst vor allem durch Augustinus (354-430) und später dann besonders durch Dionysius Areopagites um etwa 500 christlich rezipiert. Er hat vermutlich in Syrien gelebt. Sein Hauptwerk, die „Mystische Theologie", wurde zur Grundlage christlicher Mystik überhaupt. Wie Plotin meint auch Dionysius, dass der menschliche Glaube zunächst an Bildern und Vorstellungen hängt. Um aber die Wirklichkeit in ihrem ganzen Zusammenhang und göttlichen Ursprung zu „schauen" (theoria/contemplatio), muss der Mensch einen Prozess der Transformation durchmachen. Es braucht ein Heraustreten (ekstasis) aus dem bisher Geglaubten, das bildhaft ist, um zur unmittelbaren Schau – und damit zur Erfahrung/Erkenntnis – zu kommen. Er überwindet aber das tendenziell welt-, materie- und leibfeindliche System des Plotin und verchristlicht es, indem er sagt, dass jede Stufe der Wirklichkeit Anteil am Göttlichen hat, dass aber das Göttliche ihr nicht gehört: So wie jeder Abdruck eines Siegels einen Anteil am Siegel hat, aber nicht das Siegel selber ist. Hier ist ein christlicher Pan-entheismus grundgelegt, der den feinen, aber wichtigen Unterschied zum Pantheismus ausmacht: Gott ist nicht identisch mit „Allem", aber er ist in allem zu finden. Wir finden diese Sicht etwa im Leitsatz des Ignatius von Loyola (1491-1556) und der Jesuiten wieder: „Gott in allen Dingen finden".

Dionysios beschreibt den Weg zur unmittelbaren Gotteserfahrung in einem Dreischritt, der dem Schema in Platons Höhlengleichnis entspricht: Es geht um die Reinigung (katharsis, purgatio) von der Gebundenheit an Begierden und materielle Dinge, um die Erleuchtung/Durchlichtung (photismos/illuminatio), durch die der Mensch das ursprüngliche Sein seiner selbst und der Welt in Gott erkennt und schließlich um die „Einung" (henosis/unio), die alle Vorstellungen von Gott übersteigt und eine unmittelbare Erfahrung ist, die den Menschen im tiefsten Grunde seines Seins verwandelt.

Während traditionelle Religionen mit ihren Schriften, Mythen, Ritualen etc. die Aufgabe der Translation hat, der Deutung und Sinnstiftung auf der Ebene des individuellen Selbst, geht es in den mystischen Versenkungswegen um Transformation, um Transzendierung des separaten Selbst in eine Erfahrung und ein Bewusstsein der All-Einheit hinein (vgl. Wilber, 1997).

Religiöse und biblische Wurzeln der Kontemplation

Die religiösen Wurzeln der Kontemplation sind in der jüdischen Tradition, im Alten/Ersten Testament, im Neuen/Zweiten Testament und im Frühchristentum zu finden.

Philo von Alexandrien (ca. 20v.-50n.Chr.)

Philo, ein überaus gebildeter Jude, hat eine Synthese von biblisch-jüdischem Schöpfungsglauben und hellenistischem Denken geschaffen. Darin finden sich viele Elemente der späteren Mystik: eine apophatische Theologie, die Technik der mantrischen Wiederholung zur Zentrierung des Bewusstseins, die Versenkungspraxis als Weg in die Einheitserfahrung im äußeren und inneren Schweigen, das Philo als „hesychia" / „Ruhe des Herzens" bezeichnet (vgl. Noack, 2000, 184). Erst in dieser inneren Ruhe vermag der Mensch zur „Schau des Seienden" zu gelangen. Weiters findet sich bei Philo eine „Lasterlehre", wie sie später Evagrius Pontikus (345-399) ausgearbeitet hat. Das Hauptlaster bei Philo ist die philautia, die die Hingabe seiner selbst verweigert und alles Gute dem eigenen Ich zuschreibt (vgl. Hegermann, 1973, 364). In der Schrift „De vita contemplativa" beschreibt er das Leben einer ordensähnlichen Gemeinschaft, der „Therapeuten": „Das Prinzip, von welchem diese Philosophen sich leiten lassen, wird durch den Namen, den man ihnen gab, ohne weiteres erkenntlich. Man nennt sie nämlich in der wahren Bedeutung des Wortes Therapeutai und Therapeutrides, entweder insofern sie eine Heilkunst ausüben, welche besser ist als die in den Staaten gebräuchliche – diese behandelt nur Körper, jene aber auch Seelen, die in der Gewalt schlimmer und hartnäckiger Krankheiten sind, welche Lust, Begierde, Trauer, Furcht, Habgier, Unvernunft, Ungerechtigkeit und die zahllose Menge der übrigen Affekte und Laster in ihnen entstehen ließen – oder insofern sie von der Natur und den heiligen Gesetzen gelehrt wurden, das Seiende zu verehren, das noch besser als das Gute, reiner als die Eins und ursprünglicher als die Einheit ist" (Philo v.A., 1964, 48ff.).

Erstes Testament und Spätjudentum

Im 4. Jahrhundert v.Chr. lässt sich eine Krise der jüdischen Gottesvorstellung feststellen. Gott scheint nicht mehr länger über die traditionellen Möglichkeiten zugänglich und es müssen neue Wege gesucht werden. In der ältesten uns bekannten Apokalypse, dem sogenannten „Wächterbuch" aus dem 3. Jhdt.v.Chr. (in den Qumranrollen) steigt Henoch, der nach Gen 5,24 „seinen Weg mit Gott gegangen war" und dann entschwand, zum Himmel auf und erlebt eine Theophanie. Es ist der erste Bericht einer Himmelfahrt in der jüdischen Literatur. Für das jüdische Denken bedeutet das einen Kategorienwechsel. Der Mensch findet Zugang zu Gottes Gegenwart („shekhinah") nicht mehr nur in Jerusalem bzw. im Tempel, sondern es gibt die Möglichkeit des Aufstieges in den Himmel. Diese Krise ist im 4. Jhdt.v.Chr. im gesamten hellenistischen Raum festzustellen und dementsprechend findet sich eine Fülle von griechischen, römischen und nahöstlichen Schriften, die vom Aufstieg in die himmlische Welt handeln. Manche Forscher sehen in der Himmelsreise der Seele und der damit verbundenen Verheißung von Unsterblichkeit sogar die vorherrschende mythische Bewusstseinslage der Spätantike (vgl. McGinn, 1994, 35ff). Platons „Befreiungsphilosophie" lässt sich sehr gut mit diesen Aufstiegsvisionen verbinden, geht es doch in beiden Konzepten um ein Heraustreten (Ekstase) aus der alltäglichen

Erfahrung hin zu einer direkten Begegnung und Schau mit dem Höchsten, dem Göttlichen.

Zweites Testament und frühes Christentum

Im Zweiten Testament und der frühchristlichen Theologie werden einige Jesusworte zu Schlüsseltexten der Mystik, auf die sie immer wieder Bezug nimmt, etwa „Selig, die ein reines Herz haben, denn sie werden Gott schauen (Mt 5,8)". Das „reine Herz" und das „Schauen" lässt sich sehr gut mit dem (neu)platonischen Schema „Reinigung – Erleuchtung – Schau" in Verbindung bringen.

Asketische Wurzeln, Wüstenväter und -mütter

Askese heißt Übung. Es geht also um Lebensformen, die durch meist strenge Übungen den Weg zum Heil weisen sollen. Praktiken wie sexuelle Enthaltsamkeit, Fasten, materielle Armut usw. wurden schon in verschiedenen griechischen Philosophenschulen geübt. Im Judentum bilden die Essener ab dem 2.Jhdt.v.Chr. eine asketische Bewegung, die offenbar auch auf die Jesusbewegung eingewirkt hat. Die drei „evangelischen Räte" – materielle Armut, Ehelosigkeit/sexuelle Enthaltsamkeit, Gehorsam – wurden zur Grundlage der ersten Mönche und Klostergemeinschaften. Ab 250 n.Chr. etwa haben sich zahlreiche Männer und etliche Frauen in die Einsamkeit der Wüsten Ägyptens und des Sinai zurückgezogen, um ganz allein oder in kleinen Gemeinschaften ein geistliches Leben zu führen. Antonios der Große (ca. 250-350) war die herausragende Gestalt und galt als besonders geisterfüllt (pneumatikos). Und wenig später schon entstanden nach der Regel des Pachomius (ca. 290-347) riesige Klöster, ja ganze Mönchsstädte. Aus diesen Ursprüngen haben sich dann weitere klösterliche Gemeinschaften gebildet, die in der Westkirche nach der Regel des Johannes Cassian (ca. 360-435) und dann des Hl. Benedikt (ca. 480-560) gelebt haben, in der Ostkirche nach der Regel des Basilius von Cäsarea (ca. 330-379). Diese frühen Klostergemeinschaften und späteren Mönchs- und Nonnenorden wurden die Hauptträger der kontemplativen Bewegung.

Hesychia und Ruminatio

Die frühen „Anachoreten" („die sich zurückgezogen haben") waren keine Philosophen oder Theologen, sondern ihr Anliegen war es, einen spirituellen Weg zu gehen, der zur Vereinigung mit Gott (henosis/unio) führt. Ihr Ideal bestand in der „hesychia", der „Herzensruhe" und der „puritas cordis", der „Reinheit des Herzens". Neben der Übung der Enthaltsamkeit standen Praktiken des Gebetes und Meditierens im Zentrum ihres spirituellen Lebens. Besonders das wiederholende Gebet, die ruminatio („Wiederkauen"), wurde zu einer zentralen Übung. Worte der Bibel oder schließlich einfach der Name Jesu bzw. das „Herr erbarme dich" wurden stundenlang laut oder innerlich wiederholt. Das Sitzen und Schweigen spielte bei dieser Art mantrischer Meditation eine wesentliche Rolle (vgl. Dodel, 1997): „Gehe in deine Zelle und setze dich nieder und die Zelle wird dich alles lehren" lautet die Anweisung des Altvaters Moses (Apophtegmata 500). Die Apophtegmata Patrum, die „Weisungen der Väter" geben ein reiches Zeugnis dieser asketischen Spiritualität.

3. Kontemplation und Erkenntnis

„Mensch werde wesentlich, denn wenn die Welt vergeht, dann fällt der Zufall weg, das Wesen, das besteht" schreibt Angelus Silesius" (Angelus Silesius, 1984, 76).

Was ist unser „Wesen", was ist „wesentlich" im Leben? Antoine de Saint Exupery lässt im „Kleinen Prinzen" den Fuchs sagen: „Man sieht nur mit dem Herzen gut, das Wesentliche ist für die Augen unsichtbar". Das „Sehen mit dem Herzen ist ein zentrales Thema der Kontemplation. Ihr geht es um eine „Wesensschau". Mit diesem Wort wird meistens auch das japanische „kensho" übersetzt, das die Erleuchtungserfahrung bezeichnet, in der ein Mensch seine Buddhanatur als sein wahres Wesen erkennt. Japanische Zenmeister erkennen erstaunliche Parallelen, wenn Johannes Tauler schreibt: „Der Mensch soll seinen Grund wahrnehmen und sich kehren in das Allerinnerste seines Herzens, das ist, in das Allerinnerste seines Grundes. Man soll die Bilder fahren lassen und hindurch dringen in den allerinnersten Menschen. Der innerste Mensch kennt kein Wirken mehr, denn das Wirken in ihm liegt allein bei Gott. Er hält sich untätig und lässt Gott wirken" (Tauler, 1979, 511ff). Die „Wolke des Nichtwissens" (England, 14. Jhdt.) nennt diese Wesensschau das „Schauen ins nackte Sein", in dem der „Zufall" wegfällt.

Selbsterkenntnis und Transzendenzerfahrung in der Kontemplation

Der Prozess der Bewusstseinssammlung, -zentrierung und -leerung ist zunächst ein Weg der radikalen Selbsterfahrung, weil er den Übenden zurückwirft auf sich selber und auf all das, was in seinem Bewusstsein auftaucht. Tauler beschreibt diesen Vorgang so: „Wenn der Mensch in der Übung der inneren Einkehr steht, hat das menschliche Ich für selber nichts. Das Ich hätte gerne etwas und es wüsste gerne etwas und es wollte gerne etwas. Bis dieses dreifache „etwas" in ihm stirbt, kommt es den Menschen gar sauer an. Das geht nicht an einem Tag und auch nicht in kurzer Zeit. Man muss dabei aushalten, dann wird es zuletzt leicht und lustvoll" (zit. nach Jäger, o.O. 46). Tauler beschreibt damit den Anfang des Weges nach Dionysius Areopagites bzw. Plato (s.o.):

Via Purgativa – via illuminativa – via unitiva: Reinigung – Erleuchtung/Durchlichtung – Einung

Der Weg beginnt mit der „Reinigung" (katharsis, purgatio), dem Los-Lassen von allem, was uns besetzt hält. Es führt weiter zur „Erleuchtung" (illuminatio/photismos) und soll bereit machen für die „Einung" (henosis, unio mystica), die immer Geschenk bleibt und daher auch als „eingegossene Gnade der Kontemplation" bezeichnet wird. Die „Wolke des Nichtwissens" beschreibt dies so, dass der Meditierende allen Ballast unter die „Wolke des Vergessens" bringen soll. Das reine Herz mit seinem Sehnen und seiner liebenden Hingabe lässt den Meditierenden in die „Wolke des Nichtwissens" eintreten. Die Kontemplation besteht also im Ablösen alles „Zufälligen" und dem Hinstreben zu letztgültiger Wirklichkeit, zum Wesen. Erleichtert wird diese Übung dadurch, dass dieses Sehnen des Herzens in ein Wort oder einen kurzen Satz eingeschlossen und als Mantra innerlich wiederholt und gebetet wird in Verbindung mit dem Atemfluss. Das ist die von den Wüstenvätern entwickelte Methode der Ruminatio. Die klassische Form ist in der Ostkirche bis heute das Jesus- oder Herzensgebet, das nun auch von vielen Menschen im Westen praktiziert wird.

Das „3. Auge" der Kontemplation

Im 12. Jahrhundert haben Hugo und Richard von St. Victor ein Schema entwickelt, das sinnliches Wahrnehmen, systematisches Denken und kontemplative Erfahrung zusammenbringt. Ihre Lehre der „Drei Augen der Erkenntnis" unterscheidet das sinnliche Auge, das die raum-zeitliche, materielle Welt wahrnimmt, das Auge des Verstandes, das sinnlich Wahrgenommenes reflektiert und so die Welt rational begreift, und das Auge der Kontemplation („oculus contemplationis"). Dieses „3.

Auge", ermöglicht eine ganz andere Art der Erkenntnis, nämlich die „Wesensschau", die „Schau Gottes" (vgl. Wolz-Gottwald, o.J., 193f.). Die große Bedeutung dieses Konzeptes liegt darin, dass es eine Verbindung von äußerer und innerer Welt herstellt, sodass eine mögliche „Weltflucht nach innen" darin keinen Platz hat. Dieses Konzept hat erstaunliche Parallelen im Buddhismus und Hinduismus. In der buddhistischen Ikonographie ist das 3. Auge mit einem Punkt auf der Stirn eines erleuchteten Wesens angedeutet. Im Hinduismus, speziell im Tantrayana wird das sechste Chakra an der Stirn als drittes Auge bezeichnet. Im Kundalini-Yoga bedeutet es das zweite Chakra, welches sich zwischen den Augen an der Nasenwurzel befindet. Eine Vielzahl von Übungen im Kundalini-Yoga beziehen sich auf Vorstellungen und Visualisationen, die mit diesem Punkt zusammenhängen. Durch diese Übungen soll die Wahrnehmungen in der „feinstofflichen" Welt ermöglicht werden.

Literatur:
Angelus Silesius, (1984). Cherubinischer Wandersmann. Stuttgart: Reclam.
Dodel, F. (1997). Das Sitzen der Wüstenväter. Eine Untersuchung anhand der Apophtegmata Patrum, Freiburg/CH: Universitätsverlag.
Hegermann, H. (1973). Das griechisch sprechende Judentum. In J. Maier & J. Schreiner (Eds.). Literatur und Religion des Frühjudentums, Würzburg.
Jäger, W. (o.J.). Mystische Spiritualität: Benediktushof.
Lipsett, P. (1992). Wege zur Transzendenzerfahrung. Münsterschwarzach: 4 Türme Verlag.
McGinn, B. (1994). Die Mystik im Abendland, Bd. 1: Ursprünge. Freiburg/Basel/Wien: Herder.
Naranjo & Ornstein (1980). Psychologie der Meditation, Frankfurt a.M.: Fischer.
Noack, C. (2000). Gottesbewusstsein. Exegetische Studien zur Soteriologie und Mystik bei Philo v.A.. Tübingen: Mohr Siebeck.
Philo v.A. (1964), Die Werke in dt. Übers., In L. Cohn & Y. Heinemann. Bd VII, Berlin 1909-1938.
Tauler, J. (1979). Predigt 66 in: Predigten Bd.1, hg. v. Hofmann, J., Einsiedeln: Johannes.
Wilber, K. (1997). Eine Spiritualität, die transformiert. Transpersonale Psychologie und Psychotherapie 3.Jg., Heft 2.
Die Wolke des Nichtwissens, (1980). übertragen und eingeleitet von Wolfgang Riehle, Einsiedeln: Johannes.
Wolz-Gottwald, E. (o.J.). Yoga-Philosophie-Atlas. Petersberg: Via nova.

Beiträge der vedantischen Tradition zu einer „Psychologie des Bewusstseins"

Christine Schönherr

1. „Wer bin ich?" - Einleitende Gedanken

„Erkenne Dich selbst" (Sokrates), „Erkenne, wer du bist" (Painadath), „Vollende, was du bist" (Simon-Wagenbach) oder „Werde, der du bist" (Nietzsche). Auf den ersten Blick scheinen diese Imperative Ähnliches auszusagen, doch beim nochmaligen Lesen werden Unterschiede deutlich, die auch im Zusammenhang mit dem jeweiligen philosophisch-spirituellen Hintergrund zu sehen sind. Sicherlich aber geht diesen Empfehlungen ein Nachdenken über das Selbstverständnis des Menschen voraus, aus dem heraus Fragen entstehen wie die folgenden: Wer bin ich? Wer ist das, der sich diese Frage stellt? Wer ist es, der sich als Kind, als Heranwachsender, als Erwachsener in unterschiedlichen Lebensabschnitten erlebt hat, in glücklichen, in bedrückenden Situationen und der sich immer noch jung fühlt, auch wenn der Körper durch Alter gezeichnet ist? Gibt es hinter diesem Ich noch etwas Tieferes und Umfassenderes, auch wenn es für uns kaum zu fassen ist? Solche Grundfragen menschlicher Existenz sind nicht nur für eine Psychologie des Bewusstseins bedeutsam, sondern bilden auch das Fundament für eine der sechs Darsanas, den so bezeichneten indischen philosophischen Sichtweisen der Realität oder wie R. van Quekelberghe es formuliert, den „psychospirituellen Traditionen". Diese philosophische Sichtweise, die für diesen Beitrag bestimmend ist trägt den Namen Advaita Vedanta und bildet die Wurzel für viele nachfolgende diesbezügliche Erfahrungen und Erkenntnisse.

2. Woher leitet sich der Begriff Advaita Vedanta ab und was bezeichnet er?

Schon vor 3000 Jahren zogen sich in Indien Menschen in die Stille und Einsamkeit zurück, um Antworten auf die Sinnfragen des Lebens zu finden. Sie wurden als Rishis bezeichnet, als die Seher oder schweigenden Asketen. Was sich ihnen offenbarte, findet seinen Niederschlag in den Upanishaden, von denen die ersten um 700 v. Chr. entstanden sind, also noch etwa 200 Jahre vor Buddha. Upanishad heißt wörtlich „nahe sitzen bei", womit etwas über das Lehrer-Schüler Verhältnis sowie über den Unterrichtsprozess ausgesagt wird. Zu Füßen des Meisters sitzend empfing der Schüler vertrauens- und ehrfurchtsvoll heiliges Wissen.

Die indische Tradition geht von 108 klassischen Upanishaden aus, obwohl der Name von über 200 beansprucht wird. Sie werden von R. van Quekelberghe als „das Herzstück der indischen transpersonalen Tradition angesehen" (van Quekelberghe, 2005, S.167). In welchem Zusammenhang stehen sie nun mit Advaita Vedanta? Sie sind die philosophisch-mystische Quintessenz der Veden, von denen sich der Begriff Advaita Vedanta ableitet.

Die Veden (vid: sehen, wissen) stellen das älteste indische spirituelle Kulturgut dar, eine Sammlung heiligen Wissens, im Wesentlichen in Form von Opferritualen, liturgischen Gesängen und Mythen. In der ältesten, der Rigveda, findet sich eine sehr poetische Schau der Weltentstehung, eine kosmogonische Hymne, die auch bereits Hinweise auf das Eine enthält, das Absolute, das in allem erscheint, doch jenseits aller Erscheinung ist, was dann zu einem Grundthema der Upanishaden wird. Sie stehen jeweils am Ende der vier Veden als letzte Textgruppe, weshalb sie auch als Vedanta bezeichnet werden. Auf diese bezieht sich der Begriff Vedanta, was soviel heißt wie "am Ende der Veden" oder auch „das Endziel" oder „die Essenz der Veden". Sie bilden somit die Grundlage der Vedanta Philosophie und stellen eine Befreiung von der sozialen und geistigen Herrschaft der Priester, der so genannten Brahmanen, dar, den Hütern der Religion. Im Gegensatz zu den Veden wird in den Upanishaden der Stellenwert von Opfergebräuchen und Ritualen als sehr gering erachtet, zu Gunsten von philosophisch-spirituellen Aussagen, die auf Erfahrenem beruhen.

Kommen wir nun zum Begriff Advaita. Er ist zu übersetzen mit „Nicht-Zweiheit" und enthält damit den Kerngedanken der Lehre der Nichtdualität, in der nur das Eine ohne ein Zweites existiert, eine Grundaussage der Upanishaden. Was ist das Eine?

2.1 Brahman

Dieses Eine, das „Fundament der Welt", wie es in der Taittiriya-Up. heißt, wird mit dem Namen Brahman bezeichnet und entzieht sich jedem verstehenden Begreifen. Es wird deshalb immer wieder auf andere

Weise mit Aussagen „eingekreist", denn mehr ist nicht möglich. So heißt es:

„Von dort kehren die Worte zusammen mit dem Denken um, ohne es erreicht zu haben." (Taittiriya-Up. 2, 9) oder

„Anders wahrlich ist es als das Wissen, es ist aber auch über dem Nicht-Wissen." (Kena-Up. 1, 3)

Brahman kann also nicht eindeutig definiert oder gar fixiert werden, es transzendiert das Wissen wie das Nicht-Wissen und kann nur im Innersten menschlicher Existenz „geschaut" werden. Wem diese Schau zuteil wird, also „derjenige, der fürwahr dieses höchste brahman kennt, der ist brahman" (Mundaka Up. 3, 2, 9), eine Kernaussage, wie sie seit der vedischen Zeit bis heute im Zusammenhang mit jeder mystischen Erfahrung in allen Religionen beschrieben wird. So heißt es bei Meister Eckhart: „Gott ist in allen Dingen." (Huxley, 1987, S.12) oder bei St. Katharina von Genua: "Mein Mich ist Gott und ich anerkenne kein anderes Mich außer meinem Gott selbst." (Huxley, 1987, S.22)

2.2 Atman

Mit dieser Urerfahrung des göttlichen Seins im Menschen, wie sie in den Upanishaden beschrieben ist, verbindet sich noch ein zweiter Begriff, nämlich Atman, der mit „das unsterbliche Selbst" im Menschen, im Westen auch mit "die Seele" übersetzt wird. Es meint das nichtpersönliche, universale Bewusstsein, wie es sich im Menschen manifestiert, das wiederum mit unserem diskursiv-rationalen Denken nicht erfasst und durch Begriffe und Worte nicht festgemacht werden kann, aber doch dem Menschen durch unmittelbare Erkenntnis und Wahrnehmung zugänglich ist. In den Beschreibungen von Atman heißt es ähnlich wie bei Brahman:

„dieser atman ist nicht so und ist nicht so; er ist ungreifbar, denn er kann nicht ergriffen werden; er ist unzerstörbar, denn er kann nicht zerstört werden; er ist unberührbar, denn er kann nicht berührt werden" (Brhadaranyaka-Up.).

"Es ist einfach Sein", so drückt es Ramana Maharshi aus, ein von Advaita Vedanta durchdrungener, indischer Weisheitslehrer unserer Zeit – er starb 1950 - und er sagt weiter, "ein subjektives Gewahrsein des ‚Ich bin', welches völlig frei ist von dem Gefühl ‚Ich bin dies oder das'". Im Sein gibt es keinen Platz mehr für irgendeine Unterscheidung zwischen dem, der erkennt und dem Erkannten. Ramana Maharshi wurde von Anhängern aus aller Welt aufgesucht und für die Hindus war er ein Mensch, der sein Selbst „geschaut" hatte. Er ist den Weg des Advaita Vedanta gegangen, „ein Weg der Askese, des Entsagens der Welt, in Form von sich Zurückziehen, Fasten, Schweigen, Studium der Schriften, um sich die Gebundenheit an die Welt bewusst zu machen und sich dadurch lösen zu können, mit dem Ziel, zu wahrer Erkenntnis zu gelangen."(Schönherr, 2005, S. 207).

3. Zwei Kernsätze des Advaita Vedanta

Weder Brahman noch Atman dürfen als „Etwas", als Objekt begriffen werden. Da aber Erkenntnis sich immer auf ein „Etwas" bezieht, es hier aber kein „Etwas" gibt, sondern wir sind, was es zu erkennen gilt, ist auf dem Erkenntnisweg eine tief greifende Transformation des Alltagsbewusstseins notwendig, denn "der Erkenner und das Erkannte sind eins" (Huxley, 1987, S. 24) wie auch Meister Eckart es formuliert. Aus dieser Erfahrung des Absoluten kristallisieren sich in den Upanishaden Kernsätze heraus, die zu wesentlichen Aussagen des Advaita Vedanta wurden wie:

ayam atma brahma - Dieses Selbst ist das Absolute

Abgekürzt könnte man sagen Atman ist gleich Brahman, wobei die Begriffe doch nicht austauschbar sind. „Brahman wird *im* Atman erfahren und Atman als Brahman entdeckt" so drückt es Bettina Bäumer aus. (Bäumer, 1997, S. 42) Brahman durchdringt das gesamte Sein, ist der Urgrund der Welt.

Eine zweite wichtige Aussage findet sich in einem Lehrgespräch zwischen Vater und Sohn, in der Chandogya Up., indem der Vater auf die Dinge weist, von denen die beiden umgeben sind und sagt:

tat tvam asi – Das bist du,

womit zum Ausdruck kommt, dass diese feinste Essenz des Seins, der Atman, die ganze Wirklichkeit durchzieht. Die Welt wird also nicht ausgeschlossen, sondern im Gegenteil: Im Advaita Vedanta gibt es keine Trennung zwischen Mensch und Welt, stattdessen ein Verwobensein des gesamten Kosmos, womit westliche Erkenntnisse der Quantenphysik vorweg genommen sind. In diesem Zusammenhang sei auch an die indische Grußgebärde erinnert, bei der die Hände vor dem Herzraum aneinandergelegt werden, der Kopf leicht nach vorne geneigt, das Wort „Namaste" ausgesprochen wird. Zum Ausdruck kommt dabei: "Ich grü-ße das Göttliche in Dir und beuge mich vor ihm", oder auch „Du und ich sind eins". Mahatma Gandhi, von Albert Einstein befragt, erklärte die Geste mit folgenden Worten: „Ich ehre den Platz in dir, in dem das gesamte Universum residiert. Ich ehre den Platz des Lichts, der Liebe, der Wahrheit. Ich ehre den Platz in dir, wo, wenn du dort bist und auch ich dort bin, wir beide nur noch eins sind."

So stellt auch R. van Quekelberghe in seiner Abhandlung über Advaita Vedanta fest: „Die totale Verschränkung (engl. entanglement) sämtlicher Welt- und Bewusstseinsdimensionen kommt ... deutlich zum Ausdruck." (van Quekelberghe, 2005, S.168)

Selbstfindung wird also in den Upanishaden und damit im Advaita Vedanta als ein Prozess gesehen, der zu einem Leben in Einheit mit dem Absoluten, dem universalen Bewusstsein führt sowie zu einem Leben in der Einheit mit der Welt. Die irrtümliche Wahrnehmung des Getrenntseins von allem, was außer mir existiert, wird hingegen als eine wesentliche Ursache menschlichen Leidens angesehen. Der Weg sollte vom beschränkten Alltagsbewusstsein, in dem Subjekt-Objekt-Beziehungen eine wesentliche Rolle spielen, zu einem ganzheitlichen Bewusstsein führen, indem der Suchende sich als einen untrennbaren Teil allen Seins erfährt. Ein Leben auf diesem Fundament lässt die Hypertrophie des Egos ins Wanken geraten, lässt Handlungsweisen, die von der Prämisse ausgehen „ich bin wichtiger, als die anderen" fraglich werden, denn Trennung von den anderen führt zu Vergleich, Konkurrenz, Ängsten, geistigem Stress und damit zu Leid und Enge. Die Mittelpunktstellung des „Ich", des „Mein", des „Mich" sollte gemäß Advaita Vedanta einem transpersonalen Bewusstsein weichen, das dazu beiträgt, ein Urvertrauen entstehen zu lassen, an Stelle einer tief sitzenden Angst, eines Getriebenseins, sowie selbst geschaffener Abhängigkeiten. Aus der Unfreiheit der Gebundenheit führt der Weg zur Freiheit des eigentlichen Seins, zur Urerfahrung des Absoluten.

4. Der Weg nach innen

4.1 Das Koscha-Modell

Wie nun aber sieht der Weg in Richtung des oben beschriebenen Endziels aus? Er führt nicht mehr zum Himmel, sondern von außen nach innen, was in der Katha Up. sehr anschaulich dargestellt wird:

„Der Schöpfer bohrte die Öffnungen der Sinnesorgane nach außen, da-
her blickte der Mensch nach außen und nicht nach innen. Ein gewisser
Weiser, der die Unsterblichkeit ersehnte, wandte seine Augen nach in-
nen und schaute das Selbst unmittelbar. "

Der Weg führt also ins Innere des Menschseins, was in den Upanishaden mit dem Modell der Koschas, der Hüllen, dargestellt wird, dem ein
ganzheitliches Konzept des Menschen zu Grunde liegt. Das so genannte
Koscha-Modell (Taitiriya Up. 2, 8-9) zeigt die fünf Verhüllungen
Brahmans auf und damit die unterschiedlichen Dimensionen und Bewusstseinsformen menschlicher Existenz. Als Äußerstes ist da die Hülle
des grobstofflichen Körpers Annamaya Koscha, die aus Nahrung (anna)
gemachte (maya) Hülle, mit Knochen, Muskeln und Haut. Dann folgt
die Hülle des feineren Energiekörpers (Pranamaya Koscha), der aus A-
tem besteht, allerdings im Sinne von Odem oder Prana, wie es im
Sanskrit heißt, also Lebensenergie. Des Weiteren kommen die beiden
Hüllen des Mentalkörpers mit allen Abstufungen der Erkenntnis vom
Verstand, dem auch Gefühle zuzuordnen sind (Manomaya Koscha), bis
zum Subtilen der Intuition und Erkenntnis (Vijnanamaya Koscha). Diese drei letztgenannten Hüllen bilden den feinstofflichen Körper.
Schließlich ist da noch die Hülle der Glückseligkeit, (Anandamaya Koscha), die schon dem transzendenten Sein am nächsten ist, wobei es sich
aber noch um eine Verschleierung des Selbst handelt. Jedoch ist sie dem
spirituellen Bereich zuzurechnen, indem sie auf den inneren Kern weist,
auf die Erfahrung des Brahman, zu der nur „erwacht", wer durch diese
Hüllen sinnlicher Erfahrung und rationaler Erkenntnis gegangen ist.

Die Hüllen sind nicht voneinander getrennt zu sehen, sondern sie durchdringen sich und sind natürlich auch Erscheinungsformen Brahmans, die
sowohl verhüllenden als auch offenbarenden Charakter haben. Werden
sie zum Gegenstand der Meditation, können sie zur Erfahrung der Ver-
dichtung des Bewusstseins führen „vom Groben zum Feinen, von der
Bewegung zur Stille" (Berufsverband Deutscher Yogalehrer, 2000, S.
20). Darüber hinaus will das Koscha-Modell auch aufzeigen, dass der
Weg zum Selbst von der Unwissenheit (avidya) zur unterscheidenden
Erkenntnis (viveka) führt. Diese wiederum hilft, Täuschungen und falsche Identifikationen zu erkennen (z.B. „ich habe einen Körper, aber ich
bin nicht mein Körper") und Leid bringende Anhaftungen zu lösen, so
dass die Hüllen immer durchlässiger, das Bewusstsein immer klarer
werden und das unsterbliche Sein durchscheinen kann. Aus psycholo-

gisch-therapeutischer Sicht kann das Konzept auch dahingehend interpretiert werden, dass es hilft, den derzeitigen „Standpunkt" eines Menschen zu sehen, und zu erkennen, aus welcher Ebene heraus sich jemand
hauptsächlich definiert und entsprechend handelt.

Neben einer meditativen Übungspraxis wie z.b. dem Meditieren der
einzelnen Koschas gehören aber auch geistige Loslösung, Rückzug aus
dem Alltagstrubel, Entsagung von sinnlichen Wünschen und egozentri-
schen Begierden oder wie es in der Katha Up. (2, 3, 10/11) heißt:

*„Wunschlos die Sinne, die Gefühle und Gedanke beruhigt, das Herz voll
Frieden, das ist der allerhöchste Stand, Yoga wird er genannt",*

eine der ältesten Definitionen von Yoga, die auch zeigt, wie weit der
Yoga im Westen oft von seinen ursprünglichen Zielsetzungen entfernt
ist.

Für die transpersonale Psychotherapie kann daraus die Erkenntnis wachsen, dass Schritte in Richtung Entsagung oder Unabhängigkeit von der
Erfüllung sinnlicher Wünsche und egozentrischer Begierden zu einer
spürbaren Reduzierung psychischer Leiden bzw. einer erlebbaren Sym-
ptomreduzierung führen können, denn

*„Der Weise, der durch Konzentration auf das Selbst das uralte strah-
lende Eine verwirklicht, hat .... Er lässt Freude und Sorgen weit hinter
sich"* (Katha Up. 2, 12)

4.2 Das Gleichnis vom Wagen

In der Katha Upanishad, in der die Begegnung mit dem Tod im Mittelpunkt steht, befindet sich das Gleichnis vom Pferdewagen. Darin werden fünf Bereiche menschlichen Seins unterschieden: der Körper, die
Sinne, das Denken, die Erkenntnis und das Selbst. Wie sieht nun die
Zuordnung zum Pferdewagen aus und welche Aussage steht dahinter:
Der Körper entspricht dem Wagen, die Sinne den Pferden, die Zügel
veranschaulichen das Denken, die Erkenntnis ist dem Wagenlenker
gleichzusetzen, und der Herr, der im Wagen sitzt, ist das Selbst, der Atman. Bestimmen nun die Pferde, d.h. die nach außen orientierten Sinne
und Begierden, die Fahrt, so richtet sich der Mensch in seinem Denken
und Handeln danach aus bzw. wird durch sie bestimmt. Allerdings hält
die Wunschbefriedigung über äußere Objekte nur kurz an. Schon allzu

bald melden sich wieder neue Konsumbedürfnisse, ein Charakteristikum unseres Alltagsbewusstseins.

"Wer aber ohne Einsicht ist, wessen Denken und Fühlen immer ungezügelt ist, dessen Sinne sind unbeherrscht so wie schlechte Pferde ihrem Lenker (nicht gehorchen)" *(Katha Up. 3, 5).*

Werden jedoch die Pferde am Zügel gehalten, so bestimmen nicht die Sinne und Begierden die Fahrt, sondern das Denken zügelt die Sinne. Wer aber lenkt das Denken: Es ist der Wagenlenker, die intuitive Erkenntnis. Woher wird sie gespeist: vom Wagenherrn, indem die intuitive Erkenntnis offen ist für die innere Weisheit.

Das Wagenlenkerbeispiel basiert auf einem ganzheitlichen Menschenbild, das in seiner Mehrdimensionalität das Verwobensein der unterschiedlichen Dimensionen beleuchtet. Aus dem Blickwinkel einer therapeutischen Sichtweise ist die Bedeutsamkeit und Rolle des Wagenlenkers interessant. Schläft er, d.h. ist das Bewusstsein getrübt, was in der Upanishad mit „unrein" bezeichnet wird, ist es nicht der Mensch, der den Ablauf seines Lebens bestimmt. Er ist unfrei, befindet sich in Abhängigkeiten, ist Spielball seiner Sinne, seiner Triebe und der Reize, die von außen wirken, wodurch Leid, das Gefühl der Zerrissenheit und letztlich auch körperlich-psychische Krankheiten entstehen können. Die Schaltstelle für Heilung liegt also in der Beschaffenheit der intuitiven Erkenntnisfähigkeit und der Gewichtigkeit, die man ihr einräumt. Das Wagenlenkerbeispiel will also sagen, dass der Weg von der Unbewusstheit von einer Verdeckung des Selbst durch Schulung des Bewusstseins zu einer Unterscheidungsfähigkeit, z.B. zwischen dem Vergänglichen und dem Unvergänglichen, führt, zu dem Erkennen eines in sich stimmigen und heilsamen Lebens, sowie zu einer Lebensführung, die im Selbst ihr Fundament hat. Interessanterweise wird im Ayurveda, der mehr als 3000 Jahre alten indischen Lehre vom langen Leben, der Gesunde als Svastha bezeichnet, ein Mensch, der im Eigenen steht (sva: selbst, eigen; stha: stehend),

4.3 Die vier verschiedenen Bewusstseinsformen

Für eine Psychologie des Bewusstseins ist es sicher anregend, den Erkenntnissen und Erfahrungen der Rishis nachzugehen, die sie hinsichtlich der Grenzen und Bedingtheiten des Bewusstseins, der Schau des Urgrundes allen Lebens, sowie der Überschreitungen von Erkenntnisgrenzen gemacht haben. In der Mandukya Upanishad, die mit 32 Versen die kürzeste ist findet sich ein Modell, um den Menschen das Mysterium des Atman Weges von der Vielfalt in die Einheit nahe zu bringen. Dazu beschäftigten sich die Upanishad- Philosophen, auf der Suche und von der Sehnsucht nach Transformierung des Bewusstseins getragen, immer wieder mit dem Zustand des Schlafes und meditierten darüber. So entwickelte sich das folgende Gleichnis, mittels dessen sie versuchten, das menschliche Bewusstsein in seinen unterschiedlichen Facetten, Möglichkeiten und Zuständen darzustellen, seine schwer vorstellbare, grenzenlose Potenzialität oder Virtualität sowie Erweiterung in ein transpersonales Bewusstsein verständlich zu machen. Das Aufzeigen verschiedener Bewusstseinsfelder erfolgt anhand der ur-anfänglichen Silbe OM, in der alles Sein zusammenfließt, die das lautliche Symbol für die Einheit von allem ist. Sie dient hier als Veranschaulichung für vier menschliche Bewusstseinszustände, von denen drei begrenzt sind und unseren Alltag bestimmen, während einer davon eine andere Dimension aufweist.

Die Silbe OM setzt sich aus vier Teilen zusammen: Das O besteht aus A und U, dann folgt M, und dem schließt sich ein vierter Teil an, die unhörbare Dimension im Anschluss an den Klang, der Nachklang. Jeder der vier Teile wird nun mit einem bestimmten Bewusstseinszustand in Beziehung gesetzt. A steht für das Wachbewusstsein und damit für das Alltags-Bewusstsein, in dem sich der Mensch als Ich versteht und die Außenwelt durch die Sinne wahrnimmt. U bezeichnet das Traumbewusstsein, in dem noch Aktivität vorhanden ist, während M die Bewusstseinsform des Tiefschlafs symbolisiert, in der alle mentalen Vorgänge zur Ruhe kommen, in der die verschiedenen Aspekte der Persönlichkeit und deren Probleme nicht mehr vorhanden sind, ein Zustand ohne Identität, in dem auch alle Identifikationen entfallen. Ein Advaita Meister wie Ramana Maharshi empfiehlt deshalb, diese Phase des morgendlichen Erwachens, des wieder Auftauchens, so bewusst wie möglich mitzuerleben, diesen Augenblick, in dem sich alles wieder aufbaut, das vermeintliche Ich und die Welt und der sich manchmal auch so gestalten kann, dass wir für eine kurze Weile gar nicht wissen, wo und wer wir sind. "Im Augenblick des Aufwachens, bevor man der Welt gewahr wird, zeigt sich das reine Ich-Ich. Halten Sie sich daran, ohne einzuschlafen und ohne von Gedanken eingenommen zu werden. Wenn das festgehalten wird, spielt es keine Rolle, dass man auch die Welt sieht.

Der Sehende bleibt unberührt von der Erscheinungswelt" (Salvesen, 2003, S. 221).

Die vierte Bewusstseinsform, die über Wachen, Traum und Tiefschlaf hinausweist, mit Turiya, die Vierte bezeichnet, ist zwar unbeschreibbar und dennoch unsere eigentliche Heimat. Turiya umfasst Wachen, Traum und Tiefschlaf, ist aber darüber hinaus der Zustand der Glückseligkeit, der Ganzheit, der Urerfahrung des Brahman. Er ist „die Stille, die allem Klang zugrunde liegt" (Distelbarth, 1989, S. 81). oder wie in der Einführung zu diesem Kongress zu lesen ist, die „Kerndimension individuellen Bewusstseins". Im Advaita Vedanta wird dieser Zustand auch gerne mit den folgenden Worten beschrieben:

sat-chit-ananada - Sein, Bewusst-Sein, Seligkeit.

Diese drei Aspekte werden als ein Ganzes erfahren.

4.4 Der Atem - Atmen - Atman -Transzendenz

Der Atem, Bindeglied zwischen Innen und Außen, zwischen Körper und Geist, wird in den Upanishaden als ein bedeutsamer Zugang zu einer spirituellen Dimension mit ihren entsprechenden Erfahrungen und Erkenntnissen gesehen. In diesem Zusammenhang mag es interessant sein, dass die Wurzel des Wortes Atman wahrscheinlich in dem Sanskritwort *an* bzw. *ana* zu finden ist, was mit atmen und leben sowie dem Atem zu übersetzen ist. Der Bezug zwischen dem Atem und der Erfahrung des Atman wird in der Chandogya Up. (3, 13, 1) mit dem folgenden Bild veranschaulicht:

Der Atem ist die Tür des Herzens zum Göttlichen.

Die Bedeutung des Atems steht auch im Zusammenhang mit dem Begriff Prana, der in den vedischen Texten ebenfalls als Synonym für Brahman angesehen wurde, der aber auch für die energetische Wirkung des Atems, die Lebensenergie steht. So wird Prana in den Upanishaden auch mit der Nabe im Lebensrad verglichen und damit als göttliche Lebenskraft, als der entscheidende Lebensfunke im Menschen sowie im Kosmos angesehen.

Der Verstand und alle Sinne sind im Atem gesponnen

heißt es in der Chandogya Upanishad (2, 11, 1) und weiter in der Shetasvara Upanishad (2, 9)

Wenn der Weise, dessen Geistesbewegungen gezügelt sind, seine Atemkräfte beherrscht, soll er durch die Nase atmen mit reduziertem Atem. So wie man einen Wagen mit wilden Pferden zügelt, ebenso soll man den Geist ohne Zerstreuung sammeln.

Hier fließt nicht nur das Wagenlenkergleichnis ein, der reduzierte, verlangsamte, verfeinerte Atemstrom wird als Weg zur Beruhigung der Gedanken, des Geistfeldes erkannt, als Eingangstor zur Zentrierung und zur Stille. Das wird als Voraussetzung angesehen, um zu einer Loslösung von der alltäglichen Unbewusstheit zu gelangen, um aus dem Reiz-Reaktionsschema heraus zu treten, die konditionierte Egostruktur zu erkennen und zu transformieren, um letztlich zu Erfahrungen der „offenen Weite" und „Seinsfühlung" zu gelangen.

Eine weiterführende Beschäftigung mit Advaita Vedanta und den Aussagen, wie sie in den Upanishaden aufscheinen, wird für die zukünftige Entwicklung einer Psychologie des Bewusstseins sicher von großem Wert sein, denn nicht ohne Grund haben sich auch andere indische Traditionen auf diese philosophisch- spirituelle Sichtweise bezogen, die ebenfalls die griechische Philosophie beeinflusst hat. Die transpersonalen Bewusstseinserfahrungen, wie wir sie in den Upanishaden finden, sind von faszinierender Komplexität sowie Subtilität und stellen in ihrer Tiefe einen unübersehbaren Wegweiser dar.

Literatur:
Balsekar, R. S. (1999). Die eine Wahrheit (2.Aufl.). Freiburg i. Br.: Lüchow.
Bäumer, B. (1997).Upanishaden. München: Kösel.
Berufsverband Deutscher Yogalehrer. (2000). Der Weg des Yoga: Handbuch für
    Übende und Lehrende. Via Nova.
Distelbarth, M. (1989). Mandukya Upanishad. Gladenbach: Hinder + Deelmann
Geldner, K. F. (2006). Die Weisheit der Upanishaden. München: dtv.
Huxley, A. (1987). Die ewige Philosophie. München: Piper
Le Saux, H. (1980), Der Weg zum anderen Ufer. München: Diederichs.
Nikhil ananda, S. (1989). Die Katha-Upanishad. München, Wien u.a.: Barth
Maharshi, R. (1995). Sei, was du bist! (4. Aufl.). Bern: Scherz
Michaels, A. (2006). Die Weisheit der Upanishaden. München: Dtv.
Painadath, S. (2006). Befreiung zum wahren Leben. München: Kösel.
van Quekelberghe, R. (2005). Transpersonale Psychologie und Psychotherapie.
    Eschborn: Klotz.
Salvesen, C. (2003). Advaita. Bern: Scherz.
Schönherr, C. (2005). Östliche Wege zum Selbst. In Reiter, A. (Hrsg.). Vorgeburt-
    liche Wurzeln der Individuation (S. 205-213). Heidelberg: Mattes
Simon-Wagenbach,H. (2007). Vollende, was du bist. Stuttgart: Theseus
Unger, C. (1999). Yoga und Psychologie (1. Aufl.). Ahrensburg: Ganzheitlich Leben
Wolz-Gottwald E. (2004). Yoga-Philosophie-Atlas. Petersburg: Via Nova

Problematische Facetten von Spiritualität. Erleuchtungsfalle und spiritueller Materialismus

Klaus Horn

Eine neue Didaktik spirituellen Lernens

Unser Alltag hat sich in den letzten Jahrhunderten drastisch verändert: Technik, Kommunikationsformen, Bildung, fast alles. Nur eines scheint sich kaum bewegt zu haben: die Methoden spirituellen Lernens. Die Traditionelleren studieren Heilige Schriften. Die „Essenzielleren" sitzen ergeben vor dem Meister und lassen sich frontal unterrichten, für die höheren Weihen auch nonverbal, mit viel Schweigen, mal rituell, mal per Schock. Also nichts Neues unter dem Himmel für die Erleuchtungsschüler von heute? Doch, meint einer, der es wissen müsste, in seinem Beitrag über „Spirituelles Coaching".

Spirituelle Wege sind nicht mehr nur eine Sache weniger Auserwählter oder Aussteiger. Viele Millionen Menschen sind heute auf der Suche nach Sinn und Selbsterkenntnis. Diese neue Entwicklung verhilft nicht nur den Einzelnen zu einem erfüllteren Leben. Auch ein Bewusstseinssprung mit positiven Auswirkungen auf die geistige Verfassung der menschlichen Zivilisation und den desolaten Zustand unseres Heimatplaneten ist mehr als willkommen.

Eine grundlegende Transformation unseres Bewusstseins und damit unserer Lebensweise ist für uns so notwendig wie die Luft zum Atmen.

Spirituellem Know-How und Be-How kommt deshalb immer mehr eine Schlüsselfunktion zu. Die Zeit des Rückzugs in Randszenen mit ihren eigenen, für Außenstehende unverständlichen Verhaltensweisen und Jargons ist vorbei. Wer etwas zur Bewusstseinsentwicklung beitragen kann, gehört auf den Marktplatz.

Wie können sich das Innere und das Äußere treffen? Was ist dazu heute notwendig? Spiritualität muss anschlussfähig werden. Was braucht es, damit die „Philosophia Perennis", die zeitlose Weisheit, den Mainstream erreicht? Sie muss ihre eigenen blinden Flecken erkennen und liebgewordene Sackgassen verlassen.

Meister-Schüler: eine Sackgasse?

Die traditionelle Basis spirituellen Lernens ist die Meister-Jünger- bzw. Lehrer-Schüler-Beziehung. Nicht nur Vertreter traditioneller Linien, auch viele psychospirituelle Szenen des Westens halten unbeirrt an ihr fest.

Ist sie so erfolgreich, dass kein Grund bestände, so ein „Winning Team" zu ändern?

Keineswegs — ihre Erfolgsquote, von einer Auswirkung auf den Zustand der Menschheit ganz zu schweigen, ist, bei allem Respekt, eher bescheiden zu nennen. Daran ändern auch Internet gestützte Erleuchtungsfabriken wenig, die für eine neue, schon vom Computer gestillte Generation von Suchenden spirituelle Befreiung im Mausklicktempo anbieten. Sie bedienen lediglich marktgerecht das Bedürfnis nach schnellem Download. Langwierige Meditation oder gar unbequeme Arbeit an persönlichen Verstrickungen sind out. Statt mühsamer Innenschau genügt der einmalige Kick von außen: Erleuchtung als Injektion — gegen entsprechend horrendes Honorar versteht sich. Wer da nicht das Weite sucht, findet so das Flache — und hinter der schicken Benutzeroberfläche schließlich auch wieder traditionelle Guruherrlichkeit.

Überlebte Methoden stoßen ab

Manche spirituellen Autoritäten, hoch entwickelte Bewusstseinslehrer, arbeiten methodisch und didaktisch auf einem Niveau, das selbst in den rückständigsten Schul- und Hochschulsystemen längst in die Mottenkiste verbannt wurde. Moralische Appelle, Erniedrigungen, Demütigungen und Drohungen auf der einen Seite, Imitation, Verklärung und blinder Gehorsam auf der anderen. Zu diesem bescheidenen Instrumentarium des Lernens gesellt sich noch das ganze Spektrum zwischenmenschlicher Verstrickungen. In nicht wenigen Fällen wird eine skeptische Öffentlichkeit darüber hinaus auch durch Enthüllungen von Korruption, Missbrauch und anderen unheiligen Machenschaften in ihrer Erwartung bestätigt. Selbst wer über die absurdesten Guruallüren hinwegsieht, kommt an der Einsicht nicht vorbei: Spirituelles Lehren und Lernen hinken der Wirklichkeit unserer Gesellschaft hinterher.

Damit ist die Wirkung dieses Lernens nicht nur beschränkt, sondern geradezu kontraproduktiv. Die wenigsten sind in der Lage, diese Einschränkungen zu ignorieren und allein aus der Resonanz mit einem überpersönlichen Raum die Energie zur inneren Transformation zu beziehen.

Die überlebte Form stößt viele Interessierte ab und erlaubt es kritisch-rationalen Zeitgenossen, alles Meditieren und Transformieren in die esoterische Spinnerecke abzuschieben. Sicherlich haben manche spirituellen Lehrer bestimmte Absurditäten auch bewusst als Schutz gegen den Ansturm Neugieriger eingebaut. Doch die Gefahr, von ihnen überrannt zu werden, besteht heute kaum noch.

Zwar ließe sich zur Entschuldigung sektiererischer spiritueller Minderheiten anführen, dass auch große, staatstragende Religionen wie das Christentum sich mythischen Erlösungsfantasien von einer paradiesischen Nachtod-Existenz für Gläubige hingeben, doch befriedigt dieser Einwand wenig. Von dieser Seite erwartet wohl kaum noch jemand einen Beitrag zur Transformation des Bewusstseins.

Ritualisierte Unterwerfung und gläubige Abhängigkeit sind so wenig spirituell wie der indische Kuhdung, den manche esoterischen Gemeinschaften für ihre morgendliche Feuer-Zeremonie einfliegen lassen.

Traditionen würdigen und integrieren

Auch wenn kein Grund besteht, Traditionen zu idealisieren oder auf religiöse Institutionen zu bauen, tun wir gut daran, sie zu würdigen. Denn ohne alte Religionen gäbe es auch keine neue Spiritualität. Wie können wir ihre Beiträge angemessen anerkennen? Indem wir ihre Formen imitieren, bis sie zur Routine erstarren? Nein, wenn wir respektvoll über sie hinausgehen und ihre Essenz zeitgemäß leben, ehren wir sie.

Woran merken wir konkret, dass wir Tradition und Postmoderne integrieren? An der Resonanz unserer Zeitgenossen. Spirituelle Entwicklung kann heute attraktiv sein für so viele Menschen wie vielleicht noch niemals zuvor. Allerdings müssen die Lehrenden sich dazu innerlich und in manchen Fällen auch körperlich vom Thron herab bemühen und sich neben die Lernenden stellen. Womit ich aber nicht einer pseudodemokratischen „Wir sind alle gleich"-Ideologie das Wort reden will.

„Was auch immer es ist, das du hast und ich nicht habe...", fragte ein Suchender einst den indischen Weisen Ramana Maharshi, „kannst du es

mir geben?" Nach einigem Schweigen antwortete der so Angesproche-
ne: „Ich gebe es dir gern — aber kannst du es nehmen?"

Lernende oder Suchende werden nicht weiterkommen, bevor sie anerkennen, dass ihnen etwas zu fehlen scheint und sie nehmen möchten,
was Lehrer ihnen geben. Daran kann sich nichts ändern. Die Form aber
benötigt ein „Update" für das 21. Jahrhundert.

Spirituelle Coaches unterstützen und ermutigen

Gautama Buddha nannte vor 2500 Jahren seine Vision eines zukünftigen spirituellen Lehrers „Maitreya", den Freund. Heute würden wir ihn
wohl eher einen „Begleiter" nennen. Zu ihm schauen wir nicht auf. Wir
schauen ihn an. Er verkündet nicht. Er unterstützt und ermutigt. Die
Lernenden wiederum verehren ihn nicht. Sie würdigen seine Erfahrung,
sein Wissen und Bewusstsein.

Die Methoden modernen Coachings ermöglichen diesen neuen Weg. Sie
holen die Menschen ab und docken an ihre täglichen Fragen und Probleme an.

Sie erlauben es, die Tiefe eines spirituellen Weges mit dem Pragmatis-
mus konkreter Lösungsschritte zu verbinden.

Sie respektieren persönliche Grenzen und öffnen doch lange verschlossene Fenster und Türen. Wer so frische Luft atmet, geht fast von allein
die ersten Schritte aus beengenden Ich-Konzepten in die Weite des
Seins.

Systemische Coachingansätze, die innere und äußere Systeme klären
und ordnen helfen, sind für die Verbindung mit spirituellen Prozessen
besonders geeignet, denn

- Sie sind weitgehend frei von dogmatischen Konzepten.
- Sie etikettieren nicht den einen als gesund und wissend, den anderen als ge-
  stört und unwissend.
- Sie sind zugleich prozess- und lösungsorientiert.
- Konkrete Ergebnisse und positive Veränderungen sind auch in kurzer Zeit
  möglich.
- In ihrer offenen, phänomenologischen Vorgehensweise können sie Persönli-
  ches und Überpersönliches integrieren.

Worum geht es im Spirituellen Coaching?

Es geht um einen praktischen, persönlichen Zugang zu den alten Fragen des Menschseins: Wie gehe ich mit der Situation des „in die Welt Geworfenseins" um? Wie bewältige ich die Krisen meines Lebens? Wo will ich hin? Gibt es einen Sinn? Was ist Glück? Wer bin ich eigentlich? Was liegt diesem Alltags-Ich, mit dem ich in der Welt funktioniere, zugrunde?

Bevor ich nicht weiß, wer ich bin, wo ich herkomme und hingehe und worum es im Leben geht, hilft nichts wirklich. Tröstliche Erklärungen, Antworten und Erfahrungen anderer ändern daran ebenso wenig wie unsere Wiederherstellung durch Medizin und Psychotherapie.

Ist das Ego ein illusionäres Gefängnis, aus dem erst die Erleuchtung befreit? Oder ist das „geglückte Welt-Ich" (Dürckheim) der Sinn des Lebens? Zwischen diesen beiden Extremen bewegen sich die meisten Einschätzungen zur menschlichen Wirklichkeit.

Das Credo des westlichen Ego ist der „Pursuit of Happiness", der amerikanische Traum vom Streben nach Glück. Das Credo der östlichen Weisheitstraditionen hingegen ist die Auflösung im Einen; mit ihrem „Du bist das!" weisen sie auf die illusionäre Natur unserer Ich-Konzepte hin. Bleiben diese Einstellungen auf ewig Feinde? Oder können wir das Beste beider Welten zusammenbringen?

Integration der Gegensätze

Eine Zauberformel unserer Zeit ist die Integration der Gegensätze, die Osho, einer der großen spirituellen Lehrer des 20. Jahrhunderts, mit seiner Vision von *„Zorbas, der Buddha"* beschreibt — einer Synthese des lebenslustigen Griechen und des erhabenen Weltenüberwinders. Sie ist mit einer Zumutung verbunden: Zorbas, der Weltmensch, ist erdig und weinselig; Buddha, der Erwachte, ist weltfern, vergeistigt. Beide müssen etwas aufgeben, um eins zu werden.

Aus dem Leiden an der Welt wächst die Sehnsucht nach Befreiung. Ihr erstes Stadium ist erreicht, wenn seelisches Leid sich plötzlich auflöst. Doch hier endet der Weg nicht. Er führt zurück in die Welt der Gegensätze, die wir nun annehmen, statt ihr zu entfliehen. Wer sich dieser Herausforderung stellt, wählt keinen leichten Weg. Aber er lohnt sich, denn statt süß zu träumen und bitter aufzuwachen, lernen wir zwischen den Polaritäten zu stehen. So entwickelt sich allmählich ein bewussteres Ich, das als wache Präsenz persönliche und überpersönliche Ebenen unseres Daseins jongliert.

Solange wir uns ein für alle Mal befreien und „falsche" durch „wahre" Selbst ersetzen möchten, bekämpfen wir uns selbst. Ein wichtiger Schritt zur Versöhnung mit sich ist die Würdigung aller Aspekte unseres Menschseins. Dann nehmen wir auf entspanntere Weise am Leben teil. Frei von Sendungsbewusstsein und missionarischem Eifer fühlen wir uns ganz praktisch verantwortlich für den Garten Erde, den wir bewohnen. Im Verzicht auf alles Grandiose sind es nun die einfachen täglichen Aufgaben, an denen wir wachsen.

Literatur:
Horn, K. P. (2007). Spirituelles Coaching. Bewusstseinsentwicklung mit menschlichem Maß. Berlin: Ullstein / Allegria.

Ich-Konstruktion und mystische Erfahrung

Wolf Schneider

An keinem anderen Punkt unterscheiden – und scheiden! – sich Psychologie einerseits und Spiritualität andererseits so sehr wie an diesem: dem Ich. Für die Psychologie ist es die Instanz, die das bewusste Leben des gesunden Erwachsenen steuert, also etwas Positives. Für die Psychologie haben es Ich-schwache Menschen schwer; im Extremfall sind sie ein Fall für die Psychiatrie. Ganz anders hingegen gehen Mystiker und Spirituelle, also Menschen von der „religiösen Fraktion", damit um: Für sie ist das Ego der Sitz des abgrenzenden Bewusstseins, das den Menschen vom Ganzen trennt und bei Übertreibung „egoistisch" macht. In diesem einen Punkt sind sich die Mystiker aller Religionen und Kulturen einig: Das Ich ist eine Illusion. Für die typischen Wege Asiens ist es sogar die Mutter aller anderen Illusionen, die Wurzelillusion. Der Buddhismus, hier wie in so vielem ein Vorreiter, formuliert das so: „Anatta" (ein Wort aus Pali, der Alltagssprache zu Lebzeiten des Buddha) ist der Kern allen Welt- und Selbstverständnisses – dem entspricht in der Gelehrtensprache Sanskrit das „Anatman" (von An-Atman, Nicht-Selbst oder Nicht-Ich).

„Ich" und andere relative Begriffe

Auch für mich war das Erkennen des Ich als etwas Bedingtem, Konstruiertem, ja Konstruierbarem auf meinem Lebensweg von zentraler Bedeutung. Ich erinnere mich noch gut, wie ich als Heranwachsender bei diesem Begriff „so ein komisches Gefühl" hatte. Ich konnte ihn nicht richtig fassen. Wenn ich „Ich" sage, dann ist damit doch etwas ganz anderes gemeint, als wenn du „Ich" sagst. Das Wort „Ich" ist in dieser Hinsicht so ähnlich wie das Wort „hier": Es hängt immer vom Sprecher ab. Es ist also bedingt, sehr bedingt sogar! Mindestens so bedingt wie der Begriff der Geschwindigkeit: Ein Gegenstand etwa bewegt sich nie absolut mit 20 km/h, sondern immer nur relativ zu etwas in einer bestimmten Geschwindigkeit.

Trotzdem war für mich als Philosophiestudent das Ich kein großes Thema. Es schien mir nur ein weiterer, ungenau definierter, unpraktischer, ja geradezu sinnloser Begriff zu sein unter so vielen anderen wolkigen

Begriffen der Philosophie wie „Geist", „Seele", das „Sein", „Gott", „Metaphysik", „Äther", die für mich allesamt eher auf den Müllhaufen einer vor-sprachbewussten Philosophie gehörten; einer seriösen, wissenschaftlichen Betrachtung hielt ich sie nicht für würdig.

„Wer bist du?"

Als ich dann im Alter von 22 bis fast 25 meine große Asienreise unternahm – von Sommer 1975 bis Herbst 1977 war ich über zwei Jahre lang in Asien unterwegs – begegnete mir ein Mensch, der zu diesem Wort eine andere Beziehung hatte. Ich war mit einem koreanischen Frachtschiff von Akaba in Jordanien aus über den Indischen Ozean mitgefahren und gerade im Hafen von Singapur angekommen. Der Kapitän hätte mich eigentlich gar nicht mitnehmen dürfen und wollte mich nun loswerden, ohne dass die Hafenbehörden es merkten, deshalb übergab er mich dem dortigen Müllschiff, das half, den Hafen sauber zu halten, indem es allen Schiffen den Müll abnahm. Dort sprach mich einer der malaiischen Müllmänner an: „Hey, Mister, where you come from?" Er lachte und strahlte ununterbrochen, lud mich zu sich nach Hause ein, verlangte nichts dafür, war unendlich freundlich. Nur an einem Punkt nervte er: "You have to ask yourself who you are!" sagte er fast pausenlos. Na ja, vielleicht zwanzig Mal am Tag, aber das reichte mir schon. Ich hatte schließlich Philosophie studiert und fand es unter meiner Würde, mich mit so einer Frage zu befassen. Aber er war so nett! Also blieb ich höflich und antwortete ihm ausweichend auf diese Frage, ohne sie ernst zu nehmen.

Es gibt nur ein zentrales Thema

Erst etwa zwei Jahre später, beim Lesen in Büchern von Idries Shah über die Sufis, wurde mir die zentrale Bedeutung dieser Frage klar. Das aber war nach meinem Aufenthalt in einem theravada-buddhistischen Kloster in Thailand, wo ich mit den anderen Mönchen jeden Tag mehrere Stunden meditiert hatte und im „Dharma-Unterricht" (Unterricht in der buddhistischen Lehre), den uns der Abt gab, mit Anatta konfrontiert wurde. Anatta, Dukkha, Anicca, so heißen im Buddhismus die drei „Daseinsmerkmale": Nicht-Ich (Es gibt kein Selbst, oder: Das Selbst ist leer), Leiden (Wer anhaftet oder begehrt, der leidet) und Vergänglichkeit (Alles ist vergänglich). Später noch mehr durch meine Kontakte zur Tradition von G. I. Gurdjieff und schließlich, am extremsten, bei Ramana Maharshi stieß ich wieder auf diese Frage: Wer bin ich? Das ist die einzige Frage, die sich ein spiritueller Mensch, ein Suchender zu stellen hat; dies allein sei genug, sagte dieser weise Mensch aus dem südindischen Tamil Nadu, der wie kaum ein anderer die moderne Mystik (vor allem die Advaita-Szene) beeinflusst hat. Das ließ nun kein Missverständnis mehr offen. Wenn Ramana und Buddha beide sagten: Dies allein ist genug, dann musste das so sein. Den Atem beobachten, Yoga betreiben, sich an vergangene Leben erinnern, karmisch Gutes tun, den Abhidhamma verstehen, alles das war sekundär: Wenn du das eine verstanden hast, dann hast du alles verstanden, sagten diese Weisen, dann bist du befreit. Da brauchte ich nun nicht nach weiteren Autoritäten zu suchen. Es war klar, worauf es ankam.

Das Verschwinden

Die folgenden Jahre meines Lebens waren „dem Verschwinden" gewidmet, das heißt: der mystischen Erfahrung. Mein damaliger spiritueller Meister gab mir den buddhistischen Namen „Sugata", mit der Bedeutung „wohl gegangen". Etwas umgangssprachlicher ausgedrückt, bedeutet das: dahingegangen, abgefahren, verschwunden oder verduftet (im Nichts). Meine Lebensaufgabe war, ein Niemand zu werden, so jedenfalls schien es mir damals. Erst über die folgenden Jahrzehnte praktischer Erfahrung mit Menschen und einem Wirtschaftsunternehmen (meinem eigenen Verlag) dämmerte mir allmählich: Es gibt danach noch eine weitere Aufgabe, nämlich die, das Niemandsein und das Jemandsein miteinander zu vereinbaren: Die Rückkehr auf den Marktplatz, wie der Bilderzyklus der „Ten Bulls" (zehn Büffel) aus der japanischen Zen-Tradition es so schön zeichnet und beschreibt.

Was ist Mystik?

Doch zunächst: Was ist Mystik? Mystik ist die direkte, unverstellte Erfahrung der Wirklichkeit. Mystik ist das, was wir erleben, bevor wir es interpretieren oder mit anderen Erfahrungen vergleichen, also die reine Empirie. Erleben ohne Vorurteile, ja sogar ohne einen Begriff von dem, was da erlebt werden soll oder kann. Vermutlich ist das so ähnlich wie die Erfahrung eines Babys, das die Welt über seine Sinne wahrnimmt und sie noch nicht unterteilt in Das will ich und Das will ich nicht und sie nicht versteht (im Sinne von: Begriffen zuordnet). Es ist schwer für uns „Gebildete", sich heute in die Situation eines Babys hineinzuversetzen, aber Meditation (die eigentliche, stille Meditation) beansprucht genau das: Back to the roots, zurück zur ursprünglichen, reinen Erfahrung dessen, was ist. Das ist ein wunsch- und zielloser Zustand und einer der jederzeit erreichbar ist, auch für uns, heute. Mystik ist nicht etwas, das bloß die Heiligen von annodazumal erlebt haben, Meister Eckhart oder Teresa von Avila, Lao Tse oder Buddha, Meera, Rumi und All Hallaj, sondern es ist ein Zustand, in den wir auch heute jederzeit eintauchen können. Vielleicht sogar heute leichter denn je, denn die Bedingtheit des Denkens und der Sprache, der so verschiedenen Ideologien und Weltanschauungen, Überzeugungen und Meinungen der Menschen in Zeiten einer sich global miteinander vermischenden Welt ist unübersehbar.

Fundamentalismus

Fundamentalismus lässt sich heutzutage nur noch durch Abschottung aufrechterhalten, durch psychische und kommunikative Abschottung. Warum gibt es dann anscheinend zugleich eine Zunahme des Fundamentalismus? Zum Teil rührt der Eindruck einer Zunahme des Fundamentalismus daher, dass wir heute mehr von der Idiotie der Fundamentalisten wissen und ihren Gewaltakten, weil unsere moderne Mediengesellschaft nach solchen spektakulären Events wie etwa Selbstmordattentaten regelrecht gierig ist. Solche bizarren, märtyrerhaften Akte sind immer eine Nachricht wert, und das sorgt für Nachschub: Die Täter und diejenigen, die sie anstacheln, bekommen durch die Medien die erwünschte Aufmerksamkeit, also wird nachgelegt. Ich denke aber, dass es auch einen echten Trend zum Fundamentalismus gibt, und der ist eine Gegenbewegung zur Liberalisierung und Säkularisierung. Man will „jemand sein", erkennbar, spezifisch. Fundamentalismus ist eine Art, sich eine klare Identität zu verschaffen. Mystiker sind jedoch Niemande, verschmolzen mit allem. Auch Kosmopoliten driften schon in diese Richtung: Sie fühlen sich in Tokio genauso wohl wie in Amman oder bei den Aborigines in Australien. Wer zu dieser globalen Verschmelzung allerdings Nein sagt und sich abgrenzt, je fundamentalistischer, umso mehr, der hat immerhin schon mal die Frage nach der eigenen Identität und dem Sinn des Lebens – und das ist eine der fundamentalsten Fragen des Menschen! –, wiewohl vorläufig und anfechtbar, für sich beantwortet.

Meditation

Als William James 1901/1902 in Edinburgh seine Vorträge über die Varieties of Religious Experience hielt, war die Mystik noch kaum erforscht. Religionswissenschaft als universitäres Fach gab es damals noch nicht. Die meisten Menschen waren zu sehr gefangen in ihrer eigenen religiösen Tradition, um Religionen unvoreingenommen vergleichen zu können. Heute ist das viel leichter, und man stellt fest, dass die Mystiker der verschiedenen Traditionen sich zwar im Vokabular unterscheiden, aber in der Essenz ihrer Aussage sehr ähnlich sind, so etwa wie die Dichter der verschiedenen Kulturen sich in ihrer Aussage über die Liebe ähneln, auch wenn ihre Worte sehr verschieden sind.

Damit Sie das selbst ganz praktisch nachvollziehen können, möchte ich Ihnen im Folgenden eine Anleitung geben, wie man Mystik erfahren kann. Ich praktiziere diese Bewusstseinsübung selbst, und nach den Aussagen derer, die dieser Anleitung folgen, sind hiermit tatsächlich mystische Erfahrungen möglich. Im Wesentlichen sind sie nicht anders als die Beschreibungen mystischer Erfahrung, die wir aus der religiösen Literatur kennen oder etwa aus den genannten Vorträgen von William James. Hier die Anleitung:

1. Spüren Sie „sich selbst", Ihr Ich. Wo hört das auf, wo sind davon die Grenzen? Ihre Haare, ist das noch ein Teil von Ihnen? Was, wenn Sie sie abschneiden? Ab wann wird ein Essen, das Sie sich einverleiben, zu einem Teil von Ihnen? Welche Gedanken gehören Ihnen? Welche Gefühle? Hört Ihr Ich mit Ihrer Haut auf?

2. Spüren Sie, wer „wir" sind. Wer gehört dazu? Wer ist so wie Sie, wer ist (für Sie) „unsereins"? Und wer sind „die anderen", die nicht so sind wie Sie und wie wir? Wo ist dazwischen die Grenze, wie verläuft sie?

3. Lenken Sie Ihre Aufmerksamkeit nun auf „das andere", das Sie nicht sind und das auch nicht wir sind. Das andere, Fremde. Aufmerksamkeit ist lenkbar; Sie können sie zu Ihren Zehen lenken, zu Ihren Aufgaben für heute oder zu „dem anderen", das Sie nicht sind. Verweilen Sie dort. Werden Sie zu dem. Identifizieren Sie sich damit. Ja, auch das geht, wir können uns mit Menschen und Gegenständen identifizieren, so wie mit dem Helden in einem Kinofilm – auch der „sind" wir nicht, aber können uns damit identifizieren.

Die aus dieser Übung resultierende Erfahrung ist eine mystische. Die geht mehr oder weniger tief und ist mehr oder weniger umfassend, aber die Art der Erfahrung ist diese: Sie umarmen das andere, das Sie (vermeintlich) nicht sind, und „werden" so zu dem anderen in einer Art Identifizierungsvorgang, so wie man sich mit einer Fußballmannschaft identifiziert oder den „eigenen" Figuren in einem Brettspiel. Meditation ist im Wesentlichen nichts anderes als die Anleitung zu einer mystischen Erfahrung.

Das Ich und das Selbst

Was das Ich ist, das Ego, das Selbst, die Person, die Persönlichkeit oder Individuum, darüber gibt es viel Verwirrung. Das liegt nicht nur daran, dass diese Begriffe in sehr verschiedenen Weltbildern verwendet werden, sondern auch, dass sie stark bewertet werden. Die Persönlichkeit und das Selbst etwa werden in der Regel sehr positiv bewertet: „Das ist doch eine Persönlichkeit, nicht irgendwer!" oder etwa im Hinduismus, wo Atman = Brahman, das Selbst mit Gott gleichgesetzt wird, während das Ego in manchen religiösen Philosophien als die Wurzel alles Bösen gilt.

Wenn man von den Bewertungen einmal absieht, sind sich alle diese Begriffe sehr ähnlich. Sie meinen die Idee oder Vorstellung davon, „jemand" zu sein. Das Selbst etwa ist die Substantivierung eines Reflexivpronomens: „Karl macht das selbst" bedeutet einfach, dass Karl das macht und nicht jemand anders, und „Karl kratzt sich selbst" bedeutet, „Karl kratzt Karl", das Subjekt dieses Satzes wendet sich auf das Subjekt zurück. Kein Grund, daraus einen philosophischen Begriff zu machen. Das „Zwischen" und das „Und" sind ja auch keine religiösen oder philosophischen Wesenheiten, sondern ergeben ihren Sinn nur im Kontext, indem sie zwei andere Gegenstände miteinander verbinden.

In der individuellen Biografie beginnt die Verwendung des Wortes „ich" bei einem Kind erst im Alter von etwa zwei Jahren, und auch stammesgeschichtlich scheint sie noch recht jung zu sein. Im alten Japan etwa war es Frauen mancher Schichten verboten, das Wort „ich" zu verwenden; es wurde ihnen keine eigene Persönlichkeit zugestanden, und in den europäischen Dramen vor der klassischen Zeit hatten nur Adlige einen Eigennamen. Bei den Menschen niederer Schichten hieß es nur, ein Bauer tritt auf oder eine Magd, sie waren Vertreter ihres Standes, keine Persönlichkeiten. „Die Würde des Menschen unantastbar" – das ist eine sehr moderne Idee.

Autorität und Charisma

Auch Autoritäten sind konstruierte Persönlichkeiten, nicht nur „normale Ichs". Eine Autorität ist jemand, der „sich", also seine konstruierte Ich-Identität, mit Macht durchsetzen kann; sei es die Macht, die ihm von einem politischen Apparat verliehen wird oder die Macht seines Charismas. Und was ist Charisma? Manchmal wird es „natürliche Autorität" genannt, aber auch diese ist sozial konstruiert, denn auch hier sitzen ein Sender des autoritären Charismas und ein Empfänger der Illusion auf, dass da »jemand« sei, der etwas Mysteriöses ausstrahle. Es ist dies der Vorgang der Faszination, der nicht nur von Personen (Autoritäten, Idolen), sondern auch von Gegenständen (Kultobjekten) ausgehen kann. In der mystischen Wahrnehmung, wie sie in der Meditation erfahrbar ist, ist diese Trance aufgehoben; da sieht der Mensch wieder, was wirklich vorhanden ist.

In meiner „Schule der Kommunikation" experimentiere ich viel mit Trancen und ihrer Aufhebung, dem „Erwachen". Jede gelungene Kommunikation ist eine Tranceinduktion, und aus jeder solchen Trance ist ein Erwachen möglich. Deshalb ist mein Prinzip beim (unvermeidlichen) autoritären Auftritt: Sei transparent! Liefere den Bauplan mit, wie diese Autorität entstanden ist. Anschließend unterrichte ich, wie man zur Autorität wird. Autorität ist nämlich etwas Soziales, nichts Mystisches. Die mystische Wahrnehmung löst sie auf und führt zurück zu dem, was wirklich da ist.

Kommunikation

Jedes soziale Ereignis ist auch ein kommunikatives Ereignis. Sozietäten entstehen durch Kommunikation, ebenso ihre Partikel, die Ich-Identitäten. Das Ich kann man auch als Fließgleichgewicht betrachten, wie in der Biologie den Organismus: Als physiologischer Organismus sind wir heute schon nicht mehr derselbe wie gestern, geschweige denn wie voriges Jahr. Unsere Körperzellen werden ausgetauscht, die Hautzellen schneller als die Knochenzellen; ausgetauscht aber werden sie alle, in unserem täglichen „Stoffwechsel". Wir essen und atmen, verdauen und scheiden aus, unser Körper ist ein biochemisches Fließgleichgewicht, und das gilt auch für unsere Psyche oder Seele und unser Ich: Es ist heute nicht mehr so wie gestern, es verändert sich sogar minütlich. Wir sind nicht bloß schizophren, sondern „multiphren": Wir sind eine Vielfalt von Identitäten, von denen mal die eine, mal die andere die O-berhand hat, und dieses Ich ist über die jeweilige soziale Kommunikation in ständiger, kommunikativer Wechselwirkung mit der umgebenden Sozietät (Beziehung, Familie, Gemeinschaft, Gesellschaft). In dem Maße, wie wir dieses Ich als entstandenes und bedingtes erkennen, können wir es verändern – wir können wachsen und reifen und ein anderer werden. So ist soziale und spirituelle menschliche Entwicklung möglich.

Psychotherapie und Religion –
Warnung vor Grenzüberschreitungen

Leo Prothmann

Als ich vor fast 30 Jahren an dieser Universität mit dem Psychologie-Studium begann, war es noch verpönt, ja fast blasphemisch, Psychotherapie und Spiritualität in einem Atemzug zu nennen. Für die Seele fühlten sich die Vertreter der Religionen und Kirchen zuständig. Wer genug Glauben hat, braucht keine Therapie! Oder umgekehrt: Wer eine Therapie braucht, mit dessen Glauben kann etwas nicht stimmen.

Heute sind die Themen "Religion und Psychotherapie" oder "Psychotherapie und Spiritualität" nicht nur auf eine merkwürdige Weise miteinander verknüpft, sondern sogar inflationär geworden. Allein ein Blick auf den Büchermarkt zeigt eine Überschwemmung mit diesen Titeln. Einerseits deutet das offensichtlich auf eine weit verbreitete Sehnsucht nach einem tieferen sinnvollen Leben hin; andererseits versuchen selbsternannte Sinngeber Profit aus diesen Sehnsüchten zu schlagen.

Vor der Einführung des Psychotherapiegesetzes (in Österreich) bekämpfte vor allem die Ärztekammer dieses Gesetz. Als es dann 1991 staatlich ratifiziert wurde, waren es wiederum die Ärzte, die mit auf das "Boot Psychotherapie" wollten.

Ähnlich verhielt sich die kath. Kirche. Die Psychoanalyse wurde zunächst bekämpft. Man warnte vor dem "Pansexualismus". Für Freud war die Psychoanalyse „weder religiös noch das Gegenteil, sondern ein unparteiisches Instrument, dessen sich der Geistliche wie der Laie bedienen kann, wenn es nur im Dienste der Befreiung Leidender geschieht" (Freud, 1903)

Aus der Sicht der Psychoanalyse heißt es im Zentralblatt von 1912 (formuliert von Alexander Schmid): „Ob es aber umgekehrt zu begrüßen ist, wenn sich Theologen zur Psychoanalyse 'bekehren'...(so dass sie nebenbei auch weiterhin überzeugte Theologen bleiben), ist eine Frage, die ich mit 'Nein' beantworten möchte. Eine unliebsame störende Begriffsverwirrung wäre die baldige Folge, denn vor allem die auf dem dogmabasierten, vorgefassten Moralbegriff eines Theologen lassen sich mit ehrlicher, rücksichtslos im Dienste der Wahrheit arbeitenden Wissenschaft nie in Einklang bringen" (Huber, 1978, 65)

Heute verhalten sich Theologen ähnlich wie die Ärzte: Nach der strikten Ablehnung folgt die Anbiederung, dann die Vereinnahmung.

Ich war selbst lange Priester in der kath. Kirche und kenne viele ehemalige Kollegen, die versuchen, Theologe zu bleiben und zugleich oder nebenbei den Therapeutenberuf auszuüben. Einer, der dies ehrlich und ernsthaft versucht hat, ist Eugen Drewermann. Er hat die Unvereinbarkeit erkannt und die Konsequenzen gezogen.

Was ist Spiritualität?

Spiritualität ist das, was ein Mensch aus seinen Erfahrungen macht. Normalerweise filtert der Mensch den Sinn seines Lebens aus seinen Erfahrungen. Und zwar aus den durchlebten, erlittenen und durchlittenen Erfahrungen. Spiritualität ist gelebte Erfahrung.

Aber viele trauen ihren Erfahrungen nicht. Sie verlassen sich lieber auf die Meinungen und Überzeugungen anderer. Kinder sind abhängig von ihren Eltern, von Erwachsenen. Sie sind zunächst ganz auf sie angewiesen. Spätestens in der Pubertät macht man eigene Gehversuche, im Umgang mit Nikotin, mit Alkohol, mit Freundschaften, mit der Sexualität, mit der ersten Verliebtheit. Das hat Auswirkungen auf das religiöse oder spirituelle Leben.

Vereinfacht könnte man sagen: Erst in der Pubertät entdeckt der junge Mensch seine Seele, seine ureigenste Individualität. Diese Erfahrung des jungen Menschen wird leider nicht immer gefördert; oft sogar behindert und schlimmstenfalls verhindert: durch Eltern und Lehrer, durch Institutionen wie Schule und Kirche. Diese Institutionen waren und sind vielfach eher ein "Prokrustesbett" für die junge Seele - statt Hilfe und Ermutigung für das eigene Wachsen und Reifen.

Was ist und was kann Psychotherapie?

Psychotherapie ist seit Freud und Jung ein Werkzeug oder eine Methode im Prozess der Selbstwerdung. Psychotherapeuten sind Begleiter auf diesem Weg der Selbstfindung. Psychotherapeuten sind keine Heiler, keine Gurus, keine Sinnstifter.

Auf dem Weg zur Selbstverwirklichung gibt es Blockaden, Hemmungen, Stauungen. Psychotherapie ist eine Möglichkeit, solche Blockaden aufzulösen und den Prozess der Reifung wieder in Gang zu bringen. Die Möglichkeiten zur Heilung, zur Selbstentfaltung liegen im Patienten. Für den Therapeuten sind darum Symptome nicht etwas, was "wegzutherapieren" ist, sondern Hinweise, die zu achten und zu beachten sind. Hier liegt eine Versuchung der Psychotherapie und in diese Falle stolpern manche Therapeuten, nämlich jeden Leidensdruck als feindlich und bedrohlich zu betrachten, um ihn zu "behandeln".

Viele Menschen leiden zu Recht an der Gesellschaft, in der sie leben. Nicht selten erkrankt ein sensibler Mensch an der Unfähigkeit, mit einem Problem fertig zu werden, das von der Gesellschaft als Problem (noch) nicht erkannt wird. Unter vielen sog. Depressionen verbirgt sich oft ein Leiden, das auf ein durchaus gesundes Empfinden schließen lässt. Jeder Mensch leidet hin und wieder unter einem Mangel. Ein Mensch, der keinen Mangel mehr empfindet, ist schon tot, konstatierte Joseph Beuys. Sehnsucht, Unzufriedenheit, Traurigkeit, Einsamkeit - das alles können Tore sein, durch die die Seele ihre Fühler ausstreckt. Es sind im Grunde "Gesundheits-Symptome", die nicht einfach pathologisiert werden dürfen. Leider gibt es auch in unserem Metier Trivialpsychologen und -therapeuten, die verkünden, sie könnten Sinn "verleihen". Anzubieten haben sie bestenfalls eine "Sinnprothese". Da wäre es vielleicht oft besser, das Gefühl der realen Sinnlosigkeit eine zeitlang auszuhalten.

Therapeuten, die an solchen Symptomen herumkurieren, gleichen Ärzten, die einem Hungrigen - anstatt ihn ins Gasthaus zu schicken - lieber eine Spritze gegen das Hungergefühl verabreichen. Gegen Honorar natürlich (Prothmann, 2003)

Nicht wie man eine Neurose loswird, hat der Kranke zu lernen, sondern wie man sie trägt, meinte C. G. Jung. Denn die Krankheit ist keine überflüssige und darum sinnlose Last, sondern gehört zum Erkrankten. Das bedeutet auch, dass es nicht Aufgabe des Therapeuten ist, dort Trost und Heilung zu versprechen, wo es in Wirklichkeit keinen Trost und keine Heilung gibt. Das gilt vor allem für die wirklich großen Lebensprobleme. Jung war davon überzeugt, dass diese nie auf immer gelöst werden können, denn „ihr Sinn und Zweck scheint nicht in der Lösung zu liegen, sondern darin, dass wir unablässig an ihnen arbeiten. Das allein bewahrt uns vor Verdummung und Versteinerung" (Jung 1971, 117).

Die Grenzen der Psychotherapie bzw. der psychotherapeutischen Behandlung liegen weniger in der jeweiligen Methode, sondern in der Person des Therapeuten. Da es weder den "durchanalysierten" Therapeuten noch den "erleuchteten" Theologen gibt, ist Bescheidenheit angesagt. Wegbegleiter können beide sein. Es ist ähnlich wie beim Bergsteigen: Der Kunde sucht sich einen Bergführer, und wird einen wählen, der ihm glaubwürdig erscheint und genügend Erfahrung nachweisen kann.

Freud soll einmal gesagt haben, man solle Gläubigen den Besuch der Universität verbieten. Ich frage: Sollte man Theologen die Psychoanalyse verbieten? Ganz im Gegenteil: Es sollten sich möglichst viele für die Psychoanalyse interessieren und dadurch zur Individuation finden. Vielleicht werden sie Schwierigkeiten mit den vorgefertigten Glaubenssätzen bekommen. Priester-Therapeuten jedoch werden, wann immer sie an ihre Grenzen stoßen, heimlich oder unbewusst doch für ihren Gott oder ihre Kirche werben. Eine ähnliche Versuchung gibt es bei den medizinischen Therapeuten: Notfalls greifen sie dann doch in die Medikamentenschachtel. Aber der Patient wählt und verantwortet seinen Therapeuten selbst.

Paulo Coelho sagte in einem Interview, dem ich nur zustimmen kann:
"Ich habe mich zu entscheiden, ob ich die Verantwortung für meinen spirituellen Weg selbst trage oder ob ich sie in die Hände anderer Menschen lege. Es gibt nur diese beiden Möglichkeiten. Wie gefährlich der zweite Weg ist, zeigt uns die Welt jeden Tag. Das Delegieren der spirituellen Verantwortung führt zu Religionskriegen, denn der Glaube an religiöse Führerschaft schließt Toleranz aus. Es kann keine Führer in der Religion geben. Menschen, die die Verantwortung für ihr Seelenheil anderen übertragen, werden in der Regel missbraucht." (Coelho, 2001)

Literatur
Coelho, P. (2001). Die Zeit. Nr. 49. v. 29.11.
Freud, S. (1903). S. Freud-O. Pfister, Briefe, Frankf. a. M. 1963, 13; Brief v. 9. 2. 1903.
Jung, C.G. (1971). Mensch und Seele, Walter Verlag, Olten.
Huber, W. (Ed.) (1978). Beiträge zur Geschichte der Psychoanalyse in Österreich. Wien/Salzburg: Geyer-Edition.
Prothmann, L. (2003). Wir wissen wenig von unserer Seele - sie aber weiß alles von uns", In Heimkehr der Seele, edition pro mente.

Spiritualität, Heilung, Therapie

Spiritualität und die Frage, was heilt. Wesen, Wirkung und Inhalte spiritueller Erfahrungen

Monika Renz

Spiritualität in der modernen Medizin und Psychologie? Ein erster Blick auf das Programm der Veranstaltung zeigt bereits, in welcher Breite sich uns das Wort Spiritualität anbietet. Ich schicke voraus, dass ich das Wort Spiritualität gegenüber seinem heutigen Gebrauch enger fasse, Spiritualität als etwas begreife, was die Grenzen des Eigenen transzendiert, was mehr ist als „Binnenerfahrung" meiner selbst und doch mit mir als die, die ich bin und geworden bin, zu tun hat. Ich habe in der Begleitung unterschiedlichster Patienten, Christen, Muslime, Orthodoxe, Atheisten, in der westlichen Kultur groß gewordene, aber dann in östliche Spiritualität abgewanderte Menschen erlebt, dass unter dem einen Wort Spiritualität höchst unterschiedliche, beim genaueren Betrachten doch ähnliche Erfahrungen ihren Ort finden.

Was ist Spiritualität? Begriffsgeschichtliches:

Spiritualität ist Erfahrung, ohne Erfahrung keine Spiritualität (Sudbrack, mündliche Aussage). Spiritualität umschreibt im Kern ein "Offenbarungsgeschehen" und ist darin noch ausschließlicher an Erfahrung gebunden als das Wort Religiosität, welches sich ableiten lässt von den Degriffen religio (Rückbindung) und relegere (wiederlesen). Spiritualität erschöpft sich nicht in menschlicher Haltung noch kann sie reduziert werden auf eine Praktik (wie etwa Meditation oder Gebet). Spiritualität meint das, was bestenfalls während dem Beten oder Meditieren, oder auch losgelöst davon, gnadenhaft geschieht. Spiritualität verweist auf das Wandlungsgeschehen im Menschen drin, der berührt ist vom Numinosen. Und dieses Letztere ist es, das überfällt, ergreift, beeindruckt, erschüttert. Der Begriff kommt vom lateinischen spiritualis, das im 2. Jahrhundert verwendet wurde als Übersetzung des griechischen Begriffes pneumaticos (vgl. häufig 1 Kor). Spiritualis umschrieb damals das totale Betroffensein des Getauften durch das Christusereignis. Es ist also eine hochgeistige Erfahrung im Zwischen von Mensch und Gott und darin gerade nicht machbar. Aus solcher begrifflicher Umkreisung betrachtet, sind Worte wie 'spirituelle Anamnese' oder 'spirituelle Praktik' zumindest irreführend. Spirituelle Erfahrung bedarf nach Sudbrack einer theologischen Durchdringung. Er spricht gleichermaßen vom Erfahrungs-Defizit der Theorie wie vom Theoriedefizit der Erfahrung (Sudbrack, 1999, S.23-25).

Ob im Einzelnen als Geschenk spiritueller Erfahrung oder wohltuender Religiosität geht es da, wo wir nach der Psychologie einer Spiritualität fragen - um die Frage nach dem, was letztlich heilt. Danach zu fragen, erfüllt mich mit einer gewissen Scheu, denn die Frage führt an Grenzen, wo das Schweigen beginnt. Den Mut, ja die Legitimation, etwas dazu auszusagen, geben mir am ehesten die vielen Patienten, mit denen ich Tag um Tag um letzte Antworten ringe. Um Antworten inmitten von Schmerz und Verzweiflung, von Angst vor dem Sterben sowie der Angst, als ein von der Krankheit Gezeichneter ins Leben zurückkehren zu müssen. Sie sind in meinen Ausführungen gegenwärtig.

Schwerpunkte meines Beitrages:

1. *Was macht Menschen heil? Woran sind Menschen krank?*
2. *Die Suche nach dem, was heilt, weist über uns hinaus.*
3. *Wirkungen und Inhalte spiritueller Erfahrungen – Eine Übersicht*

Dabei stütze ich mich erstens auf Erfahrungen, die ich sammeln durfte im Rahmen zweier Forschungsprojekte am Kantonsspital St. Gallen. Ersteres zum Thema „Zeugnisse Sterbender. Todesnähe als Wandlung und letzte Reifung" (2005), Letzteres zum delikaten Themenbereich der ‚Spirituellen Erfahrung in Leid und Krankheit', veröffentlicht unter dem Titel „Grenzerfahrung Gott" (2003). Und ich wage, aus dem Schatz gesammelter Erfahrungen heraus, auch Visionen darüber zu formulieren, wie Spiritualität zu ihrem selbstverständlichen Platz in der modernen Medizin finden kann und wie genau das Spirituelle zur bedeutsamen Dimension psychotherapeutischer Arbeit werden kann. Es sind auch Visionen von heilerem Menschsein, von Krankheit als Teil eines umfassenden Reifungs- und Heil-Werdungsprozesses.

1. Was macht Menschen heil? Woran sind Menschen krank?

1.1. Flucht oder Wahrheit? Wider eine innere Fluchttendenz

Hat Spiritualität mit Heil-Werden zu tun? Schon ein erster Blick auf den boomenden Markt moderner Heilsangebote und spiritueller Praktiken zeigt, in welch bunter Palette und auf welch unterschiedlichen Ebenen das, was Menschen ,spirituell' nennen, angesiedelt wird. Irregeworden an der westlichen Zivilisation, suchen viele ihr Heil außerhalb in Weisheitslehren, Schamanismus etc. Ein prickelndes Selbsterfahrungs-Wochenende wird oft bereits als spirituelles Angebot angepriesen. Macht all das Menschen heil? Wo ohne Scheu von Spiritualität gesprochen wird, bin ich vorerst skeptisch. Denn nicht selten verbirgt sich hinter der Zuwendung zu einer spirituellen Strömung eine Fluchttendenz. Flucht etwa vor dem harten Alltag oder der Verbindlichkeit von Beziehungen. Flucht vor Herausforderungen des kollektiven Werdeprozesses – und in all dem Flucht vor etwas, das mit innerer Wahrheit zu tun hat.

In ihrer Tiefendimension ist Spiritualität selbst Wahrheit, Antwort auf letzte Fragen. Sie ist das Gnadengeschehen in der Suche nach dem, was heilt. Auf dieser existentiellen Ebene will ich mein Thema im Folgenden angehen und stelle deshalb der Frage „Was macht Menschen heil?" eine andere Frage voran: „Woran sind Menschen krank?". Und so nicht nur gestellt mit Blick auf die sichtbaren und spürbaren Symptome, sondern als Frage nach den Hintergründen ihrer Leiden, nach den Wurzeln ihrer Süchte, ihrer Ängste, ihres Getriebenseins. Heil-Sein ist mehr als Gesund-Sein und etwas anderes als einfach Glücklich-Sein (vgl. Renz, 2007).

Mit der Suche nach dem was heilt, ist es oftmals wie mit jener Geschichte, in der ein Mann unter dem Licht einer Straßenlampe nach einer verlorenen Münze suchte. Ein zweiter wurde auf ihn aufmerksam und fragte, wo er denn die Münze verloren habe. „Dort drüben, wo es dunkel ist", antwortete der erste. „Ich suche hier, weil es hier hell ist." - Mit den Orten, wo wir unser Heil suchen, ist es bisweilen ähnlich: Man sucht in den Trends, im Scheinwerferlicht moderner Angebote. „Fündig" jedoch würden wir dort, wo uns im Dunkel etwas abhanden kam. Der schwierige Weg in Richtung Ganzwerdung beginnt darum mit der Bereitschaft, uns im Kern unserer Dunkelheit antreffen zu lassen.

Zum Ort ihres Dunkels muss ich auch Patienten begleiten, im Dunkel mit ihnen ausharren, statt sie vorschnell mit irgendwelchen Heilsantworten abzuspeisen. Dabei muss ich meinerseits auch unterscheiden zwischen Zielen letzter Sehnsüchte, die fern und im Dunkel liegen, und dem Vorläufigen, den Bedürfnissen nach Wegzehrung für den Tag, dem Manna in der Wüste. Und ich muss verstehen, dass sie im Moment vielleicht nicht anders können als zurückschrecken und verdrängen.

Dass Menschen solange wie nur möglich davonrennen vor ihren tiefsten Fragen und Leiden ist für mich aus der Sicht einer Angstdynamik verständlich: Sich selbst - auch in der eigenen Hinfälligkeit, Kreatürlichkeit und Abgründigkeit - zu begegnen, erzeugt Angst und erfordert eine Stärke, die sich oft erst dort konstelliert, wo kein Ausweichen mehr möglich ist. Darum wird Grenzerfahrung zur Chance, wesentlich und sich selbst zu werden. Wo ernsthafte Krankheiten auftauchen, wo Angehörige sterben, wo Menschen krisengeschüttelt an Abgründen von Verzweiflung und Sinnleere stehen, wo sie in sich selbst oder einer unfassbaren Tragik so gefangen sind, dass sie weder wirklich leben noch sterben können, da erhält der Ruf nach dem, was heilt, eine neue Dringlichkeit, eine existentielle Dimension. Die leise Stimme der Sehnsucht wird zum Schrei aus den Abgründen menschlichen Leidens. Für mich war die Sehnsucht nach dem Wesentlichen vor Jahren einer der Beweggründe, meine Stelle an der Psychoonkologie eines großen Krankenhauses anzutreten. Hier fand und finde ich Menschen, die erlaubterweise und gezwungenermaßen nur noch sie selbst sind und die gerade über innere Erfahrungen tiefer zu sich selbst finden:

Herr Färber hantiert nervös herum, steht auf, sitzt wieder ab. Er kommt ambulant zu mir, hat eben realisiert, dass die Ärzte ihm nur noch wenige Monate geben und kann das nicht glauben. Er habe zu wenig vom Leben gehabt. "Ja", begreife ich, "nach dem Haben gefragt, hat man zu wenig!" Noch versteht er nicht rational, aber wohl emotional. In meinem Raum mit den vielen Instrumenten, bei meinen Klangreisen und in meiner Nähe fühle er sich wohl, sagt er, und wird ruhiger. Nach einer Entspannung äußert er: "Ich war ganz frei, seltsam, einfach frei. Nur noch einfach Dinge wie dieser herbstfarbene Baum da draußen waren wichtig."

Hier erlebe ich Menschen, die angesichts ihrer Notlage zwar oft verdrängen und verdrängen müssen, aber dazwischen plötzlich existenzielle Fragen stellen und bereit sind, sich auf tief greifende Prozesse einzulassen. Menschen, die genau in der Not offen werden für Reifung und Spi-

ritualität. Und ich beobachte, dass die menschliche Suche eigentlich auf
ein Letzt-Heilendes zielt, ein Erlösendes, Rettendes, Befreiendes,
Barmherziges, auf Wahrheit schlechthin. Es geht dabei auch um letzte,
end-gültige Wahrheiten der Patienten, ihrer Biografie, ihrer Identität:
Wer bin ich, wenn ich nackt vor mir selbst und meinem Schöpfer oder
aber vor dem Nichts stehe? Was von dem, was bis anhin umschifft wurde, will noch in mein Leben integriert haben? Hier geht es auch um Ent-
Scheidung: Bleibe ich bei einer Verhärtung, einem Trotz, einer Haltung
narzisstischer Abkapselung oder wage ich Öffnung, Versöhnung, Beja-
hung der Krankheit bis hin zu einem alles umfassenden Ja? In dieser Art
von Arbeit lernte ich eine „Spiritualität der Not" kennen.

1.2. Illusion oder Vision?

Ich frage: Ist es Illusion oder Vision, in der modernen Medizin auf eine
Reifung des Menschen in Richtung Ganzwerdung und im Letzten auf
das Geheimnis eines zutiefst Heilenden zu setzen?

Ist es Illusion oder Vision, Spiritualität als wesentliche Dimension ge-
lingender Psychotherapie zu sehen und in der Behandlung tief greifen-
der seelischer Nöte und Ängste auf ein Drittes, (wenn's sein darf!) gnadenhaft Einbrechendes zu setzen, auf die heilsame Wirkung spiritueller
Erfahrung? Unabdingbar scheint mir diese Dimension dort zu sein, wo
Menschen geprägt sind von Gewalt oder tief greifendem Mangel: Gier,
(auch die Gier nach mehr Leben, nach dem Haben), Sucht, Eifersucht.

Herr Färber (vgl. oben) fragt immer neu, was er denn vom Leben "haben" könne. Und jedes Mal ist es die spirituelle Erfahrung, die ihn dann
in ein Anderes hineinholt. Einmal berichtet er: Er habe sich in der letzten Nacht wie außerhalb des Leibes gefühlt. Das habe ihn beängstigt.
Auch sei ihm ständig übel. Er weiß, dass es Nahtoderfahrung gibt und
kann das für sich doch nicht empfinden, vermutlich auch deswegen
nicht, weil er seine Todesnähe verdrängt und "mehr Leben haben möchte". Er spricht hastig. Ich habe das Bedürfnis, mit ihm die Stille zu hören. Er hört innerlich das Wasser rauschen vom Regen von gestern,
draußen die Türe zugehen. Und immer mehr einen anschwellenden
Grundton, der seinen Körper durchflute. Er hält diese Intensität aus und
fühlt sich entsprechend eins mit seinem Körper. Mit der Zeit möchte er
vereinzelte Klänge in diese Stille hinein hören und empfindet ein Ver-
bundensein mit Pflanzen und Tieren. Ergriffen und bedächtig taucht
Herr Färber wieder aus der Erfahrung auf. Und realisiert: So langsam,

so hörend, mag der Körper mit ihm gehen. Das normale Tempo des Lebens ist ihm zu schnell. Im Langsamen sind auch seine Gier nach Leben, Übelkeit und Schmerzen vorübergehend wie verschwunden. Das war eine spirituelle Erfahrung, auch wenn der Begriff Gott vorerst nicht gefallen ist. Wochen später sagte Herr Färber, der Agnostiker: "Dieses Strömen, dieses Angeschlossensein, das hat etwas mit Gott zu tun."

Spiritualität ist Erfahrung einer neuen Dimension. Wenn ihr solches Gewicht zufällt, so scheint es wichtig, dass Psychotherapie als Ort, der dem Existentiellen grundsätzlich Raum gibt, erfahren wird. Therapie ist Weg, auf dem Patient und Therapeut sich in einer letzten Wahrheits- oder Sinnsuche verbünden, Raum, in dem tiefste Sehnsüchte und Leiden am Unfassbaren, scheinbar Hoffnungslosen wahr sein dürfen und wo gemeinsam eine Zeit lang ausgehalten wird. Das heißt: Ich setze auf eine Medizin, die in ihren Krankenhäusern der psychotherapeutischen und spirituellen Begleitung die Türen öffnet. Soweit die Visionen.

1.3. Praxis: Zwischen Hoffnung und Bescheidung

Was haben mich meine Praxis- und Spitalerfahrung gelehrt? Vorerst: dass es wesentlich ist, mich selbst dieser Suche im Dunkel zu stellen in größtmöglicher Authentizität: den existentiellen Nöten hinter allem Vordergründigen, dem verzweifelten Ringen um letzte Wahrheiten, der Verlorenheit dunkler Nächte und der Wut gegenüber einem Gott, der nur mehr als fern oder grausam erlebt wird. Natürlich gibt es auch im Umgang mit uns selbst die erlaubten Inseln des Verdrängens, doch grundsätzlich bin ich als Therapeutin der Suche nach Wahrheit verpflichtet.

Meine Praxis- und Spitalerfahrung lehrte mich ferner, mich zurückzunehmen. Längst nicht immer gelingt das Erwünschte, ich komme an Grenzen, kenne die Stunden eigener Hoffnungslosigkeit, muss Barrieren von Patienten respektieren. Und doch bin ich schon mitten drin in der Suche nach dem, was heilt, wenn ich mir in all dem meine Menschlichkeit erlaube und im Moment vielleicht nichts weiter tue als einfach Gegenwart leben und das Gebot des Augenblickes erspüren. Manchmal gelingt Therapie, manchmal nicht, und oftmals geschieht Wesentliches in den Patienten am Rande oder außerhalb der Therapie.

Im Umfeld der Patienten muss ich mich immer wieder dafür einsetzen, dass diese existentielle Qualität von Begegnung und Betroffenheit überhaupt gewagt wird, von Psychotherapeuten, Seelsorgern, Ärzten, Pflegenden und Angehörigen. Wie schnell weicht man aus in Banalitäten, wie oft wird mit Sterbenden oder Komatösen gar nicht mehr gesprochen. In der Diskussion um Lebensqualität in der Betreuung Schwerkranker wird sehr wohl nachgedacht über Schmerzlinderung, Alltagsbewältigung oder Heimeinrichtung. Auf seelische Nöte eines Schwerkranken einzugehen, auf so etwas wie ein letztes Drängen nach echter Begegnung oder auf seine quälenden Fragen, das scheint schwierig zu sein. Fachleute argumentieren, die Patienten nicht manipulieren zu wollen und nehmen lieber in Kauf, wesentliche Fragen zu umgehen.

Demgegenüber sind die Patienten selbst meist zutiefst dankbar, wenn ihre wortlose Not, ihr Ringen mit sich und mit Gott angesprochen wird und damit wahr sein darf. Erst wo ihre derzeitige Wahrnehmung und Perspektive - an allem Rationalisieren oder Standardisieren vorbei - wahr sein darf, fühlen sie sich verstanden und ernst genommen. Die einzig adäquate, würdige Art, diese Menschen zu erreichen, liegt in der radikal gewagten Begegnung, der ich mich aussetze und aus der ich u.U. selbst als eine andere hervorgehe. So kann es sein, dass durch die Begegnung ein Geheimnis von Wahrheit auf unfassbare Weise zu greifen beginnt.

Ein Beispiel: Ich werde zu einer gut 50-jährigen allein stehenden Frau gerufen, die, unabhängig von ihrem Krebs, eine immer schlimmer werdende Darmentzündung hat. Zermürbt von ihren Schmerzen, wirft sie gleich zu Beginn unseres Gesprächs die Frage auf, ob sie wohl irgendetwas nicht verdauen könne. Sie habe eine Beziehung zu einem verheirateten Mann. Ob ich das nicht in Ordnung finde? "Das kann es nicht sein, das tun ja alle!" fährt sie gleich fort, ohne eine Antwort von mir abzuwarten. Ich lasse mich auf diese Frage (auf die Ebene der Moral) gar nicht ein, sondern schlage ihr vor, die Augen zu schließen und all das ihrem Bauch zu erzählen. Jetzt schmerze der Bauch noch mehr, meint sie nach einer Weile. Nach einer Entspannungsübung verabschieden wir uns ohne weitere erklärende Sätze. Beim nächsten Besuch erwartet sie mich sehnlichst und sagt: "Ich muss die Beziehung auflösen. Das geht so nicht. Auch wenn alle andern es tun, es geht trotzdem nicht." Ich halte meine Freude zurück und lade sie nur ein: "Schließen sie die Augen und erzählen sie das ihrem Bauch." "Es wird ruhiger", sagt sie nach einer Weile. "Ich sehe Wasser vor mir. Das Wasser tut unendlich gut." Lange bleibt sie still. Das Wassermotiv nehme ich auf in der Entspannung: Wasser wärmt oder kühlt, Wasser löscht Brände...

Nach der Entspannung murmelt sie andächtig zu sich selbst: "Wasser, einfach wohltuend frisches, kühles Wasser." Und etwas später, zu mir gewendet: "Mein Körper fühlt sich anders an. Ich bin wie anders in meinem Körper drin. Ich empfinde eine große Weite (mit den Händen sanft auf dem Bauch tippend)." In den folgenden Tagen vertieft sich dieses neue Körpergefühl. Die Darmentzündung geht zurück. Eine tiefe Betroffenheit über diese Erfahrung bleibt.

War das – ohne dass ein frommes Wort zwischen uns fiel - eine spirituelle Erfahrung? Und was ist eine „spirituelle Erfahrung" über das hinaus, was ich vorhin als Raum für das existenzielle Geschehen und als Ankommen bei der eigenen inneren Wahrheit ausgesagt habe? Spiritualität hat mit Beziehung, mit dem Bezogensein auf etwas Größeres zu tun.

2. Die Suche nach dem, was heilt, weist über uns hinaus

2.1. So tief die Ursprünge im Kranken, so herausragend die Ansätze der Heilung

Die tiefsten Sehnsüchte und Prägungen eines Menschen, seine Süchte und Verletzungen, seine Urangst vor dem Unfassbaren - vor dem traumatischen Zuviel wie dem aushungernden Zuwenig - führen zu den Anfängen menschlichen Werdens und somit hinter das funktionstüchtige Ich zurück (Renz, 1996). Das heißt: Die Suche nach dem, was in der Tiefe heilt, muss mindestens so tief greifen wie die einstige krankmachende Not. Dies und die Erfahrung, dass Urvertrauen älter ist als Urangst, war eine wesentliche Erkenntnis in meiner damaligen therapeutischen Arbeit mit frühgeprägten Menschen (vgl. Renz, 1996). Auch wenn Urvertrauen bisweilen bis fast zur Unauffindbarkeit verschüttet wurde, so ist dieses in keinem Menschen einfach inexistent, sondern als spiritueller Nährboden nach wie vor da.

Im Blick nach vorn formuliert: Das, was unsere äußerste Verzweiflung und Kontingenzangst nochmals umfängt - das, woran unsere Schuld- oder Opferbiografie zum Frieden findet - das was uns auferstehen lässt aus Leid und zur Hoffnung wider alle Hoffnung berechtigt - das, was uns wie von einem Ziel her anzieht und unserem Streben Richtung gibt, muss außerhalb des Ichs angesiedelt sein. Es ist größer, zeitlos, anders als das Ich und dem Menschen doch auch zutiefst innewohnend. Jede spirituelle Erfahrung ist eine ureigene: in der Tiefe der Seele geboren und zugleich wie von außerhalb seiner selbst dem Menschen zukommend. Viele solcher Erfahrungen sind gerade insofern Heils-Erfahrungen, als hier ein Absolutes, ein Gegenüber im weitesten Sinne verstanden, mitwirkt, und vom Ich als etwas Tragendes, Letztgültiges, alle Verlorenheit nochmals Umfangendes erfahren wird.

Spirituelle Erfahrung ist mehr als Bewusstseinserweiterung, mehr als Ego-Trip. Im Gegenteil! In der echten spirituellen Erfahrung wird das Ich in seinem Herrschaftsanspruch relativiert. So erhalten spirituelle Erfahrungen beim genauen Hinschauen den Charakter eines Beziehungsgeschehens: dies selbst dort, wo primär „Einheit und All-Einssein" erfahren werden. Was ich gemäß meiner Kategorisierung (Renz, 2003) Einheitserfahrung nenne, ist zugleich Teilsein im Ganzen. In solcher Rückbindung des Ichs an das Ganze ist eine Komponente von Bezogensein enthalten.

Im Falle der Frau mit der Darmentzündung wurde Heilung aus tiefem Unbewussten, in der Sprache des Körpers und der Energie eines Symbols an sie herangetragen. Und doch hatte sich nicht der Körper selbst geheilt, sondern er wurde – bildlich gesprochen – heil über ein umfassenderes, heilendes Element oder Lebensprinzip: ‚Wasser, das unendlich gut tut'. Worauf ich hinaus will: Im Letzten kann der Mensch sich nicht selbst heilen, er kann nur offen werden auf das unsagbar Heilende hin und hier, an einer äußersten Grenze, in letzter Offenheit ausharren: hoffend vielleicht, aber nicht in jener Erwartungshaltung, die Gesund- und Glücklichsein als Menschenrecht proklamiert. Was ihn hier berührt, ist Geschenk, Gnade. Diese Sichtweise macht auch uns Therapeuten nicht zu Heilern, wir bleiben Begleiter und Mitkämpfer.

Das Zusammenfinden von menschlichem Offenwerden und gnadenhafter Berührung, welches die spirituelle Erfahrung kennzeichnet, beinhaltet – als Vision formuliert –, dass Psychotherapie und Seelsorge offen seien auf ein letztes Geheimnis hin. Auch dass in Grenzbereichen therapeutischen Handelns die vielleicht wortlos atmosphärische Gegenwart eines Heiligen wahr sein dürfe, dass Therapeuten Worte, Riten oder Gebete finden, um das Geheimnis zu umkreisen. Auch Ärzte, Pflegende und Angehörige tragen dazu bei. Wichtig ist dabei eine Atmosphäre der Ehrfurcht, der Respekt auch gegenüber dem, was dem andern heilig ist, und die Freiheit, die jedem seinen Weg erlaubt.

2.2. Erfahrungen mit Spiritualität, verstanden als Gnadengeschehen

Und welches waren die Erfahrungen, die ich in der therapeutischen Begleitung mit einem solchen Verständnis von Spiritualität machte? Fand das Unfassbare statt? Ja, in großer Zahl sogar (Renz, 2003) und doch können Wege dahin sehr beschwerlich sein. Sie führen oft nochmals durch Eckdaten der eigenen Biografie, selten des kollektiven Erbes hindurch, sind Prozesse von Reifung und Nachreifung. Immer tiefer muss losgelassen werden, um innerlich offen zu werden auf das Unfassbare hin. Im einen Wörtlein „Ja", bei Sterbenden in einem letzten, alles umfassenden „Ja", ist wie der ganze Weg zusammengefasst. Spirituelle Erfahrung - bei Sterbenden im Sinn einer eigentlichen ,spirituellen Öffnung' (Renz, 2005) – ereignet sich häufig an diesem entscheidenden Punkt: Was ,ich' dachte, wo ,ich' auf Rechte und Verdienste pochte, immer mehr von diesem Ich wurde losgelassen. Fixierungen und starre Gottesbilder durften einer schlichten Offenheit auf alles Künftige hin weichen. Gott ist dann nicht mehr so oder anders, Gott IST.

Ein zweites: Spirituelle Erfahrungen können nicht geplant oder gemacht werden. Plötzlich – zugleich ersehnt und doch unerwartet – sind sie da – und wieder weg. Bisweilen vergleichbar einem Wackelkontakt. Vom Inhalt her oft anders, als man es erwartete, bisweilen vertraut vom Hörensagen und doch erstmals körpernah erfahren. So fanden z.b. traumatisch verängstigte Menschen zu einem zärtlichen, mütterlich-väterlichen Gott. Von Leistungsdenken geprägte Manager tauchten ein in ein Sein jenseits von Raum und Zeit. Biografien mit Höchstleistungen im stillen Aushalten fanden zu einer endzeitlichen Würdigung.

Wie sich zurechtfinden inmitten solcher Unberechenbarkeit therapeutisch-spiritueller Wege? Gibt es Leit-Fragen in der Suche nach dem, was heilt? Grundnöte, in denen Heilung bei uns allen ansteht? Die Theologen Lothar Lies und Silvia Hell (Lies & Hell, 1992) sprechen in ihrer soteriologischen Betrachtungsweise des Wunderwirkens Jesu von vier Grundnöten resp. Grundfragen des Menschen: Wer bin ich? Wer liebt mich? Wer macht mich frei? Wer macht mich heilig? Entlang dieser vier Grundfragen habe ich selbst begriffen, warum Menschen letztlich nur am Gegenüber ,Gott' zu ihrem Heil finden.

Wer bin ich?

Stimmt es, dass wir erst von Gott her wirklich wissen, wer wir sind?
Mehr noch, dass tiefe Identitätserfahrung zugleich Gotteserfahrung ist?
Ein Beispiel: Herr Utzinger, ein Mittfünfziger, wird durch seine Krankheit jäh aus einer erfolgreichen Karriere gerissen. Er sei konfessionslos,
enttäuscht von Gott, eigentlich Atheist. Meine Musik empfinde er als
spirituell. Sie gehe gleichsam durch ihn hindurch, das tue gut. Im Übrigen argumentiert er kurz und bündig, um gleich zum nächsten Thema
überzugehen: Er schwitze mindestens ein Bett pro Tag durch, sei derart
unruhig. Ob das normal sei, will er wissen. „Andere Patienten schwitzen, wenn sie Angst haben. Ich denke aber, Angst ist nicht Ihr Problem?" „Nein", sagt er barsch. Ich wittere ein Machtproblem, ein dauern-
des Abwürgen von Themen und Gefühlen und frage behutsam: „Sind sie
konsterniert, weil jäh aus ihrem Leben herausgerissen? Ich wäre das in
ihrer Situation." Er nickt unwirsch. „Könnten sie sich vorstellen, dass
sie mit dem Schicksal noch zu wenig abgerechnet haben?" - „Ja, das
könnte sein." Gespannte Atmosphäre. Er schwitzt. Mit viel Mut frage
ich nochmals: „Empfinden sie nicht bisweilen einen Zorn gegen Gott?"
„Doch, natürlich." „Können Sie diesen herauslassen?" „Ich sage jeweils: Gott, jetzt reicht's! Aber dann geschieht eh nichts." Erneut fasse
ich Mut: „Könnten sie sich vorstellen, dass ich ein freies Gebet formu-
liere und Ihre ‚Rechnung', Ihre offenen Fragen, Ihren Zorn, Ihre Not vor
Gott hinlege?" – „Nein." Dennoch möchte Herr Utzinger, dass ich da
bleibe. Eine Weile reden wir über dies und das. Plötzlich ‚befiehlt' er:
„Beten Sie!" Hinter so viel Barschheit kommt mir Not mit seinen Gefühlen entgegen. Ich beginne: „Gott, wer oder was immer Du bist, hier
liegt Herr Utzinger und leidet sehr…" „Sagen sie nicht ‚Herr Utzinger',
wenn Sie beten, das klingt zu arrogant, ich bin ja ohnehin nur ein
Wurm," fällt er mir ins Wort und weint jetzt lang und erschütternd. Mir
fehlen vorerst Worte. Dann: „Für mich sind Sie nicht einfach ein Wurm
im Gegenüber Gottes. Darf ich beten: Hier liegt Hans-Rudolf?" - „Ja,
versuchen Sie's." Während des Gebetes wird er andächtig. Kommentar:
„Ja, Hans-Rudolf, so stimmt es. Da ist weder Wurm noch Arro-
ganz"…und weint noch immer.

Im Zwischen von Boss-Identität und Wurmgefühl hat Herr Utzinger zu
seiner wahren Identität im Gegenüber Gottes gefunden. Er wurde zu einem andern Menschen, liebenswürdig, ausstrahlend, kein Schwitzen,
keine Unruhe mehr. Viel schneller als erwartet ging es dem Tod entge-

gen. Noch in den letzten Atemzügen sagte er mir stammelnd, die ‚Erfahrung' sei es gewesen ...

Wer liebt mich?

Stimmt es, dass es so etwas wie eine Liebeserfahrung mit Gott gibt und dies letztrettend sein kann? Ist nachvollziehbar, dass in jeder radikalen Liebe zwischen Menschen ein Größeres wirkmächtig ist, dass etwa die Kraft zum Durchstehen einer Krise oder die Herzensweite für echte Versöhnung ihrerseits ‚geschenkt' sind und also nicht dem Besitz des Ichs entstammen?

Ich möchte dies an den dunklen Nächten unserer Patienten erläutern. Wie viele menschliche Liebeszeichen werden doch an Schwerkranke und Sterbende herangetragen! Sie sind wichtig. Und doch gibt es Nöte und Nächte, in denen kein menschliches Wort mehr erreicht, kein Trost mehr das Dunkel einer Verzweiflung erleuchtet. Was rettet hier? Als Umstehende müssen wir vorerst kapitulieren, uns unsere Ohnmacht eingestehen. Und doch durfte ich im Rahmen meines zweiten Forschungsprojektes eine eigenartige Erfahrung machen, die mit einer letzten Liebe, einem letzten Nahe-Sein-im-Ausweglosen zu tun hat. Immer wieder ereignete sich, dass Patienten, hinter Apparaturen und Verbänden oder im Dunkel einer endlosen Nacht verzweifelt ausharrten und mit ihnen jemand, der seinerseits aushielt in größter Treue und Zuwendung. Manchmal war ich es, die solche Stunden der Ohnmacht im Sinne eines existentiellen Mit-Seins (Benedetti, 1992) mit Patienten teilte, oft waren es ein Ehepartner, eine Tochter oder ein Sohn, die einfach da waren ohne mehr zu wissen, woher sie die Energie für alles hatten. Dann – irgendwann - geschah das Sonderbare: Plötzlich änderte sich das innere Erleben der Patienten: Die liebe Stimme der Partnerin wurde zum Summen der barmherzigen Mutter-Erde, die gespenstige Einsamkeit auf der Intensivstation wich einem Zusammenschwingen, einem Getragensein. Das für mich eindrücklichste Beispiel war die Wirkung eines Cellospieles von einem hilflosen Ehemann. Täglich spielte er seiner Frau auf seinem Instrument vor, nicht etwa weil er besonders begabt gewesen wäre, sondern weil er in seiner Verzweiflung seine schwerkranke Frau dennoch erreichen wollte. Vor einem schwierigen Eingriff, als sie real alleine war, gottverlassen und in großer Angst, hörte sie innerlich diese

Melodie, dann aber plötzlich so, als wäre es Jesus selbst, der an ihrem Bett stünde und sie trösten würde.

Radikale Menschenliebe, die nicht aufgibt, sondern sich selbst hergibt, wird – so meine immer neue Erfahrung – irgendwann zur Erfahrung eines grundsätzlichen Geliebtseins und damit zur Gotteserfahrung. Für Patienten, die solches erfahren, ist es dann, als sei Gott / Christus selbst inmitten ihrer Not gegenwärtig, ein „Gott Inmitten." (Renz, 2003)

Wer macht mich frei?

Wer auf einer Palliativstation, einer Leukämie- und Onkologiestation, ja einer Intensivstation arbeitet, geht kaum davon aus, hier freien Menschen zu begegnen. Er findet Verzweifelte, in Apparaturen gefesselte, bisweilen gelähmte und zu den einfachsten Handlungen nicht mehr fähige oder schlicht zu müde Patienten vor. Und doch habe ich nirgends soviel an echter Freiheit erlebt wie genau hier. Menschen, die jenseits einer Schmerz- und Angstgrenze sind und eingewilligt haben in Leben und Sterben, in das, was jetzt ist, und die gerade so mehr sind als nur Schmerz, mehr als nur Angst, nur Körper und Krankheit. Genau jetzt sind sie gleichsam frei von sich selbst, ihrem Ego und Über-Ich. Ich erinnere an Herrn Färber.

Freiheit formulieren viele Menschen, die aus einem Koma erwachen. Sie erleben gleichzeitig die Trauer, wieder leben zu müssen als auch die Freiheit, ganz sie selbst zu sein und nochmals von vorne zu beginnen. Es gibt ein Freisein, das etwas anderes meint als die Freiheit zur Selbstbestimmung und freien Meinungsäußerung.

Wer macht mich heilig?

Heil-Sein, Heilig-Sein sind bestenfalls Grenzzustände am Rande menschlichen Daseins, geschenkte Gnadenmomente. Doch bei Sterbenden werden solche Zustände nicht selten Realität. Ein wunderbares Strahlen überkommt sie und weicht der Angst oder dem Kampf, ein unbeschreibbarer Friede geht von ihnen aus und ergreift selbst die Umstehenden.

So erfahren bei einer unscheinbaren älteren Sterbenden. Übergroß war ihre Scham. Am liebsten wollte sie niemanden bei sich haben vor lauter Scham, dabei war ihre Sehnsucht nach Kontakt groß. Wie sie verwirrt wurde, sagte sie immer denselben Wortbrocken: "anz, anz". Ich meinte sie sage "ganz" und fragte nach, ob sie sich ganz erlebe, ganz diejenige, die sie sei. Doch es kam keine Reaktion. Stunden später wieder dieses "anz." Ich sah dann zufällig, wie das metallene Bett im Licht eines hereinbrechenden Sonnenstrahls glänzte und verstand: "Glanz". "Meinen Sie Glanz?" "Ahhhh," kam es jetzt aus ihr heraus. Ich verstärkte: "Sie glänzen, aus Ihnen heraus strahlt es. Im Lichte Gottes glänzen Sie, sind Sie heil." Und Heilsein und Heiligsein sind, wie ich nun begriff, Gegenerfahrung von Scham. Die Muskeln der Patienten begannen, sich zu entspannen. Friedlich starb sie in der Nacht darauf.

3. Wirkungen und Inhalte spiritueller Erfahrungen – eine Übersicht

Ich möchte zum Schluss einige - im Rahmen meines empirischen Projektes Grenzerfahrung Gott (Renz, 2003) - gesammelte Erfahrungen zusammenfassen.

Spiritualität ist ein energetisches Geschehen, spirituelle Erfahrung wirkt und bewirkt. Von 251 von mir betreuten Patienten hatten 135 eine oder mehrere spirituelle Erfahrungen.

Und – was mich zugleich total überraschte und doch nicht – bei sämtlichen 135 Patienten veränderte sich das Erleben von Gegenwart, etwa von Raum- und Zeitgefühl, bisweilen aber auch von Schmerz- und Engegefühl. Bei rund der Hälfte der Patienten wurde über kürzer oder länger eine deutliche Schmerzlinderung vermerkt. Oder weniger körperliches Unwohlsein, weniger Atemprobleme, was immer auch hieß: weniger Angst. Die Hälfte der Patienten fanden zu einer versöhnenderen oder situationsgemäßeren Beziehung zur Krankheit oder zu einer veränderten Beziehung zu Leben und Sterben. Ebenfalls rund die Hälfte der erfassten Patienten bekundete eine veränderte Beziehung zu Gott. In eindrücklicher Zahl waren darunter auch so genannte Ungläubige und erklärte Atheisten. Ob Menschen spirituelle Erfahrungen machten oder nicht, schien weniger von einer bestimmten Glaubenszugehörigkeit, Kirchennähe oder Meditationspraxis abzuhängen als vielmehr von einer letzten Offenheit - und vielleicht auch von einem Faktor ‚unbekannt', den ich hier als Gnade begreife.

Welches waren Inhalte spiritueller Erfahrungen? Was genau widerfuhr den Patienten in diesen begnadeten Stunden? Was spürten, fühlten, hörten, sahen, ahnten sie innerlich? Und wie umschrieben sie selbst das Namenlose? Trotz des je persönlichen, ja intimen Charakters einer spirituellen Erfahrung, hörte ich immer deutlicher auch Gemeinsamkeiten aus den Umschreibungen heraus. Im Versuch einer Kategorisierung spreche ich in meiner Projektauswertung von 5 Erfahrungsweisen des Einen, Heiligen, Ganzen:

Einheitserfahrung (41 Patienten) bestand z.B. in einem neuartigen Gefühl von Körper, von Gegenwart, von Sein, Raum und Zeit. Erfahrungen von Eins-Sein, Teil-Sein, Sein schlechthin. Ich erinnere an Herrn Färber.

Von *Gegenübererfahrung (44)* spreche ich dort, wo ein Äußerstes, Numinoses, als solches oft gar nicht sichtbares und bisweilen gesichtsloses oder gewaltiges Gegenüber erfahren wurde. Gegenübererfahrungen sind meistens *indirekt*: Weder sehen noch begreifen wir ein Gegenüber, am ehesten hören wir – etwa im Traum - seine wirkmächtige Stimme. Doch an diesem Gegenüber erfahren wir erst- oder letztgültige Identität. Am Punkt solch äußerster ‚Begegnung' vernehmen wir Würdigung, Berufung oder den Ruf zur Umkehr. Genau hier findet – wie bei Herrn Utzinger – Wurm-Identität zu wahrer (namhaften) Personalität.

Der mütterlich-väterliche Gott (34) ist die Erfahrung eines verkraftbareren, näher getretenen Gegenübers, das mütterliche oder väterliche Züge trägt. Hier ordne ich Erfahrungen ein, gewärmt, getragen, umhüllt oder beschützt zu sein, Erfahrungen von Mutterschoß oder einem gütige Vatergesicht.

Der *Gott inmitten (33)* ist jene äußerste Erfahrung, von der ich bereits gesprochen habe. Ein Gott, der einsteigt in die tiefste Ohnmacht des Menschen. Oft Christus genannt.

Geist-Erfahrung (49): Eigentlich ist jede spirituelle Erfahrung Geisterfahrung. Im Speziellen spreche ich von Geisterfahrung etwa dort, wo sich in einem Geistkampf plötzlich Sieg ereignet. Oder wo Geist als Innewohnender, Bewegender und Prozesse Vorantreibender wie von außen spürbar wird. Geist ist auch dasjenige, das den Menschen über sich hinausreißt, ihn teilhaben lässt an den großen Dimensionen Gottes. So sind Visionen Sterbender höchst eindrückliche Zeugnisse vom Wirken des göttlichen Geistes. Auch die Sammlung, wie sie nicht selten in Angehörigen am Sterbebett geschieht oder im Sterbenden selbst im Lauf einer einfühlenden Sterbebegleitung, ist geistgewirkt. Geist sammelt.

Ich schließe mit dem Stichwort Vision:

- mit der Vision jener sterbenden Mutter, dass ihre Kinder wenigstens nach ihrem Tod sich verstünden.
- der Vision jenes Schwerkranken, die da lautete: „Solange ich lebe, möchte ich den Morgen erleben", was bedeutete, dass das Licht komme.
- der Vision jener jungen Frau, die sterbend ihre Augen öffnete und sagte: "Soooo schön...". Sie konnte uns nicht mehr mitteilen, was sie sah, und dem ist besser so.

Die Kraft solcher Visionen möchte ich über unsere schwierige Arbeit in spirituellen Grenzbereichen setzen. Wir brauchen Visionen, um nicht flügellahm zu werden. Visionen von letztem Heilsein, den Glauben, dass es mit der Welt weitergeht und die Hoffnung, dass alles menschliche Sehnen und Streben - aller Widerwärtigkeit zum Trotz - ein Ziel hat und von einem Faktor unbekannt, sprich von Gottes Geist, dahin bewegt wird. Grundkraft aller Spiritualität!

Literatur:
Benedetti, G. (1992). Psychotherapie als existentielle Herausforderung. Göttingen: Vandenhoeck & Rupprecht.
Lies, L. & Hell, S. (1992). Heilsmysterium. Graz: Styria.
Renz, M. (1996). Zwischen Urangst und Urvertrauen. Therapie früher Störungen über Musik-, Symbol- und spirituelle Erfahrungen. Paderborn: Junfermann.
Renz (2003). Grenzerfahrung Gott: Spirituelle Erfahrungen in Leid und Krankheit. Freiburg i.Br.: Herder spektrum.
Renz (2005). Zeugnisse Sterbender. Todesnähe als Wandlung und letzte Reifung. (Erg. u. überarb. Neuaufl.) Paderborn: Junfermann.
Renz (2007). Von der Chance, wesentlich zu werden. Reflexionen zu Spiritualität, Reifung und Sterben. Paderborn: Junfermann.
Sudbrack, J. (1992). Mystik. Selbsterfahrung – Kosmische Erfahrung – Gotteserfahrung. Mainz: Matthias Grünewald.
Sudbrack (1999). Gottes Geist ist konkret. Würzburg: Echter.

Nahtoderfahrungen – Transformationspotenzial und Anwendungsmöglichkeiten

Evelyn Elsaesser-Valarino & Petra Permanschlager

Im ersten Teil dieses Beitrags betrachtet Petra Permanschlager Leben und Tod interdisziplinär, geht daraufhin auf die Definition und Phänomenologie von Nahtoderfahrungen ein und zeigt abschließend die Nachwirkungen dieser auf. Im zweiten Teil thematisiert Evelyn Elsaesser-Valarino die Anwendungsmöglichkeiten der Nahtoderfahrungen und verwandter Phänomene in existentiellen Krisensituationen.

1. Interdisziplinäre Betrachtung von Leben und Tod

1.1. Psychologische Sichtweise

Der Psychotherapeut Yalom (2002) weist darauf hin, dass unter der Oberfläche immer die Angst vor dem Tod lauert und häufig Abwehrmechanismen aufgebaut werden, um mit dem Bewusstsein des Todes besser fertig zu werden. Fromm (1980) erklärt die Angst vor dem Tod damit, dass der Mensch nicht vor dem Sterben an sich Angst hat, sondern davor, zu verlieren, was er hat: Den Körper, das Ego, Besitztümer sowie die Identität. Tolle (2005) beschreibt, wie wir über eine Identifikation mit Objekten und mentalen Konzepten, die wir als uns zugehörig und somit als Teil von uns betrachten, eine „illusionäre Identität" aufbauen. Dies beginnt im frühen Kindesalter über eine Identifikation mit dem eigenen Namen und dem Lieblingsspielzeug und ist gefolgt von einer Identifikation mit dem Geschlecht, Besitztümern, physischem Erscheinungsbild sowie Ereignissen, die schon längst der Vergangenheit angehören. Folglich spüren viele nicht mehr, wer sie wirklich sind und versuchen diesen Mangel an „gefühltem Selbst" mit allerhand Dingen zu kompensieren. Wie Fromm kommt auch Tolle zu dem Schluss, dass das Ego Haben mit Sein gleichsetzt: „Ich habe, darum bin ich. Und je mehr ich habe, umso mehr bin ich" (Tolle, 2005, S. 45).

1.2. Literarische Betrachtung

In der Literatur findet man viele weitere Werke, die eine ähnliche Botschaft enthalten. So zum Beispiel Tolstois Geschichte „Der Tod des Iwan Iljitsch". Iwan Iljitsch, der sich zeitlebens an Werten wie Macht und Besitz ausgerichtet hat, kommt im Angesicht des Todes zu der traurigen Einsicht: „Es ist nicht das Wahre – all das, wofür ich gelebt habe und lebe, ist Lüge und Betrug; Lüge und Betrug haben Leben und Tod vor mir verborgen gehalten" (Tolstoi, 2004, S. 89).

1.3. Religiöser Gesichtspunkt

Der Dalai Lama gibt zu bedenken, dass „wenn wir gut zu sterben wünschen, wir lernen müssen, gut zu leben: Wenn wir auf einen friedvollen Tod hoffen, dann müssen wir in unserem Geist und in unserer Lebensführung den Frieden kultivieren" (Rinpoche, 2006, S. 7).

1.4. Biologische Anschauung

Während unseres gesamten Lebens sterben jede Sekunde fünfhunderttausend Körperzellen ab. Somit sind der Zelltod und der letztendliche körperliche Tod etwas grundsätzlich Verschiedenes. Die Zellen stellen nur das Fundament unseres Körpers dar, wie eben auch ein Haus nur auf gutem Mauerwerk Halt finden kann. Wer jedoch ist der Architekt und koordiniert all diese Vorgänge? Stirbt jemand, so ist das Einzige, was sichtbar zurückbleibt, ein sterblicher Überrest in Form von toter Masse. Was geschieht jedoch mit unserem Bewusstsein, wenn wir sterben? Die grundlegende Frage ist also: „Ist der Mensch sein Körper oder besitzt er einen Körper" (Van Lommel, 2004, S. 116)?

2. Definition

Moody (1977) führt 1975 den Begriff der Nahtoderfahrungen (NTE; engl. Near-Death Experience, NDE) ein, die definiert werden als „tiefgreifende, psychologische Ereignisse mit transzendentalen und mystischen Elementen, welche in Erscheinung treten können, wenn Personen in Todesnähe kommen oder sich in Situationen intensiver physischer oder emotionaler Gefahr befinden" (Greyson, 2000, S. 315ff).

3. Phänomenologie

Nahtoderfahrene haben das Gefühl, sie hätten ihren physischen Körper wie einen alten Mantel ausgezogen und zurückgelassen (Van Lommel, 2004). Sie bewegen sich zumeist mit sehr großer Geschwindigkeit schwerelos und unaufhaltsam durch einen Tunnel. Viele Nahtoderfahrene schildern, dass am Ende des Tunnels ein strahlendes Licht erscheint, das die Betroffenen unwiderstehlich anzieht. Manchmal wird von der Begegnung mit einem Lichtwesen berichtet, welches die Personifikation absoluter Liebe darstellt. Der Großteil der Nahtoderfahrenen hat ein Gefühl absoluten Glücks, umfassender Erkenntnis und tiefen Friedens (Elsaesser-Valarino, 1995). Einige berichten, dass Verstorbene erschienen seien, um ihnen den Übergang in den Tod zu erleichtern oder die Nachricht zu überbringen, dass die Zeit für sie noch nicht gekommen sei (Moody, 1977). Viele Nahtoderfahrene erzählen von einem Eintritt in jenseitige Welten, die häufig als unbeschreiblich schöne Landschaften geschildert werden (Elsaesser-Valarino, 1995).

In einigen Fällen kommt es während der NTE zu einer chronologischen Lebensrückschau, während welcher die Personen nicht nur alle Taten ihres bisherigen Lebens, sondern auch alle Gedanken, die jemals vorhanden waren, noch einmal durchleben. Da man mit den Gedanken, Emotionen und dem Bewusstsein anderer verbunden ist, erfährt man die Konsequenzen der eigenen Worte und Taten der Vergangenheit am eigenen Leib (Van Lommel, 2004). Manchmal kommt es während dieses Erlebnisses zur Erkenntnis des absoluten Wissens, welches jedoch nach der Rückkehr ins Leben wieder verloren geht. Manche Nahtoderfahrene berichten von einem Einheitserleben, das von der Gewissheit geprägt ist, Teil eines harmonischen universalen Ganzen zu sein. Teilweise werden Wahrnehmungen geschildert, die eine „Grenze" oder „Scheidelinie" symbolisieren, deren Überschreitung eine Weiterführung des Lebens unmöglich machen würde (Elsaesser-Valarino, 1995). Beim Großteil erfolgt der erneute Eintritt in den Körper über den Kopf, wobei die Rückkehr zumeist als sehr bedrückend erlebt wird (Van Lommel, 2004).

4. Erklärungsansätze

Es gibt eine Vielzahl an psychologischen und neurobiologischen Modellen, die NTEs zu erklären versuchen, angefangen von Dissoziation und Halluzination bis hin zu Hypoxie und Epilepsie. Bis zum heutigen Tage ist jedoch keines dieser Modelle - sei es psychologisch oder neurobiologisch - für sich alleine fähig, alle Komponenten einer Nahtoderfahrung zu erklären (Schröter-Kunhardt, 1997).

5. Studie: Nahtoderfahrungen und ihr transzendent psychisch-spirituelles Transformationspotenzial (Permanschlager, 2007)

Es gibt dutzende Studien, die die Nachwirkungen von NTEs in Form von veränderten Einstellungen, Überzeugungen und Werthaltungen belegen. Seltenheitscharakter haben jedoch jene Studien, die Nahtoderfahrene mit traumatisierten Personen ohne Nahtoderlebnis, vergleichen.

In der von mir im Rahmen der Diplomarbeit durchgeführten Untersuchung berichten sowohl Experimental- als auch Kontrollgruppe von einem schwer belastenden beziehungsweise traumatischen Lebensereignis, das bei Ersterwähnten von einer NTE begleitet wird und bei Zweitangeführten mit keinem solchen Erlebnis einhergeht.

5.1. Fragestellung

Im Zentrum dieser Untersuchung steht die Frage, ob bei Nahtoderfahrenen eine stärkere Transformation stattfindet als bei Traumatisierten ohne Nahtoderlebnis, und folglich die NTE an sich, und nicht das alleinige Ausgesetztsein einer lebensbedrohlichen Situation, den ausschlaggebenden Faktor für intraindividuelle Veränderung darstellt.

5.2. Hypothesen

Zur Überprüfung dieser Fragestellung werden unter anderem folgende Hypothesen aufgestellt:

H 1: Nahtoderfahrene und Traumatisierte zeigen keine Differenzen hinsichtlich der Wahrnehmung des Ereignisses als traumatisches Erlebnis.

H 2: Nahtoderfahrene und Traumatisierte zeigen keine Unterschiede hinsichtlich posttraumatischer Belastungsreaktionen.

H 3: Nahtoderfahrene weisen höhere Werte hinsichtlich posttraumatischer persönlicher Reifung auf als Traumatisierte.

H 4: Nahtoderfahrene zeigen eine größere Fähigkeit zur Selbsttranszendenz als Traumatisierte.

H 5: Nahtoderfahrene haben weniger Angst vor dem Tod als Traumatisierte.

H 6: Nahtoderfahrene glauben stärker an ein Leben nach dem Tod als Traumatisierte.

5.3. Stichprobe

Die Experimentalgruppe setzt sich aus 40 Nahtoderfahrenen zusammen und die Kontrollgruppe besteht aus 32 Traumatisierten, wobei in beiden Gruppen Verkehrsunfälle den Hauptauslöser darstellen.

5.4. Messinstrument

Im Rahmen der Datenerhebung wird ein 15seitiger Fragebogen aus ausreichend reliablen und validen Skalen erstellt.

5.5. Ergebnisse

Die Ergebnisse der Studie zeigen, dass sowohl Nahtoderfahrene als auch Traumatisierte die Kriterien für ein Trauma erfüllen und eine annährend gleich starke Belastung, bedingt durch die lebensbedrohliche Situation, empfinden. Darüber hinaus weisen Nahtoderfahrene eine größere posttraumatische persönliche Reifung auf als Traumatisierte, was sich darin zeigt, dass sie nach dem Erlebnis viele neue Möglichkeiten im Leben sehen, persönlich gestärkt sind und ein größeres Verständnis für geistige Dinge sowie einen stärkeren spirituellen Glauben haben. Nahtoderfahrene unterscheiden sich zudem höchst signifikant von Traumatisierten hinsichtlich ihrer Fähigkeit zur Selbsttranszendenz, was bedeutet, dass sie in viel größerer Verbundenheit mit anderen leben, indem sie vom eigenen Ich absehen und über sich selbst hinausschreiten. Nicht zuletzt belegen die Ergebnisse dieser Studie, dass Nahtoderfahrene im Gegensatz zu Traumatisierten weniger Angst vor dem Tod haben und letzten Endes ein gestärktes Vertrauen in ein Leben nach dem Tod aufbringen.

5.6. Konklusio

Bei Nahtoderfahrenen findet eine stärkere Transformation statt als bei Traumatisierten ohne Nahtoderlebnis, und folglich stellt die NTE an sich, und nicht das alleinige Ausgesetztsein einer lebensbedrohlichen Situation, den ausschlaggebenden Faktor für intraindividuelle Veränderung dar!

***

Nahtoderfahrungen und verwandte Phänomene - Trost für Kranke und Hinterbliebene

30 Jahre wissenschaftlicher Forschung erschlossen die bemerkenswertesten und folgenreichsten Auswirkungen der NTEs: Die Erkenntnis der Vorrangsstellung der Liebe, der Verlust der Angst vor dem Tod, die Gewissheit, dass das Bewusstsein nach dem Tod des physischen Körpers weiterlebt und die Überzeugung, dass es eine spirituelle Wirklichkeit gibt.

Es ist unsere eigene Verantwortung, unser Glaubenssystem aufzubauen und zu stärken, um uns für Krisensituationen wie eine schwere Krankheit, die Ankündigung unseres kurzfristig bevorstehenden Todes oder der Verlust eines geliebten Menschen vorzubereiten. Ein möglicher Weg besteht darin, NTE-Zeugenberichte zu studieren und zu erkunden, ob sie eine Resonanz in uns erwecken. Wir müssen nicht selber eine NTE erleben, um von ihr zu lernen, ihre Einsichten können wir uns sozusagen stellvertretend aneignen. Die neuen Perspektiven, die uns die NTEs eröffnen, eine sanftere Vorstellung vom körperlichen Tod, die sie nahe legen, die Hoffnung, die sie über die bekannten Grenzen hinaus schaffen, sollen - falls erwünscht - Kranken, Sterbenden und Trauernden, oder noch allgemeiner gehalten, allen Menschen zur Verfügung stehen, die für die Endlichkeit des menschlichen Schicksals empfänglich und bereit sind, sich damit auseinanderzusetzen.

Nahtoderfahrungen bieten:

- **eine sanftere Vorstellung vom körperlichen Tod**

Was wir als Zeugen in Gegenwart eines sterbenden Menschen sehen, entspricht nicht dem, was der Sterbende empfindet. Wir sehen nur die halbe Wahrheit, denn das innere Erleben bleibt dabei unsichtbar. Dass die physische Seite des Todes oft erschreckend, entwürdigend und Mitleid erregend ist, können wir nicht leugnen. Doch wir dürfen nicht zulassen, dass diese Seite des Todes uns die innere, herrliche und erhabene Seite des Todes übersehen lässt. Für ein tieferes Verständnis dessen, was Tod bedeutet, benötigen wir beide Perspektiven.

- **die Möglichkeit des Überlebens des Bewusstseins nach dem körperlichen Tod**

NTEs weisen auf das mögliche Überleben des Bewusstseins hin. Die Tatsache, dass Millionen von Menschen auf allen Kontinenten diese Erfahrung erlebt haben, ist zwar kein Beweis des bisher lediglich theoretischen und theologischen Konzepts des Überlebens, aber doch eine glaubwürdige Möglichkeit. Für Nahtoderfahrene hingegen ist das Überleben des Bewusstseins keine spekulative intellektuelle Gedankenstruktur, sondern eine unerschütterliche Gewissheit.

- **NTEs sind tröstlich, weil sie *Sinn* anbieten in extremen Lebenskrisen wie Krankheit und Sterben**

Die wohl bitterste Frage im Fall von unheilbarer Krankheit ist: Warum ich? Warum jetzt? Nahtoderfahrene sind überzeugt, dass jedes Leben einen Sinn und ein Ziel hat. Sie sind sich sicher, dass es für jede Existenz einen Lebensentwurf gibt und eine bestimmte Zeitspanne, um diesen zu erfüllen. Wenn es den unheilbar Kranken gelingt, sich die Lehren der NTE anzueignen, dann glaube ich, dass sie schneller und leichter von den Phasen des Nicht-wahr-haben-Wollens, des Zorns, des Verhandelns und der Depression, wie von Elisabeth Kübler-Ross identifiziert, zur Phase der Zustimmung übergehen können.

- **Der Sinn entspringt der neuen *Perspektive*, die NTEs öffnen**

NTEs handeln von einer Perspektive jenseits des körperlichen Todes, von Erlösung von Angst und Leiden, vom Licht nach der Dunkelheit. Für Nahtoderfahrene gibt es keinen Tod, nur einen Übergang. Die NTE ist eine Art Verbindung zwischen diesen Bereichen, zwischen dem Leben hier und dem Leben anderswo, und nirgendwo gibt es den Tod so wie wir ihn uns vorstellten. Im Licht der NTE ist der Tod nichts als die Illusion des Getrennt-Seins und der Endgültigkeit, und wer wie die Nahtoderfahrenen an diese neue Sichtweise des Todes glauben kann, verliert jegliche Angst vor ihm – denn wie kann man etwas fürchten, das es gar nicht gibt? Am Anfang staunen wir über diese Berichte, doch nach einiger Zeit stellen wir fest, dass sie unversehens in unsere Psyche eingedrungen sind und uns eine Sicht des Todes nahe gebracht haben, die für den grauenerregenden schwarzen Abgrund des Todes keinen Raum mehr lässt, sondern uns an ein liebendes Licht denken lässt.

- **Erfahrung *versus* Glaube**

Warum sind NTEs so tröstlich in Lebenskrisen? Was hält stand, wenn wir einen geliebten Menschen verlieren oder uns unsere eigene unheilbare Krankheit angekündigt wird? Glaube? Vielleicht, aber Glaube ist nicht immer stark genug, um in extremen Lebenssituationen standzuhalten, wahrscheinlich, weil er rein intellektuell ist, wenn auch in einem intimen Empfinden verankert. NTEs sind von ganz anderer Art, sie sind Erfahrungen. Nahtoderfahrene glauben nicht, sie wissen, sie haben die direkte Erfahrung gemacht, und sie kamen alle zum selben Schluss: Tod ist eine Illusion. Was ich erlebt habe, kann ich nicht verleugnen, auch wenn ich es nicht verstehe. Man könnte dieses aus Erfahrung stammende Wissen mit Goethe das „heilige öffentliche Geheimnis" (Goethe, 1974, S. 358) nennen, etwas, das man wohl nennen und lehren kann, das aber nicht voll integriert werde kann, bis man es selber erlebt.

NTEs sind normale menschliche Erfahrungen, die ganz gewöhnlichen Individuen zustoßen und sie auf den Weg der Veränderung führen und von der Furcht des Todes befreien. Sie erlauben uns, die Verbindung mit dem Unsichtbaren wieder herzustellen, die wir in unseren modernen westlichen Gesellschaften verloren haben. Wir haben vergessen, wie die Wechselbeziehung mit dieser anderen Dimension erkannt und gepflegt werden kann und wir somit letztlich die Angst durch Vertrauen ersetzen können. Wenn man davon ausgeht, dass NTEs und wesensähnliche Phänomene wie Sterbebettvisionen Zugang zu einem erweiterten Bewusstseinszustand geben, in dem wir erkennen können, dass unsere bekannte Wirklichkeit von einer umfangreicheren Realität umgeben ist, in welcher Zeit, Raum und Materie transzendiert werden, dann können wir daraus wertvolle Lehren für existentielle Krisenbewältigung ziehen.

Sterbebettvisionen, die schon in der Vergangenheit, insbesondere im Mittelalter, beschrieben wurden, treten in der Endphase einer unheilbaren Krankheit auf. Die Sterbenden berichten, dass sie während diesen transzendentalen Begegnungen verstorbene Bezugspersonen oder religiöse Figuren sehen und mit ihnen kommunizieren können. Diese Wesen scheinen sich zu offenbaren, um sie zu empfangen und ihnen den Übergang in die andere Dimension zu erleichtern. Dieser erweiterte Bewusstseinszustand kann mit einer Doppelsicht verglichen werden, da beide Dimensionen für den Sterbenden gleichzeitig vorhanden zu sein scheinen und er sich manchmal nicht sicher ist, wer sich in welcher Dimension befindet.

Diese spirituellen Erfahrungen mindern die Todesangst beträchtlich und führen Gefühle von Frieden, Glück, Exaltation und Abgeklärtheit herbei. Die Sterbebettvisionen sind emotional stark geladen und ebenso tröstlich für die Sterbenden wie für ihre Nahestehenden, obwohl die Letzteren diese Erscheinungen nicht sehen können und die geheimen Gespräche nicht mitverfolgen dürfen. Die Psychologen Osis und Haraldsson (2001) haben die Beobachtungen von mehr als 1.500 Ärzten und Krankenschwestern gesammelt, die beschreiben, was sich beim

Sterbeprozess von über 85.000 Patienten ereignet hat. In ihrem Buch „Der Tod, ein neuer Anfang" geben sie an, dass 84 % der Sterbenden Kontakte beschrieben mit verstorbene Bezugspersonen, zu welchen sie eine enge emotionale Bindung hatten.

Für diejenigen, die bereit sind, sich mit diesem Thema auseinanderzusetzen, ist die logische nächste Etappe nach der NTE die Nachtodkommunikation. Bill und Judy Guggenheim[1] haben als erste dieses Phänomen auf breiter Ebene untersucht. Sie haben nur direkte und spontane Kommunikationen berücksichtig, ohne Einbezug von channels, Rituale oder irgendwelcher Hilfsmittel. Bill und Judy Guggenheim schätzen, dass mindestens 50 Millionen Amerikaner, oder 20 % der Gesamtbevölkerung, eine oder mehrere Nachtodkommunikationen erlebt haben. Die Nachtod-Kontakte beruhen in den meisten Fällen auf Gegenwartsempfindungen, Gehör-, Tast- oder Geruchswahrnehmungen oder auf visuellen Kontakten. Obwohl wissenschaftliche Untersuchungen in diesem Feld noch ausstehen, kann man heute schon sagen, dass diese Kontaktaufnahmen eine sehr tröstliche Auswirkung auf die Trauernden haben. Die Verbindung scheint nicht völlig abgebrochen, das Weiterleben des geliebten Menschen in einer anderen Dimension scheint beglaubigt, der eigene Tod wird in einem neuen Licht gesehen.

Die endgültige Entscheidung ist eine persönliche...

Dank den Berichten von Tausenden von NTE- und Sterbebettvisionenerfahrenen können wir uns heute recht gut vorstellen, was sich während dem Sterbeprozess abspielen kann, auch wenn Verstehen nicht mit Erfahrung gleichgesetzt werden kann. Trotzdem müssen wir uns den Weg zu unserer Wahrheit selber suchen. „Das ist der Preis, den wir Menschen für unsere Freiheit bezahlen mussen, denn nur unsere persönlichen Überzeugungen geben uns die Stärke, um bei unserem letzten Schritt, den jeder von uns alleine gehen muss, auch bestehen zu können" (Elsaesser-Valarino, 2004, S. 79).

Literatur
Elsaesser-Valarino, E. (1995). Erfahrungen an der Schwelle des Todes. Was erlebt ein sterbender Mensch? Wissenschaftler untersuchen das Nahtod-Phänomen. Weyarn: Seehamer.
Elsaesser-Valarino, E. (2004). Engelchens Land. Goch: Santiago.

Fromm, E. (1980). Haben oder Sein. Die seelischen Grundlagen einer neuen Gesellschaft. München: Deutscher.

Goethe, J. W. (1974). Goethes Werke. München: C.H. Beck, Bd. 1.

Greyson, B. (2000). Near-Death Experiences. In E. Cardeña, S. J. Lynn & S. Krippner (Eds.), Varieties of Anomalous Experience. Examining the Scientific Evidence (pp. 315-352). Washington, DC: APA.

Moody, R. A. (1977). Leben nach dem Tod. Die Erforschung einer unerklärten Erfahrung. Hamburg: Rowohlt.

Osis, K. & Haraldsson, E. (2001). Der Tod, ein neuer Anfang. Visionen und Erfahrungen an der Schwelle des Seins (8. Aufl.). Freiburg im Breisgau: Bauer, Originaltitel: At the hour of death.

Permanschlager, P. F. (2007). Nahtoderfahrungen und ihr transzendent psychisch-spirituelles Transformationspotential. Unveröffentlichte Diplomarbeit. Paris Lodron Universität Salzburg.

Rinpoche, S. (2006). Das tibetische Buch vom Leben und vom Sterben. Ein Schlüssel zum tieferen Verständnis von Leben und Tod. Frankfurt: Fischer.

Schröter-Kunhardt, M. (1997). Nah-Todeserfahrungen. Psychologisch-biologische Grundlage für den Glauben an ein Leben nach dem Tod. In P. Petersen (Hrsg.), Majestät des Todes – Bewegung des Lebens. 3. Symposion für künstlerische Therapien (S. 93-117). Hannover: Kongressband.

Tolle, E. (2005). A New Earth. Awakening to your life's purpose. London: Penguin.

Tolstoi, L. (2004). Der Tod des Iwan Iljitsch. Stuttgart: Philipp Reclam jun.

Van Lommel, P. (2004). About the Continuity of our Consciousness. In Advances in Experimental Medicine and Biology (550, pp. 115-132). [C. Machado & D. A. Shewmon (Eds.), Brain Death and Disorders of Consciousness. New York, Boston, Dordrecht, London, Moscow: Kluwer Academic/Plenum Publishers.]

Yalom, I. D. (2002). Der Panama-Hut oder Was einen guten Therapeuten ausmacht. München: Wilhelm Goldmann.

Anhang

[1] http://www.after-death.com/

Spiritualität in der Medizin

Anja Mehnert

1. Psychosoziale Belastungen bei schweren körperlichen Erkrankungen

Die Diagnose einer schweren körperlichen Krankheit wie die einer Krebserkrankung ist für die betroffenen Patientinnen und Patienten mit einer Vielzahl von Belastungsfaktoren verbunden, die in verschiedenen Phasen der Erkrankung auftreten und alle Lebensbereiche betreffen können. Zu den körperlichen Belastungsfaktoren zählen die Krankheit selbst und die eingreifenden medizinischen Behandlungen wie Operationen, Chemo- und Radiotherapien sowie daraus entstehende Folgeprobleme wie Schmerzen, chronische Erschöpfung, Verlust der Kontrolle über Körperfunktionen, Behinderungen und Invalidität. Neben familiären Belastungen wie die Veränderung sozialer Rollen, Aufgaben und Veränderungen in der Beziehung zum Partner, zu den Kindern und zu Freunden sind Patienten darüber hinaus mit vielfältigen sozialen, beruflichen und finanziellen Belastungen konfrontiert. Bei jüngeren Patienten können insbesondere die Aufgabe wichtiger beruflicher Funktionen eine Rolle spielen, aber auch die Entstehung neuer Abhängigkeiten und soziale Isolation können sehr belastend für die Betroffenen sein. Weiterhin stellen eine inadäquate Arzt-Patient-Kommunikation, unzureichende Informationen, eine entpersonalisierte Behandlung, fehlende Intimität und Zeitmangel innerhalb des medizinischen Versorgungssystems zusätzliche Belastungsfaktoren dar (Mehnert et al., 2006).

Viele chronische Erkrankungen gehen in längerfristiger Perspektive mit häufigen Krankenhausaufenthalten und Arztbesuchen, mit Therapieerfolgen ebenso wie mit Misserfolgen, Komplikationen, Fort- und Rückschritten einher. Besonders kritische Phasen im Krankheitsverlauf sind dabei die Diagnosestellung, die Beendigung der Primärbehandlung und die darauf folgende Zeit des Wartens und Hoffens auf einen langfristigen Therapieerfolg, das mögliche Wiederauftreten und Fortschreiten der Erkrankung sowie die palliative Behandlung, in der keine Heilung mehr möglich ist (Mc Cormick & Conley, 1995). Häufige psychische Reaktionen auf diese Belastungsfaktoren sind Sorgen, Ängste, Wut und Gefühle von Traurigkeit, die fast alle Patienten im Verlauf der Erkrankung erleben. Bei einem kleineren Teil der Patienten können aber auch gravierendere psychische Syndrome wie Angststörungen und Depressionen sowie familiäre Krisen auftreten (Holland & Reznik, 2004).

Neben den körperlichen und psychosozialen Belastungen bedeutet eine schwere Erkrankung auch die Konfrontation mit der eigenen Vulnerabilität, mit der Endlichkeit des eigenen Lebens sowie mit existentiellen Fragen, die die Bedeutung und Sinnhaftigkeit des eigenen Lebens betreffen (Murillo, Kissane & Mehnert, 2006). Dazu zählen Gedanken über Themen wie Ungewissheit, Verlust, Tod und Trauer, Einsamkeit und Freiheit. Die Diagnose und die Folgen einer schweren Erkrankung können individuelle Annahmen und Wertesysteme, nach denen Menschen ihr Leben aufgebaut haben, erschüttern und die Aufrechterhaltung von Sinn und Bedeutung erschweren. „Warum gerade ich?", „Was hat mein Leben für einen Sinn?" oder „Das Leben ist ungerecht" sind Fragen und Aussagen, die Patienten im Verlauf der Behandlung beschäftigen können. Um individuelle Antworten auf diese existentiellen Fragestellungen sowie Hoffnung und Trost zu finden, ist die Beschäftigung mit spirituellen und religiösen Fragestellungen für einen Teil der Patienten ein wichtiger Bestandteil ihrer Krankheitsverarbeitung (Chi, 2007).

2. Spirituelle und religiöse Krankheitsverarbeitung

In der wissenschaftlichen Literatur findet sich eine Vielzahl von Definitionen der Begriffe Spiritualität und Religiösität; die gegenseitige Abgrenzung der Begriffe ist angesichts der Heterogenität und Multidimensionalität beider Konstrukte allerdings schwierig. In der Mehrzahl der Definitionen wird unter Religiosität der Glaube an eine höhere Macht im Rahmen der Zugehörigkeit zu einer bestimmten Konfession (u.a. Christentum, Judentum, Islam, Buddhismus, Hinduismus) und die Ausübung spezifischer Glaubensrituale im konfessionellen Sinne verstanden (Shafranske, 1996). Dagegen wird Spiritualität als über traditionelle Glaubensüberzeugungen hinausgehendes, individuelles, religiöses Erleben definiert, das es dem Menschen ermöglicht, Lebenssinn zu erfahren, (Fitchett & Handzo, 1998; Puchalski & Romer, 2000). Lebenssinn umfasst das Vorhandensein von Gefühlen der Kohärenz und Kontinuität, eine wertschätzende Einstellung dem Leben und der eigenen Person gegenüber, das Vorhandensein zufrieden stellender Aufgaben und Ziele im

Leben sowie die Wahrnehmung individueller Verantwortung und Ent-
scheidungsmöglichkeiten (Breitbart, 2002; Frankl & Lapide, 2005).

Die Untersuchung der Anpassung an krankheitsbedingte Belastungen
und die Aufrechterhaltung des emotionalen Gleichgewichts durch spirituelle, religiöse und sinnbasierte Krankheitsbewältigung hat in den letzten Jahren zunehmend an Interesse gewonnen (Folkman, 1997; Folkman
& Greer, 2000). Sinnbasierte und spirituelle Krankheitsbewältigung
(„meaning-based coping") stellt eine Erweiterung des transaktionalen
Stress-Coping-Modells von Lazarus und Folkman (1984) dar. Diese
Verarbeitungsstrategien beinhalten vor allem kognitive (z.B. Einschät-
zung der Erkrankung als Herausforderung oder Teil göttlicher Bestimmung) und verhaltensbezogene Aspekte (z.B. Beten oder die Teilnahme
an Gottesdiensten), die darauf zielen, persönliche Einstellungen neu zu
bewerten, neue Zielsetzungen zu formulieren und den eigenen Erfahrungen trotz einer schweren Erkrankung Bedeutung und Sinn zu geben.
Dazu können Veränderungen in der individuellen Wahrnehmung des
Selbst, des eigenen Weltbildes, der eigenen Zielsetzungen sowie der
Beziehungen zu anderen Menschen beitragen.

Im Gegensatz zu diesen neueren Entwicklungen in der Stress- und
Krankheitsverarbeitungsforschung wird Religiosität und Spiritualität vor
allem in der älteren wissenschaftlich-psychologischen Literatur häufig
als eine Form der Flucht, der Verleugnung und der Vermeidung mit relativ einfachen und stereotypen Begriffsbildern beschrieben. Diese
Sichtweise lässt die unterschiedlichen Formen religiöser und spiritueller
Kognitionen und Anschauungen, die in verschiedenen Kulturen vorhanden und bedeutsam für das Leben der Menschen sind, häufig unberücksichtigt (Frankl & Lapide, 2005).

3. Stand der empirischen Forschung zum Einfluss spiritueller und religiöser Krankheitsverarbeitung auf das psychische Befinden

Eine Reihe empirischer Studien hat die Bedeutung existenzieller Themen für das psychische Befinden und die Lebensqualität der Betroffenen untersucht – häufig bei Krebspatienten, seltener bei Patienten mit
anderen chronischen Erkrankungen wie HIV-Infektion, AIDS, Nieren-
und Herzerkrankungen (Caress, Luker & Owens, 2001; Westlake &
Dracup, 2001; Degner et al., 2003; Bower et al., 2005; Kylma, 2005;
Büssing, Ostermann & Koenig, 2007). Fragestellungen der gesundheits-

psychologischen und medizinpsychologischen Forschung sind u.a. die Untersuchung der Auswirkungen von religiösem Glauben und Spiritualität auf die Verarbeitung der Erkrankung und das psychische Befinden; die Auswirkungen von Gebeten und anderen religiösen Ritualen auf die Verbesserung der Gesundheit und des psychischen Befindens; die Rolle von religiösem Glauben und Spiritualität im Rahmen der Arzt-Patient-Interaktion sowie die potenzielle Wirkungsweise von religiösem Glauben und Spiritualität insbesondere in Abgrenzung von Prozessen der sozialen Unterstützung.

Zu den angenommenen positiven Wirkungsweisen religiöser und spiritueller Krankheitsverarbeitung zählen der Erhalt von Gefühlen der Selbstwirksamkeit, der Erhalt von Kontrolle im Umgang mit Ungewissheit und Unsicherheit, der Erhalt von emotionaler Unterstützung, Hoffnung und Trost, Hilfe bei der Einordnung tragischer und leidvoller Lebensereignisse in einen übergeordneten Gesamtzusammenhang sowie Erfahren von Sinn und Bedeutung des Lebens. Es werden aber auch eine Reihe von potenziell negativen Wirkungsweisen religiöser Krankheitsverarbeitung auf das psychische Befinden von Patienten diskutiert. Dazu zählen die Verstärkung von Schuldgefühlen, die Verstärkung von Ängsten (u.a. vor göttlicher Bestrafung), die Verstärkung von psychischer Belastung (u.a. Verzweiflung und Gefühle, von Gott verlassen worden zu sein) sowie das Nicht-Einhalten von medizinisch notwendigen Behandlungsmaßnahmen vor dem Hintergrund religiöser Gebote und Vorschriften.

Der Stand der Forschung zeigt zunächst, dass religiöse und spirituelle Krankheitsverarbeitung zu den häufigsten Krankheitsverarbeitungsstilen bei Krebspatienten im Vergleich zu anderen Verarbeitungsstrategien (z.b. Informationssuche) zählen (Sherman et al., 2001). In Studien berichten zwischen 34% und 86% von körperlich kranken Patienten, dass sie auf religiöse und spirituelle Kognitionen in Umgang mit ihrer Erkrankung zurückgreifen (Thuné-Boyle et al., 2006) und ein Drittel bis etwa die Hälfte der befragten Patientengruppen äußern das Bedürfnis nach Unterstützung und Austausch über Themen wie Hoffnung, Spiritualität, Lebensziele, Lebenssinn, Sterben und Tod (Ginsburg et al., 1995; Moadel et al., 1999; Xuereb & Dunlop, 2003). Patienten, denen ihr Glaube und ihre Spiritualität bei der Bewältigung der Erkrankung geholfen hatte, erlebten ihren Glauben, das Gefühl der Verbundenheit mit Gott und die Ausübung religiöser Rituale als moralische Stütze und eine

Quelle der Hoffnung, die ihnen (religiöse) Identität und Sinn vermittelte (Fehler & Maly, 1999; Saleh & Brockopp, 2001).

Insgesamt ist der Stand der empirischen Forschung zum Einfluss spiritueller und religiöser Krankheitsverarbeitung auf das psychische Befinden und die Lebensqualität der Patienten sehr heterogen, wie eine Übersichtsarbeit von Thuné-Boyle et al. (2006) zeigt. So weisen sieben von insgesamt 17 Studien auf positive Zusammenhänge hin, insbesondere auf eine Reduktion von psychischer Belastung, ein höheres emotionales Wohlbefinden und eine höhere Lebenszufriedenheit. Weiterhin zeigte sich, dass regelmäßige Kirchenbesuche und weitere religiöse und spirituelle Aktivitäten mit einer Reduktion von Ärger, sozialer Isolation und einer positiven Stimmung in Zusammenhang standen. Vier Studien fanden dagegen negative Zusammenhänge, insbesondere eine erhöhte psychische Belastung, eine schlechtere Anpassung an die Erkrankung, eine geringere Lebenszufriedenheit sowie ein geringeres emotionales und psychosoziales Wohlbefinden. Die übrigen Studien konnten keine Zusammenhänge aufzeigen.

Kritisch ist allerdings zu diskutieren, dass die Mehrzahl der Studien ein querschnittliches Forschungsdesign hatten und in den USA und Kanada durchgeführt wurden, d.h. in Ländern, in denen sich die Zugehörigkeit zu religiösen Glaubensgemeinschaften von anderen Ländern z.B. in Europa oder Asien stark unterscheidet. So halten 83% der Amerikaner im Gegensatz zu 49% der Europäer Gott für wichtig in ihrem Leben (Gallup International Millenium Survey, 2000). In den USA besuchen 47% der Allgemeinbevölkerung regelmäßig Glaubensstätten und 91% glauben an eine höhere Macht. In Großbritannien besuchen 12% der Allgemeinbevölkerung regelmäßig die Kirche; 21% haben einen „sicheren" Glauben an Gott und weitere 51% sind überzeugt, dass sie in „irgendeiner Form" an eine höhere Macht oder etwas Ähnliches glauben (Social Trends, 2000). Insofern können die bisherigen Forschungsergebnisse nur eingeschränkte Gültigkeit haben.

4. Psychosoziale Interventionen mit dem Fokus auf Spiritualität und Lebenssinn

Seit einigen wenigen Jahren wächst die Zahl an Forschungsarbeiten, die sich mit der Entwicklung von Interventionen zu Sinnfindung und Spiritualität beschäftigen. Sie konzentrieren sich meist auf den Bereich der

Palliativmedizin, da diese Themen für viele Patienten in den letzten Monaten und Wochen des Lebens an Bedeutung gewinnen. Die Zielsetzungen psychosozialer Interventionen bei körperlich schwer kranken Patienten unterscheiden sich in vielen Punkten von psychotherapeutischen Interventionen bei körperlich gesunden Patienten. Sie zielen vor allem auf die Stärkung des Selbstwertgefühls, auf die Würdigung von Stärken und Errungenschaften im Leben des Patienten, auf die Verringerung von Gefühlen von Einsamkeit, auf die Stärkung der Bindung zwischen dem Patienten und der Familie, auf die Klärung von Missverständnissen und (Fehl-)Erwartungen in der Behandlung, auf die Unterstützung adaptiver Bewältigungsbemühungen und die Mobilisierung innerer Ressourcen bei Patienten wie Angehörigen, weiterhin auf Themen wie Trennung, Verlust, Tod oder Angst vor dem Unbekannten und die Integration der gegenwärtigen Situation der Erkrankung und des Abschiednehmens in ein Kontinuum an Lebenserfahrungen.

Die therapeutischen Ansätze haben ihre theoretische Fundierung in philosophischen Weltanschauungen, in der Logotherapie, seltener auch in spirituellen und religiösen Konzepten (u.a. in buddhistischen Philosophien). Die Fähigkeit zur Selbsterkenntnis, Freiheit und Verantwortung, die Suche nach Sinn oder das Bewusstsein über den Tod und die Nicht-Existenz sind Basis der existenziellen Psychotherapie, wie sie beispielsweise von Viktor Frankl und Irvin Yalom beschrieben wird. Beide Psychotherapeuten heben in ihren Arbeiten die Einzigartigkeit jedes Menschen hervor und zeigen tiefes Verständnis für sein Ringen mit Unglück, Leid und den tragischen Gegebenheiten des Lebens. Die Logotherapie zielt auf geistige Ressourcen, mit deren Hilfe sich Menschen selbst noch angesichts von Leid, Schuld und Tod zu den Möglichkeiten eines sinnerfüllten Daseins durchringen können (Frankl & Lapide, 2005). Sie ist eine eigenständige psychotherapeutische Richtung („dritte Wiener Psychotherapie"), die Sinnmotivation, Freiheit, Würde und Verantwortung in den Mittelpunkt stellt. Dabei ist Religiosität für Frankl Ausdruck der menschlichen Suche nach Sinn und als Ausdruck der Sinnsuche ebenso wenig reduzierbar und hinterfragbar wie die Sinnsuche selbst. Die Logotherapie gesteht der Religiosität die legitime Rolle zu, die sie im Leben des Einzelnen spielen mag oder nicht, hält sie aber weitgehend aus der angewandten Therapie heraus, weil dies nach Meinung Frankls angesichts der weltanschaulichen Zurückhaltung des Arztes und Therapeuten angezigt ist.

Als neuere existenzielle Psychotherapien bei chronisch Kranken sind vor allem die kognitiv-existenzielle Gruppentherapie von Kissane et al. (1997), Interventionen zur Erhaltung von Würde bei schwer- und todkranken Patienten von Chochinov (2002) sowie die von Breitbart et al. (2004) entwickelte sinnzentrierte Psychotherapie zu nennen. Diese Interventionen zielen darauf, Patienten mit einer fortgeschrittenen Erkrankung darin zu unterstützen, Lebenssinn und ein Gefühl inneren Friedens zu finden sowie das Gefühl der Würde des Patienten zu erhalten. Sie zielen auf die Förderung eines unterstützenden sozialen Umfelds, auf die Erleichterung des Ausdrucks von Trauer, auf eine Umstrukturierung negativer Gedanken, auf die Verbesserung von Krankheitsbewältigung sowie auf die Förderung von Hoffnung. Ein weiteres wichtiges Ziel dieser Interventionen ist die Erarbeitung von Zielsetzungen für die Zukunft. Die existenziellen Psychotherapien fokussieren insgesamt vor dem Hintergrund einer Auseinandersetzung mit der unausweichlichen Realität des Todes auf die Wiederteilhabe am alltäglichen Leben. Indem die Person gefordert wird, Sinn und Bedeutung in ihrem Leben und ihren Beziehungen zu finden und kontinuierlich danach zu suchen, wird die Kostbarkeit des Augenblicks, der Gegenwart und dessen, was einzigartig und wertvoll im Leben jedes einzelnen Patienten war und ist, wertgeschätzt.

Literatur

Bower, J. E., Meyerowitz, B. E., Desmond, K. A., Bernaards, C. A., Rowland, J. H., Ganz, PA. (2005). Perceptions of positive meaning and vulnerability following breast cancer: predictors and outcomes among long-term breast cancer survivors. Annals of Behavioral Medicine, 29, 236-45.

Breitbart, W. (2002). Spirituality and meaning in supportive care: spirituality-and meaning-centered group psychotherapy interventions in advanced cancer. Support Care Cancer, 10, 272-80.

Breitbart, W., Gibson, C., Poppito, S. R., Berg, A. (2004). Psychotherapeutic interventions at the end of life: a focus on meaning and spirituality. Canadian Journal of Psychiatry, 49, 366-72.

Büssing, A., Ostermann, T., Koenig, H. G. (2007). Relevance of religion and spirituality in German patients with chronic diseases. International Journal of Psychiatry Medicine, 37, 39-57.

Caress, A. L., Luker, K. A., Owens, R. G. (2001). A descriptive study of meaning of illness in chronic renal disease. Journal of Advanced Nursing, 33, 716-27.

Chi, G. C. (2007). The role of hope in patients with cancer. Oncology Nursing Forum, 34, 425-424.

Chochinov, H. M. (2002). Dignity-conserving care – A new model for palliative care. JAMA, 287,2253-2260.

Degner, L. F., Hack, T., O'Neil, J., Kristjanson, L. J. (2003). A new approach to eliciting meaning in the context of breast cancer. Cancer Nursing, 26, 169-78.

Feher, S. & Maly, R. C. (1999). Coping with breast cancer in later life: The role of religious faith. Psychooncology, 8, 408-416.

Fitchett, G. & Handzo, G. (1998). Spiritual assessment, screening, and intervention. In: J. Holland (Hrsg.). Psycho-Oncology (S. 790–808). New York: Oxford University Press.

Folkman, S. (1997). Positive psychological states and coping with severe stress. Social Science and Medicine, 45, 1207-1221.

Folkman, S. & Greer, S. (2000). Promoting psychological well-being in the face of serious illness: when theory, research and practice inform each other. Psycho-Oncology, 9(1), 11-9.

Frankl, V.E., Lapide, P. (2005). Gottsuche und Sinnfrage (2. Aufl.). Gütersloh: Gütersloher Verlagshaus.

Ginsburg, M.L., Quirt, C., Ginsburg, A.D., MacKillop, W.J. (1995). Psychiatric illness and psychosocial concerns of patients with newly diagnosed lung cancer. Canadian Medical Association Journal, 152 (5), 701-8.

Holland, J. C. & Reznik, I. (2004). Pathways for psychosocial care of cancer survivors. Cancer, 104, 2624-37.

Kissane, D. W., Bloch, S., Miach, P., Smith, G. C., Seddon, A., Keks, N. (1997). Cognitive-existential group therapy for patients with primary breast cancer – techniques and themes. Psychooncology, 6, 25-33.

Kylma, J. (2005). Dynamics of hope in adults living with HIV/AIDS: a substantive theory. J Adv Nurs, 52, 620-30.

Lazarus, R.S. & Folkman, S. (1984). Stress, appraisal, and coping. New York: Springer.

Mc Cormick, T. R. & Conley, B. J. (1995). Patients' perspectives on dying and on the care of dying patients. Western Journal of Medicine, 163, 236–243.

Mehnert, A., Lehmann, C., Cao, P., Koch, U. (2006). Die Erfassung psychosozialer Belastungen und psychosozialer Ressourcen in der Onkologie – Entwicklungstrends und Screeningmethoden. Psychotherapie Psychosomatik Medizinische Psychologie, 56, 462-79.

Moadel, A., Morgan, C., Fatone, A., Grennan, J., Carter, J., Laruffa, G., Skummy, A., Dutcher, J. (1999). Seeking meaning and hope: self-reported spiritual needs among an ethnically-diverse cancer patient population. Psychooncology, 8, 378-385.

Murillo, M., Kissane, D., Mehnert, A. (2006). Psychische Belastungen, ihre Verarbeitung und psychologische Unterstützungsmöglichkeiten bei Patienten mit terminalen Erkrankungen. In U. Koch, K. Lang, A. Mehnert & C. Schmeling-Kludas (Eds.)., Die Begleitung schwer kranker und sterbender Menschen. Grundlagen und Anwendungshilfen in der Palliativversorgung (S. 65-78). Stuttgart: Schattauer.

Puchalski, C. & Romer, A. L. (2000). Taking a spiritual history allows clinicians to understand patients more fully. Journal of Palliative Medicine, 3, 129–137.

Saleh, U. S. & Brockopp, D. Y. (2001). Hope among patients with cancer hospitalized for bone marrow transplantation: a phenomenologic study. Cancer Nursing, 24, 308-314.

Shafranske, E. P. (1996). Religion and the clinicalpractice of psychology. Washington DC: American Psychological Association.

Sherman, A. C., Simonton, S., Adams, D. C., Latif, U., Plante, T. G., Burns, S. K., Poling, T. (2001). Measuring religious faith in cancer patients: reliability and construct validity of the Santa Clara Strength of Religious Faith questionnaire. Psychooncology, 10, 436-43.

Thune-Boyle, I. C., Stygall, J. A., Keshtgar, M. R., Newman, S. P. (2006) Do religious/spiritual coping strategies affect illness adjustment in patients with cancer? A systematic review of the literature. Social Science & Medicine, 63, 151-64.

Westlake, C. & Dracup, K. (2001). Role of spirituality in adjustment of patients with advanced heart failure. Progress in Cardiovascular Nursing, 16, 119-25.

Xuereb, M.C. & Dunlop, R. (2003). The experience of leukaemia and bone marrow transplant: searching for meaning and agency. Psychooncology, 12(5), 397-409.

Holotropes Atmen zwischen Psychotherapie und Spiritualität. Heilung und Öffnung durch veränderte Bewusstseinszustände

Sylvester Walch

Wenn wir dort, wo wir sind, auch wahrhaftig anwesend sind, stiften wir Frieden, lehrt uns das Tao Te King (vgl. Laotse, 1952).

Vor etwa 20 Jahren hatte ich als Teilnehmer einer von Stanislav Grof geleiteten Atemsitzung ein eindrucksvolles Erlebnis. Ein Gruppenmitglied fiel in einen extremen Zustand. Sie zitterte über Stunden hinweg am ganzen Leib, stieß immer wieder furchtbare Schreie aus und wurde wie von Energiewellen geschüttelt. Gegen ein Uhr nachts, als die anderen Gruppenmitglieder längst den Gruppenraum verlassen hatten und ich alleine mit Stanislav Grof noch neben ihr saß, verebbten allmählich die Bewegungen, es entspannte sich ihr Körper mehr und mehr und plötzlich kehrte tiefer Frieden ein. Stan brachte ihr eine Tasse Tee. Sie trank ihn, lächelte und sagte: „Danke, dass ihr bei mir geblieben seid. Ich bin glücklich und voller Liebe!"
Am nächsten Morgen, als wir über Heilmechanismen diskutierten, betonte er:
„Beim holotropen Atmen geht es darum, dass wir dem inneren Prozess, der Inneren Weisheit, vertrauen und nicht mit unseren Konzepten im Wege stehen."
Welch eine Herausforderung für einen gründlich ausgebildeten Psychotherapeuten. Nach dem nächtlichen Erlebnis verstand ich, was er damit meinte.

Stanislav Grof, mein verehrter Lehrer, hat dem holotropen Atmen (vgl. u.a. Grof, 1978, 1985 u. 1987; Walch, 2002) zu einer herausragenden Stellung innerhalb der transpersonalen Psychologie und Psychotherapie verholfen, weil es, wie kaum eine andere Methode, den transpersonalen Bewusstseinsraum für Heilung, Entwicklung und spirituelle Orientierung nützt.

Die Transpersonale Psychologie hat herausgefunden, dass Erkenntnisse von Menschen, die die Grenzen des alltäglichen Bewusstseins überschritten haben, außerordentlich bedeutsam für das Verstehen von „Sein und Werden" sind.

James (1982, S. 366) unterstreicht deshalb, dass der alltägliche Wachbewusstseinszustand, das rational - empirische Bewusstsein „...nur ein besonderer Typ von Bewusstsein ist, während überall jenseits seiner, von ihm durch den dünnsten Schirm getrennt, mögliche Bewusstseinsformen sind, die ganz andersartig sind... und unser Sein tief beleben können"

Beschreibung des holotropen Atmens

Das holotrope Atmen (holotrop heißt, auf Ganzheit ausgerichtet sein) führt uns durch diese Membran hindurch. Es basiert auf der Einsicht, dass veränderte Bewusstseinszustände nicht generell krankhaft sind, sondern dass durch sie tief greifende Heilungs- und Transformationsprozesse möglich sind. Im Zusammenspiel von beschleunigter Atmung (Hyperventilation), unterstützender Musik und prozessorientierter Körperarbeit werden die Grenzen des empirischen Alltagsbewusstseins geöffnet und psychische Barrieren (Widerstände) herabgesetzt, um bedeutsames seelisch-geistiges Material freizusetzen. Es werden also mit psychologischen Mitteln freiwillig veränderte Wachbewusstseinszustände induziert.

Verlauf einer Atemsitzung in der Gruppe:
Der Gruppenraum ist abgedunkelt, und Arbeitsinseln mit Matten, Kissen, Decken etc. wurden vorbereitet. Die Gruppenmitglieder haben sich in Paaren zusammengefunden, ein Erfahrender und ein Begleiter. Die Rollen werden dann in der nächsten Atemsitzung gewechselt. Der Begleiter, hier Sitter genannt, hat die Aufgabe, darauf zu achten, dass der Erfahrende, der mit geschlossenen Augen in einem Trancezustand auf dem Rücken liegt, sich sicher fühlen kann. Er gibt auch nährenden Beistand oder kraftvollen Widerstand, je nachdem, was der Erfahrende im Prozess gerade braucht. Es kann aber auch sein, dass er während der ganzen Sitzung ruhig und aufmerksam daneben sitzt. Sitter berichten immer wieder, dass im Dienen und Helfen ihr eigener Prozess sinnvoll ergänzt wird. Zu Beginn der Sitzung wird eine Entspannungsübung durchgeführt, um sich leichter öffnen und loslassen zu können. Am Ende der Entspannungsübung werden die Teilnehmer aufgefordert, einfach

schneller und dynamischer zu atmen und alles zuzulassen, was sich an Körpergefühlen, Bildern, Tönen und Bewegungen einstellt.

Die Beeinflussung des Atemrhythmus wurde seit alters her in den unterschiedlichsten Mysterienschulen praktiziert, um tiefere Selbsterkenntnis zu erlangen. In der Geschichte der Psychotherapie hat uns vor allem Wilhelm Reich darauf aufmerksam gemacht, dass sich Widerstände gegen bedrohliche psychische Inhalte über die Blockierung des Atems aufbauen. Umgekehrt kann schnelleres Atmen Widerstände öffnen und das Erleben erweitern. Das EEG zeigt in der Hyperventilation vorwiegend Theta- und Deltawellen, die nach Johannes Holler (vgl. Holler, 1991) auf die Aktivierung von Selbstheilungskräften und visionären Fähigkeiten hinweisen.

Es scheint auch so zu sein, dass durch das Holotrope Atmen einerseits die Erregbarkeit der Nervenzellen im Gehirn zunimmt und andererseits hemmende Faktoren, die normalerweise der Informationsverarbeitung im Alltag dienen, gelockert werden. Im durchschnittlichen Wachbewusstseinszustand werden eingehende äußere wie innere Informationen fortlaufend mit Gedächtnisspuren verglichen und durch vergangene Erfahrungen interpretiert. Nicht dazupassendes Material wird ausgefiltert, um die Komplexität zu reduzieren. Man muss sich nur vorstellen, dass in einer Sekunde ca. 11 Millionen Sinneseindrücke auf uns einwirken, wovon ca. 40 bewusst verarbeitet werden können. Im veränderten Bewusstseinszustand wird der Filter durchlässiger.

Der Prozess wird durch evokative Musik noch weiter intensiviert. Im ersten Teil der Atemsitzung eher schnellere Rhythmen wie Trommelmusik, um das Atmen zu unterstützen, danach dramatische Stücke aus dem Bereich der ethnischen, klassischen oder filmischen Musik, im letzten Drittel eher integrierende, langsame oder spirituelle Musik. Musik fördert Bewegung, Dynamik, Kreativität und Ruhe. Sie öffnet die individuellen und kollektiven Archive des Menschen, macht Spannungen deutlicher, löst inneres Chaos in dynamischer Weise auf und lässt verborgene Harmonien hervortreten. Die Musik suggeriert nicht Inhalte, sondern überwindet Widerstände und verstärkt relevantes psychisches Material. Es baut sich allmählich ein dynamisches Atemfeld auf, ein gemeinsamer Erfahrungsraum, aus dem heraus individuell ganz unterschiedliche Eindrücke verarbeitet werden. Der eine atmet laut, schreit oder führt starke Bewegungen aus, ein anderer geht tief nach innen und wirkt von außen ganz weit weg. Im holotropen BWZ verlagert sich die Regie von der kognitiven Vorherrschaft auf die Instanz einer Inneren Weisheit. Die Person, das Ich, nimmt mehr die Position des Zeugen der Erfahrung ein und überlässt das aktive Handeln dem inneren Geschehen. Die Zensur und Kontrolle sind stark gelockert, sodass flüssig, assoziativ und spontan fluktuierendes Material aus tieferen Schichten der Seele ins Bewusstsein strömt. Es ist eine Trance, vergleichbar mit kraftvollen Traumsequenzen, in der sich kaleidoskopartig Assoziationen verdichten, Bilder ablaufen und zugehörige Körperresonanzen einstellen. Tief sitzende Spannungen und konfliktbehaftete Anteile der Psyche werden durch das holotrope Atmen so heftig aufgeladen, dass sie von der Peripherie des Unbewussten in das Bewusstsein drängen.

Dabei kann es auch zu äußerst authentischen Regressionen kommen, die bis weit hinter die lebensgeschichtlichen Wurzeln zurückreichen. Die Gedächtnisforschung geht heutzutage auch von pränatalen Erinnerungsspuren aus, lockere neuronale Verknüpfungen im limbischen System, auf die wir normalerweise keinen Zugriff haben. Sie spricht von einem impliziten oder unbewussten Gedächtnis. Das Zeitbewusstsein ist verändert, die Denkprozesse sind bildhafter und ganzheitlicher, weniger zerlegend und die Emotionen sind fließender, sinnhafter und runder, weniger blockiert. Die körperlichen Empfindungen sind direkter und lösen schneller die dazupassenden Vorstellungen und Bilder aus.

Das holotrope Atmen wirkt sich auf mehreren Ebenen aus:

* Selbstheilungskräfte werden mobilisiert.
* Tief verborgene, abgespaltene und verdrängte Inhalte der Seele lassen sich – weit über die Biografie hinaus - intensiv erleben. Damit wird die Lösung hartnäckiger emotionaler Probleme erleichtert.
* Heilung und Öffnung passieren dabei gleichzeitig, denn mit der fortschreitenden Beseitigung von innerseelischen Barrieren weitet sich die Wahrnehmung unserer Tiefenstrukturen.
* Reste missglückter Drogenerfahrungen, spiritueller Krisen und spontaner Zustände veränderten Bewusstseins können nutzbringend integriert werden.
* Die Welt der kollektiven Archetypen wird in individuellen seelischen Prozessen transparent.
* Sinnfragen werden beantwortet.
* Es eröffnen sich mystische und spirituelle Dimensionen.
* Ressourcen aus dem universellen Bewusstseinsraum – wie pulsierende und alles durchdringende Liebe - werden zugänglich.

- Therapeuten, die selbst durch diesen Erfahrungsprozess gegangen sind, erleben sich angstfreier und kompetenter in der Begleitung spontaner außergewöhnlicher Bewusstseinszustände in der Therapie.

Was ist nun die Rolle der Gruppenleiter, die - das soll von vorneherein betont werden - klinisch erfahren und umfassend therapeutisch ausgebildet sein sollen? Sie gehen aufmerksam durch den Raum und unterstützen das Geschehen, zunächst zumeist innerlich, indem sie sich als Teil einer größeren Einheit verstehen, sozusagen als Assistenten der Inneren Weisheit.

Der Gruppenleiter übernimmt einerseits eine steuernde und schützende Funktion in der äußeren Realität, andererseits wirkt er durch Zentrierung, Resonanz, Intuition und Spontaneität. Dabei relativiert er seine eigenen Heilungskonzepte am Wirken der selbstregulatorischen Kräfte.

Stan Grof (1993, S. 284) führt dazu aus:
„Der Therapeut ist kein aktiv Handelnder, der die Veränderungen im Klienten durch bestimmte Interventionen verursacht, sondern jemand, der intelligent mit den inneren Heilungskräften des Klienten kooperiert."

Der Therapeut wird dann aktiv, wenn etwa der zu Begleitende den Therapeuten ruft, bei Aggressionsausdruck Widerstand erforderlich ist oder nährende Unterstützung gesucht wird. Die ganzheitliche Leibarbeit führt den inneren Prozess über Blockierungen hinweg, fokussiert das Erleben und ermöglicht dadurch den Ausdruck zurückgenommener Impulse. Chronifizierte Spannungen, die häufig zu Stagnationen und einem Gefühl des Feststeckens im Leben führen, lassen sich damit auflösen und integrieren.

Eine Atemsitzung dauert in der Regel zwischen zwei und vier Stunden. Am Ende, wenn der Erfahrende zurückkommt und sich in Ordnung fühlt, verarbeitet er seine Erfahrungen noch mit intuitiven Malen, das einerseits die inneren Bilder widerspiegelt, aber auch auf einer symbolischen Ebene zu einer weiteren Integration des Erlebten beiträgt.

Die Erfahrenden verlassen dann einzeln den Raum, wenn für sie der Prozess wirklich abgeschlossen ist. Das heißt in der Konsequenz, und darauf legte Grof allergrößten Wert, dass es keine festgelegten Zeiten gibt, wann eine Atemsitzung fertig ist. Der Erfahrende kann sogar Schaden davontragen, wenn er durch den Gruppenleiter zu früh aus dem Prozess herausgeholt wird. Denn was begonnen wurde, soll auch organisch zu Ende geführt werden.

Die Erfahrungen aus den Atemsitzungen werden später in der Gruppe besprochen, sodass das Erlebte sinnvoll auf den Alltag bezogen werden kann. Im Vordergrund steht dabei das intuitive Sinnverstehen, weniger das Erklären oder Interpretieren. Es ist besonders wichtig, Geduld aufzubringen, wenn Unklares und Unverstandenes zurückbleibt, denn es kann oft Monate dauern, bis sich eine Erfahrung vollständig enthüllt. Durch regelmäßige Meditationen und Rituale kann die Prozessarbeit weiter abgerundet werden.

Man kann vielleicht schon erahnen, dass das holotrope Atmen ohne ein tiefes Vertrauen in das, was geschieht, also in die grundsätzliche Sinnhaftigkeit des Inneren Prozesses, nicht auskommen kann. Wir kommen nur so weit, wie unsere Hingabe und unser Mut, auf die Innere Weisheit zu hören, reichen.

Die Innere Weisheit

Die Idee von der Inneren Weisheit ist im holotropen Atmen von zentraler Bedeutung. Im Folgenden soll kurz das dahinterstehende Selbstkonzept, das personale und transpersonale Ansätze verbindet, erläutert werden.

Für die personale Psychologie bezieht sich das Selbst einerseits auf den Gesamtumfang der Person, also die Summe der Selbstrepräsentanzen, und andererseits auf den wesenhaften Kern, also das, was den Menschen im Innersten zusammenhält. Es stellt eine zentrale Repräsentanz des Individuums dar, die durch ihre beständigen Integrationsleistungen das Gefühl einer erlebten Einheit, also die Gewissheit vermittelt, durch alle Veränderungen hindurch, gestern, heute, morgen, mit sich identisch und ein zusammengehöriges Ganzes zu sein. Für die transpersonale Psychologie zeigt sich das Selbst jedoch nicht allein auf die Persönlichkeit bezogen, sondern auch in seiner Offenheit hin zum Überpersönlichen.

Bildlich gesprochen ist im innersten Kern unserer Persönlichkeit eine Öffnung, durch die das transpersonale Selbst hindurch scheint: Es trägt nach Leibniz den „Funken des Kosmos" in sich und kann nach C.G. Jung auch als „Gott in uns" (C.G. Jung, 1971, S. 134f) bezeichnet werden:

„Dieses Etwas ist uns fremd und doch so nah, ganz uns selber und uns doch unerkennbar, ein virtueller Mittelpunkt von geheimnisvoller Konstitution,... (Er) könnte ebenso wohl als 'Gott in uns' bezeichnet werden. Die Anfänge unseres ganzen seelischen Lebens scheinen unentwirrbar aus diesem Punkt zu entspringen, und alle höchsten und letzten Ziele scheinen auf ihn hinzulaufen."

Wilber (2001, S. 125) sieht

„...tief innerhalb des Persönlichen...das Transpersonale, das eine weit über das Personale hinausträgt: immer innerhalb und zugleich darüber hinaus."

Und Emerson (vgl. Schoen, 1995) spricht von der Einfachheit und Transzendenz der tiefen Kraft, in der wir existieren.

Für Erich Neumann (In: Ludwig-Körner, 1992, S. 434) ist das transpersonale Selbst das „dirigierende Zentrum, von dem alle Prozesse angestoßen, geleitet, kontrolliert und ausbalanciert werden und das Selbst ist sowohl für das Psychische wie das Physische transzendent."

Dort, inmitten unseres Wesens, will sich der evolutionäre Drang des Universums nach Optimierung seinen Weg bahnen, eine innere Lebenskraft, die zur fortschreitende Ganzheit und zur Verwirklichung drängt.

Das personale Selbst ist im transpersonalen aufgehoben, in einem doppelten Sinne, sowohl beherbergt als auch überschritten. Das transpersonale Selbst dient als Brücke zwischen dem existenziellen Selbstbewusstsein und dem transpersonalen Einheitsbewusstsein. Über diese Brücke kommuniziert das letzte Geheimnis mit uns. Diese Innere Weisheit - eine Quelle von Heilung und Inspiration - fördert und formt unser Leben.

Erfahrungsspektrum

Das holotrope Atmen ist mehr als eine psychotherapeutische Methode, denn es bietet neben der intensiven Katharsis, der Bearbeitung von psychischen Problemen und der Integration von Schattenaspekten, die Entdeckung von Ressourcen im transpersonalen Raum. Es ist auch eine Basis für spirituelle Öffnungen und mystische Erfahrungen. Das mehrdimensionale Erfahrungsspektrum, auf das ich nun näher eingehen werde, zeigt auf, wie beim holotropen Atmen Therapie und Spiritualität zueinander finden.

Beim Eintritt in den veränderten Bewusstseinszustand kommt es häufig zu sensorischen oder körperlichen Empfindungen wie etwa Farben- und Figurensehen, Geräusche wie das Zirpen von Grillen oder Glocken läuten und Entladungen von körperlichen Spannungen. Auch wenn im Folgenden unterschiedliche Erfahrungsebenen herausgestellt werden, gibt es fließende Übergänge und in einer Sitzung können auch mehrere Ebenen durchlebt werden.

Personale und psychodynamische Erfahrungen

Diese Ebene von Erfahrungen, die uns in der personalen Psychotherapie vertraut ist, bezieht sich auf die Lebensgeschichte, bis in die früheste Kindheit zurück. Im Unterschied zu einer gesprächsorientierten Therapie wird das psychische Material im holotropen Atmen authentischer, intensiver und leibnäher wahrgenommen.

Wenn zum Beispiel jemand in früher Kindheit geschlagen wurde, erlebt er sich augenblicklich in dieser Bedrohungssituation, spürt die Angst, zittert am ganzen Leib und kann sogar blutunterlaufene Striemen zeigen. Es werden dabei jedoch nicht nur die erlebten Gefühle wie Angst, Ohnmacht, Schmerz und Traurigkeit direkt spürbar, sondern es können auch die damals nicht ausgedrückten Reaktionen und Impulse, wie zum Beispiel heftige Wut, aufkommen und ausgelebt werden.

Dazu eine Erfahrung:
„ ...Ich sah meinen Vater, wie er sich über mich bückte, der ich als etwa 2-jähriger schlafend in meinem Bettchen lag, und mich wach prügelte. Ich fühlte ohnmächtige Wut und konnte auch einen Gutteil davon wüst schreiend ausagieren; wieder sehr erschöpft ruhte ich mich noch etwas aus.... Bei der Trommelmusik erlebte ich mich selbst als sehr geübten und geschickten Trommler und erfuhr mich als kraftstrotzend und energiegeladen. Irgendwie spürte ich den Zusammenhang zwischen dem Atem und der Energie, die er generiert...“

Die veränderten Bewusstseinszustände aktivieren das Unbewusste und setzen diese Energien frei. Ihre Entladung führt zu einer weitgehenden Entlastung und Entspannung des psychischen Systems, auch wenn die Zusammenhänge noch unzureichend verstanden werden. Dabei können plötzlich Verschiebungen von einer pathologischen Dynamik zu einer heilsamen positiven Selbstorganisation stattfinden.

Wir wissen, dass emotionales Lernen subkortikal im limbischen System stattfindet. Dieses ist etwas schwerfälliger als die assoziativen und kognitiven Bahnungen in der Großhirnrinde. Deshalb bedarf es zur Lösung der emotionalen Gebundenheit eines inneren Aufruhrs, um die unbewussten limbischen Netzwerke zu verändern. Nur das Abrufen von Kognitionen führt nicht zum Ziel, weil die unbewusste emotionale Fixierung bestehen bleibt.

Die Begleiter unterstützen das vollständige Durchleben dieser dramatischen Situationen etwa durch Halten oder Gegendruck, um die Spannung zu erhöhen, bis es zu einer vollkommenen Entladung kommt oder bieten emotional korrigierende Erfahrungen (wärmenden Körperkontakt) an. So können tief greifende Verletzungen heilen.

Im tiefsten Punkt der kränkenden Erfahrung ist die Lösung zu finden, und dort stoßen wir gleichzeitig auf heilende Kräfte des transpersonalen Selbst. Deshalb auch die Anweisung beim holotropen Atmen: Geh tiefer in das, was ist.

Die mögliche Kritik einer sekundären Traumatisierung trifft m.E. nicht zu, da, wie erwähnt, die Gesamtsituation auf Sicherheit, Ausdruck, Integration und Heilung ausgerichtet ist. Das holotrope Atmen öffnet zudem die Ressourcenspeicher und aktiviert die Selbstheilungskräfte, wie schon weiter vorne erwähnt wurde, sodass dissoziierte Fremdkörper der Seele als narrative Lebensskripte integriert werden können.

Durch das holotrope Atmen können auch chronische Defizite von Wärme, Geborgenheit und Liebe im Sinne von Erholungsregressionen sehr gut ausgeglichen und neue innere Strukturen wie Urvertrauen, Selbstgewissheit und Daseinsgewissheit aufgebaut werden, wie das Wiedererleben einer traumatischen Krankenhauserfahrung in einer Atemsitzung zeigt:

„Ich ... spüre Kälte außen, meine Haut wird eisig, ich sehe oder fühle messerklingenscharfe Hacken, Skalpell, eisiges Licht, ich bin angeschnallt, spüre enge Ledergurte und eine harte Schnalle, alleine, angestrahlt von gleißendem Licht, Kälte und Gefühllosigkeit, dumpfer Schmerz im Bauch, Bedrohung und Schmerz, der nimmt mir die Luft weg, ich könnte schreien und kann es nicht. .. Ich vertrage das Nahtmaterial nicht, mein Bauch eitert und schmerzt, es zuckt, blitzt, tut weh, der Sitter gibt mir die Hand auf den Bauch, der Widerstand tut gut, ich presse den Schmerz heraus und versuche zu schreien, mein Bauch tut weh, ich bin so alleine, sie lassen meine Mama nicht zu mir, und die lässt sich das auch noch gefallen... Ich schreie wie noch nie in meinem Leben, plötzlich überrascht mich ein tiefes haltloses Weinen, das ich nicht kontrollieren kann, ich weine über das, was ist und war, jetzt stimmt mein Gefühl, am ganzen Körper ist Traurigkeit, ich bin ganz in mir. Der Sitter hält mich und beschützt mich, endlich ist Schutz da, das Weinen ist bedrohlich, aber nicht steuerbar und heilsam zugleich. Ich bin so dankbar, dass der Sitter da ist..., ohne was zu verlangen, eigenartigerweise habe ich nicht das Gefühl, ihm was schuldig zu sein. Ich kann es nehmen... und es ist nicht mehr so kalt. Mein Körper fühlt sich wund an, zugleich vibriert er und ist offen."

Perinatale und pränatale Erfahrungen

Im holotropen BWZ reichen die Erfahrungen weit über die gewöhnlich erinnerbare Lebensgeschichte hinaus, sodass plötzlich Szenen rund um die Geburt und von noch früher auftauchen und machtvoll an die Oberfläche drängen können. Eine Teilnehmerin beschreibt dies so: „Es ist heiß und eng und unbehaglich. Ich bin gefangen, in mir und überhaupt. So heiß und so eng. Ich spüre einen Druck auf meinem Kopf, und mein Körper reagiert automatisch. Er grunzt und tobt und presst auf diesen Druck. Der Druck wird stärker, und mein Körper presst stärker, und die Kraft kommt, und es presst mich, ich presse mich, Druck und Pressen und Kraft und Zorn und Gewalt und kein Halten mehr, kein Denken mehr, Gewalt, ich muss hier raus, hier raus... Draußen Zorn, Gerüche, Schleim, viel Schleim, in Mund und Nase, Schleim, Gerüche, Licht, Zorn. Die Unterlage ist hart, es kratzt, ich liege am Rücken und schaue ins Licht, schaue in ein Gesicht. Ich werde gewiegt, ich bin immer noch zornig, ich werde getröstet, geschnäuzt, mein Zorn schmilzt dahin, ich bin müde und gleichzeitig empört ob all der Unpässlichkeiten, ich bin müde, es ist angenehm, es ist tröstlich."
Danach sagte sie: „Das war meine Geburt, mein Gott, wie realistisch...Wie konnte das passieren, wieso mir? Ich, die immer die Kontrolle über meinen Körper hatte, wie konnte mein Körper Dinge tun, die ich nicht befohlen habe? Wie erstaunlich."

Das Wiedererleben von unverarbeiteten Geburtserfahrungen kann in einer dramatischen Weise erfolgen. So kann es plötzlich zu Erstickungsgefühlen, Todesängsten, Überlebenskämpfen, sowie Visionen von Dunkelheit oder Eingeschlossensein kommen.

Die massive Konfrontation mit Tod- und Wiedergeburtsprozessen, vor allem beim Durchschreiten der geburtlichen Dramatik, kann auf das Leben eine sehr positive Wirkung haben, weil Ängste abgebaut werden. Geburt und Tod als Wandlungs-, Durchgangs- und Entwicklungsprozesse können dadurch besser verstanden und in den Alltag integriert werden.

Nach dem intensiven Durchleben von Geburtserfahrungen kommt es häufig auch zu Lichtvisionen und dem Gefühl totaler Befreiung. Geburtsphänomene können auch mit den Themen Tod, Sexualität und Spiritualität gekoppelt sein. Die Geburt – ein Schnittpunkt der menschlichen Existenz – vermittelt uns in ihrer leiblichen und bildhaft-symbolischen Dramaturgie einen kleinen Einblick in die Dynamik unserer   Lebensentfaltung.

Aber auch die einzelnen Entwicklungsschritte im Mutterleib sind so einzigartig, dass es einem Wunder gleichkommt. Drei Wochen nach der Zeugung beginnt das Herz zu schlagen und nach acht Wochen sind sämtliche inneren und äußeren Organe angelegt. Dies ist natürlich nicht nur ein rein physiologischer Prozess, sondern auch ein seelischer. Ein Teilnehmer erlebte in dramatischer Weise seine eigene Herzbildung mit. Danach fühlte er sich von freifließender Liebe überschwemmt. Aber auch schwerwiegende negative Erlebnisse, etwa ein Tritt in den Bauch der Mutter während der Schwangerschaft, können erinnert und im geschützten Rahmen der Sitzung heilsam integriert werden. Ein Erfahrender berichtete auch, dass er seine eigene Zeugung miterlebt habe und danach sein Schicksal besser annehmen konnte.

Erfahrungen jenseits der gewöhnlichen Grenzen von Person, Zeit und Raum

Der Erfahrende gewinnt u.a. Einsichten in die umfassenderen Bedingungen der individuellen Existenz, in Schöpfungs- und Entwicklungsprozesse, feinstoffliche Regulationsmechanismen und archetypische Zusammenhänge. Die Vielfältigkeit der Erfahrungen kann nur angedeutet werden, da diese Welt eine schier unendliche Reichweite umfasst (vgl. Walch, 2002).

• Transzendenz von Körper, Raum und Zeit: Dazu gehören außerkörperliche Erfahrungen, wenn sich zum Beispiel jemand von oben sieht oder durchs All fliegend erlebt. Zeitreisen in die Zukunft, oder Jahrhunderte zurück. Besuche von anderen Kontinenten und Kulturen wie etwa das Miterleben eines indianischen Stammesritus.

- Hellsehen: Jemand sah in der Atemsitzung seinen Vater liegend in der Computertomographieröhre, und als er heimkam, stellte sich heraus, dass der Vater genau zu diesem Zeitpunkt einen Hirnschlag erlitt. Auch Präkognitionen wie das Vorhersehen einer neuen Arbeitsstelle oder eines zukünftigen Partners sind neben anderen paranormalen Phänomenen immer wieder vorgekommen.
- Identifikation und Kontakt mit Tieren und Naturformen.
- Verbale Phänomene wie das Sprechen in unbekannten Sprachen.
- Todeserfahrungen
  „Ich werde auf einem Brett von tibetischen Mönchen getragen. Mein Körper ist ganz leicht. Die Mönche singen. Es ist eine Verabschiedung. Ich sehe eine Frau, die sehr weint ... Alles weitet sich, mein Körper fühlt sich noch leichter an. Ich komme ins Licht. Es ist ein ganz tolles und behagliches Gefühl."
  Der Tod wirft seinen Schatten ins Leben, der in der Regel verdrängt wird. Das repräsentative Erleben des Todes kann unbewusste Todesängste lösen helfen und zu mehr Frieden und Gelassenheit im Leben führen.
- Reisen in mythologische Welten.
- Reinigungs- und Heilungsrituale.
- Identifikation mit kollektiven Erfahrungen wie etwa das Schicksal der Juden oder das Einssein mit allen Hungernden dieser Erde.
- Begegnung mit kollektiven Archetypen und Wandlungssymbolen. Dies kann zu einer Integration eines bislang vernachlässigten Persönlichkeitsaspektes führen wie folgende Erfahrung nahelegt:
  „Ich befinde mich im Bauch der Erde, tiefe Erdtöne klingen in mir. Ich habe den Wunsch, mich von meinen Fesseln zu befreien, meine anima zu befreien und zu erlösen. Es ist schwer, die Hindernisse und Ketten, Verbote und Schranken abzuwerfen. Ich tanze einen Befreiungstanz – es ist ein ekstatischer Tanz, der sehr viel Kraft kostet. Neben der starken Anstrengung verspüre ich viel Wut, Trauer, aber auch manchmal Lust. Nach langer Anstrengung ist es soweit – ich fühle mich befreit – zur Frau erwacht... Ich fühle mich verbunden mit allen Frauen – mit dem Weiblichen. Es ist ein großes Glücksgefühl – ein ozeanisches Gefühl..."
  Auch kollektive Rituale wie sie in Übergangszeremonien, Trauerprozessen, schamanischen Reisen und Einweihungsfesten in den verschiedenen Kulturen vorkommen, dehnen ihre innewohnende Wandlungskraft auf jene aus, die im holotropen Zustand damit in Kontakt kommen. Die kollektiven Energien sind scheinbar im Raum anwesend und helfen bei der Durcharbeitung ähnlicher Themen. Der bewusstseinsnahe Zugang zur Menschheits- und Kulturgeschichte und ihrer Innovationsdynamik besitzt eine enorme Heilwirkung.

Spirituelle Erfahrungen

Im spirituellen Erwachen wird der Suchende gefunden, denn er ist für die Offenbarung des Göttlichen bereit. Das kosmische Bewusstsein durchströmt den Menschen, begleitet von intensiven Gefühlen der Liebe, des Glücks, der Demut und der Hingabe. Dabei können sich spontan Antworten auf die Fragen „Wer bin ich, und weshalb lebe ich?", im Sinne eines umfassenden Evidenzerlebnisses, einstellen. Es geht durch und durch. Wir spüren es in unseren Knochen und werden davon tief bewegt. Der Erfahrende erlebt sich von etwas Größerem getragen und verbunden mit allem. Er wird sich des Göttlichen bewusst und bricht von innen her auf. Dies ist nicht nur für die spirituelle Entwicklung von Bedeutung, vielmehr werden dann auch Lebensentscheidungen auf einer breiteren inneren Basis getroffen und ganz generell fühlt sich der Erfahrende freier und ausgeglichener. Den Alltag fasst er nach Herrigel (vgl. Herrigel, 1992) nicht nur anders auf, sondern auch anders an. Die persönliche Entwicklung gewinnt unter dem Einfluss spiritueller Erfahrungen an Fahrt und Radikalität. Weithin bekannt ist auch die kurative Kraft, die von numinosen Erlebnissen ausgeht.

Unter anderem wurden folgende spirituelle Erfahrungsaspekte berichtet:

- Existenzielles Seins- und Sinngefühl verbunden mit universaler Liebe, tiefem Mitgefühl und umfassender Gelassenheit.
- Lichterscheinungen und Flow-Zustände.
- Erfahrungen von All-Einheit und All-Verbundenheit.
- Initiationserlebnisse wie etwa Kundalinierweckungen.
- Innere Schau von Lebenszusammenhängen.
- Konfrontation mit dem Ego und Egotodphänomenen wie z.b. Visionen von zerstückelt werden oder verbrannt werden.
- Öffnung von Chakren.
- Mögliche Gotteserlebnisse wie sie von einer Teilnehmerin berichtet wurden: „… Dann tritt zwischen den aktiven Atemphasen immer wieder Ruhe ein. In diesen Ruhephasen geht der Körper von sich aus einerseits in bestimmte Positionen, und andererseits spüre ich ihn nicht mehr und gleite in andere Bewusstseinszustände still und lautlos hinein… Es ist so viel Licht da, göttliches, strahlendes Licht. Seine Gegenwart ist überwältigend. Die Arme heben sich, und beide Hände legen sich mit den Handrücken über die Stirn und über das dritte Auge. Die Hände schützen mich noch vor der überwältigenden Macht und Schönheit Seines Lichts. Es ist zu viel für mich, und Tränen der Seligkeit, des Überwältigtseins brechen aus… Das ganze Sein ist ausgebreitet, Ihm entgegen. Frieden, Seligkeit, Glück, Liebe, Schönheit, eingetaucht in das Eine, aufgehoben, wie eine Blüte, die sich ganz öffnet, sich Ihm entgegenhaltend… Tränen strömen unentwegt, tiefes Weinen dringt aus dem Innersten, ein hoher,

erschütternder Ton des Weinens steigt gerade und hoch auf in den Himmel. Es ist nicht Schmerz über Irdisches, es ist Erschütterung und Erlösung, die Überwältigung durch Seine Schönheit - unglaublich (der Kopf schüttelt sich leicht hin und her), unglaublich, dass so viel Schönes und Erhabenes existiert, unauslöschlich."

Der Umgang mit Erfahrungen

Erfahrungen aus holotropen Atemsitzungen, wie sie berichtet wurden, haben einerseits eine starke innere Wirkung für die betreffende Person und werden andererseits von Außenstehenden oft äußerst skeptisch aufgenommen. Dies hat damit zu tun, dass die Erfahrung auf eine Außenwelt trifft, die in ihrer weltanschaulichen Voreingenommenheit oft unfähig ist, ihr inneres Wesen begreifen zu können. Wir können nicht Erfahrungen in veränderten Bewusstseinszuständen mit den Kriterien einer szientistisch orientierten Erkenntnistheorie untersuchen. Gefordert ist vielmehr ein hohes Ausmaß an Flexibilität, Einfühlung, Liebe und Achtsamkeit und eine Einstellung, die möglichst frei von Vorurteilen und Ressentiments ist, wie es Metzger (1975, S.12) treffend ausdrückt: "Das Vorgefundene einfach hinnehmen, wie es ist, auch wenn es ungewohnt, unerwartet, unlogisch, widersinnig erscheint und unbezweifelten Annahmen oder vertrauten Gedankengängen widerspricht... Der Sache mit Liebe und Ehrfurcht gegenübertreten, Zweifel und Misstrauen aber gegebenenfalls zunächst vor allem gegen die Voraussetzungen und Begriffe zu richten, mit denen man das Gegebene bis dahin zu fassen versuchte."

Erfahrungen sind lebendige Kunstwerke, die nur über einen inneren Zugang in ihrer Aussage und Botschaft zu enträtseln sind. Auch Problemlösungen sollten nicht vorschnell erzwungen werden, sondern es ist wichtig, die Erfahrung in ihrer inneren Dynamik reifen zu lassen, bis sich von selbst Lösungen ergeben.

Im Umgang mit den berichteten Erfahrungen tritt auch zwangsläufig die Frage auf, inwieweit sie real sind oder ein Kunstprodukt der Phantasie darstellen. Damit stoßen wir an unüberwindliche Hürden. Denn einerseits gibt es viele Erfahrungsberichte, die nachträglich durch Außenbefragungen bestätigt worden sind. Andererseits gibt es natürlich auch Visionen, die eher Bilder im Sinne von Tagträumen sind und sich nicht durch außenreale Begebenheiten bestätigen lassen. Die Frage nach dem Realitätsgehalt von Erinnerungen und Vorstellungen ist so alt wie die Psychotherapie selbst. Denkt man an Freud, so waren es die Verführungsszenen, auf die er seinen Ödipuskomplex aufbaute, die er zunächst für real hielt und später als Phantasien ansah. Wenn man davon ausgeht, dass jedwede Erfahrung eine psychische Realität besitzt und sie dementsprechend behandelt, ist es nicht so wichtig, ob ihr Inhalt wissenschaftlichen Objektivitätskriterien entspricht.

Abschlussbetrachtungen

Das holotrope Atmen oszilliert zwischen therapeutischen und spirituellen Prozessen. Es heilt alte Wunden, löst Verstrickungen, erweitert das Bewusstsein und ist offen für spirituelle Erfahrungen.

Zu welchem Thema uns die innere Weisheit in der Arbeit mit veränderten Bewusstseinszuständen auch immer hinführt, es wirkt sich auf allen Seinsebenen aus, im Hinblick auf mehr Durchlässigkeit, Achtsamkeit, Wahrhaftigkeit und Liebe, sich selbst und anderen gegenüber.

Spiritualität ist kein Privileg einer höheren Bewusstseinsstufe oder einer spirituellen Gemeinschaft, sie gehört zum Wesen des Lebendigen und ist in jedem Moment zugänglich und nie aufdringlich, wenn wir nur etwas tiefer atmen und unser Herz öffnen.

Das Holotrope Atmen verbindet Therapie und Spiritualität im Sinne einer tief greifenden und umfassenden Bewusstseinstransformation - auf dem Wege zur Ganzheit.

Literatur

Grof, S. (1985). Geburt, Tod und Transzendenz. München: Kösel.
Grof, S. (1987). Das Abenteuer der Selbstentdeckung. München: Kösel.
Grof, S. (1993). Die Welt der Psyche. München: Kösel.
Herrigel, E. (1992). Der Zen-Weg. München: O. W. Barth.
Holler, J. (1991). Das neue Gehirn. Südergellersen: Bruno Martin.
James, W. (1997). Die Vielfalt religiöser Erfahrungen. Frankfurt a. Main: Insel.
Jung, C. G. (1971). Die Beziehungen zwischen dem Ich und dem Unbewußten. Olten/ Freiburg i. B.: Walter.
Laotse (1952). Vom Sinn und Leben. Dülmen: Diederichs.
Ludwig-Körner, C. (1992). Der Selbstbegriff in Psychologie und Psychotherapie. Wiesbaden: DUV.
Metzger, W. (1975). Psychologie. 5. Aufl. Darmstadt: Steinkopff.
Schoen, S. (1995). Gestalttherapie und buddhistische Lehren. In Gestaltkritik 2.
Walch, S. (2002). Dimensionen der menschlichen Seele. Düsseldorf: Walter.
Wilber, K. (2001). Integrale Psychologie. Freiamt: Arbor.

Bedeutung der Spiritualität in der Kunsttherapie

Traudl Schottenloher

Spirituelle Dimensionen der Kunsttherapie

Künstlerische Prozesse besitzen die Qualität, ihre Urheber mit sich selbst in Berührung zu bringen. Sie spiegeln das Echte und das Unechte und drängen dahin, zum Wesentlichen vorzudringen. So tragen sie dazu bei, die eigene Wahrheit, das „wahre" oder „höhere" Selbst, zu finden und das Uneigentliche abzulegen. Gleichermaßen heben sie die Grenze auf zwischen „Ich" und „Nicht Ich". Die Versunkenheit in den künstlerischen Prozess kennt keinen Unterschied zwischen Gestaltendem und Gestaltetem.

Das „Auferstehungsprinzip"

Einer der international bekanntesten Gegenwartskünstler, Joseph Beuys, betont in seinem „Auferstehungsprinzip" implizit die spirituelle Dimension von Kunst und Leben: "... die alte Gestalt, die stirbt oder erstarrt ist, in eine lebendige, durchpulste, lebensfördernde, seelenfördernde, geistfördernde Gestalt umzugestalten" (erweiterter Kunstbegriff).

Um diese Selbstverwirklichung leben zu können, muss man zuerst durch den Prozess des Todes gehen. Die Wahrnehmung des Sterbeprozesses erzeugt den Gegenbildprozess, der die Kraft hat, den Sterbeprozess zu überwinden, indem er den Menschen mit seiner „inneren Werdegestalt" verbindet, dem Keim, der in ihm lebt. Beuys verwendet dazu das Beispiel der Pflanze: Die Pflanze stirbt ab, damit der Same zur Reife kommen kann. Damit der Keimling sich entwickeln und wachsen kann, muss der Wasserprozess einsetzen. Das Prinzip des Wassers, das selbst keine Gestalt hat, ermöglicht es dem, womit es in Berührung kommt, seine eigene Gestalt anzunehmen, dem Samen also, seine innewohnende Botschaft zum Tragen zu bringen und zur entsprechenden Pflanze zu werden. Auf der menschlichen Ebene ist das dem Wasser entsprechende Prinzip das Prinzip der Liebe, die Herzen erwärmende Liebe, wie Beuys sie nennt.

Prozessorientierung in der Kunsttherapie

Werden künstlerische Medien therapeutisch eingesetzt, liegt das Transformationspotenzial im gestalterischen Prozess und nicht im künstlerischen Produkt. Entsprechend wird das therapeutische Potenzial in der Kunsttherapie nicht im Werk gesehen, sondern im Weg dorthin, im meist spontanen bildnerisch-kreativen Prozess selbst.

Der kreative Prozess, wie er hier verstanden wird, erschafft etwas Eigenes, etwas Originäres, das von einem selbst stammt, das nicht in Nachahmung entstanden ist und nicht aus dem Motiv heraus, zu gefallen. Es verkörpert vielmehr eine authentische Aussage, die dem Urheber wesentlich ist, die aus seiner eigenen Tiefe heraus wie von selbst entstanden ist und die er ausdrücken bzw. mitteilen möchte. Ist der Schaffende konzentriert, manifestiert sich in diesem Prozess etwas, das die rein persönliche Ebene übersteigt und allgemein menschlichem Empfinden, Erleben, Fragen, Suchen entspricht.

Methodisch gesehen ist für diesen Prozess die freie, spontane Gestaltung besonders geeignet, die keinen Leistungsanspruch stellt, und deren freier Fluss nicht durch intellektuelle Kontrolle gehindert wird.

Die Rolle der schöpferischen Konzentration

Der (therapeutisch begleitete) künstlerische Prozess verkörpert das Potenzial des Auferstehungsprinzips (Beuys). Er kann Transformationen bewirken, die Körper, Psyche und Geist einschließen. Ein Schlüsselpunkt ist dabei m. E. die Konzentration, die der schöpferische Akt von selbst mit sich bringt und die nicht gerichtet, sondern eher frei schwebend ist, weshalb sie auch passive Konzentration genannt wird. Volle Konzentration bedeutet, im Augenblick, in der Gegenwart zu sein, aus dem Strom der Gedanken auszusteigen. In dieser Gegenwärtigkeit, in der nichts vom Wesentlichen ablenkt, ist der Gestaltende ohne Anstrengung mit seinem „wahren Selbst" (Winnicott) verbunden. Durch den Prozess der Rückbindung an sich selbst verstärkt die Kunsttherapie u. a. Selbständigkeit, Selbstvertrauen, Kontakt zu sich selbst, aber auch zu anderen, Fähigkeit zu Selbstregulation, Kreativität, Intuition, Freude, Ausdauer, Einsicht, Kompetenz, Konzentration, Kommunikationsfähigkeit, ein Gefühl der Sinnhaftigkeit.

Die Weisheit des Herzens

Die Fähigkeit, in der Gegenwart zu sein, öffnet das Bewusstsein in mehrere Richtungen: Sie verbindet sowohl mit dem persönlichen wie kollektiven Unbewussten als auch mit dem kosmischen Bewusstsein oder dem „Überbewusstsein". Volle Konzentration oder in der Gegenwart sein bedeutet Stille der Gedanken. Die schöpferische Pause vom alltäglichen Gedankenschwall ist einem leeren Gefäß vergleichbar, das nun mit unbewussten oder überbewussten Inhalten gefüllt werden kann. In diesem Zustand ist die Verbindung zu einer tieferen Weisheit gegeben, die nichts mit intellektuellem Wissen zu tun hat. Diese Weisheit wird auch Intuition genannt. In diesem Zustand erschließt sich die „Innere Werdegestalt" (Beuys), das Wissen darum, wer man wirklich ist und eine deutliche Kenntnis davon, wie man sein Leben gestalten muss, um die eigene Wahrheit leben zu können.

Auflösung von Verletzungen und Traumata

Dieser Zustand erlaubt eine innere Neuordnung und Neustrukturierung, eine Selbstregulation der Psyche. Ungelöste Verletzungen, die wie Blockaden auf dem Weg zur Selbstverwirklichung wirken, können gesehen und oftmals aufgelöst werden. Schmerzhafte und traumatische Erfahrungen können wieder erlebt werden. Entscheidend ist dabei, dass trotz oft heftiger Emotionen weiter bildnerisch gearbeitet wird, der Malende also aktiv im Gestaltungsprozess bleibt. Auf diese Weise fällt er nicht in die Rolle des hilflosen Opfers. Die Gleichzeitigkeit von (aktiv) in der Gegenwart sein und dem emotionalen Erleben alter Traumata ermöglicht es, diese aus der Distanz zu sehen und der Vergangenheit zugehörig zu wissen. Gleichzeitig erlaubt die Malbewegung eine Abreaktion angestauter und verdrängter Gefühle.

Der therapeutische Kontakt ist in diesem Prozess von entscheidender Bedeutung. Die Präsenz des Therapeuten und die Beziehung zu ihm ermöglicht es dem Malenden, aktiv in der Gegenwart zu bleiben und gleichzeitig den Schmerz der Vergangenheit zu fühlen, im Wissen, dass er der Vergangenheit angehört. Auf diese Weise wird Distanz möglich, kann die Vergangenheit von der Gegenwart getrennt erlebt werden, d. h., der Gestaltende kann lernen, sich im Hier und Jetzt als geschichtliches Wesen zu erleben, das auf die Vergangenheit schaut, ohne in sie hineingezogen zu werden und ihren Emotionen in der Gegenwart ausgeliefert zu sein.

Umpolung der Aufmerksamkeit

Die besondere Art der Konzentration, die in künstlerischen Prozessen stattfindet, kann mit der Hypothese der Umpolung der Aufmerksamkeit beschrieben werden. Die Aufmerksamkeit wird von den Selbstbehauptungszentren abgezogen, die, wenn der Organismus nicht in Harmonie ist, mit Angst und Wut besetzt sind. Gleichzeitig wird sie auch den entsprechenden emotionalen Zentren entzogen, die dann mit Schmerz besetzt sind. In der „negativen" Besetzung ist die Aufmerksamkeit nach außen gerichtet, auf Bedrohungen, Schmerz- und Verletzungsquellen von außen. Im kreativen Prozess wird die Aufmerksamkeit im Zentrum der „inneren Schau" konzentriert, der Blick ist nach Innen gerichtet und schaut in Bewusstseinsräume, die sich im Inneren öffnen. Dabei werden Kräfte frei, die man als überpersönlich bezeichnen könnte, die jenseits des Ichs liegen und die eine ausgleichende Wirkung haben.

Kreativität hat diese überpersönliche Qualität. Sie steht dadurch über dem Ich und bleibt von seinen Krisen und Zusammenbrüchen weitgehend unbeeinträchtigt. Deshalb können im kunsttherapeutischen Prozess durch die Konzentration nach innen und die haltende Gegenwart des Therapeuten eingefrorene, schmerzhafte, traumatische Erinnerungen aufgetaut und wieder belebt werden. Durch die gleichzeitige Bewegung (z.B. im Malen, Bildhauern oder Tanzen) wird Energie freigesetzt, die in diesen Zentren gestaut war, und steht nun dem kreativ-bildnerischen Prozess zur Verfügung. Die damit verbundene Konfrontation mit inneren Schmerzen, Verwundungen, Ärger und Ängsten, die oft wegen ihrer Unerträglichkeit lange „eingefroren" blieben, leitet den „Auferstehungsprozess", die Umwandlung der psychischen Strukturen ein. Durch die Gleichzeitigkeit von traumatischen Erinnerungen und deren Ausdruck *und* der schöpferischen Aktivität ist der kreative Prozess in der Lage, traumatische Erinnerungs-cluster aufzulösen und durch die Freude des „Schöpfungsaktes" zu ersetzten. Die positiven Qualitäten der Kreativität können an die Stelle negativer Erinnerungsmuster treten.

Identifikation mit dem „wahren Selbst"

Durch die aktive Kontemplation im schöpferischen Prozess kommt der Gestaltende mit seinem wahren Selbst in Verbindung. Dieses hat folgende Eigenschaften: Es ist unsterblich, furchtlos, mit allen verbunden, es ist voller Liebe, voller Energie, voller Freude, voller Glück, weise und strahlend. Die Erfahrung dieser Eigenschaften verringert die Identifikation mit Problemen oder löst sie auf und ermöglicht die Identifikation mit dem „wahren" oder höheren Selbst.

Dies ist eine lebenslange Arbeit, doch jeder Schritt zählt und nach und nach wird ein negatives „Erinnerungscluster" nach dem anderen ausgetauscht gegen ein kreatives Handlungspotenzial und der damit verbundenen Energie und Freude. Dies ist ein Weg, der viel Hoffnung gibt. Wer diesen „Austausch" erfahren hat, weiß, dass er immer wieder in sein „wahres Selbst" zurückkehren kann und dieses dadurch langsam stärken kann.

Die Rolle des Therapeuten

Wie kann der Kunsttherapeut oder der Begleiter einer Malerfahrung den Gestaltenden darin unterstützen, in diesen Transformationsprozess zu kommen? In erster Linie muss er selbst in der Gegenwart sein, was ihm erlaubt, wie ein Katalysator zu wirken oder den oben genannten Eigenschaften des Wassers (Beuys) zu entsprechen, was heißt, dem Malenden zu ermöglichen, seine eigene Gestalt zu finden, auszudrücken und anzunehmen.

Die Prinzipien, die der Malende dazu entwickeln muss, sind verdichtet und deutlich im Prozess des „MessPainting" (ohne Gedanken chaotisch malen) zu sehen – einer Methode die ursprünglich von Wolfgang Luthe entwickelt wurde, um Kreativität zu fördern. Sie setzt ein strenges Setting voraus, das es erleichtert die intellektuelle Kontrolle im Malprozess auszuschalten, wie die Verwendung von einfachem Material, die Betonung auf dem spontan gestischen Prozess, nicht dem Ergebnis, die Geschwindigkeit, in der die Bilder großformatig aus dem Schultergelenk heraus gemalt werden etc. Die Erfahrung von über 30 Jahren Anleitung in dieser Methode zeigt in konzentrierter Form, wie und unter welchen Bedingungen der Malprozess dazu führen kann, den kritischen Intellekt in seiner Kontrollfunktion abzulegen, seiner Intuition zu folgen und sich so mit seiner inneren Wahrheit zu verbinden. Das ist ein intensiver Prozess, der von Angst und Verzweiflung begleitet sein kann. Der Malende muss zuerst durch all seine falschen Selbstbilder, durch die Denk- und Fühlmuster, die er sich im Laufe seines Lebens zugelegt hat, und die ihn von sich selbst entfremden, gehen. Er muss sie fühlen, erkennen, objektiv und distanziert betrachten und sie ablegen („Absterben der alten Gestalt"). Das ist häufig mit starken Emotionen verbunden, die im Malprozess auch ausgedrückt werden sollen. Dabei soll dieser keinesfalls unterbrochen werden, sodass diese Emotionen zeitgleich mit der aktiv gestaltenden Handlung wahrgenommen werden. Der Malende ist ihnen auf diese Weise nicht ausgeliefert, sondern drückt sie aus und gestaltet sie, bis er sie loslassen kann. Dann malt sich das Bild von selbst und er kann seine eigene Wesenheit, oft in freudiger Ekstase, erfahren oder in die innere Leere gehen. Man könnte sagen, dass dies eine Form aktiver, westlicher Meditation ist.

Der Begleiter des Prozesses kann diesen durch Präsenz, Ermutigung und Herausforderung in folgenden zehn Lektionen unterstützen:

Zehn spirituelle Lektionen des freien spontanen Malens (MessPainting)

Im Fluss sein

Man malt so, wie man lebt: Freies spontanes Malen (MessPainting) konfrontiert mit der Tendenz im Leben, Bewegung zu bremsen und sich an Gewohntes und Sicheres zu halten, indem man vertraute Bewegungen und Formungen wiederholt. Aber: Bewegung ist Leben, Form ist Tod (Josef Beuys, Paul Klee). Unbekanntes und Schmerz zu vermeiden, bedeutet, den Fluss des Lebens zu stoppen.

Spontanes Malen konfrontiert mit Denk- und Bewegungsmustern, mit Konzepten, die man von sich und der Welt hat und die man nicht bereit ist, loszulassen. Es fordert innerlich heraus, dem spontanen Rhythmus zu folgen, sich auf jede, auch unbekannte und ungewohnte Bewegung einzulassen, jedem Ausdruck zu folgen, der sich verwirklichen möchte, und sich jederzeit in unbekanntes Terrain zu begeben. Es fordert heraus, mit dem Prozess und den Energien mitzugehen, die aus sich selbst heraus entstehen und sich dem Fluss der Bilder zu überlassen.

Das Unbekannte zulassen

Mit MessPainting verlässt man sein bekanntes Revier und begibt sich in das Abenteuer des Unbekannten, den Dschungel unserer Träume und Ängste. Es fordert auf, vom "Weg" abzugehen, Gelerntes aufzugeben, Neues zu entdecken, unbekannte Seiten seiner selbst leben zu lassen, die

den eigenen Erwartungen widersprechen. Es vernichtet alle Pläne und
Konzepte, Projektionen und Vorurteile. Es bricht die Maske der Oberfläche auf und dringt in vermiedene, unerforschte Bereiche vor. Es enthüllt, was nicht verstanden wird.

Ohne Gedanken malen – im Augenblick sein

Spontanes Malen erlaubt, sich auf die Malbewegung zu konzentrieren,
auf die Formen und Farben, die auf dem Blatt wie von selbst auftauchen. Ohne Gedanken malen erlaubt, voll in der Gegenwart zu sein. Es
lehrt, die Malbewegung von aller Absicht zu befreien, den Pinsel nicht
mit dem Willen zu manipulieren, sich nicht auf das vorzubereiten, was
kommen könnte, sondern sich der innerlich wirkenden Ausdruckskraft
anzuvertrauen, sich dem Akt des Malens zu überlassen. Dieser verbindet
mit einer Gestaltungskraft, die weit über das hinausgeht, was man glaubt
zu können und zu sein.

Authentizität

MessPainting lehrt, sich selbst treu zu sein, in allem was man tut, die
Bewegungen der Pinselführung, die Äußerungen, die Farbwahl etc. in
Übereinstimmung zu bringen mit dem, was man fühlt, tut und ist. Gegenwärtig und ehrlich mit sich selbst zu sein. Die Geste, die aus dem
Ursprung kommt und nicht an einem Ergebnis orientiert ist, entspricht
dem eigentlichen Wesen des Gestaltenden. Wenn aller Ehrgeiz fällt, ist
der Malende frei, er selbst zu sein. Wenn er in Harmonie mit sich selbst
ist, entsteht authentische Schönheit von selbst, ohne gewollt zu sein.

Nichts unterdrücken, nichts bewerten

Im MessPainting ist alles erlaubt, sei es hässlich, dunkel, chaotisch, se-
xuell, fremd und seltsam, schrecklich, beschämend, erschreckend,
schön, inspirierend. Alle Extreme haben die Freiheit, ohne Bewertung,
zu kommen und zu gehen - die ganze Spannbreite menschlichen Fühlens
und Denkens kommt so zum Ausdruck. MessPainting lehrt, nicht zu
bewerten, was entsteht. Es kommt aus einer inneren Notwendigkeit und
ist ein Teil des Lebens, dessen Wert man nicht im Kopf erfassen kann.

Der Prozess ist wichtig, nicht das Ergebnis

MessPainting lässt erfahren, wie wichtig es ist, in der Gegenwart zu le-
ben, die Freiheit des absichtslosen Augenblicks im Gegensatz zu einem
Leben, das mit Konzepten abgesichert ist. Die Absicht, MessPainting-
Ergebnisse zur Selbstbestätigung zu verwenden (sie z.B. auszustellen),

nimmt diese Freiheit und macht den Malenden zum Sklaven seiner Vorstellungen und Wünsche. Die Bilder haben für sich allein keine Bedeutung. Sie sind Spuren eines intensiven Prozesses, der zu sich selbst führt. Man malt um des Malens willen, versunken im Augenblick.

Sich nicht binden, empfänglich werden

Jeder Stolz, jede Enttäuschung über einen bestimmten Zustand eines Bildes bindet. Wenn man aufhört, etwas Bestimmtes zu wollen, von dem man glaubt, man bräuchte es, kommt das von selbst, was man wirklich braucht. Indem man sich leert, wird man empfänglich für das Wesentliche, für das, was die höhere Dimension uns geben will. Alles was man im Malprozess erreicht, muss man wieder loslassen, um sich nicht wieder an neue Formen und Konzepte zu binden. Dies würde den kreativen Fluss zum Versiegen bringen.

Annehmen, was ist

MessPainting verlangt kein perfektes Verhalten. Es gibt keine Fehler im Malprozess. Was oberflächlich als "Fehler" erscheint (z.B. den Regeln nicht entsprochen zu haben), ist eine Erfahrung auf dem Weg der Selbstentfaltung. Wirkliche Kreativität bedeutet, alles anzunehmen, was während des Prozesses entsteht (an Gefühlen, Erinnerungen, Lauten, Stimmungen, Formen, Farben….), es wahrzunehmen, auszudrücken und zu nutzen, um auf der Reise zu sich selbst weiterzukommen.

Selbstbilder loslassen, das „Wahre Selbst" entdecken

MessPainting fordert dazu auf, alle Selbstdefinitionen aufzugeben - sie schränken die Kreativität ein. Gibt man sie auf, erlaubt man dem Prozess, über das "Kleine Selbst" hinauszuführen und das „Wahre Selbst" zu entdecken. Hört man auf, das sein zu wollen, wovon man glaubt, man sei es oder sollte es sein, schafft man den Raum, das zu werden, was man wirklich ist. Spontanes Malen ist kein Prozess der Selbstzentrierung, sondern der Selbsterweiterung.

Eins-Sein

Können diese neun Lektionen in die Praxis umgesetzt werden, das heißt, alle Krücken, Bindungen und Vorstellungen über Bord geworfen werden, wenn unerledigte, blockierende Element durchgearbeitet und aufgelöst sind, dann taucht der Malende in den Bewusstseinszustand des Eins-Seins ein. Er ist in der Gegenwart, er ist die Farbe, das Papier, der Prozess und hat Zugang zu einem höheren Wissen. In dieser Dimension schrumpfen die persönlichen Probleme und werden bedeutungslos. Dieser erste Schritt zu einem nicht dualen Bewusstsein kann und wird der Beginn einer Reise zur inneren Wahrheit sein.

Literatur

Luthe, W. (1976). Creativity Mobilisation Technique. New York.

Schottenloher, G. (1993). „Messpainting": Spontanes Malen als therapeutischer Prozess. S. 37 – 52 In P. Baukus & J. Thies (Eds.) Aktuelle Tendenzen in der Kunsttherapie. Stuttgart: Gustav Fischer Verlag.

Schottenloher, G. (1994). Alle zwei Minuten ein Bild. „Messpainting" – ein fast japanisches Experiment. S. 58 – 85 In G. Schottenloher & H. Schnell (Eds.) Wenn Worte fehlen, sprechen Bilder. Bildnerisches Gestalten und Therapie, Bd.2, München: Kösel Verlag.

Einsichten in die Heilkraft des Geistes

Jakob Bösch

Die nach meinen Erfahrungen stärkste Heilkraft ergibt sich aus einer Einstellung, die wir generell als Versöhnung bezeichnen können. Die Einstellung betrifft uns selbst, unsere Gefühle und Gedanken, unseren Körper und unser Ego. Es betrifft aber gleichermaßen die materielle Welt im Ganzen.

Lernen, neu zu denken

Die Schlussfolgerungen aus der Quantenphysik münden in den Erkenntnissen, wonach alles mit allem verbunden, alles eins ist. Dies ist eine Provokation für unser Denken. Der Verstand wehrt sich. Deshalb hat unser Denken nicht mit den Erkenntnissen der modernen Physik Schritt gehalten. Der große Erfolg von Filmen wie „What the Bleep do we know?" zeigt aber, wie viele Menschen daran interessiert sind, auf die Schnittstelle von Wissenschaft und Spiritualität zu fokussieren. Diese Sehnsucht scheint bei einer Mehrheit der Menschen vorhanden zu sein.

Das tägliche Leben und die gesellschaftlichen und politischen Fragen unserer Zeit sind die Prüfstellen sowohl der wissenschaftlichen wie der spirituellen Erkenntnisse. Alle naturwissenschaftliche und alle mystische Erkenntnis muss daran geprüft werden, ob sie das Wohlbefinden von uns selber, von unseren Angehörigen, unserem Staat und unserer Erde konkret verbessert oder zumindest die Möglichkeit dazu hat, ohne jemandem gleichzeitig zu schaden. Diese Sichtweise lässt keinen Anspruch auf eine absolute Wahrheit zu. Hören wir auf, eine solche zu suchen oder zu postulieren! Die Wahrheit einer Erkenntnis oder deren Wert ergeben sich aus der wohltätigen Wirkung ihrer Anwendung, oder profan gesagt, aus ihrem Nutzen.

Die aus der Quantenphysik abgeleitete Weltsicht hat dieses Potential in sich. Sie ist aber noch nicht ins allgemeine Bewusstsein übergegangen. Hans-Peter Dürr wundert sich: „Obwohl die moderne Physik unsere Technik beherrscht, hat die Vorstellung, die dahinter steckt, nicht Fuß gefasst." Dürr führt aus, wie wir von der alten Vorstellung von toter Materie Abschied nehmen sollten. „Die kleinsten Elemente sind nicht materielle oder energetische Einheiten. Primär existiert nur Zusammenhang, das Verbindende ohne materielle Grundlage. Wir könnten es auch Geist nennen."[1] Ähnlich meint der bekannte Physiker Shimon Malin, die physikalischen Errungenschaften des 20. Jahrhunderts müssten einen Paradigmenwechsel vom Ausmaß der kopernikanischen Wende auslösen. Wir würden in einer Art Schizophrenie weiterhin von Materiebausteinen sprechen, als ob es diese kleinen harten Bällchen, von denen Isaac Newton sprach, tatsächlich gäbe. In den Physiklabors geschähen aber ungeheuerliche Dinge, die die Wahrheit der Quantenphysik beweisen und die längst unser Alltagsleben revolutionieren würden.[2]

Evelyn Fox-Keller geht noch darüber hinaus. Sie meint, die jetzige Wende sei noch viel umfassender als die durch Kopernikus ausgelöste. Sie meint: „Das ist eine Veränderung des Weltbildes, die alle anderen Änderungen in den Schatten stellt."[3] Anton Zeilinger bemüht sich, die neuen Erkenntnisse den Menschen verständlich zu machen. Er verdeutlicht, wie sehr diese neue Sichtweise auch das naturwissenschaftliche Verständnis verändert, das wir Menschen von uns selber haben: „Also das Weltbild, das man eigentlich nur haben kann, ist ein sehr offenes. Diese naive Sichtweise, dass wir deterministische, mechanistische Maschinen sind, löst sich offenbar auf, ist nicht haltbar. Das wissen nur die Biologen noch nicht. Aber sie werden schon noch darauf kommen. Ich bin davon überzeugt, dass wir in den Naturwissenschaften erst am Anfang stehen. Es ist auch ganz offenkundig: Wir betreiben Naturwissenschaft erst drei-, vierhundert Jahre. Zu glauben, dass wir nach dieser kurzen Zeit bereits alles gefunden haben, das ist doch unglaublich arrogant. Ich glaube, die wirklichen Fragen ahnen wir noch gar nicht. Die kommen erst."[4]

Die Hypothesen der Quantenphysik, so bizarr sie unserer Alltagslogik zunächst erscheinen, werden tatsächlich durch die Informationstechnologie, die Energiegewinnung und viele andere technische Bereiche tagtäglich bestätigt. Nach Leon Lederman machen heute die Anwendungen der Quantenphysik bereits 25% des US-Bruttosozialproduktes aus. Ohne diese Produkte könnten wir uns unser Leben kaum mehr vorstellen. Wie die CD- und DVD-Player haben sich diese Produkte überall in unserem Leben ausgebreitet; allerdings sind wir uns dessen meist nicht bewusst. Auch der in den Medien ständig präsentierte Übergang von der Mikroelektronik zur Nanoelektronik kann als Wechsel von Anwendungen der klassischen Physik zu Anwendungen der Quantenphysik angesehen werden.

Es ist anzunehmen, dass unser Verständnis von Materie sich grundlegend verändert, weit mehr, als wir dies zur Zeit voraussehen können. Hans Peter Dürr ist längst nicht der einzige Physiker, welcher der Materie Eigenschaften des Geistes oder des Bewusstseins zuschreibt. Schon Erwin Schrödinger (1887 – 1961) hat geschrieben, der Geist baue sich die reale Außenwelt ausschließlich aus seinem eigenen Stoffe auf. Auch die materielle Welt bestehe aus Bewusstseinselementen. (Schrödinger, 1994).

Die radikalsten Veränderungen unserer Anschauungen werden sich aus der Einsicht ergeben, wonach die Materie ihre Eigenschaften nicht unabhängig von uns besitzt. Der lokale Realismus, nämlich die Meinung, die Welt bestehe in ihrer Art unabhängig von uns, gilt nicht mehr. Die äußere Realität ist abhängig von unserer Beobachtung, unserem Denken und Fühlen. Doch unser Verstand bäumt sich gegen diese Aussagen auf. Er weigert sich, solches zu akzeptieren. Insbesondere wenn Dürr noch sagt, es bestehe vorher nur ein „Meer von untereinander verbundenen Möglichkeiten", die erst durch unsere Beobachtung und unser Bewusstsein in Erscheinung treten und Realität werden.

Anton Zeilinger formuliert es sehr anschaulich: „Offenbar hat das Messen, das Beobachten, also das Sammeln von Information, einen Einfluss darauf, was wirklich sein kann. Der Messapparat legt fest, was ich beobachten kann. Früher war man davon überzeugt, das Objekt hätte auch vor der Messung schon irgendwelche klar definierten Eigenschaften, und die würden durch die Messung höchstens gestört werden. Aber nun sieht man es so, dass die Eigenschaften erst durch die Messung definiert werden. Das Objekt hat vorher keine Eigenschaften, das ist das Radikale."[4]

Selbst Physiker bringen diesen Erkenntnissen der Quantentheorie Widerstand entgegen. So sagt John A. Wheeler: „Viele Physiker hofften, dass die Welt in gewissem Sinne doch klassisch sei. Doch solche Hoffnungen wurden durch eine Serie neuer Experimente zunichte gemacht." (Tegmark & Wheeler, 2001). Einstein hat mit seiner Relativitätstheorie große weltanschauliche Umwälzungen verursacht. Er hat sich aber bis zu seinem Tod geweigert, diese neuen Ansichten anzuerkennen. Und er hat zu seiner Zeit gewisse physikalische Vorgänge von Fernwirkung als spukhaft bezeichnet, die heute hundertfach bewiesen sind. Wie können wir unserem armen Verstand diese radikalen Bewusstseinsveränderungen zumuten, wenn sogar der Verstand eines Einsteins sich gegen die neuen Erkenntnisse gewehrt hat.

Doch gerade für Menschen, die an Fragen des geistigen Heilens und der mystischen Welterkenntnis interessiert sind, bedeuten die neuen Erkenntnisse eine Quelle der Hoffnung, dass die gesamte Wissenschaft zu einem adäquateren Menschenverständnis findet, als dies heute noch der Fall ist. Mystische Welterkenntnis ist für mich gleichbedeutend mit der Erfahrung des Einsseins mit dem Göttlichen oder mit dem Kosmos. Diese Erfahrung des Einsseins findet nicht im Denken statt, sondern auf der Herzebene. Der Verstand, wenn er aufhört, sich zu wehren, kann den Weg weisen, sich wieder darauf einzustimmen.

Die Einheit kann besonders dann erfahren werden, bevor der Verstand allzu kritisch geworden ist. Die Basis für das Gefühl, alles sei bewusst, liebevoll und göttlich, wurde mir in der frühen Kindheit vermittelt. Ich muss etwa dreijährig gewesen sein. Es war ein strahlender Frühsommertag, und ich lag mit dem Rücken auf der Erde im Gras und blinzelte in die fast im Zenith stehende Sonne. Auf einmal spürte ich dieses helle Licht der Sonne in meinem Bauch, ausstrahlend in meinen ganzen Körper. Es war eine Erfahrung und ein selbstverständliches Wissen. Immer wieder neu kann dieses intensive Gefühl von Wärme, Licht und Liebe gegenwärtig sein. Ein Wissen und Fühlen von Einheit, wonach dieses Licht und diese Liebe überall im Kosmos immer vorhanden sind. Alles ist durchdrungen und durchtränkt von diesem Licht, das man am ehesten als göttlich begreifen kann. In jenem Zustand ist klar, die Verbindung zu dieser Lichtquelle kann nie verloren gehen, weil wir selber Teil des Ursprungs, Teil dieser Quelle sind. Alle Menschen erfahren: „Ich bin", ohne Anfang und ohne Ende. Einfach Dasein. Die Erfahrung von Bewusstsein, Wahrnehmen, Denken, Fühlen. Wer ist es, dem dies alles geschieht? Ich bin es, eine nicht weiter zurückführbare Erfahrung. Einfach die Erfahrung des Daseins, wie ein plötzlich vorhandener Lichtstrahl? Eine Erfahrung von Verbundenheit, von tragendem Grund. In diesem Zustand weiß man: Nichts und niemand im Kosmos kann verloren gehen. Beweisbar ist es nicht. Beweise braucht es nicht. Die Gewissheit fließt aus dem Herzen nach oben, wenn der Verstand allein, rein logisch, schon längst nicht mehr weiterkommt.

Das Wissen um diesen Zustand, die Erinnerung daran, ermöglicht umfassende Versöhnung. Und Versöhnung, es sei hier nochmals betont, ist die Grundlage aller Heilung, unabhängig davon, auf welchem Wege Letztere gesucht und verwirklicht wird. Versöhnung betrifft alle Teile der eigenen Person, die Mitmenschen, die belebte und unbelebte Materie, den Kosmos mit milliardenfachen Bewusstseinsformen und Informationseinheiten. Versöhnung mit der eigenen Unversöhnlichkeit ist meist der Anfang.

Die modernen Naturwissenschaften, eine der spirituellsten Errungenschaften unserer Epoche, zeigen einen mittleren Weg, um viele heute weit auseinanderliegende Positionen sich annähern zu lassen. Wir stehen heute vor mannigfaltigen Polarisierungen: zwischen den Religionen, zwischen den Kulturen und Staatsformen, zwischen Wissenschaft und Religionen. Doch mehr und mehr zeigen sich die Chancen, zu versöhnen und zu heilen. Viele Menschen gelangen zur Einsicht, wonach manche Inhalte ihrer Religion nicht mehr in die heutige Welt passen. Sich an etwas zu halten, das sie als ein Ganzes spüren, gibt ihnen trotzdem Halt und Geborgenheit.

Einstein hat formuliert, was viele Menschen heute bewegt: „Die kosmische Religiosität lässt sich demjenigen, der nichts davon besitzt, nur schwer deutlich machen, zumal ihr kein menschenartiger Gottesbegriff entspricht. Das Individuum fühlt die Nichtigkeit menschlicher Wünsche und Ziele und die Erhabenheit und wunderbare Ordnung, welche sich in der Natur sowie in der Welt des Gedankens offenbart. Es empfindet das individuelle Dasein als eine Art Gefängnis und will die Gesamtheit des Seienden als Einheitliches, Sinnvolles erleben. Wie kann kosmische Religiosität von Mensch zu Mensch mitgeteilt werden, wenn sie doch zu keinem geformten Gottesbegriff und zu keiner Theologie führen kann? Es scheint mir, dass es die wichtigste Aufgabe der Kunst und der Wissenschaft ist, dies Gefühl unter den Empfänglichen zu erwecken und lebendig zu erhalten."[5] Diese Erfahrung einer kosmischen Religiosität, wir würden heute eher Spiritualität sagen, schafft den Boden für konkrete Versöhnungsschritte.

Schwierige Gefühle akzeptieren

Shinzen Young, ein buddhistischer Lehrer amerikanischer Nationalität, hat sich intensiv mit Schmerz und schwierigen Gefühlen befasst. Er lehrt: Abwehr von Schmerz und so genannten negativen Gefühle, vergrößere nur das Leiden der Menschen. Er schreibt: „Ein Problem ist unsere Tendenz, bei schwierigen Gefühlen über die Umstände nachzustudieren und darüber, was wir machen könnten. Wir verwenden unsere Zeit und Energie nicht, um durch die schwierigen Gefühle zu lernen und Einsicht zu gewinnen für eine Reinigung des Bewusstseins und für radikales spirituelles Wachstum."[6] Damit trifft er den Kern der Sache. Wir unterdrücken unsere schwierigen Gefühle, verleugnen sie auf mannigfache Art und bekämpfen sie häufig.

Auch hier bewahrheitet sich die bekannte Regel, wonach das, was wir bekämpfen, zurückkämpft und uns belastet und verstrickt. Unzählige Menschen melden sich für die Beratung und beklagen sich über Stillstand in ihrer Entwicklung und bei näherer Betrachtung offenbaren sie einen teilweise jahrzehntelangen Kampf gegen Schmerz, Wut, Trauer und Eifersucht. Manchmal sind diese Gefühle komplett vom Bewusstsein getrennt und eingekapselt. Hier haben oft die religiöse Erziehung oder überhöhte Ideale solche Fehlentwicklungen begünstigt. Eine moderne spirituelle Sichtweise jedoch akzeptiert alle Gefühle als gleichberechtigte Teile unserer irdischen Ausstattung, so wie wir alle unsere Organe gleichberechtigt sehen und nicht die Lunge als gut und die Leber als schlecht beurteilen oder umgekehrt.

Shinzen Young empfiehlt, allen Gefühlen, insbesondere aber den schwierigen, mit Aufmerksamkeit und Gelassenheit sich zuzuwenden. Man solle versuchen, alle Qualitäten dieser Gefühle, beispielsweise das Aroma, den Ort, die Intensität und die Form des betreffenden Gefühls wahrzunehmen. Man werde meistens Veränderungen dieser Qualitäten bemerken, am meisten bei der Intensität, und man soll sich diesem Stärker- und Schwächerwerden überlassen. Dies führe zu einer vollständigen Erfahrung, einem Moment spiritueller Perfektion. Er beschreibt eindrücklich, wie beispielsweise die Wut durch alle Körperteile fließen kann mit der Wahrnehmung eines Energieflusses, manchmal bis zu einem Einheitserlebnis mit der „spirituellen Quelle", wie er das Göttliche nennt. Er schreibt: „Tatsächlich bilden Wut, Angst, Traurigkeit und so weiter die besten Gelegenheiten für eine Reinigung des Bewusstseins mit dem zwanglosen Fluss der Natur."[6]

Der Zugang der hellsichtigen Anouk Claes hat manche Gemeinsamkeiten mit dem von Shinzen Young. Sie sieht die Gefühle im Körper unmittelbar wie eine Art farbiger Flüssigkeiten. Bei ihren Beschreibungen denkt man unwillkürlich an die Ausführungen der Biologin Candace Pert, die beschreibt, wie Millionen der Gefühlsmoleküle durch den Körper fließen. (Pert, 2001). Nach der Wahrnehmung von Anouk Claes haben fünf „Grund-Emotionen" ihren spezifischen Ort im Körper, eine Art Stammplatz, wo sie normalerweise hingehören. Es sind dies Liebe, Trauer, Glücksgefühl, Wut und Eifersucht. Dieser spezifische Stammsitz für jedes dieser Gefühle findet sich nach dieser Wahrnehmung bei allen Menschen mehr oder weniger am gleichen Ort. Auch in China, wo Anouk Claes drei Jahre lebte, hätte sie trotz kultureller Differenzen die gleichen fünf Gefühle mit gleichem Stammsitz wahrgenommen.

Die Verarbeitung einer Emotion kann umfassend am besten an ihrem spezifischen Ort erfolgen. Diese Orte sind in der von Anouk Claes herausgegebenen Zeitschrift „Heilen heute" im Detail dargestellt. Jede negative Wertung und Verurteilung einer Emotion kann zu deren Verschiebung führen und den Zugang einschränken. Bei längerer konsequenter Unterdrückung können diese Gefühle überhaupt bei sich nicht mehr wahrgenommen und erkannt werden, obwohl sie weiterhin vorhanden sind. Der Tiefenpsychologie ist dies seit Freud als Verdrängung bekannt. Beispielsweise kann ein seelischer Schmerz, den man nicht wahrnehmen und nicht wahrhaben will, sich in die Schultern, die Arme oder Beine verschieben und macht dann dort oft als chronischer, psychosomatischer Schmerz auf sich aufmerksam. Mit Anleitung und gewisser Unterstützung schaffen es die meisten Menschen in unseren Kursen, den Schmerz wieder an die richtige Stelle zurückzuverschieben und die entsprechenden Gefühle wahrzunehmen, worauf in gewissen Fällen der „psychosomatische" Schmerz in Augenblicken verschwinden kann.

Die getrennte Wahrnehmung der Gefühle ist deshalb bedeutungsvoll, weil diese Gefühle auch zur Grundausstattung für die Orientierung in unserem irdischen Leben gehören. Sie helfen uns bei allen Entscheidungen, die wir in der Regel mit dem Verstand allein kaum treffen können. Und sie vermitteln uns, wie Shinzen sagt, neue Erkenntnisse. Auch der spirituelle Lehrer Ramtha formuliert: „Dieses ganze Paradies aus Materie wurde nur geschaffen, um Gefühle auszulösen in den Seelen jener, die an diesem Wunderwerk der schöpferischen Form teilnehmen. Warum? Für den größten Lohn des Lebens, nämlich Weisheit. Und Weisheit ist nicht ein intellektuelles Verstehen; es ist, in der Tat, ein emotionales Verstehen, welches durch das Erfahren des Lebens gewonnen wird." (Herpers G. & Oswald, 2003, S. 108).

Dies ist eine zentrale Botschaft, mancher Weisheitslehrer, die heute vielen Menschen nicht bewusst ist. Die Gefühle, besonders die schwierigen, sind ein wichtiger Teil unserer Ausstattung für dieses Leben. Sie sind da, um uns zu helfen, im Leben Orientierung zu finden und Erkenntnis zu gewinnen. Silvia Wallimann beziehungsweise die von ihr gechannelten Botschaften werden noch deutlicher: „Jeder Gedanke beinhaltet ja ein Gefühl, und je intensiver das Gefühl in dir zum Ausdruck kommt, um so höher schwingt der Gedanke in seiner Frequenz und um so reiner ist die Lichtausstrahlung, die über die Aura in alle deine Körper schwingt. Das Gefühl in den Gedanken bereitet den Weg ins Universum. Je rationaler, logischer du denkst, umso mehr verschließt du dir diesen Weg. Das Gefühl ist die göttliche Aktivität des Feuerelements in deinem Dasein." (Wallimann, 2002, S 108).

Wut und Eifersucht sind traditionell geächtet und werden geradezu als Sünde beschrieben. Im Gegensatz zu diesen traditionellen Lehren sollen sie zugelassen und aufmerksam akzeptiert werden. Auch Trauer und Schmerz sind oft unwillkommen und werden verdrängt, um das Leiden nicht aushalten zu müssen. Aber eben, wie Shinzen betont, durch die Verdrängung wird das Leiden erst recht quälend. Die schwierigen Gefühle können durchaus angenehm sein, wenn sie akzeptiert werden und man die Aufmerksamkeit auf sie richtet, und sie können ihre positiven Eigenschaften entfalten. In diesem Sinne kann Wut uns zusätzliche Kraft geben, und Eifersucht zeigt uns, wo unsere Ziele liegen könnten. Interessanterweise werden auch Liebe und Glück oft verdrängt. Dem Glück trauen wir nicht und die Liebe verdrängen wir, um uns vor dem Schmerz zu schützen.

Die Kraft im Ego

Selbstversöhnung ist ein wenig gebräuchliches Wort. Selbstvorwürfe und Selbstbeschuldigungen liegen uns sehr viel näher als die Versöhnung mit uns selber. Und doch bestätigen fast alle spirituellen Quellen, jegliche Versöhnung könne nur bei sich selber anfangen, wie Pater Anselm Grün es formuliert: „Nur wer mit sich versöhnt ist, kann versöhnend wirken."[7] Im gleichen Vortrag aber bringt Pater Anselm Grün folgende Aussagen: „Alle Religionen verkünden uns, dass wir vom Ego frei werden müssen. Wenn wir unser Ego nicht loslassen, dann wollen wir Gott vereinnamen." Die Beratungspraxis zeigt, wie unzählige Menschen sich in ihren spirituellen Bemühungen blockieren und sich körperlich und seelisch erschöpfen, weil sie sich in dauerndem Kampf mit ihrem Ego befinden.

Aber nicht nur mit Energiemangel kommen sie bei unterdrücktem Ego zur Beratung, auch mit anderen unerklärlichen Leiden, wie Nervosität, Magenbeschwerden, Schweißausbrüchen, aber auch mit Allergien oder bösartigen Erkrankungen, bei denen die hellsichtige Diagnose eine Vernachlässigung oder Unterdrückung der eigenen Ziele und Wünsche ergibt, die oft viele Jahre oder gar Jahrzehnte zurückgeht. Vom gestörten Selbstwertgefühl und der erniedrigten Selbstliebe, die mit solchen Unterdrückungen meist einhergeht, gar nicht zu reden. Diese Menschen sind gerade nicht mit sich selber versöhnt, wie es Pater Anselm Grün zu Recht empfiehlt. Sie sind in sich selber gespalten und in dauerndem inneren Krieg. Aus Sicht vieler spiritueller Überlieferungen leben wir hier auf der Erde, um Erfahrungen zu machen und um Bewusstsein in dieser dichten, materiellen Form zu erleben. Das können wir nicht, wenn wir das Ego unterdrücken und ablehnen.

Freiheit – Urgrund aller Liebe

Die körperlichen Bedürfnisse zu bekämpfen hat in der religiösen Tradition einen hohen Stellenwert. Die Ratschläge von Jesus, sich eher die Augen auszureißen oder die Hände und Füße abzuhacken, wenn die einen zur Sünde verführen würden, sprechen eine deutliche Sprache. Wenn wir wirklich die Schöpfung als Einheit sehen können, als Bewusstsein, in dem alles mit allem verbunden ist, dann ist die Spaltung zwischen Materie und Geist, zwischen Körper und Seele aufgehoben. Das könnte uns helfen, die Körperfeindlichkeit loszulassen. Man könnte sich an jene Apostelvision erinnern, wo eine Ansammlung von so genannt unreinem Getier gezeigt wurde mit der Bemerkung, was Gott als rein sehe, solle der Mensch nicht als unrein ablehnen.

Wie konnte es so weit kommen, dass wir unseren Körper nicht mehr als Manifestation dieses unbegrenzten Lichtes, der unbegrenzten Liebe sehen können? Wie konnte das Wunder unserer leiblichen Existenz zum Sündenfall umgeschrieben werden und die Sexualität zu einem wesentlichen Teil als Kraft des Teufels? Gerade die Sexualität dürfen wir als die schöpferische Lebenskraft schlechthin sehen. Von religiöser Seite hört man oft, nur in einer echten Liebesbeziehung sei Sex gut und erlaubt. Sexuelles Erleben ist aber für den Körper an sich schon eine Erfahrung von Liebe. Wir wissen aus der Forschung, wie nicht nur die berühmten Endorphine, also das körpereigene Morphin, sondern ein ganzer Cocktail von so genannten Glückshormonen beim Sex unseren Körper durchfluten.

Sollte es besonders göttlich sein, gegen dieses körperliche Glücksgefühl, gegen den Körper zu kämpfen? Wie wir wissen, stärken diese beim Sex ausgeschütteten Hormone nicht nur das Immunsystem, sondern entfalten zahlreiche weitere wohltätige Wirkungen im Körper. Blutzirkulation, Lungenfunktion und die Muskeln werden angeregt. Stress, Erschöpfung und Schlaflosigkeit nehmen ab, unabhängig davon, ob wir mit unserem Partner fest liiert, gar verheiratet oder nur zufällig zusammengetroffen sind. Die Sexualität ist die im Körper manifestierte Gottesliebe. Hätte Gott das wirklich so eingerichtet, damit wir all diese positiven Wirkungen unterdrücken und unseren Körper der Krankheit entgegenführen? Ist das nicht eher Krieg gegen sich, anstatt Versöhnung mit sich? Die Beratungspraxis zeigt schwerste Erkrankungen, die auf unterdrückte Sexualität zurückgehen. Ohne Freiheit gibt es keine Liebe, nicht nur in der Sexualität. Die Sexualität braucht die Liebe nicht unbedingt, die intime Liebe aber meistens die Sexualität. In Freiheit ist die Chance am Größten, dass sich Sexualität und Liebe zusammentun und zusammenwachsen.

Die Liebe muss für die volle Kraft mit der Freiheit vergesellschaftet sein. Kein Gebot kann etwas zum Glanz der Liebe hinzufügen. Möglicherweise haben Atheisten deshalb die bessere Chance, die tiefste Qualität der Liebe zu erkennen. Sie kennen wohl diesbezüglich die Angst vor Strafe nicht.

Die Materie ist neutral

Hildegard von Bingen soll die Liebe als die Materie der Kreatur bezeichnet und Liebe und Materie oft gleichgesetzt haben. Was heißt es, wenn manche wissenschaftliche Teams in zahllosen Experimenten gezeigt haben, wie wir mit unseren Gedanken und Gefühlen die Materie beeinflussen können und dass ihre Eigenschaften durch unsere Einwirkungen entstehen? Die Materie hat einen äußerst schlechten Ruf in den religiösen Traditionen. Sie ist oft der Inbegriff des Bösen und Dunklen. Der Leib, der ja auch aus Materie gebaut ist, wird als Quelle vieler Übel gesehen. Das Medium Anouk Claes behauptet, die materielle Welt verhalte sich uns gegenüber an und für sich neutral. Sie erschaffe das, was in unserem Bewusstsein ist. Wenn wir fürchteten, die Materie schade uns, würde sie sich unseren Erwartungen anpassen. Solche Aussagen stoßen naturgemäß auf Widerspruch. Bei Handystrahlung, Radioaktivität, chemischen Umweltgiften sei die Schädlichkeit erwiesen. Wird jedoch den eingangs zitierten Aussagen der Quantenphysiker geglaubt, wonach die Materie eine Art Bewusstsein hat und bei ihrer Erscheinung von unserer Wahrnehmung und von unserem Bewusstsein geprägt wird, muss sich unser Verständnis unserer Beziehung fast zwangsläufig ändern.

Heute ist eine Vielzahl experimenteller Beweise für die direkte geistig-seelische Beeinflussbarkeit materieller Systeme vorhanden. Bei den Quantenphysikern des frühen 20. Jahrhunderts waren diese Erkenntnisse noch Ahnungen und Hypothesen. Heute sind es Erfahrungen aus wissenschaftlichen Experimenten. Wir sind mit unseren Kleidern, dem Stuhl, auf dem wir sitzen, mit unserem Fernseher und dem Auto, in dem wir fahren, bewusstseinsmäßig verbunden, wie das R. G. Jahn in meisterhafter Art beschrieben hat (Jahn, 1996).

Jahn und sein Team experimentierten an der Princeton Universität mit Vorrichtungen von fallenden Styroporkugeln, Pendeln, Wasserstrahlen und mit elektronischen Zufallsgeneratoren. Die Arbeit mit elektronischen Apparaten behielten sie bei, weil sie die zahlenmäßig größten Experimente erlauben. Die Ergebnisse scheinen eindeutig. Wir alle können diese materiellen Vorrichtungen mit unserem Bewusstsein beeinflussen. Die Effekte sind meistens schwach, aber sehr konstant. Nach Jahn ist die Wahrscheinlichkeit, dass es nur Zufallsergebnisse wären, über alle durchgeführten Studien lediglich eins zu einer Milliarde. Das ist eine statistische Sicherheit, wie sie in keiner anderen Forschung erreicht wurde.[8] Massive Beeinflussungen sind zwar selten, scheinen aber nicht unmöglich zu sein, wie wir von Leuten wie Uri Geller wissen.

Im Institut für Luftfahrttechnik in Stuttgart haben Professor Kröpelin und sein Team in ähnlicher, eindrücklicher Weise aufgezeigt, wie wir bewusst und unbewusst der Materie immer unseren ganz persönlichen Stempel aufprägen, nicht nur im unmittelbaren Kontakt sondern auch auf Entfernung. In Stuttgart haben sie unter anderem mit pflanzlichen Lösungen experimentiert: Verschiedene Personen tropfen die gleiche Lösung, zur gleichen Zeit und im gleichen Raum auf ein Glas und das Ergebnis wird nach Trocknung im Dunkelfeld fotografiert. Das Resultat haben sie folgendermaßen beschrieben: „Der Vergleich zeigt, dass die

Tropfenbilder von jedem Auftropfenden untereinander große Ähnlichkeit in Struktur und Farbe aufweisen, während sich die Bilder verschiedener Personen im Allgemeinen deutlich unterscheiden."[9]

Zahlreiche eindrückliche Beispiele von der Beeinflussbarkeit der Materie erlebte ich bei meinen ausgedehnten Aufenthalten auf den Philippinen, beispielsweise bei der Heilergemeinschaft des betagten Heilers Florentino Moeta in der Nähe von Urdaneta. Seine Gruppe bestand neben ihm selber aus fünf bis sechs eher jüngeren Frauen und Männern, die alle unter seiner Leitung Heilbehandlungen mit kochendem Kokosöl vornahmen. Kokosöl hat auf den Philippinen eine lange Tradition als heilsames Mittel. Ein Metallgefäß mit dem Kokosöl wird von dieser Gruppe auf einen Petroleumkocher gestellt. Wenn das Öl so richtig brodelt, also vermutlich etwa 200 – 300 Grad heiß ist, schöpfen sie mit ihren bloßen Händen das Öl und massieren damit die kranken Körperregionen der Heilung Suchenden. Zahlreiche weitere selbst erlebte Beispiele könnten angeführt werden. Aus der Placeboforschung wissen wir, dass sich die Wirkung von Medikamenten gerade ins Gegenteil verkehren kann, wenn man die Patienten von der entsprechenden Wirkung überzeugt. Also beispielsweise kann ein Brechmittel nicht nur keinen Brechreiz erzeugen, sondern diesen zum Verschwinden bringen, wenn die Patienten die entsprechenden Informationen erhalten.

Jedermann, der einmal versucht, sich vorurteilslos all den heute gefürchteten und verurteilten Erscheinungen unserer materiellen Welt zu nähern, wird staunend feststellen, wie viele Beweise zu finden sind, wonach die materielle Welt von unseren Erwartungen und Befürchtungen geprägt ist und sich aber auch immer neu und anders prägen lässt. Es könnte eine lohnende Erfahrung sein, sich wenigstens versuchsweise den gefürchteten und verurteilten Erscheinungsformen unserer grundsätzlich liebevollen Materie zu nähern. Eine Hilfe könnte beispielsweise die Hymne an die Materie von Teilhard de Chardin bieten, die sich im Internet leicht finden lässt.

Literatur

Jahn, R.G. (1996). Information, Consciousness and Health. Alternative Therapy and Health Medicine, 2, 32 – 38.
Pert, C. B. (2001). Moleküle der Gefühle. Körper, Geist und Emotionen. Reinbek: Rowohlt.
Schrödinger, E. (1994). Geist und Materie, Zürich: Diogenes.

Tegmark, M. & Wheeler, J. A. (2001). 100 Jahre Quantentheorie. Spektrum der Wissenschaft, 4, 68–76.

Wallimann, S. (2002). Erwache in Gott. Lungern: Tamaron Verlag.

Übersetzung von Herpers G. & Oswald, S. (2003). Ramtha - Das Weiße Buch. Peiting: In der Tat- Verlag.

Anhang

[1] www.pm-magazin, Mai 2007

[2] www.wissenschaft-online.de/artikel/768965

[3] www.falter.at

[4] www.philosophische-praxis.at

[5] www.starcon.ch

[6] www.shinzen.org ; Übersetzung durch JB

[7] www.friedenskongress.org

[8] www.princeton.edu/~pear; www.icrl.org

[9] www.weltimtropfen.de

Bewusstseinspsychologische Forschung

Forschen als achtsamer Weg - Ein Modell des bewusstseinszustandsspezifischen Forschens

Wilfried Belschner

Die Dichterin Nelly Sachs (1891 – 1970) sagte einmal: „Alles beginnt mit einer Sehnsucht". Für mich ist Forschen ein solches sehnsuchtsvolles Tun. Es ist ein Tun,
- in dem ich aufgehen kann,
- in das ich vollkommen, mit Haut und Haaren involviert bin,
- in dem ich die Zeit vergesse,
- in dem ich mich vergesse.

Forschen ist ein Tun,
- das von einer Ahnung lebt,
- das von einer Ahnung angestoßen wird,
- das gespeist wird von einem „Noch-nicht",
- das sich immer wieder an etwas Unbekannten entzündet – an einen Unbekannten, das aber doch schon quasi hinter einer Ecke flüstert: „Hallo, hier bin ich!"

Forschen ist dann aber auch ein Tun,
- bei dem ich achtsam werden muss und achtsam sein muss (Heidenreich & Michalak, 2004). Ich kann dann gewahr werden: „Hier ist etwas Unbekanntes" und das Unbekannte kann „erhört" werden;
- es ist ein lauschendes Tun, bei dem die Ahnung des Unbekannten zu mir kommen darf,
- ein Tun, in dem ich mich der Sehnsucht nach dem Unbekannten vollkommen hingeben kann, ja hingeben muss.

Wer schon einmal eine Sonnenfinsternis erlebt hat, hat vermutlich mit zunehmender Spannung verfolgt, wie der Mond nach und nach die Sonne überdeckt und verdunkelt. Kurz bevor die Überdeckung vollständig ist, wird der Diamantring sichtbar. Aber erst in dem Augenblick, wenn der Mond wirklich hundertprozentig und nicht nur 99,9-prozentig die Sonne verdeckt, wird die faszinierende, atemberaubende Schönheit der Corona der Sonne sichtbar.

Forschen ist dann ein Tun,
- das geschieht,
- das ich zulassen muss,
- das ich geduldig und achtsam aushalten muss, da „es" sich noch nicht deutlicher zeigen kann,
- das sich meinem Willen verweigert,
- das mich fesselt, festhält, in seinen Bann nimmt,
- das keine Rücksicht kennt für die Tages- oder Nachtzeit, für meinen Hunger oder Durst, für meine sozialen Bezüge,
- das nur sich selbst will.

Forschen wird dann ein Tun,
- in dem sich ein Paradox ereignen kann:
- ich muss leiden, weil das Bisherige nicht mehr taugt,
- UND ich bin zentriert, und ich bin zum Zerreißen gespannt
- UND ich bin zugleich in einem tief verwurzelten Vertrauen wohltuend gelöst - ich erlebe mich frei schwebend, bar aller Bindungen und auf eine kaum beschreibbare Weise heiter.

Ich leide, da ich meine bisherigen Annahmen, Gewissheiten und Glaubenssätze (meine „Anhaftungen" und „Konditionierungen") verlieren muss. Und zwar nicht nur „ein wenig" verlieren muss, sondern vollkommen, vorbehaltlos, ohne Reserve, ohne Netz - ich muss das mir „Liebste" verlieren (Özelsel, 1993, S. 74). Das Ausmaß meines Leidens wird sogar zum Indikator dafür, ob ich mich dem Prozess des Forschens wirklich hingebe oder ob ich noch nicht reif bin für den entscheidenden Augenblick: der Aufgabe meiner bisherigen heiß geliebten Konzepte, meiner Erwartungen, meiner hochgehaltenen wissenschaftlichen Glaubenssätze und meiner vertrauten Selbstverständlichkeiten, damit die Voraussetzungen für das Durchbrechen des „Ah" und des „Aha" sich entwickeln können. Bei Meister Eckhart findet sich die folgende Passage: „Es kam einmal ein Mensch zu mir und sagte, er habe große Dinge hinweg gegeben an Grundbesitz, an Habe um dessentwillen, dass er seine Seele rette. Da dachte ich: Ach, wie wenig und Unbedeutendes hast du gelassen! Es bleibt Blindheit und Torheit, solange du irgendwie auf das schaust, was du gelassen hast. Hast du dich aber selbst gelassen, so hast du wirklich losgelassen." (Meister Eckhart, 1959, S. 29)

Wenn man die Sätze über meine Erfahrungen mit dem Forschen liest, dann wird man prüfen können, ob das mit den Vorstellungen, die man bislang über Forschen mit sich herumgetragen hat, übereinstimmt oder ob meine selbstexplorativen Sätze eher ein Unbehagen ausgelöst haben oder ein ungläubiges Kopfschütteln.

Vielleicht haben diese Sätze über meine Erlebnisse beim Forschen auch an etwas ganz anderes erinnert. Vielleicht daran, ich würde gar nicht über den Prozess des Forschens berichten, sondern über einen Menschen, der meditiert und dessen psychische Dynamik auf eine „spirituelle" Erfahrung zusteuern könnte. Wenn diese Assoziation auftaucht, dann wird es voraussichtlich leicht sein, sich im Folgenden zu verständigen.

Der Titel „Forschen als achtsamer („spiritueller") Weg" mag behilflich sein, das vielleicht noch vorherrschende Bild von Forschung zu verändern. Als Forscher begegne ich des Öfteren den folgenden Vorbehalten:
- Forschung befasse sich nicht mit der wahren Lebenswirklichkeit.
- Da die Forscher im Elfenbeinturm säßen, seien die Ergebnisse der Forschung für die eigene berufliche Praxis irrelevant.
- Forscher seien Menschen, die nur im Kopf lebten.
- Forscher hätten nur ihre abstrakten Modelle im Kopf.
- Forschung und berufliche Praxis seien absolut gegensätzliche Vorhaben, die sich gegenseitig ausschlössen – am besten sei es als PraktikerIn, das ganze wissenschaftliche Gerede zu ignorieren.

Mit dem Titel „Forschen als achtsamer Weg" möchte ich dafür werben, solche Vorbehalte einmal zu überdenken. Ich will einen solchen möglichen Klärungsprozess ein wenig erläutern.

Für das herkömmliche wissenschaftliche Forschen verfügen die Mitglieder der Forschungsgemeinde („scientific community") über ein Set von expliziten und von impliziten Annahmen. Die institutionelle Sozialisation als Wissenschaftlerin bzw. Wissenschaftler führt u.a. ein in die – konsensuell als zureichend und effizient geltenden - Vorgehensweisen,
- um einen innovativen Forschungsgegenstand zu eruieren,
- ihn zu beschreiben und
- ihn zu erklären.

Diese Sozialisation vermittelt z.B. die Vielfalt der Strategien, den gewählten Forschungsgegenstand mit den adäquaten Methoden zu untersuchen; sie unterrichtet über die angemessenen Methoden, um die gewonnenen Daten zureichend zu analysieren und im Hinblick auf den bislang erreichten Forschungsstand zu interpretieren.

Alle diese beispielhaft genannten „Module" der Sozialisation erwecken herkömmlicher Weise den Eindruck, die forschende Person würde zwar für die korrekte Anwendung dieser Fertigkeiten trainiert, in ihrer quasi „privaten" Persönlichkeit bliebe sie jedoch im Forschungsprozess selbst neutral und unbeteiligt.

Allerdings soll die Forschungsfrage die forschende Person mehr als nur interessieren:
- sie soll sich der Aufgabe der Forschung vielmehr mit ihrem gesamten Zeitbudget widmen;
- sie soll in der Forschung „aufgehen" und damit ihrer Berufung folgen;
- sie soll alles andere in ihrem Leben nicht nur zurückstellen, sondern schlicht vergessen. Wer kennt nicht die legendären Berichte über Forscherinnen und Forscher, die wie besessen die Nächte durcharbeiten, um ihrem „Traum" vom unmittelbar bevorstehenden „Durchbruch" nachzujagen; wer kennt nicht die emphatischen Berichte über die – natürlich freiwillig aus intrinsischer Motivation bereitgestellte - wöchentliche Arbeitszeit („Ich bin mindestens 84 Stunden im Labor!") und über die workoholic-Selbstverständlichkeit des sonntäglichen Arbeitens im Institut.

Es folgt nun ein Aber! In diesen Berichten wird in der Regel ein Thema vernachlässigt: die Wandlung der forschenden Person selbst im und während des Forschungsprozesses. Es wird in der Regel auch nicht berichtet, an welchen Grundfragen des Menschseins sich die forschende Person selbst dem Gelingen oder dem Scheitern aussetzt. Ein Nachdenken über Forschung wird somit mit der Frage konfrontiert, in welches Bezugssystem die forschende Person/das forschende Team ihr/sein Handeln einbettet und mit welchen ethischen Erwägungen es legitimiert wird.

Die Forschungsziele werden oft unterschieden nach grundlagen- oder anwendungsorientiert. Die Bezugssysteme des forschenden Handelns könnten also – anwendungsorientiert – aus der mehr oder weniger umfänglich reflektierten Übernahme des Gebrauchs-Kontextes hergeleitet werden. Sie könnten auch – grundlagenorientiert – den normativen Kontext des Forschungsgegenstands diskutieren und die möglichen „neuen" Folgen der Ergebnisse und der Produkte der Forschung für die ethische (Weiter-)Entwicklung des kulturellen Systems antizipieren (im Sinne einer „Forschungsfolgenabschätzung").

Es wird leicht einsichtig sein, dass ein derart verstandenes Konzept des Forschens die forschende Person unmittelbar einbezieht. Es sind jetzt nicht nur die „äußeren" Aspekte des forschenden Handelns (wie z.B. die Arbeitszeit), in denen vollständige Hingabe erwartet wird. Nun kann auch deutlich werden, dass die Grundannahmen im Leben der forschenden Person permanent integraler Bestandteil des Forschungsprozesses sind. Die forschende Person stellt sich quasi stellvertretend für das kulturelle System für ein Experiment „auf Leben und Tod" zur Verfügung. Es sind nun ihre Leitideen, ihre Überzeugungen und ihre Glaubenssätze in der gerade aktuell gültigen Version, die auf den Prüfstand kommen.

Forschen bedeutet dann,

- sich dem Risiko aussetzen zu wollen (!), sich eventuell von den bislang vertrauten Lebenskonzepten verabschieden zu müssen;
- sich in eine prekäre Situation hineinzuwagen, in der die gewohnten Mentalitäts- und Handlungsmuster unbrauchbar werden und ihren Wert verlieren können;
- dass eine andere Wertorientierung gefunden und etabliert werden muss;
- dass möglicherweise in die zugehörige „alternative" Lebenspraxis neu zu investieren ist und sie im sozialen Alltag (gegen den Widerstand der weiterhin bestehenden und gut etablierten „Ordnungen" im privaten und beruflichen Kontext) zu installieren ist.

Forschen kann also ein gefährliches Unterfangen für die forschende Person werden: Sie wird im Prozess ihrer „Neuerfindung" – metaphorisch gesprochen – mit den „Riesen" und den „Sirenen", mit den „Drachen" und „Teufeln" zu kämpfen haben, mit all den individuellen und kulturellen Gestaltungen, an denen sich unser Leben orientiert. Forschen wird zu einer riskanten Reise auch durch die schattenhaften und uns bislang unbekannt gebliebenen Seiten unserer „Seele" und diese wird dann unweigerlich einen krisenhaften und schmerzhaften Verlauf nehmen. Ein Kriterium des Gelingens des Forschens wird dann darin zu finden sein, ob der Forschungsprozess bis zur anthropologischen Grundkategorie durchbricht.

Es bedarf also einer gehörigen Portion Muts, Könnens und Beharrlichkeit, wenn man sich einer solchen riskanten Lebens-Aufgabe widmet.

Forschen wird von mir also eingeführt als ein Tun, das die ganze Person in ihrem untrennbaren kulturellen Kontext umfasst. Das forschende Tun hat immer eine Oberflächen-Dimension UND eine Tiefen- (Höhen-)

Dimension. Dieses Konzept des empirischen Forschens gilt es zu entwickeln.

Ich habe für diesen Beitrag die letzten zehn Forschungsjahre Revue passieren lassen und mich gefragt: Was ist der Extrakt aus diesen Forschungsjahren des Teams, in dem ich Mitglied sein konnte?

- Wir waren in einen individuellen und in einen kulturellen Entwicklungsprozess integriert (Jäger, 2000, 2007; Galuska 2003; Walach 2001, 2003, 2007).
- Wir haben ein theoretisches Modell, das Strukturmodell des Bewusstseins, und die dazu angemessenen Forschungsmethodologie entwickelt (Belschner, 2001a, 2007; Walach, Kohls & Belschner, 2005).
- Wir haben Instrumente entwickelt, um solche Phänomene, die als „spirituell" oder „transpersonal" bezeichnet werden, erfassen zu können (Belschner & Bantelmann, 2008; Belschner & Galuska, 1999; Belschner & Krischke, 2008; Belschner, Bölts & Fischer, 2008; Belschner, Calhoun, Hundt & Tedeschi, 2007; Breitkopf, 2001; Dauber & Belschner, 2007; Fischer & Belschner, 2008; Koch-Göppert, 2008; Koch-Göppert & Belschner, 2008).
- Wir haben geprüft, ob und wie sich die spirituelle Praxis auf das berufliche Handeln auswirkt (Belschner, 2002, 2003, 2005; Geiss, Belschner & Oldenbourg, 2005; Hundt, 2007; Langen, 2004; Schäfer, 2006; Yeginer, 2007).
- Wir haben untersucht, ob und wie sich ein „transpersonal" orientiertes professionelles Handeln auf das Ergebnis der Psychotherapie auswirkt (Belschner, 2001b).
- Wir haben ein Netzwerk für die Forscherinnen und Forscher eingerichtet, die sich in die Entwicklung einer erweiterten Methodologie hineinwagen (das Postgraduale Kolleg Bewusstseinsforschung und das Deutsche Kollegium für Transpersonale Psychologie und Psychotherapie, DKTP).

Aus all diesen Anregungen und Kooperationen ist nun der Entwurf für ein „achtsames", besser: bewusstseinszustandsspezifisches Forschen entstanden (Belschner, 2008). Darin werden die folgenden sechs Komponenten des empirischen Forschens unterschieden (Abb. 1). Sie sind Teile eines Ganzen, die sich in einem komplementären Zusammenhang befinden. Dieses systemische Setting kann lediglich aus didaktischen Gründen aufgetrennt werden zu einzelnen Bausteinen („Komponenten") eines Modells, um sie in einer linearen Abfolge darstellen zu können.

(1) Die Kompetenz des Modells, das dem Forschungsprozess zugrunde gelegt wird;

(2) die Kompetenz der ForscherInnen für den Forschungsgegenstand;
(3) die Kompetenz der ForschungspartnerInnen für das untersuchte Phänomen;
(4) die Kompetenz des bewusstseinszustands-adäquaten Forschungsdesigns, i.e. (a) die bewusstseinszustandsadäquate Gestaltung der Forschungssituation, die auch die ökologischen und sozialen Merkmale einbezieht; (b) die bewusstseinszustands-adäquate Eignung und Passung der Forschungsmethoden und Forschungsinstrumente, um das untersuchte wissenschaftliche Konstrukt zureichend abzubilden; (c) die bewusstseinszustandsadäquaten Forschungsmethoden, um die gewonnenen Daten zureichend auszuwerten und zu interpretieren;
(5) die Kompetenz der Forschungsgemeinde, das Potenzial der Forschung zu erkennen und es zu fördern;
(6) die Kompetenz der Öffentlichkeit, die Anregungen aus den Forschungsergebnissen für ihr Menschen- und Weltbild zumindest probeweise zuzulassen („Öffentliche Rezeption").

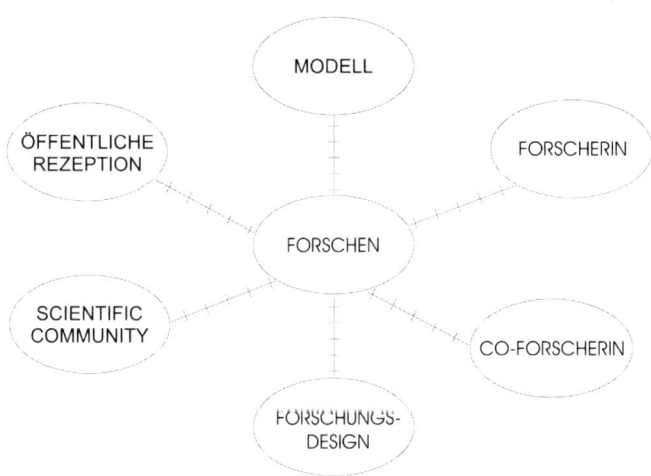

Abb. 1: Das Strukturmodell des Forschens

Es gilt also, ein allgemeines Strukturmodell wissenschaftlichen Forschens zu entwickeln, in dem der Bereich der „Spiritualität" seinen angemessenen Ort findet. Vorzuziehen wäre es, davon zu sprechen, dass sich die Forschung auf den phänomenalen Bereich bezieht, den wir mit solchen Begriffen wie „Spiritualität" bzw. „transpersonal" belegen. Eine derart orientierte Forschung stellt besondere und zusätzliche Anforderungen. Wir können also fragen: Durch welche Merkmale lässt sich das Besondere und Zusätzliche einer „transpersonalen"/ „spirituellen" Forschung bestimmen? Ein Merkmal lässt sich unmittelbar benennen:

Die zukünftige Forschung wird nur dann als angemessen zu beurteilen sein, wenn sie Differenzierungen der Bewusstseinszustände bei der forschenden und der co-forschenden Person einbezieht und somit die Dimension des Bewusstseins den Status einer unabhängigen Variable zugewiesen bekommt.

In dem Strukturmodell der Abbildung 1 werden die o.g. sechs Komponenten eingeführt. Vom Zentrum „Forschen" verläuft zu jeder Komponente ein Strahl, der mit einer fünfstufigen Skala (Werte: 0 – 4) unterteilt ist. Man kann also für jede Komponente auf dem Strahl angeben, in welchem Ausmaß sie in einem Forschungsprojekt gemäß dem Stand der wissenschaftlichen Theoriebildung angemessen ausformuliert wurde, wobei mit „wissenschaftlich" hier eine bewusstseinszustandsspezifische Theoriebildung gemeint ist. Dabei soll für den Strahl gelten: 0 liegt beim Zentrum und bedeutet „fehlende bewusstseinszustandsspezifische Ausprägung", 4 bedeutet „sehr gute Berücksichtigung der Dimension des Bewusstseins". Verbindet man die Ankreuzungen auf jedem Strahl, so erhält man eine Figur. Je größer die Fläche der Figur ist und je gleichmäßiger diese Figur einem Sechseck ähnelt, desto eher wird ein Forschungsprojekt dem Stand der Forschung (gemäß der hier eingeführten Definition) entsprechen. Im Idealfall – für alle sechs Komponenten wird der optimale Wert 4 vergeben – wird die Figur die Form eines gleichseitigen Sechsecks annehmen.

Eine solche, in allen Komponenten ideale Forschungssituation einzurichten, wird das Ziel der zukünftigen Entwicklung sein.

Literatur

Belschner, W. (2001a). Integrale Forschungsmethodik. In Belschner, W., Galuska, J., Walach, H. & Zundel, E. (Hrsg.), Perspektiven transpersonaler Forschung. Oldenburg: BIS Verlag. 33-54.

Belschner, W. (2001b). Tun und Lassen: ein komplementäres Konzept der Lebenskunst. Transpersonale Psychologie und Psychotherapie, 7 (2), 85-102.

Belschner, W. (2002). Die vergessene Dimension in Grawes Allgemeiner Psychotherapie. In W. Belschner, J. Galuska, H. Walach & E. Zundel (Eds.), Transpersonale Forschung im Kontext. Oldenburg: BIS. 167-216.

Belschner, W. (2003). Ergebnisse der empirischen Forschung zur Transpersonalen Psychotherapie. In J. Galuska, (Eds.), Den Horizont erweitern - Die transpersonale Dimension in der Psychotherapie. Berlin: Leutner. 93-135.

Belschner, W. (2005). Bewusstseinszustände im professionellen Handeln. Münster: LIT Verlag.

Belschner, W. (2007). Der Sprung in die Transzendenz. Die Kultur des Bewusstseins und die Entmystifizierung des Spirituellen. Münster: LIT Verlag.

Belschner, W. (2008). Forschen: Der achtsame Weg nach Neuland. Münster: LIT Verlag.

Belschner, W. & Bantelmann, J. (2008). Fragebogen zur Integralen Gesundheit. Manual zum FIG-50. Münster: LIT Verlag. (in Vorber.).

Belschner, W. & Galuska, J. (1999). Empirie spiritueller Krisen - Erste Ergebnisse aus dem Projekt RESCUE. Transpersonale Psychologie und Psychotherapie, 5, H. 1, 78-94.

Belschner, W. & Krischke, N. (2008). Transpersonales Vertrauen. Manual zur Skala TPV. Münster: LIT Verlag. (in Vorber.)

Belschner, W., Bölts, J. & Fischer, P. (2008). Achtsam und authentisch werden. Qigong als Methode der Bewusstseinserforschung. Oldenburg: BIS Verlag. (im Druck).

Belschner, W., Calhoun, K.S., Hundt, U. & Tedeschi, R.G. (2007). Posttraumatische Entwicklung (PTE). Univ. Oldenburg, Institut für Psychologie. Unveröffentl. Paper.

Breitkopf, U. (2001). Heilende Räume. Die ökologische Operationalisierung der Spiritualität. Univ. Oldenburg, Institut für Psychologie. Unveröffentl. Diplomarbeit.

Galuska, J. (Ed.) (2003). Den Horizont erweitern. Berlin: Leutner.

Geiss, G., Belschner, W. & Oldenbourg, R. (2005). Ohne meinen Glauben könnte ich diese Arbeit hier nicht tun. Hat die spirituelle Orientierung Auswirkungen auf die subjektive Belastetheit bei Menschen, die professionell mit sterbenden Patienten zu tun haben? Transpersonale Psychologie und Psychotherapie, 11 (2), 42 55.

Heidenreich, Th. & Michalak, J. (Eds.) (2004). Achtsamkeit und Akzeptanz in der Psychotherapie. Tübingen: dgvt.

Hundt, U. (2007). Spirituelle Wirkprinzipien in der Psychotherapie. Münster: LIT Verlag.

Jäger, W. (2000). Die Welle ist das Meer. Freiburg: Herder.

Jäger, W. (2007). Westöstliche Weisheit. Stuttgart: Theseus.

Koch-Göppert, G. (2008). Wissenschaftliches Forschen. Topografie der Bewusstseinszustände. Münster: LIT Verlag.

Koch-Göppert, G. & Belschner, W. (2008). Oldenburger Test für Bewusstseinszustände – Forschen (OTB-F). Manual. Münster: LIT Verlag. (in Vorber.)

Langen, S. (2004). Die Auswirkung meditativer Praxis auf das professionelle Selbstverständnis von Psychotherapeuten. Unveröff. Diplomarbeit Univ. Bielefeld und Oldenburg, Psychologisches Institut.

Meister Eckhart (1959). Schriften. Düsseldorf: Diederichs.

Özelsel, M. (1993). 40 Tage. Erfahrungsbericht einer traditionellen Derwischklausur. München: Diederichs.

Schäfer, S. (2006). Eine vergleichende Fragebogenstudie zur Erfassung der Ausprägung der Nondualen Präsenz bei Physiotherapeuten mit und ohne Ausbildung in Craniosacraler Therapie. TU Berlin und Univ. Oldenburg, Institut für Psychologie. Unveröffentl. Diplomarbeit.

Walach, H. (2001). Bausteine für ein spirituelles Welt- und Menschenbild. Transpersonale Psychologie und Psychotherapie, 7 (2), 63-77.

Walach, H. (2003). Generalisierte Quantentheorie: Eine theoretische Basis zum Verständnis transpersonaler Phänomene. In Belschner, W., Hofmann, L. & Walach, H. (Hrsg.), Auf dem Weg zu einer Psychologie des Bewusstseins. Oldenburg: BIS. 13-46.

Walach, H. (2007). Generalisierte Verschränkung - Ein theoretisches Modell zum Verständnis von Übertragungsphänomenen. Z. Psychotraumatologie, Psychotherapiewissenschaft, Psychologische Medizin, 5, 9-23.

Walach, H., Kohls, N. & Belschner, W. (2005). Transpersonale Psychologie – Psychologie des Bewusstseins: Chancen und Probleme. Psychotherapie, Psychosomatik, Medizinische Psychologie, 55, 405-415.

Autoren

Prof. Dr. Wilfried Belschner
Universität Oldenburg,
Gesundheits- &Klinische Psychologie,
PF 2503,
26111 Oldenburg
wilfried.belschner@uni-oldenburg.de

Prof. Dr. Anton Bucher
Universität Salzburg
Fachbereich Praktische Theologie
Universitätsplatz 1
5020 Salzburg
anton.bucher@sbg.ac.at

Prof. Dr. Claus Eurich
Universität Dortmund
Emil-Figge-Str. 50
44227 Dortmund
claus.eurich@uni-dortmund.de

Prof. Dr. Thomas Görnitz
Fachbereich Physik der J. W. Goe-
the-Universität Frankfurt am Main
Max-von Laue-Str. 1,
60438 Frankfurt
goernitz@em.uni-frankfurt.de

Dr. Klaus Horn
Reisachstr. 23,
D-81545 München
Michael.Horn@connection.de
www.connection.de
www.dr-horn-training.de

Dr. Anja Mehnert
Universitätsklinikum Hamburg-Eppendorfl
Institut für Medizinische Psychologie
Martinistr. 52 - S35,
20246 Hamburg
mehnert@uke.uni-hamburg.de

PD Dr. med. Jakob Bösch
Institut für spirituell orientierte Therapie
Habertürliweg 12
4133 Pratteln
info@jakobboesch.ch
www.jakobboesch.ch

Evelyn Elsaesser-Valarino
10, Pré de la Croix
1279 Chavannes de Bogis
Evelyn.Valarino@bluewin.ch
www.elsaesser-valarino.com

Dr. Joachim Galuska
Fachklinik Heiligenfeld
Euerdorfer Str. 4
97688 Bad Kissingen
dr.galuska@heiligenfeld.de

Dr. Brigitte Görnitz
Karl-Mangold-Str. 13,
81245 München
b.goernitz@t-online.de

Willigis Jäger
Klosterstraße 10
97292 Holzkirchen
buero@willigis-jaeger.de
www.willigis-jaeger.de

Dr. Franz Nikolaus Müller
Brühlgartenstrasse 12,
8400 Winterthur
eglin.fnm@hispeed.ch

Mag. Petra Permanschlager
Sparkassenstraße 20,
5280 Braunau/Inn
p.permanschlager@nusurf.at

Prof. Dr. Renaud van Quekelberghe
Universität Landau
Institut für Psychologie
Ostbahnstraße 10
76829 Landau
quekelberghe@uni-landau.de

Dr. Monika Renz
Psychoonkologie
Kantonsspital St. Gallen
9007 St. Gallen
monika.renz@kssg.ch
www.monikarenz.ch

Prof. Christine Schönherr
Orff-Institut, Universität Mozarteum
Frohnburgweg 55
5020 Salzburg
christine.schoenherr@moz.ac.at

Dr. Michael Utsch
Evangelische Zentralstelle für
Weltanschauungsfragen
Auguststr. 80,
10117 Berlin
utsch@ezw-berlin.de

Dr. Ursula Wirtz
Belsitostrasse 9
8044 Zürich
ursula@wirtz.ch
www.wirtz.ch

Dr. Leo Prothmann
Almgasse 7,
5020 Salzburg
leo.prothmann@aon.at

Prof. Dr. Alfons Reiter
Universität Salzburg
Fachbereich Psychologie
Hellbrunnerstraße 34
5020 Salzburg
alfons.reiter@sbg.ac.at
www.uni-salzburg.at/psy/people/reiter

Wolf Schneider
Hauptstr. 5,
84494 Niedertaufkirchen
schneider@connection.de
www.connection.de
www.dr-horn-training.de

Prof. Dr. Gertraud Schottenloher
Instituts für Kunst und Therapie München
Akademiestr. 2
80799 München
traudel9@aol.com

Dr. Sylvester Walch
Bachstr. 3
87561 Oberstdorf
sylvester@walchnet.de
www.walchnet.de

Zum Umschlagbild „Hitze" von Ch. Kollmorgen

Alfons Reiter

Die Bilder der Künstlerin Charlotte Kollmorgen[1] sind ursprünglich in Form, Farbe und Dynamik. Sie nennt sie selbst: Ursprungsbilder.

Kunst kommt etymologisch von „kennen", „erkennen". Ohne eine vorgegebene Kunde kann keine Erkenntnis stattfinden. Damit heißt „Kunst als Kunde des Lebens", dass der Mensch aus seiner Natur eines Lebewesens immer schon kundig ist. Und das von seiner embryonalen Entwicklung an. Der Lebenslauf in der Mutterleibs-Höhle - so die Befunde aus der Embryologie - ist zugleich der Werklauf für die lebensentscheidende Kunde und darin für Kunst" (Neumann, 1987, 21) Die Wiedergeburt der Kunst ist damit Wieder-Erinnerung des Ursprungs in uns.

Nach C. G. Jung hat die künstlerische Wahrnehmung einen besonderen Zugang zur Individuationsgestalt, dem Verlauf der Verkörperung unserer Seele. Im künstlerischen Werk können Stationen dieses Weges zum Ausdruck kommen.

Im Bild „Hitze" (auf der Umschlagseite) in der Mitte eine rote Kugel, klar in Form und Farbe. Sie wird von einem gegensätzlichen Element eingewoben. Es ist erdig, wuchernd, gefäßdurchzogen. Verkörperung der Seele bedeutet: „Sein" tritt in Raum und Zeit in eine endliche Form; hier möglicherweise der Beginn dieses Weges. Das Bild kann als Mandala, als ein Symbol der Selbstwerdung gesehen werden.

Literatur:
Müller, L. & Seifert, T. (1984). Analytische Psychologie. In J. Petzold (Ed.). Wege zum Menschen. Paderborn: Junfermann-Verlag. 175-244.
Neumann, S.(1987). Ist in der komplexen Gesellschaft Gesundheit möglich und wenn, wäre sie Kunst und wozu noch Kunstwerke, wenn jeder Mensch ein Künstler ist? Kunst & Therapie, 11, 10-33.

[1] www.kollmorgen-painter.com

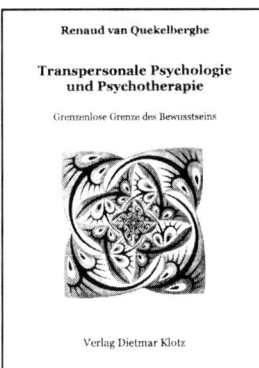

Renaud van Quekelberghe

Transpersonale Psychologie und Psychotherapie

Grenzenlose Grenze des Bewusstseins

Verlag Dietmar Klotz

Renaud van Quekelberghe
Transpersonale Psychologie & Psychotherapie
Grenzenlose Grenzen des Bewusstseins

1. Aufl. 2005, 512 Seiten, gebunden, 24,80 € ISBN 3-88074-476-9

Das vorliegende Werk stellt nicht nur die Schulen und Denkströmungen der transpersonalen Psychologie und Psychotherapie dar; es versucht die kulturhistorische Bewusstseinsforschung mit neueren Modellen der Informatik und Quantenphysik zu verschränken. Dadurch entstehen neue Perspektiven sowie Zugangsweisen zum Schamanismus, den Weltreligionen und der transpersonalen Psychologie bzw. modernen Spiritualität.

Bei seiner Darstellung der „grenzenlosen Grenze" des Bewusstseins geht der Autor mit profundem Wissen quer durch zahlreiche Wissensdisziplinen aus den Natur- und Geisteswissenschaften mutig voran. Atemberaubend zeigt er uns wie die alten Formen des Schamanismus – als Ursprung aller Religionen – mit gewagten Hypothesen und Konsequenzen der Quanten- und Astrophysik wesentlich einhergehen können. Was zunächst überrascht und verblüfft, wird zunehmend „selbstverständlich": Religionen und Wissenschaften erscheinen als geschaffen vom menschlichen Bewusstsein, das immer wieder an seine grenzenlose Grenze heranreicht und davon nicht ablassen kann.

Renaud van Quekelberghe
Grundzüge der spirituellen Psychotherapie
1. Aufl. 2007, 360 Seiten, gebunden, 22,- €
ISBN 978-3-88074-504-9

In den letzten Jahren öffnet sich die Psychotherapie mehr und mehr den spirituellen und religiösen Sehnsüchten und Ressourcen der Patienten und ihrer Therapeuten. Das vorliegende Werk gibt einen umfassenden, klaren und kritischen Einblick in die aktuellen Modelle und Verfahren der spirituell orientierten Psychotherapie (*State of the Art*).

Im ersten Teil der Grundzüge werden die postmoderne Spiritualität, die Positive Psychologie, die „Frage nach dem Sinn" sowie Metaphern der Bewusstseinstransformation als Grundlagen der spirituellen Psychotherapie entfaltet und reflektiert.
Im zweiten Teil werden Themen erörtert wie religiöses Coping und Gesundheit, spirituelle Einheitserfahrungen und Resilienz, spirituelles „Bypassing", Gerotranszendenz und therapeutische Zugänge zur spirituellen Erlebensdimension von Patienten.
Im dritten, sehr umfangreichen Teil der Grundzüge werden zahlreiche Praxisansätze zur spirituell orientierten Psychotherapie modellartig und fallbezogen erläutert. Besprochen werden u.a. Meditative Achtsamkeit, Zen-Psychoanalyse, buddhistische Verhaltenstherapie, theistische Psychotherapie

Wenn Sie auf der Suche nach Hilfe sind und in schwierigen Situationen neue Wege gehen möchten - dann haben wir die richtigen Bücher für Sie!

Robert M. Alter mit Jane Alter
Fenster zum Herzen oder
Die heilende Kraft innerer Krisen.
Neue Wege aus Angst, Isolation, Zwängen, Depression und Selbstverachtung zu unserem inneren Kern
1. Aufl. 2004, 280 Seiten, kartoniert, 14,80 €
ISBN 978-3-88074-462-2

Robert and Jane Alter zeigen anhand vieler Beispiele aus ihrer psychotherapeutischen Praxis, wie wir uns die Vielfalt unserer einzigartigen inneren Kräfte erschließen, um unsere wichtigsten Ziele zu erreichen und unsere persönliche Bestimmung zu verwirklichen: wie wir beängstigende und schmerzhafte Erfahrungen der Vergangenheit für die achtsame Entfaltung einer glücklichen und erfolgreichen Zukunft überwinden; wie wir erfüllende und leidenschaftliche partnerschaftliche Beziehungen leben; wie wir unsere Kinder zu starken Persönlichkeiten erziehen; wie wir Verhaltensweisen überwinden, die uns daran hindern, das Leben so zu leben, wie wir es uns wünschen und am allerwichtigsten: wie wir unseren eigenen Weg finden!

Verlag Dietmar Klotz GmbH
Sulzbacher Str. 45 • 65760 Eschborn
Fon: 06196-481533 Fax: 06196-48532
E-mail: info@verlag-dietmar-klotz.de

Lea Freyermuth
Mahas Pathah: Aufbruch in die Welt des ungebrochenen Lichts
1. Auflage 2006, kart., 208 Seiten, 14,80 €,
ISBN 978-3-88074-477-6

„Unsere materielle Welt ist das Ergebnis aller anderen Welten."

MAHAS PATHAH (sanskrit: der große Pfad): Die Autorin nimmt uns mit auf ihren persönlichen Entwicklungs-weg.

Traum- und Wachbewusst-sein, Innen- und Außenwelt, Vergangenheit, Gegenwart und Zukunft lässt sie während dieser Bewusstseinsreise mehr und mehr in einem einzigen Kontinuum münden. Eingeflochten in autobiographische Tagebuch- und Traumaufzeichnungen beschreibt sie die Evolution menschlichen Bewusstseins und entwirft aufgrund ihrer Erfahrungen eine umfassendere, eine integrale Psychologie und Psychotherapie.

Lea Freyermuth
Mahas Pathah 2: Zur Quelle des klaren Lichts
1. Auflage 2007, kart., 224 Seiten, 14,80 EUR
ISBN 978-3-88074-525-4

Das wird Sie interessieren

Herbert Albiez
Richtige Kommunikation ist alles - für alle
Über die so schöne wie Nerven- schonende Kunst der
zwischenmenschlichen Verständigung.
1.Auflage 2004, 284 Seiten, kt. 19,80 €,
ISBN 3-88074-468-8
Der Verfasser will die Wurzeln der leider noch viel zu weit
verbreiteten Kommunikations- Blockaden und deren
gravierende, oftmals gar verheerende seelische,
psychosomatische und soziale Folgen aufzeigen. Gleichzeitig
aber auch die gesetzmäßigen Grundlagen einer fruchtbaren
Mit-Teilungs-Kultur sowie ihre achtsame Hege und pflege in
den wichtigsten Begegnungs- und Beziehungs-Situationen;
nämlich in lebenszentralen Bereichen wie: Kindererziehung,
Schule: Lehr- und Lern-Probleme, Liebe und Partnerschaft,
Generationen-Konflikte, Unliebsame, bzw. peinlich-ärgerliche
Zwischen-Fälle, Parteien-Streit, Temperaments-Kollisionen,
Ordnungs-Konzept-Differenzen, Optimismus/Pessimismus-
Gefälle.

Lotz, N: Das Innere Selbstgespräch
Oder Wie Sie Ihre Gefühle und Verhaltsweisen
wirksam beeinflussen können
1. Aufl. 2002, 60 Seiten, kart., 8,90 €
ISBN 3-88074-456-4

Die unvorstellbare Vielfalt der Erfahrungen und die daraus
von uns gezogenen Schlussfolgerungen – das ist die
Werkstatt unserer Gefühle. Was passiert aber, wenn
diese Gedankenwelt allzu oft *Zerrbild* statt *Abbild* unserer
Wirklichkeit ist? Das neue Buch von Prof. Norbert W. Lotz
- theoretisch fundiert und praxisnah geschrieben – ist
gleichermaßen geeignet als konkrete Anleitung zur
Selbsthilfe wie auch als Einführung in die Rational-
Emotive und Kognitive Verhaltenstherapie.

... und das auch

Anya Foos-Garber
Der heilende Tod
Sterbevorbereitung durch Deathing
3. Aufl.2004, 444S..kart., 29,60 €,   ISBN 3-88074-621-4
Die Vorbereitung und das bewusste Erleben des Todes
bezeichnet die Autorin als Deathing- den Tod erleben. Anhand
zweier Beispiele schildert Foos-Garber einen bewussten und
einen unbewussten Tod.

Michele Weiner- Davis
Das Scheidungsvermeidungsprogramm
Neuausgabe, 1. Auflage 2004, 17,80 €, ISBN 978-3-88074-467-7
Viele Ehen werden zu schnell geschieden, behauptet die
Autorin, und nicht selten machen die Partner in ihren nächsten
Beziehungen wieder die gleichen Fehler. Die meisten Fehler
lassen sich vermeiden, so lautet ihre These. Mit erfolgreich
erprobten Techniken, die allein oder mit dem Partner
angewendet werden können, zeigt sie viel versprechende
Wege zur Lösung von Eheproblemen auf

Paul Tholey / Kaleb Utecht
Schöpferisch träumen
Wie Sie im Schlaf das Leben meistern.
Der Klartraum als Lebenshilfe.
4. Auflage 2000, 280 Seiten, gebunden, 20,30 €
ISBN 978- 3-88074-275-8
Klarträumer können Inhalt und Verlauf ihrer Träume zu einem
großen Teil frei bestimmen und haben damit die Möglichkeit,
ihre Probleme sozusagen „im Schlaf" zu lösen, ihre Wünsche
auszuleben, Kontakt mit ihrem Unterbewusstsein aufzunehmen
oder sich ganz einfach angenehme Träume zu gestalten.
Dieses Klarträumen kann jeder lernen. Der hier aufgezeigte
Weg ist wissenschaftlich fundiert und in der Praxis erprobt.

www.verlag-dietmar-klotz.de

Silvia Scherzinger
Mein Ich verstehen – Was meine Seele berührt
1. Auflage 2006, ISBN 978-3-88074-478-3
208 Seiten, kartoniert, 14,80 €

Wollen wir unser Ich besser verstehen, müssen wir unserer Seele und unserer Gefühlswelt etwas näher kommen. Die Seele verschafft sich durch Träume, Eingebungen, durch Wünsche und Sehnsüchte Gehör. Wer in sich hineinhört und bestrebt ist, sein Inneres Ich zu erspüren, empfängt bedeutende Hinweise oder inspirierende Eingebungen, welche wegweisend sein können. Die Intuition mit ihren Impulsen und „unguten" Bauchgefühlen warnt uns nicht nur vor Gefahren, sondern sie bietet uns auch konkrete Entscheidungshilfe bei Problemen und seelischen Belastungen an. Dieses Buch will dem Leser in erster Linie seine Gedanken, Emotionen, Ansichten und Verhaltensweisen etwas bewusster machen, damit er in Zukunft innere Gegensätze, Gefühlsverwirrungen und verdrängte Persönlichkeitsanteile besser miteinander in Einklang bringen kann. Des weiteren ermöglicht die vertiefte Innenschau sich vermehrt auf die eigenen Kräfte und schlummernden Begabungen zu besinnen, um das Leben kreativer, authentischer und erfüllender zu gestalten.

Paul Tholey / Kaleb Utecht
Schöpferisch träumen
Der Klartraum als Lebenshilfe

4. Aufl. 2000, 280 S., gebunden, 20,30 €

ISBN 3-88074-275-8

Klarträumer können Inhalt und Verlauf ihrer Träume zu einem großen Teil frei bestimmen und haben damit die Möglichkeit, ihre Probleme sozusagen "im Schlaf" zu lösen und darüber hinaus ihre Wünsche auszuleben, Kontakt mit ihrem Unterbewusstsein aufzunehmen oder sich ganz einfach angenehme Träume zu gestalten. Klarträumen kann jeder lernen. Der in diesem Buch aufgezeigte Weg dorthin ist wissenschaftlich fundiert und in der Praxis erprobt.

Lyall Watson
Geheimes Wissen
Das Natürliche des Übernatürlichen

4. Aufl. 1999, 340 S., kartoniert, 22,90 €,

ISBN 3-88074-619-2
Copy-Print-Ausgabe ohne Einband, 15,20 €
ISBN 3-88074-321-5

Der weitgereiste englische Biologe Lyall Watson befasst sich in seinem bei aller Wissenschaftlichkeit spannend geschriebenen Buch mit Phänomenen, die gemeinhin dem Okkulten, Übernatürlichen zugerechnet werden, wie Psychokinese, Alchemie, Hypnose, Telepathie, Hellsehen, Geistererscheinungen und Zauberei.

Lyall Watson
Die Grenzbereiche des Lebens
Körper – Geist – Seele

4. Aufl. 2001, 286 S., kartoniert, 20,30 €,

ISBN 3-88074-620-6
Copy-Print Ausgabe ohne Einband: 13,70 €
ISBN 3-88074-322-3

Watson widmet sich den Rätseln des Todes und einem möglichen Weiterleben nach dem Tode. Er vertritt und begründet die Auffassung, es sei biologisch gesehen nicht länger sinnvoll, zwischen Leben und Tod auf irgendeiner Ebene zu unterscheiden. Die Frage, wo das Leben aufhört, wo der Tod beginnt, kann nach Watson nicht auf der Ebene des Gesamtorganismus, sondern nur auf der Ebene der Einzelzelle befriedigend beantwortet werden.

Regina Berlinghof
Mirjam
Maria Magdalena und Jesus

3. Aufl. 2004, 607 S., Tb, 9,80 €

ISBN 3-88074-273-1

Ein Roman, in dem Mirjam (Maria Magdalena) von ihrer Begegnung mit Jeschua (Jesus), ihrer beider großen Liebe, den Jüngern, dem Verrat und der Keuzigung erzählt. Es war alles ganz anders.

Manfred Faisst (Suviro)
Raimund Brozio (Prageet)
Abenteuer Selbsterfahrung
Therapeutische Anregungen aus Encounter- und Wachstumsgruppen

4. Aufl. 2004, 149 Seiten, kart., 11,70 €

ISBN 3-88074-157-3

Dies ist ein rein praktisches Buch, das den Leser in das Abenteuer der Selbsterfahrung einlädt. Es ist geschrieben für diejenigen, die mit sich selbst und ihrem Leben experimentieren möchten; für alle, die auf der Suche sind. Für die Teilnehmer unserer Gruppen, die uns so oft nach kleinen Hilfen für die Zeit „danach" gefragt haben, um auch zu Hause weiter in dem als tiefgreifend und sehr befriedigend erlebten Veränderungsprozess zu bleiben. Ganz allgemein soll dieses Buch, wie auch unsere Wachtumskurse, dem einzelnen zu mehr Sebstbestimmung und Selbsterkenntnis verhelfen. Es soll neue Ansatzpunkte bieten für ein Leben, das frei ist von Theorien, Philosophien und Ansichten: ein Leben, das Spontaneität aus dem Hier und Jetzt hervorbringt.

Peter Dettmering (Hg.)
Kinder- und Hausmärchen der Brüder Grimm
Erstdruckfassung 1812-1814

3. Aufl. 2004, 560 S., kartoniert, 34,80 DM,

ISBN 3-88074-610-9
Copy-Print Ausgabe ohne Einband, 22,50 DM,
ISBN 3-88074-311-8

Die Märchen sind in ihrer Erstdruckfassung zusammengestellt, ergänzt mit dem Anmerkungsapparat der Brüder Grimm und versehen mit einem psychoanalytisch deutenden Vorwort des Autors.